Vermitteltes Mittelalter?

GERMANISTIK DIDAKTIK UNTERRICHT

Herausgegeben von Ina Karg

Band 8

PETER LANG

Frankfurt am Main · Berlin · Bern · Bruxelles · New York · Oxford · Wien

Iris Mende

Vermitteltes Mittelalter?

Schulische und außerschulische Potentiale
moderner Mittelalterrezeption

PETER LANG
Internationaler Verlag der Wissenschaften

Bibliografische Information der Deutschen Nationalbibliothek
Die Deutsche Nationalbibliothek verzeichnet diese Publikation in
der Deutschen Nationalbibliografie; detaillierte bibliografische
Daten sind im Internet über http://dnb.d-nb.de abrufbar.

Zugl.: Göttingen, Univ., Diss., 2011

Umschlaggestaltung:
Olaf Glöckler, Atelier Platen, Friedberg

Linke Abbildung: Codex Manesse
(Universitätsbibliothek Heidelberg,
Cod. Pal. germ. 848 (Codex Manesse), Seite 30v)
Rechte Abbildung: Kevin Crossley-Holland:
Artus - Zwischen den Welten. Stuttgart:
Urachhaus, 2002, S. 43.

Gedruckt auf alterungsbeständigem,
säurefreiem Papier.

D7
ISSN 1862-880X
ISBN 978-3-631-62406-7
© Peter Lang GmbH
Internationaler Verlag der Wissenschaften
Frankfurt am Main 2012
Alle Rechte vorbehalten.

www.peterlang.de

Von allen Menschen, die mich beim Verfassen dieser Arbeit unterstützt haben, gebührt mein besonderer Dank meiner Doktormutter Professor Ina Karg für ihre Betreuung, ein stets offenes Ohr, wertvolle Anregungen und konstruktive Kritik. Auch meinem Mann Matthias bin ich zu großem Dank verpflichtet. Er hat mich nicht nur durch sein Verständnis und seinen Zuspruch unterstützt, sondern mir auch im Alltag die nötigen Freiräume verschafft, die ich für die Abfassung dieses Buchs benötigt habe.

Meiner Familie danke ich für ihre ideelle und finanzielle Unterstützung, und meiner Mutter Hanne ganz besonders für das Lektorat.

Inhalt

1. Einleitung

Wer heutzutage nach Indizien für das anhaltende Interesse am Mittelalter auch außerhalb der akademischen Forschung sucht, muss nicht mehr an Ereignisse erinnern, die mehrere Jahrzehnte zurückliegen, wie zum Beispiel die Staufer-Ausstellung im Württembergischen Landesmuseum Stuttgart 1977 oder die Veröffentlichung von Umberto Ecos Bestseller *Il nome della rosa*[1] 1980. Es genügt ein Blick in die Regale verschiedenster Buchhandlungen, auf zahlreiche im vergangenen Jahrzehnt veröffentlichten Kino- und Fernsehfilme[2], unzählige populärwissenschaftliche Dokumentationen[3] sowie diverse Erscheinungen des „gelebten Mittelalters", um für Horst Fuhrmanns Aussage „Überall ist Mittelalter"[4] immer wieder neue Bestätigungen zu finden. Eine besonders große Popularität genießt das Mittelalter – oder was dafür gehalten wird – im Bereich der Kinder- und Jugendliteratur, wodurch junge Leserinnen und Leser schon früh in Kontakt mit dieser Epoche[5] kommen und ihre ganz eigenen Vorstellungen von der „Zeit der Burgen und Ritter" entwickeln.

Dieses Interesse am Mittelalter, vor allem auch im literarischen Bereich, steht im Gegensatz zu seiner geringen Bedeutung im gymnasialen Deutschunterricht. Grundsätzlich wird die Literatur des Mittelalters zwar nicht völlig ausgeklammert, wie ein Blick in die curricularen Vorgaben der Bundesländer zeigt, doch ihr Anteil ist im Vergleich zu dem moderner Literatur immer noch relativ gering.[6] Aktuelle curriculare Vorgaben formulieren nicht mehr Inhalte, die gelernt werden müssen, sondern Kompetenzen, die die Schülerinnen und Schüler erlangen sollen. Dies eröffnet den Lehrpersonen grundsätzlich große Freiheiten bei der Auswahl der Texte, an denen die entsprechenden Kompetenzen erarbeitet werden sollen. Diese werden aber in der Praxis wieder durch die Textauswahl in Schulbüchern und das Angebot an didaktischen Aufbereitungen von Li-

---

1   Eco 1980.

2   Zum Beispiel *Die Kreuzritter*, *King Arthur*, *Der Ring der Nibelungen*, *Königreich der Himmel* oder *Tristan & Isolde*.

3   Exemplarisch seien drei Produktionen genannt: *Wege aus der Finsternis – Europa im Mittelalter*, *Arthur – Erfindung eines Königs* und *Der Schatz der Nibelungen*.

4   Fuhrmann 2002.

5   Im Hinblick auf das Mittelalter ist der Epochenbegriff nicht unproblematisch. Zwar werden die Epochengrenzen im Allgemeinen auf die Jahre zwischen 500 und 1500 nach Christus festgelegt, doch sie werden ebenso angezweifelt. Da im Rahmen dieser Arbeit auf diese Diskussion nicht eingegangen werden kann, sei hier lediglich exemplarisch auf das Werk Jacques Le Goffs (vgl. Le Goff [2]1987) hingewiesen.

6   Vgl. Karg/Feistener/Thim-Mabrey 2006, S. 145 f.

teratur in Form von Schülerausgaben, Interpretationshilfen und Arbeitsheften eingeschränkt.

Wie sich die Bedeutung der mittelalterlichen Literatur im gymnasialen Deutschunterricht an den Kapiteln in gängigen Lehrwerken, die sich auf das Mittelalter beziehen, ablesen lässt, hat jüngst Ina Karg dargestellt.[7] Es lässt sich feststellen, dass die Behandlung mittelalterlicher Texte – oder vielmehr Stoffe, da oft mit Nacherzählungen und Zusammenfassungen gearbeitet wird – entweder in der frühen Sekundarstufe I angesiedelt wird, wo sie „[...] einem verschwommenen Sagenbegriff zum Opfer fällt"[8], oder dass sie in der Sekundarstufe II im Rahmen einer literaturgeschichtlichen Übersicht auftaucht. Darüber hinaus zeigt sich die Dominanz einiger hochkanonischer Texte, allen voran des *Nibelungenliedes*. Insgesamt deuten aber weder die curricularen Vorgaben noch die Lehrwerke darauf hin, dass im gymnasialen Deutschunterricht heutzutage eine ausführliche Beschäftigung mit der Literatur des Mittelalters stattfindet.

Zwischen dem Interesse einer breiten Öffentlichkeit am Mittelalter und dessen Berücksichtigung in Bildungszusammenhängen besteht also eine große Diskrepanz:

> Man muss konstatieren, dass akademische Wissenschaft, nicht zuletzt die Germanistik, die Wirksamkeit eines außerakademischen Mittelalter-Interesses nach wie vor ebenso stark unterschätzt wie die Möglichkeit, ja Notwendigkeit, sich im außerakademischen Rahmen auch selbst einzubringen. Offensichtlich liegt hier ein Kommunikationsproblem vor.[9]

Dieses Kommunikationsproblem betrifft auch die schulische Vermittlung. Wo sich die reflektierte Beschäftigung mit dem Mittelalter in den Bereich der akademischen Forschung zurückzieht und zum exklusiven Untersuchungsgegenstand für Experten wird, gerät die Vermittlung mittelalterlicher Literatur im Deutschunterricht in einen immer größeren Rechtfertigungszwang.

Dies gilt nicht nur für die Schule, sondern auch für die Lehramtsstudiengänge. Dieses Problemfeld hat gerade im Zusammenhang mit der Neukonzipierung der Studiengänge im Rahmen der Bologna-Reform eine hohe Relevanz. Verschwindet die Mittelalter-Germanistik aus den Lehramtsstudiengängen, weil die Verantwortlichen davon ausgehen, dass dieser Bereich der Sprach- und Literaturwissenschaft keine Bedeutung für den Deutschunterricht hat, wird diese in der Unterrichtspraxis tatsächlich immer geringer werden, da es keine ausrei-

---

7   Vgl. Karg 2012, S. 427-429.
8   Karg 2008, S. 405. Diese Feststellung bezieht sich dort zwar auf das Nibelungenlied, sie gilt aber auch für andere mittelalterliche Texte.
9   Feistner/Karg/Thim-Mabrey 2006, S. 17.

chend ausgebildeten Lehrpersonen mehr geben wird, die eine wissenschaftlich fundierte Vermittlung dieser Inhalte leisten könnten.

Dabei hat die didaktische Forschung keinerlei Schwierigkeiten, die Unverzichtbarkeit der mittelalterlichen Literatur im Kanon der Bildungsgegenstände darzulegen: diese Begründungen beziehen sich auf den Umgang mit der Alterität von Texten, die Sicherung von traditionellen Wissensbeständen, die Interkulturalität von Literatur, die kulturelle Konstituierung Europas und die Erweiterung des Literaturverständnisses.[10] Die Nutzlosigkeit der mittelalterlichen Literatur wird nur dort scheinbar bestätigt, wo Bildungsentscheidungen auf der Grundlage unmittelbarer Nützlichkeit von Lerngegenständen für das Überleben im Alltag oder im Hinblick auf die Positionierung auf den Ranglisten internationaler Schulvergleichstests getroffen werden.[11]

Die Frage nach der Bedeutung der mittelalterlichen Literatur im Rahmen des gymnasialen Deutschunterrichts ist also Teil eines vielschichtigen Bildungsdiskurses, der in einer Umbruchsphase der Bildungspolitik geführt wird, „[...] die in ihrer Reichweite wohl ohne Übertreibung als historisch zu bezeichnen ist."[12] Umso aktueller ist die Notwendigkeit der Aufhebung des festgestellten Kommunikationsdefizites zwischen universitärer Forschung, Schule und Öffentlichkeit, wenn die Mediävistik nicht zum „Orchideenfach" innerhalb der Germanistik werden soll.

Kinder- und Jugendliteratur mit Mittelalterbezug kann in diesem Zusammenhang über das Potential verfügen, die Kommunikation im schulischen und außerschulischen Bereich zu verbessern. Sie kann ein Bindeglied zwischen dem unbestreitbar vorhandenen privaten Interesse am Mittelalter und einer schulischen Heranführung an mittelalterliche Texte darstellen und gleichzeitig im außerschulischen Bereich wirken, wenn die unterrichtliche Beschäftigung mit den Texten bei den Schülerinnen und Schülern zum Aufbau von Wissen und Kompetenzen führt, die auch für weitere Privatlektüre relevant sind.

Dieses Potential der Kinder- und Jugendliteratur soll im Folgenden ausgelotet und an verschiedenen Texten exemplifiziert werden.

Einen äußerst wichtigen Aspekt bei der Betrachtung von Kinder- und Jugendliteratur mit Mittelalterbezug stellt die Frage nach der Wertung der Texte dar. Daher wird auf der Grundlage theoretischer Überlegungen zu verschiedenen Aspekten der schulischen und außerschulischen Rezeption von Texten eine Wertsprache entwickelt, die auf der Vermittlungsperspektive basiert. Darauf aufbauend werden verschiedene Texte der aktuellen Kinder- und Jugendliteratur

---

10 Vgl. Feistner/Karg/Thim-Mabrey 2006, S. 148-151.
11 Vgl. Karg 2008, S. 401.
12 Feistner/Karg/Thim-Mabrey 2006, S. 9.

daraufhin untersucht, inwiefern sie geeignet sind, die erwähnte Funktion als Bindeglied zwischen privatem Mittelalterinteresse und dessen schulischer Nutzbarmachung für literaturdidaktische Ziele zu erfüllen. Dabei soll es jedoch ausdrücklich nicht darum gehen, die Beschäftigung mit mittelalterlichen Texten durch ihre modernen Nachfolger zu ersetzen.[13] Die untersuchten Texte sind trotz möglicher Referenzen auf das Mittelalter stets als Produkte des modernen Literaturbetriebs zu betrachten und können daher nicht mit den mittelalterlichen Texten gleichgesetzt werden. Vielmehr ist das Ziel, an bereits vorhandene Wissensbestände und Lektüreerfahrungen der Schülerinnen und Schüler anzuknüpfen, was umso bedeutsamer ist, da die mittelalterlichen Texte sich in allen entscheidenden Charakteristika so grundlegend von der modernen Literatur unterscheiden, dass es schwierig ist, an Wissen und Kompetenzen, die üblicherweise im Deutschunterricht erworben werden, anzuschließen.

Eine Einbeziehung der Privatlektüre in den Unterricht entspricht der immer wieder formulierten Forderung, die Schülerinnen und Schüler „dort abzuholen, wo sie stehen." Allerdings muss darauf geachtet werden, nicht an ebendieser Stelle auch in der Schule stehenzubleiben, also lediglich das bereits Bekannte im Unterricht zu verhandeln, sondern die Schülerinnen und Schüler weiterzuführen und mit neuen Inhalten vertraut zu machen. Dies gilt auch im Hinblick auf das didaktische Potential moderner Literatur mit Mittelalterbezug: durch sie lässt sich eine Auseinandersetzung mit mittelalterlicher Literatur vorbereiten und unterstützen. Darüber hinaus kann sie geeignet sein, Prozesse der Mittelalterrezeption deutlich zu machen. Den Einbezug mittelalterlicher Texte in den gymnasialen Deutschunterricht macht sie jedoch nicht verzichtbar.

---

13   Dieses Vorgehen stellt man oftmals in didaktischen Aufbereitungen mittelalterlicher Literatur und vor allem in Unterrichtswerken für die Sekundarstufe I fest. Hierbei wird Schülerinnen und Schülern ein mittelalterlicher Stoff anhand von Nacherzählungen vermittelt, wobei die Unterschiede zwischen moderner und vormoderner Literatur – abgesehen von der Sprache – nur selten thematisiert werden. Vgl. Karg 2008, S. 405.

2. Wertung von Literatur – theoretische Grundlagen

Der Begriff „Literatur" bezeichnet nicht nur den Gegenstand selbst, sondern auch ein Sozialsystem, das definiert werden kann als „[...] gesellschaftliches Handlungssystem, das sich um 1800 ausdifferenziert und im Rückgriff auf den Begriff ‚Literatur'[14] bzw. auf die zugehörige Bezeichnung ‚literarisch' bestimmt wird."[15] Innerhalb dieses Systems kommt Literaturdidaktikern, Deutschlehrerinnen und Deutschlehrern eine Vermittlerfunktion zu, für die die Wertung von Literatur eine bedeutende Rolle spielt. Einerseits werten sie durch die Auswahl der Texte, die sie jungen, in der Regel unerfahrenen Leserinnen und Lesern zugänglich machen, andererseits in Aussagen, die sie über die entsprechenden Texte treffen.

Trotz dieser nahezu untrennbaren Verbindung von Literaturdidaktik und Wertung lässt sich aus dem aktuellen didaktischen, aber vor allem auch aus dem bildungspolitischen Diskurs eine gewisse Skepsis gegenüber letzterer herauslesen. Die Frage nach der Wertung von Kinder- und Jugendliteratur wird von Didaktikerinnen und Didaktikern nur selten behandelt. Die einzige ausführliche Publikation zu diesem Thema wurde von Bettina Kümmerling-Meibauer verfasst, die sich der Wertungsproblematik über den Klassikerbegriff annähert.[16]

Dies hängt vor allem mit der Bedeutung zusammen, die dem Aspekt der Leseförderung zukommt. Seit dem so genannten „PISA-Schock" und der daraufhin beschworenen „Krise des Lesens"[17] hat sich die Leseförderung nicht nur zu einem der führenden didaktischen Paradigmen, sondern auch zu einem beliebten Gegenstand des öffentlichen Diskurses entwickelt. Auch im Zeitalter neuer Medien und Informationstechnologien wird der Lektüre von Büchern ein wichtiger Stellenwert innerhalb des Bildungskanons zuerkannt, und Lesefähigkeit wird als unverzichtbare Kompetenz für eine erfolgreiche Lebensführung angesehen. Als wichtige Grundlagen für das Erlernen dieser Fähigkeit werden Lesemotivation

---

14 Nach v. Heydebrand/Winko wie folgt definiert: „Der Begriff ‚Literatur' bezeichnet die Gesamtheit der Texte, die im allgemeinen Sprachgebrauch und von der Literaturwissenschaft ‚literarisch' genannt werden und zentral, wenn auch nicht ausschließlich, den Gegenstand der Literaturwissenschaft bilden. Sie werden aus der Gesamtheit alles Geschriebenen und Gedruckten ausgegrenzt durch die Merkmale der ‚Literarizität', ‚Poetizität' und/oder ‚Ästhetizität'." (v. Heydebrand/Winko 1996, S. 23.)
15 v. Heydebrand/Winko 1996, S. 26.
16 Vgl. Kümmerling-Meibauer 2003.
17 Vgl. zum Beispiel http://www.nzz.ch/2004/09/29/fe/article9VPAZ.html (04.07.2012).

und Lesefreude betrachtet.[18] Folgt man dieser Annahme, so gilt es also zu allererst die Motivation zu fördern, wenn es darum geht, Kompetenzen im Bereich Lesen aufzubauen. Viele aktuelle Leseförderungskonzepte sind daher quantitativ ausgerichtet, zielen also vorrangig darauf ab, die Menge der gelesenen Texte zu erhöhen. Obwohl Leseinteresse und Erfolg bei internationalen Vergleichsstudien eben gerade nicht positiv korrelieren[19], ist in der Diskussion um die internationalen Vergleichsstudien ein Grundsatz anscheinend unhinterfragt akzeptiert: Vielleser sind gute Leser, denn „[…] implizit nimmt man ja doch an, dass die private Lektüre und die Menge des Gelesenen ‚irgendwie' zu größerer Kompetenz führen."[20] Entsprechend wird immer wieder die Zunahme des Bevölkerungsanteils an erklärten Nichtlesern oder gar „Leseverweigerern"[21] beklagt. In diesem Zusammenhang findet eine Aufwertung der Freizeitlektüre von Schülerinnen und Schülern statt, die im Gegensatz zur schulischen „Frustlektüre" als motivationsfördernd angesehen wird:

> Die Konsequenz im Hinblick auf Leseförderung besteht demnach einerseits in einer Abkehr von Kurztexten, andererseits in einer Hinwendung zu solchen Büchern, zu denen Kinder und Jugendliche außerhalb der Schule greifen. Dies sind z.B. in den unteren Klassen weniger die ‚Problembücher' als vor allem spannende und unterhaltende Bücher aus dem Bereich der ‚phantastischen Erzählliteratur.'[22]

Damit wandelt sich auch die Rolle der Literaturdidaktiker und Deutschlehrer, deren Deutungs- und Wertungshoheit in Frage gestellt wird. Vielmehr sollen Schülerinnen und Schüler selbst entscheiden, welche Texte sie als hochwertig ansehen. Wie Lehrerinnen und Lehrer diese Texte bewerten, spielt dagegen in vielen Leseförderungskonzepten keine Rolle.

Zwar werden qualitative Unterschiede von Texten nicht negiert, doch die Notwendigkeit der Anleitung junger Leserinnen und Leser durch Lehrpersonen in dieser Hinsicht in Frage gestellt. So zählt der französische Schriftsteller Daniel Pennac zu den „zehn unantastbaren Rechten des Lesers" auch „Das Recht, irgendwas zu lesen."[23] Pointiert bringt er die Haltung von Schülerinnen und Schülern zur Frage der Unterscheidung von guter und schlechter Literatur auf die Formel: „Nein, nein, man hat das Recht zu schreiben, was man will, und jeder Lesergeschmack ist naturgegeben, ist doch wahr!"[24]

---

18   Vgl. Gold 2007, S. 37.
19   Vgl. Karg 2005, S. 44-51.
20   Karg/Mende 2010, S. 218.
21   Vgl. Gold 2007, S. 39.
22   Fritzsche 2007, S. 227.
23   Pennac [2]2006, S. 180.
24   Pennac [2]2006, S. 181.

Auch wenn Pennac durchaus der Meinung ist, dass es qualitative Unterschiede zwischen einzelnen Texten gibt und einige Kriterien nennt, nach denen eine Zuordnung möglich wird, plädiert er doch dafür, Kinder und Jugendliche in dieser Hinsicht nicht anzuleiten, sondern sie selbst zur guten Literatur finden zu lassen:

> Es gibt also ‚gute' und ‚schlechte' Romane. Meistens sind es letztere, denen wir zuerst über den Weg laufen. Und wahrhaftig, als die Reihe an mir war, habe ich das ‚ganz toll' gefunden, wie ich mich erinnere. Ich hatte großes Glück: Man hat sich nicht über mich lustig gemacht, man hat nicht die Augen verdreht, hat mich nicht einen Schwachkopf genannt. Man hat einfach einige ‚gute' Romane in meiner Nähe herumliegen lassen und sich gehütet, mir die anderen zu verbieten. Das war weise. Eine Zeitlang lesen wir gute und schlechte Romane durcheinander. Wie wir auch nicht von einem Tag auf den andern unsere Kinderbücher aufgeben. Alles vermischt sich. Man hat *Krieg und Frieden* durch und stürzt sich wieder auf Abenteuerromane. Man wechselt von Frauen-Romanen (Geschichten von gutaussehenden Ärzten und edlen Krankenschwestern) zu Boris Pasternak und seinem *Doktor Schiwago* – auch er ein gutaussehender Arzt und Lara eine ach so edle Krankenschwester! Und dann, eines Tages, trägt Pasternak den Sieg davon. Unmerklich treiben unsere Wünsche uns immer mehr zu den ‚Guten.'[25]

Pennac vertritt also die Auffassung eines „Hinauflesens" von schlechter zu guter Literatur als natürlichem Bestandteil des Lesesozialisationsprozesses. Statt von Lehrpersonen vermittelt zu bekommen, was „gute" und „schlechte" Texte sind, sollen Schülerinnen und Schüler also selbst zu ihrem eigenen System der Wertung von Literatur finden. Abgesehen davon, dass diese Annahme sehr optimistisch anmutet, würde ihre konsequente Umsetzung auch im Bereich des Literaturunterrichts zu einer radikalen Neuorientierung der Rolle der Lehrperson führen, da ihre Aufgabe im Wesentlichen darin bestünde, „gute" Literatur in der Nähe der Schüler „herumliegen zu lassen."

Ebenso wenig, wie die Wertungsfrage in der Praxis des Deutschunterrichts vollständig ausgeblendet werden kann, lassen sich allgemeingültige Kriterien festlegen, anhand derer Texte objektiv in „gute" und „schlechte" Literatur eingeteilt werden könnten. Die Wertung von Literatur hängt immer stark von Normen, Rollen und Handlungssituationen im Sozialsystem Literatur ab. Dabei ist die Wertungssituation, in der Literaturdidaktiker und Deutschlehrer handeln, besonders komplex: einerseits ist sie philologischen Normen verpflichtet, andererseits aber auch von pädagogischen Belangen geprägt.

Nach Renate von Heydebrand und Simone Winko steht literaturwissenschaftliche Wertung in engem Zusammenhang mit dem bereits erwähnten Verständnis von Literatur als Sozialsystem, innerhalb dessen um 1800 ein funda-

---

25   Pennac [2]2006, S. 182 f.

mentaler Wandel stattfand. Zu dieser Zeit wurde die bis dahin gültige heteronome Ästhetik, die in der Tradition der Rhetorik steht und innerhalb derer Texte in
Gebrauchszusammenhängen betrachtet und gewertet werden, von der so genannten Autonomieästhetik, einer Ästhetik der „Literatur als Kunst", abgelöst.[26]
Mit ihr ändert sich die Funktion der Literatur entscheidend:

> Sie will nicht auf unterhaltsame Weise belehren, versteht sich nicht mehr als erlern-
> bare Technik der Vermittlung von Wahrheiten, die sich auch auf andere Art ausdrü-
> cken ließen, und nicht mehr als wirkungsvolle, schöne Einkleidung allgemeiner Ein-
> sichten. Vielmehr entspringt sie, dem Selbstverständnis ihrer Produzenten entspre-
> chend, der individuellen Eingebung des dichterischen Genies und beansprucht eine
> eigene, nur über die Reflexion ihrer Form zugängliche Wahrheit.[27]

Die Bedeutung dieser Autonomieästhetik für die Literaturwissenschaft, aber
auch für die Literaturdidaktik, ist kaum zu überschätzen, da sie sogar eine deren
wichtigster Grundlagen, nämlich die Definition des Begriffs „literarisch" beeinflusst: „‚Literarisch' heißen Texte, die autonom-ästhetisch rezipiert werden oder
die formal-ästhetische Eigenschaften aufweisen."[28]

Für die Unterscheidung zwischen Autonomie und Heteronomie bedeutsamer
als die Perspektive der Produktion ist die der Rezeption. Der Einbezug formal-
ästhetischer Kriterien ermöglicht die Berücksichtigung von Texten, die zu vor-
autonomer Zeit entstanden sind – also antike, mittelalterliche und barocke Texte
– innerhalb des Literaturbegriffs. Indem Literatur, die unter heteronomen Pro-
duktionsbedingungen entstanden ist, vor allem im Hinblick auf ihre formal-
ästhetischen Qualitäten und losgelöst von ihren ursprünglichen Gebrauchszusammenhängen rezipiert wird, findet eine Autonomisierung dieser Texte statt.[29]
Die autonom-ästhetische Rezeptionshaltung stellt vor allem in literaturwissenschaftlichen Handlungszusammenhängen in der Regel die Basis für die Wertung
von Texten dar. Moderne Philologien sind in hohem Maße an die Autonomieästhetik gebunden, was bedeutet, dass autonome Verarbeitungsmodi grundsätzlich
höher gewertet werden als heteronome.[30] Als Vermittlungsinstanz zwischen Literaturwissenschaft und Schule bleibt die Literaturdidaktik diesen Wertsprachen
in hohem Maße verpflichtet. Gleichzeitig bestimmen aber auch andere Normen
den unterrichtlichen Umgang mit Literatur, die nicht zwangsläufig einer auto-
nomen Ästhetik entsprechen:

---

26   Vgl. v. Heydebrand/Winko 1996, S. 26.
27   v. Heydebrand/Winko 1996, S. 26.
28   v. Heydebrand/Winko 1996, S. 29.
29   Vgl. v. Heydebrand/Winko 1996, S. 27.
30   Vgl. v. Heydebrand/Winko 1996, S. 328.

Im Äußerungskontext ‚Schule' treten ‚heteronome' Wertsprachen in den Vordergrund: Literarische Texte werden für die Zwecke einer vielfältigen Erziehung eingesetzt, z.b. für den Erwerb verfeinerter Sprachkompetenz und historischen Wissens oder für die Persönlichkeitsbildung; zur Einführung in aktuelle soziale oder psychosoziale Probleme; als Mittel, die Motivation der Schüler aufrechtzuerhalten oder zu verbessern; als gesellschaftliches ‚symbolisches Kapital' u.a.m.[31]

Die Wertung von Literatur im und für den Deutschunterricht ist also nicht nur höchst komplex, sondern oft auch von Widersprüchen geprägt, die sich aus den unterschiedlichen Voraussetzungen des Umgangs mit Texten im Unterricht ergeben. Daher ist es unverzichtbar, die Grundlagen, auf denen Aussagen über die Qualität eines Textes getroffen werden, transparent zu machen und zu betonen, dass sich die Beurteilung des Textes auf eine bestimmte literarische und unterrichtliche Handlungssituation bezieht. Dies gilt auch für die Analyse der im Folgenden untersuchten Texte im Hinblick auf ihre Verwendung in Unterrichtssituationen und als Privatlektüre. Diese stellt ebenfalls eine Wertungshandlung dar, deren Grundlagen und Kriterien alles andere als selbstverständlich und allgemeingültig sind.

Simone Winko und Renate von Heydebrand beschreiben Wertung als „[…] Handlung, in der ein Subjekt in einer konkreten Situation aufgrund von Wertmaßstäben (axiologischen Werten) und bestimmten Zuordnungsvoraussetzungen einem Objekt Werteigenschaften (attributive Werte) zuschreibt."[32] Als axiologischer Wert wird ein Maßstab bezeichnet, der ein Objekt oder ein Merkmal davon als wertvoll erscheinen lässt. Er wird zunächst als sehr abstrakter, allgemeiner Wert festgelegt und begründet die Festlegung konkreter Kriterien. So lassen sich zum Beispiel aus dem axiologischen Wert „Emanzipation der Frau" Werte wie „selbstständige Denkweise", „Artikulationsfähigkeit", „Verweigerung einer Dienst- und Opferrolle" oder „unabhängige Lebensweise" als Maßstab für die Beurteilung der Darstellung von Frauenfiguren ableiten.[33]

Der Begriff „attributiver Wert" hingegen bezeichnet „[…] ein Objekt oder ein Merkmal eines Objekts, dem auf der Grundlage eines axiologischen Wertes die Qualität zugeschrieben wird, werthaltig zu sein."[34] Dabei kann es sich sowohl um positive als auch um negative Zuschreibungen handeln. Setzt man den oben ausgeführten axiologischen Wert „Emanzipation der Frau" voraus, wird die Tatsache, dass in einem Text Frauenfiguren dargestellt werden, die ein selbstbestimmtes Leben führen, zum attributiven Wert dieses Textes. Dieser ist positiv, wenn man die Emanzipation der Frau als hohen gesellschaftlichen Wert

---

31   v. Heydebrand/Winko 1996, S. 329.
32   v. Heydebrand/Winko 1996, S. 39.
33   Vgl.. v. Heydebrand/Winko 1996, S. 40 f.
34   v. Heydebrand/Winko 1996, S. 42.

ansetzt, er kann aber auch negativ sein, wenn die Emanzipation abgelehnt wird.[35] Im Gegensatz zu axiologischen Werten sind attributive Werte an ein bestimmtes Objekt gebunden und auf eine konkrete Wertungssituation beschränkt.[36]

Der Unterschied zwischen axiologischen und attributiven Werten ist kein inhaltlicher, sondern bezieht sich auf die Perspektive:

> Bezieht sich eine Aussage auf den Wertmaßstab, mit dessen Hilfe attributive Werte zugeschrieben oder weitere axiologische Werte legitimiert werden, so nennen wir den Wert einen axiologischen; bezieht sich die Aussage schon auf den Text oder auf Merkmale im Text, so haben wir es mit einem (gleich bezeichneten) attributiven Wert zu tun.[37]

In der Wertungshandlung wird also ein Merkmal des Textes beschrieben und auf einen axiologischen Wert bezogen, wodurch es erst zum attributiven Wert wird. Diese Beziehung kann nicht logisch, sondern nur pragmatisch aus der Wertungshandlung erklärt werden. Hierzu ist notwendig, die Zuordnungsvoraussetzungen des Wertenden zu beschreiben. Dies ermöglicht die Beantwortung von zwei Fragen:

- „Was bringt einen Wertenden dazu, eine beobachtbare Texteigenschaft zu einem axiologischen Wert in Beziehung zu setzen?"[38]
- „Was bringt ihn dazu, niederstufige, konkretere axiologische Werte auf einen höhergeordneten, abstrakteren axiologischen Wert zu beziehen?"[39]

Zuordnungsvoraussetzungen beruhen nicht ausschließlich auf subjektiven Mustern, sondern sind auch von gesellschaftlichen und zielgruppenspezifischen Konsensen geprägt.[40] Im Hinblick auf die folgende Analyse und Wertung verschiedener Texte bedeutet dies, dass vor allem literaturwissenschaftliche und didaktische Paradigmen als Zuordnungsvoraussetzungen betrachtet werden müssen. Die axiologischen Werte werden zwar auf eine bestimmte Zuordnungsvoraussetzung bezogen erarbeitet, es bestehen in vielen Fällen aber auch Verbindungen zu anderen Zuordnungsvoraussetzungen oder axiologischen Werten.

---

35   Vgl. v. Heydebrand/Winko 1996, S. 43.
36   Vgl. v. Heydebrand/Winko 1996, S. 42 f.
37   v. Heydebrand/Winko 1996, S. 43.
38   v. Heydebrand/Winko 1996, S. 44.
39   v. Heydebrand/Winko 1996, S. 44.
40   Vgl. v. Heydebrand/Winko 1996, S. 45.

18

3. Voraussetzungen und Kriterien zur Wertung von Kinder- und Jugendliteratur mit Mittelalterbezug

3.1. (Phantastische) Kinder- und Jugendliteratur

3.1.1. Zuordnungsvoraussetzungen: Charakteristika und Funktionen der (phantastischen) Kinder- und Jugendliteratur

Zur Definition des Begriffs „Kinder- und Jugendliteratur" hat sich angesichts des äußerst heterogenen Gegenstandsbereichs in der Kinder- und Jugendliteraturforschung die Praxis eingebürgert, mit mehreren Feldern, die sich gegenseitig überlappen, aber doch unterschiedliche Randbereiche aufweisen, zu arbeiten. Über die Benennungen dieser verschiedenen Textkorpora besteht mittlerweile weitgehend Einigkeit.

Zunächst ist zur Kinder- und Jugendliteratur zu rechnen, was Kinder und Jugendliche nach der Vorstellung von Erwachsenen – Eltern, Lehrer, Erzieher, Autoren, Verleger, Kritiker, Buchhändler – lesen sollten. Dieses Korpus wird also über eine Auswahlhandlung Erwachsener definiert. In der Kinder- und Jugendliteraturforschung wird hierfür der Terminus „intentionale"[41] oder auch „intendierte"[42] Kinder- und Jugendliteratur verwendet. In der Vergangenheit existierte dieses Textkorpus vor allem als institutionalisierter Lektürekanon, doch mit der Ausdifferenzierung des Literaturmarktes kommt der adressatenspezifischen Publikation der entsprechenden Texte eine wachsende Bedeutung zu. Historisch gesehen wurden die Werke, die von Kindern und Jugendlichen gelesen werden sollten, zuerst von kirchlichen Instanzen, später von solchen des säkulären Bildungswesens und schließlich von Einrichtungen der pädagogischen und der literarischen Öffentlichkeit bestimmt. Lange Zeit gab es keine Werke, die speziell für junge Leserinnen und Leser verfasst wurden. Intendierte Kinder- und Jugendliteratur trat zunächst nur in Form einer adressatenspezifischen Verwendung bereits vorhandener, ursprünglich für Erwachsene verfasster Texte auf. Produzenten von Kinder- und Jugendbüchern waren keine Autoren, sondern vorwiegend Herausgeber und Bearbeiter.[43] Die vorhandenen Texte wurden nicht

---

41   Vgl. Ewers [3]2002, S. 3 f.
42   Vgl. Ewers [2]2012, S. 15.
43   Vgl. Ewers [3]2002, S. 3 f.

einfach nur als Lektüre für Kinder und Jugendliche empfohlen und verwendet, sondern in vielen Fällen auch speziell an das Publikum angepasst. So wurden beispielsweise in der Jugendbuchausgabe von Daniel Dafoes *Robinson Crusoe* weite Passagen gestrichen, die von den Bearbeitern wohl als zu schwierig für Kinder und Jugendliche empfunden wurden. Damit treten die philosophischen und gesellschaftlichen Implikationen der Geschichte in den Hintergrund, und sie wird allein auf die abenteuerliche Handlung reduziert.

Dieses Vorgehen, vorhandene Literatur jungen Leserinnen und Lesern zur Lektüre zu empfehlen oder für die Lektüre zu bearbeiten, wird verständlich, wenn man berücksichtigt, dass sich das Verständnis von Kindheit des 18. Jahrhunderts von dem des 20. und 21. Jahrhunderts stark unterscheidet: „Bis zur Mitte des 18. Jahrhunderts […] war das Kind im wesentlichen als kleiner Erwachsener verstanden worden, eingebunden in die ungeteilte Lebenswelt der ‚großen' Erwachsenen, unabgetrennt von Arbeit und Berufsfeld der Eltern."[44] Die Notwendigkeit einer speziellen Literatur für Kinder und Jugendliche war daher nicht gegeben. Erst die neuen, im Laufe des 18. Jahrhunderts auftretenden Vorstellungen von Kindheit und Jugend veränderten die Ansprüche an Literatur für junge Leserinnen und Leser, und diese Erwartungen konnte das vorhandene literarische Angebot nicht erfüllen. Daher wuchs ab dem Ende des 18. Jahrhunderts die Bedeutung von Werken, die eigens für junge Leserinnen und Leser verfasst wurden. Für diesen Unterbereich der intendierten Kinder- und Jugendliteratur hat sich der Begriff „spezifische Kinder- und Jugendliteratur" eingebürgert.[45] In neueren Publikationen wird vor allem der Begriff „originäre Kinder- und Jugendliteratur" verwendet.[46]

Mit dem Auftreten dieser Form von Kinder- und Jugendliteratur und der Ausbreitung des literarischen Marktes kommen als weitere Autoritäten neben Bildungseinrichtungen Autoren und Verleger hinzu. Ihr Recht auf eigenständige Lektüreempfehlungen wird allerdings von den traditionellen Instanzen immer wieder mit der Begründung, diese würden lediglich auf kommerziellen Überlegungen basieren, angezweifelt. Diese Konkurrenz bedingt die Aufspaltung der intendierten Kinder- und Jugendliteratur in eine (positiv) sanktionierte Kinder- und Jugendliteratur und eine nicht- bzw. negativ sanktionierte Kinder- und Jugendliteratur. Letztere wird „[…] von Druckern bzw. Verlegern unter Umgehung oder gar in Missachtung der gesellschaftlich anerkannten Bewertungsinstanzen auf den Markt gebracht."[47] Gelegentlich wird die nicht- oder negativ

---

44 Haas 1993, S. 129.
45 Vgl. Ewers [3]2002, S. 5.
46 Vgl Ewers [2]2012, S. 19.
47 Ewers [3]2002, S. 4.

sanktionierte Kinder- und Jugendliteratur auch als „kommerzielle Kinder- und Jugendliteratur" bezeichnet. Dieser Terminus ist allerdings implizit abwertend und polemisch und wird daher in der Kinder- und Jugendliteraturforschung in der Regel nicht verwendet.[48]

Zur Kinder- und Jugendliteratur im weiteren Sinne gehört allerdings nicht nur, was von Kindern und Jugendlichen nach der Meinung Erwachsener gelesen werden soll, sondern auch das, was von jungen Lesern ohne Rücksicht auf Empfehlungen tatsächlich rezipiert wird. Die Gesamtheit der von Kindern und Jugendlichen tatsächlich konsumierten Literatur wird in der Regel als „Kinder- und Jugendlektüre" bezeichnet. Der Teil dieser Kinder- und Jugendlektüre, der über die intendierte Kinder- und Jugendliteratur hinausgeht, wird „nicht-intendierte Kinder- und Jugendlektüre" genannt. Dieser Bereich unterteilt sich wiederum je nach seiner Beurteilung durch Erwachsene in „heimliche Lektüre", die unbemerkt bleibt, „tolerierte Lektüre" und „verbotene Lektüre", die aktiv unterbunden und oftmals als „Schmutz und Schund" bekämpft wird.[49]

Die Funktionen von Kinder- und Jugendliteratur sind vielfältig und nicht zu trennen von ihren unterschiedlichen Formen und Ausprägungen. Daher kann nicht davon die Rede sein, dass Kinder- und Jugendliteratur in jedem Fall eine oder mehrere spezifische Funktionen erfüllt. Vielmehr sind diese auch abhängig von textbezogenen und inhaltlichen Merkmalen.

Eine häufig auftretende Funktion der Kinder- und Jugendliteratur liegt in einem Beitrag zur Erziehung und Sozialisation der Leserinnen und Leser. Sie wird erfüllt von Werken, die Wissensbestände enthalten, die von jungen Menschen erworben werden sollten und/oder überlieferte Sitten, moralische Prinzipien und Verhaltensnormen als befolgenswert darstellen. Den Leserinnen und Lesern werden Kenntnisse und Werte vermittelt, die für die Erziehung und die Teilhabe an allgemeinen Kulturgütern als wichtig angesehen werden.[50] Darüber hinaus kann Literatur für Kinder und Jugendliche die Funktion einer direkten Orientierungshilfe für ihre Lebenswirklichkeit erfüllen. Bei dieser Ausrichtung handelt es sich um eine relativ junge Erscheinung: vor den 70er Jahren des 20. Jahrhunderts herrschte die Literatur der so genannten „Schonraumpädagogik" vor, in der den jungen Leserinnen und Lesern eine überwiegend heile Welt vorgeführt wurde und keine Probleme thematisiert wurden. Erst in den 80er und 90er Jahren wandten sich Kinder- und Jugendbuchautoren verstärkt gesellschaftlichen und familiären Themen und Problemstellungen zu.[51] Vor allem die so genannten

---

48   Vgl. Ewers [3]2002, S. 4.
49   Vgl. Ewers [3]2002, S. 3 ff.
50   Vgl. Ewers [3]2002, S. 7.
51   Vgl. Jesch 2005, S. 233.

„problemorientierten Kinder- und Jugendbücher" thematisieren krisenhafte Individuationsprozesse, die oft unter kritikwürdigen gesellschaftlichen Bedingungen stattfinden.[52] Es werden Probleme dargestellt, die den Leserinnen und Lesern aus ihrem eigenen Alltag potentiell bekannt sind und über Identifikationsfiguren Verhaltensmodelle angeboten, denen die Kinder und Jugendlichen folgen sollen.

Des Weiteren kommt der Kinder- und Jugendliteratur oftmals eine literarästhetische Bildungsfunktion zu. Speziell für junge Leserinnen und Leser geschriebene oder bearbeitete Texte bekommen so den Status einer Einstiegs- oder Anfängerliteratur. Im Umgang mit ihr wird Leserinnen und Lesern die Möglichkeit eröffnet, sich die Regeln des literarischen Systems anzueignen. Um diese Art von Lernen zu ermöglichen, müssen die Texte allerdings auch bestimmten Kriterien entsprechen, insbesondere Einfachheit, Redundanz, Regelhaftigkeit und Nähe zur Mündlichkeit.[53] Diese Funktion bedingt auch andere Wertungsmaßstäbe für diese Art von Literatur:

> Tatsache ist, dass Kinderbücher weder den gleichen intellektuellen noch den gleichen kritischen Ansprüchen gerecht werden können, die an Erwachsenenliteratur gestellt werden. Sie sind für Neulinge auf dem Gebiet der Literatur konzipiert, und deren Bedürfnissen müssen sie zunächst einmal Rechnung tragen.[54]

Dennoch wird immer wieder auch an die Kinder- und Jugendliteratur der Anspruch gestellt, Kunst zu sein. Anna Krüger, eine in den 60er Jahren des 20. Jahrhunderts tätige Didaktikerin, war der Ansicht, ästhetisch anspruchsvolle Werke der Kinder- und Jugendliteratur müssten einer philologischen Analyse standhalten.[55] Von einer unterrichtlichen Behandlung solcher Literatur erhofft sie sich einen Beitrag zur literarischen Bildung der Schüler, aber auch den Aufbau von Kritikfähigkeit gegenüber literarischen Werken.[56] Heute konstatieren verschiedene Autoren wie beispielsweise Bettina Hurrelmann, dass die originäre Kinder- und Jugendliteratur zunehmend an ästhetischer Komplexität gewinnt und sich damit der Erwachsenenliteratur annähert. Sie sieht diese Gegebenheit allerdings nicht als Qualitätsmerkmal, sondern befürchtet eher, dass diese Literatur ihre Zielgruppe nur noch im Rahmen des Deutschunterrichts erreichen könne.[57] Allerdings ist diese Befürchtung nur bedingt berechtigt: der Horizont der literarischen Bildung erschöpft sich schließlich nicht in einem Einstieg in die

---

52 Vgl. Jesch 2005, S. 231.
53 Vgl. Ewers [3]2002, S. 8.
54 Oppermann 2005, S. 38.
55 Vgl. Krüger [3]1973, S 28.
56 Vgl. Krüger [3]1973, S. 33.
57 Vgl. Hurrelmann (Kinder- und Jugendliteratur im Unterricht) 2002, S. 141 ff.

Auseinandersetzung mit Literatur über einfache Texte, sondern kann über immer komplexere Kinder- und Jugendliteratur bis zu kanonischer Literatur für Erwachsene führen.[58]

Die in den 60er und 70er Jahren des 20. Jahrhunderts sehr einflussreiche didaktische Strömung des „kritischen Lesens" stellte die Kinder- und Jugendliteratur in den Dienst der Ideologiekritik und wollte sie dazu benutzt sehen, einen distanzierten und textkritischen Lesemodus zu fördern. Nicht zu Unrecht weisen heutzutage Didaktikerinnen und Didaktiker auf die Gefahr eines Konflikts zwischen Schülerorientierung und kritisch-distanzierter Gegenstandsorientierung hin, wenn Schülerinnen und Schülern zunächst in ihrer Neigung zu bestimmten Werken entgegengekommen wird, daraufhin allerdings eine Distanzierung davon erwartet wird.[59]

Mit der verstärkten Rezeption von Kinder- und Jugendliteratur durch Erwachsene und der Tendenz zu *All-age*-Büchern rückt in der Kinder- und Jugendliteraturforschung, aber auch im öffentlichen Diskurs der Aspekt der Mehrfachadressiertheit und potentiellen Doppelsinnigkeit solcher Texte immer mehr in den Fokus. Kinder- und Jugendliteratur ist trotz ihres oft starken Bezugs auf die Rezipienten – gerade bei der originären Kinder- und Jugendliteratur – niemals ausschließlich an eine Lesergruppe gerichtet. Vielmehr weist sie, wie vor allem Hans-Heino Ewers immer wieder hervorgehoben hat, eine komplizierte Mehrfachadressierung auf, die darin begründet liegt, dass es immer mindestens einen inoffiziellen Adressaten gibt: den mitlesenden Erwachsenen.[60] Der Bereich der Kinder- und Jugendliteratur ist wie kein anderer literarischer Zweig von der Rolle erwachsener Vermittler geprägt. Vor allem bei Kinderliteratur richten sich die Texte in erster Linie an Leserinnen und Leser, die noch nicht fähig sind, den literarischen Markt selbstständig zu nutzen und die daher darauf angewiesen sind, dass erfahrene Leserinnen und Leser ihre literarischen Bedürfnisse erkennen und entsprechende Texte für sie auswählen. Dadurch erhalten sie überhaupt erst die Chance, eine literarische Handlungskompetenz aufzubauen. Die Mitwirkung von Erwachsenen am kinderliterarischen Kommunikationsprozess ist keine Bevormundung, sondern eine Notwendigkeit, da dieser Prozess ohne sie nicht in

---

58 Vgl. Jesch 2005, S. 41.

59 Vgl. Hurrelmann (Kinder- und Jugendliteratur im Unterricht) 2002, S. 137.

60 Um allerdings deutlich zu machen, dass der erwachsene Mitleser nicht der eigentliche Adressat der originären Kinder- und Jugendliteratur ist, verwendet Ewers den Begriff „Mehrfachadressiertheit" in neueren Publikationen nur noch zur Bezeichnung von Texten, von denen unterschiedliche Adressatengruppen – also beispielsweise sowohl Erwachsene als auch Kinder und Jugendliche – als eigentlicher Leser angesprochen werden. Diese Sichtweise kommt vor allem in der Forschung zu *All-Age*-Literatur und *Crossover*-Vermarktung zum Tragen. Vgl. Ewers [2]2012, S. 57-62.

Gang käme. Die Bedeutung der Vermittlungsinstanz hat Auswirkungen auf die Textproduktion, denn ein Kinderbuchautor muss zunächst nicht seine kindliche Leserin oder seinen Leser, sondern die erwachsenen Vermittler von der Qualität seines Werkes überzeugen. Ansonsten besteht die Gefahr, dass er seinen eigentlichen Adressaten überhaupt nicht erreicht. Allerdings zählt nicht ausschließlich die Bewertung des erwachsenen Vermittlers, denn dieser wird je nach Entwicklungsstand und Ausgeprägtheit des Werturteils der Meinung der jungen Leser durchaus Rechnung tragen.[61]

Dem erwachsenen Mitleser von Kinderliteratur kommt eine paradoxe Rolle zu:

> Der hier angesprochene Erwachsene liest die Kinderliteratur in dem Bewußtsein, nicht der eigentliche Adressat zu sein, und wähnt sich doch als ihr kompetenter Beurteiler. Er nimmt gleichsam als Fachkraft für Kinderliterarisches eine bestimmte Rolle ein, die sich von der unterscheidet, die er bei seiner sonstigen Lektüre, beim Lesen von Erwachsenenliteratur mithin spielt.[62]

Eine erwachsene Leserin bzw. ein erwachsener Leser von Kinder- und Jugendliteratur begibt sich in ein literarisches Handlungssystem, dessen eigentlicher Adressat er nicht ist und trifft sein Werturteil aufgrund seiner Vorstellungen von jungen Leserinnen und Lesern und deren Bedürfnissen.[63]

Neben dieser Leserhaltung, die Ewers als den „Normalfall" der erwachsenen Lektüre von Kinder- und Jugendliteratur bezeichnet, gibt es auch Fälle, in denen Erwachsene Kinder- und Jugendliteratur rezipieren, sie aber nicht anders lesen als ihre übliche Lektüre. Die eigentlich an junge Leserinnen und Leser gerichtete Literatur wird nicht als eigenes literarisches System begriffen, in der sich eine erwachsene Leserin bzw. ein erwachsener Leser anders verhält, als er es von Texten der Erwachsenenliteratur gewohnt ist. Vielmehr fühlt sich der Erwachsene ebenfalls direkt als eigentlicher Leser angesprochen. Mit dieser Lesehaltung lassen sich Aspekte in den Texten hervorheben – beispielsweise ästhetischer, motivgeschichtlicher oder kulturhistorischer Natur – die Erwachsenen, die unter dem Gesichtspunkt des Vermittlungsaspekts lesen, möglicherweise verborgen bleiben. Gleichzeitig gibt es auch Autoren, die sich an den erwachsenen Leser nicht als Vermittler, sondern schlicht als Literaturkonsumenten, als Leserin oder Leser wenden. Diese setzen sich dem literarischen Urteil des Erwachsenen ohne Einschränkungen aus, da sie nicht länger auf die Toleranz setzen können, die der Kinder- und Jugendliteratur im Normalfall entgegengebracht wird. Sofern die erwachsene Leserin bzw. der erwachsene Leser sich nicht literarisch regressiv

---

61   Vgl. Ewers 1990, S. 15 f.
62   Ewers 1990, S. 16.
63   Vgl. Ewers 1990, S. 16.

verhält, kann ein Text jedoch nicht gleichzeitig von Kindern, Jugendlichen und Erwachsenen in demselben Sinn gelesen werden. Daher muss die Möglichkeit bestehen, dass Kinder und Erwachsene denselben Text auf eine ganz unterschiedliche Weise lesen.[64] Ewers spricht von „doppelsinniger" oder „doppelbödiger" Literatur, die er wie folgt charakterisiert: „Es handelte sich hierbei um eine doppelbödige, um eine doppelsinnige Literatur, die die nicht mehr auszuradierende Differenz zwischen der literarischen Formensprache des Kindes und der des Erwachsenen in sich aufgenommen hätte und in sich reproduzierte."[65]

Als frühestes Beispiel für eine solche doppelsinnige Literatur nennt Ewers das Kunstmärchen E.T.A. Hoffmanns. Während Kinder die Erzählungen als Reihe merkwürdiger, abenteuerlicher und unwahrscheinlicher Ereignisse und magischer und wunderbarer Vorgänge läsen, beteiligten sich Erwachsene am „ironischen Spiel des teils souverän-witzigen, teils sentimentalisch-gerührten Erzählers [...], der hinter der einfachen Rede der Märchenerzählung eine zweite, unendlich anspielungsreiche und tiefe Bewusstseinsebene eröffnete."[66] Von den kindlichen Leserinnen und Lesern wird diese zweite Sinnebene nicht oder kaum wahrgenommen. Von größter Bedeutung ist allerdings, dass zwischen den beiden Ebenen die richtige Balance besteht: die zweite Sinnebene darf nicht über die erste dominant sein, da sonst die kindliche Lektüre beeinträchtigt würde. Außerdem darf der Doppelsinn keinesfalls unabdingbar für das Textverständnis sein, sondern muss einen Mehrwert darstellen. Weitere doppelsinnige Werke finden sich nach Ewers in der ironischen Märchendichtung des 18. und frühen 19. Jahrhunderts.[67]

Das wohl prominenteste zeitgenössische Beispiel für ein doppelsinniges Kinder- bzw. Jugendbuch ist die *Harry-Potter*-Reihe. Die Bücher werden mit Begeisterung von Leserinnen und Lesern aller Altersgruppen und vieler unterschiedlicher Kulturkreise rezipiert. Dass so viele unterschiedliche Rezipienten sich für ein und dasselbe Buch begeistern, wäre sicher nicht denkbar, wenn die *Harry-Potter*-Romane nicht so viele unterschiedliche Lesarten anbieten würden, die in entscheidender Weise vom Vorwissen und der kulturellen Sozialisation der Leserinnen und Leser bestimmt sind.

Die vorhergegangenen Ausführungen können gleichermaßen auf alle Formen und Genres der Kinder- und Jugendliteratur bezogen werden. Da jedoch Mittelalterbezüge auch verstärkt im Bereich der phantastischen Kinder- und Ju-

---

64 Vgl. Ewers 1990, S. 19 f.
65 Ewers 1990, S. 20.
66 Ewers 1990, S. 20.
67 Vgl. Ewers 1990, S. 20 f.

gendliteratur sowie der Fantasy-Literatur auftreten, ist es angebracht, auch die spezifischen Eigenschaften und Funktionen dieser Genres zu betrachten.

Nach Helmut Pesch bedient sich literarische Phantastik bestimmter Möglichkeiten, die die menschliche Phantasie eröffnet, und unterwirft sich dabei literarischen Konventionen. Somit schafft sie die Grundlage für ein Gattungsgefüge, in dem sich unterschiedliche Formen des Phantastischen manifestieren.[68] Dieses stellt sich allerdings äußerst heterogen dar, und eine einheitliche, allgemeingültige Definition der Phantastik oder der phantastischen Literatur wurde bislang nicht erstellt. Dies gilt vor allem für die phantastische Erwachsenenliteratur, für die ein weites Spektrum von Definitionen erarbeitet wurde.[69]

Die Kinder- und Jugendliteraturforschung hingegen hat, wenn auch hier ebenfalls eine eindeutige Definition des Begriffs „phantastische Kinder- und Jugendliteratur" fehlt, weniger Schwierigkeiten, zumindest einen Konsens zu finden.

Ausgehend von der Definition des Kunstmärchens nach Hoffmann schlägt Göte Klingberg eine Begriffsbestimmung vor, die auf der gleichzeitigen Existenz von Realem und Wunderbarem beruht. Für Klingberg ist das für das Genre konstitutive Motiv die „fremde Welt", die zwangsläufig mit der realen Welt in Verbindung steht. Diese kann sich unterschiedlich darstellen: die fremde Welt kann als magische Welt in die reale eingebettet sein, sie kann als mythische Welt neben der realen existieren, sie kann aber auch die Form einer räumlich und zeitlich entfernten realen Welt annehmen. Der Kontakt zwischen den Welten kann auf unterschiedliche Weise hergestellt werden.[70]

Die Definition des Begriffs „phantastische Kinder- und Jugendliteratur", auf die heutzutage in der Didaktik am häufigsten zurückgegriffen wird, geht auf die Arbeiten der Strukturalistin Maria Nikolajeva zurück.[71] Auch sie betrachtet das Grundmodell der zwei Welten als konstitutiv für das Genre und unterscheidet

---

68 Vgl. Pesch 1982, S. 17.
69 Eine Übersicht über die unterschiedlichen Positionen findet sich bei Kulik 2004, S. 17-51.
70 Vgl. Klingberg 1970, S. 6 ff.
71 Wenngleich der kinder- und jugendliterarische Phantastikbegriff in der Tradition Nikolajevas wegen seiner großen Bedeutung im didaktischen Diskurs und seiner guten Anwendbarkeit auf zahlreiche Texte im Rahmen dieser Arbeit Grundlage der Betrachtung phantastischer Texte ist, soll nicht verschwiegen werden, dass er ebenfalls nicht gänzlich unumstritten ist. So kritisierten in jüngerer Zeit vor allem Hans-Heino Ewers und Gabriele von Glasenapp die Versuche, eine Gattungsdefinition der literarischen Phantastik zu erarbeiten. Sie plädieren dafür, Phantastik und Fantasy als heterogenes Textkorpus zu fassen, das unterschiedliche Textsorten enthält. Vgl. Ewers 2011 und von Glasenapp 2010.

zwischen einem offenen, einem geschlossenen und einem impliziten Modell: die offene Welt ist dadurch gekennzeichnet, dass die erste und zweite Realitätsebene gleichermaßen im Text präsent sind, und beide Welten stehen in Kontakt zueinander. Im geschlossenen Modell existiert die zweite Ebene unabhängig von der ersten und steht zu dieser in keiner Weise in Kontakt. Im impliziten Modell existiert die Sekundärwelt nicht neben der Primärwelt, sondern bricht in die Primärwelt ein. Hervorzuheben ist, dass Nikolajeva im Gegensatz zu den meisten anderen Theoretikern auch die Darstellung einer in sich geschlossenen Sekundärwelt zur phantastischen Kinder- und Jugendliteratur zählt.[72]

Carsten Gansel beschreibt, ebenfalls ausgehend von der Existenz zweier Handlungsebenen als entscheidendem Charakteristikum der phantastischen Kinder- und Jugendliteratur, die folgenden drei Grundmodelle des Phantastischen: Im Grundmodell A treten phantastische Figuren und Erscheinungen in die real-fiktive Welt ein, im Grundmodell B gelangen Figuren aus der real-fiktiven Welt in eine phantastische Welt, und im Grundmodell C wird eine eigene phantastische Welt konstruiert, die ein Spiegelbild der realen Welt in verfremdeter Form sein kann.[73]

Der Übergang von Figuren aus der real-fiktiven Welt in die Sekundärwelt erfolgt meist über „Schleusen" oder „Tore." Beispiele hierfür sind der Kaninchenbau und der Spiegel in Lewis Carrolls *Alice's Abenteuer im Wunderland*[74] und *Alice hinter den Spiegeln*[75], der Schrank in C.S. Lewis' *Das Wunder von Narnia*[76] und Gleis 9 ¾ in J.K. Rowlings *Harry Potter*.[77] Die Reise in die andere Welt selbst kann nach drei verschiedenen Mustern erfolgen: linear (ohne Rückkehr), zirkulär (hin und zurück) oder schleifenförmig (mehrfach hin und zurück).[78]

Problematisch bei all diesen Definitionen ist, dass sie im Gegensatz zu den meisten Begriffsfassungen, die außerhalb der Kinder- und Jugendliteraturforschung erarbeitet wurden, von der Vorstellung einer Sekundärwelt ausgehen, die von einem empirisch-rationalen Wirklichkeitsbegriff abgeleitet wird. Als „phantastisch" wird also alles gefasst, das der Realitätsvorstellung der Leserinnen und Leser entgegensteht. Damit schließt die Definition des Phantastischen in der Kinder- und Jugendliteratur an das an, was in allgemeinen literaturwissenschaftlichen Theorien als „Minimalkonsens" betreffend die Definition der Phantastik

---

72 Vgl. Nikolajeva 1988, S. 36.
73 Vgl. Gansel 1998, S. 598 ff.
74 Carroll 1869.
75 Carroll 1974.
76 Lewis 1995.
77 Rowling 1998.
78 Vgl. Tabbert 2000, S. 190.

ausgemacht werden kann: als wesentliches Prinzip des Phantastischen gilt, dass „[…] einer akzeptierten Realitätsauffassung eine andere Ordnung entgegengesetzt wird."[79] Zu Recht bleibt die Mehrzahl der Theoretiker nicht bei diesem Grundprinzip stehen. Vielmehr wird es als ein Ausgangspunkt für Definitionen der phantastischen Literatur betrachtet. Der Grund hierfür ist, dass es sich um ein ästhetisches Prinzip handelt, das in der Literatur in den unterschiedlichsten Formen auftritt.[80] Darüber hinaus ist zu berücksichtigen, dass fiktionale Texte immer in einem gewissen Maß über ein eigenes Bezugssystem verfügen, das sich von dem der Sachtexte unterscheidet: „Während Sachtexte durch ihre eindeutige Referenz auf die akzeptierte Wirklichkeit gekennzeichnet sind, ist fiktionalen Texten ein Grad an Autonomie eigen, der von einer kategorialen Verschiedenheit zwischen erzählerischer Fiktion und Wirklichkeit zeugt."[81]

Nicht jeder Verstoß gegen die Gesetze des empirisch Überprüfbaren ist also zwangsläufig der Phantastik zuzurechnen.

Während in der Forschung zum Phantastikbegriff in der Erwachsenenliteratur also die Frage nach dem Verhältnis von Fiktion und Phantastik einen zentralen Forschungsschwerpunkt darstellt, zieht sich die Kinder- und Jugendliteraturforschung auf einen vereinfachten Phantastikbegriff zurück, der die literarische Autonomie fiktionaler Texte und die Möglichkeiten nicht-phantastischer Verstöße gegen das Realitätsverständnis der Leserinnen und Leser weitgehend ausblendet. Dies ist besonders problematisch, wenn es um Mittelalterreferenzen in phantastischen Texten geht. Die Reduzierung der Realität auf das empirisch Verifizierbare und die daraus abgeleitete Einordung des Phantastischen als irreal geht auf das 19. Jahrhundert zurück. Damit ist auch der früheste Zeitpunkt markiert, ab dem eine Phantastikdefinition, die sich auf die Gegenüberstellung von Realem und Irrealem stützt, sinnvoll sein kann. Bei Texten mit Mittelalterreferenzen besteht gerade bei jungen Leserinnen und Lesern, deren Phantastikverständnis auf diesem Prinzip beruht, die Gefahr einer Übertragung auf mittelalterliche Texte.

Das Mittelalter allerdings kannte keine Phantastik. Anders als heutzutage fassten die Menschen, die im Mittelalter lebten, Wirklichkeitserfahrung nicht in den Kategorien Realität und Fiktion. Die Welterfahrung des Individuums war keine Grundlage für die Darstellung der Welt in Büchern. Im Gegenteil, die Welt wurde mithilfe von Büchern interpretiert. Gültigkeit hatte nicht das, was der Einzelne erlebte, sondern die Weltauffassung bestimmter Autoritäten.[82] Dies

---

79   Pesch 1982, S. 52.
80   Vgl. Pesch 1982, S. 52.
81   Pesch 1982, S. 51.
82   Vgl. Wunderlich 1999, S. 17 f.

zeigt sich vor allem im Umgang mittelalterlicher Dichter mit Kreaturen, die man nach modernem Weltverständnis als phantastisch wahrnehmen würde: in mittelalterlichen Chroniken oder Bestiarien stehen Phantasiegeschöpfe neben realen Naturgeschöpfen, ohne dass eine Unterscheidung getroffen würde. Dies ist auf religiöse Gründe zurückzuführen: die Bibel unterscheidet ebenfalls nicht zwischen realen und imaginären Wesen, und darüber hinaus wurde grundsätzlich in Gottes Schöpfung nichts für unmöglich gehalten. Außerdem wird nach mittelalterlicher Auffassung vom Begriff auch auf das Wesen der Sache geschlossen, weswegen ein bezeichnetes Geschöpf auch unzweifelhaft existiert. Die Rolle des Menschen in der Beschreibung der Schöpfung besteht nicht darin, Kreaturen zu erfinden, sondern nur, sie zu benennen:

> Es ist dem Menschen aufgetragen, das komplexe Ganze der Natur durch Einteilen und Auseinanderhalten zu erfassen, indem die einzelnen Tiere Namen erhalten sollen. Das Schöpfungshandeln Gottes hat eine Welt von Lebewesen hervorgebracht, die der Mensch nicht zu erfinden, sondern nur zu finden und zu benennen braucht, damit es sie gibt. Und just deshalb gibt es selbstverständlich auch die phantastischen Lebewesen.[83]

Wenngleich es trotz dieser Einwände nicht sinnvoll ist, für die folgende Analyse eine neue Definition der phantastischen Kinder- und Jugendliteratur zu erarbeiten, so ist die aufgezeigte Problematik vor allem im Hinblick auf die schulische Vermittlung solcher Texte zu berücksichtigen, damit eine unreflektierte Übertragung eines modernen Phantastikverständnisses auf vormoderne Texte verhindert wird.

Als Untergenre der phantastischen Literatur kann das relativ junge Genre der Fantasy bezeichnet werden. Im Allgemeinen werden seine Anfänge in den 50er Jahren des 20. Jahrhunderts in Großbritannien verortet. Als Prototyp des Fantasyromans gilt J.R.R. Tolkiens *The Lord of the Rings*.[84] Von einem „vorwissenschaftlichen" Verständnis der Fantasy als Genre ist ab den späten 60er bzw. frühen 70er Jahren auszugehen.[85]

Jedem Definitionsversuch des Genres Fantasy muss allerdings der Hinweis vorangehen, dass der Begriff im deutschsprachigen und im englischsprachigen Bereich unterschiedlich gefasst wird. Während im englischen Sprachraum *Fantasy* für jegliche Art der phantastischen Literatur steht, beschränkt sich das deutsche Verständnis von Fantasy im Allgemeinen auf Literatur Tolkienscher Prägung. Hierfür werden im Englischen die Termini *High fantasy*, *Heroic fantasy*

---

83   Wunderlich 1999, S. 16.
84   Tolkien 1954-1955.
85   Vgl. Pesch 1982, S. 23.

oder *Sword & Sorcery* verwendet. Wenn im Folgenden von Fantasy die Rede ist, ist damit der deutsche Begriffsinhalt gemeint.

Versuche, das Genre der Fantasy zu definieren, beziehen sich meist auf inhaltliche Aspekte. Wichtigstes Element ist die bereits erwähnte Darstellung der imaginären Welt. Innerhalb dieser besteht meist keine Erklärungsbedürftigkeit für phantastische Phänomene: „In der Fantasy wird die Existenz des Supra-Empirischen prinzipiell ebenfalls nicht in Zweifel gezogen, da es ja integraler Bestandteil der Sekundärwelt ist. Doch gibt es einzelne Figuren, die die Existenz supra-empirischer Phänomene wie zum Beispiel der Magie anzweifeln."[86]

Die in der Fantasy-Literatur dargestellte Welt generiert sich ohne offenkundige Bezüge zur extratextuellen Realität und ist – zumindest vordergründig – keine Abbildung der Lebenswirklichkeit des Lesers. Das Weltmodell entspricht also dem Grundmodell C der phantastischen Literatur nach Carsten Gansel oder dem bei Maria Nikolajeva beschriebenen Modell der geschlossenen Sekundärwelt. Weiterhin ist es für das Genre typisch, dass eine Art Mythologie entwickelt, ein eigener Weltentwurf präsentiert wird:

> Tolkien erfand Mittelerde, um nach dem Vorbild alter Epen eine moderne Mythologie für England zu schaffen, C.S. Lewis wollte für Kinder die christliche Heilsgeschichte neu darstellen, LeGuin schuf das Archipel Erdsee, um ihre von der Anthropologie und der Psychoanalyse Carl Jungs geprägte Auffassung über die Entstehung des Universums darzulegen.[87]

Zwei inhaltliche Merkmale der Fantasy-Literatur werden in der englischen Bezeichnung des Genres als *Sword & Sorcery* genannt. Die dargestellte Welt befindet sich in der Regel auf einem vormodernen Stand der Technik, weswegen Schwertkämpfe oft eine große Rolle spielen. Viel wichtiger noch ist allerdings die Rolle der Magie. Sie kann sich als Naturkraft manifestieren, der die Menschen unterworfen sind, als besondere Fähigkeit bestimmter Menschen oder anderer Wesen, oder auch als erlernbare Kunst, die bestimmten quasi-wissenschaftlichen Gesetzen folgt ist.[88] Meist situiert sich die Sekundärwelt in einer fernen, nicht in Bezug zur Zeitrechnung der Leserinnen und Leser gesetzten Vergangenheit. Auch geographisch wird sie oft nicht näher verortet. Sehr oft ist die Darstellung deutlich von Vorstellungen vom Mittelalter geprägt.[89]

Ein letzter Aspekt, der nicht zu vernachlässigen ist, ist der kommerzielle. Pehlke und Lingfeld stellten im Bezug auf die *Science Fiction* fest: „Zur Science Fiction ist zu rechnen, was die Verleger unter diesem Namen auf den Markt

---

86 Tschirner 1989, S. 41.
87 O'Sullivan 2006, S. 38.
88 Vgl. Pesch 1982, S. 40.
89 Vgl. Kulik 2004, S. 54.

werfen."[90] Diese Aussage mag zwar polemisch klingen, ist aber nicht ohne Berechtigung – auch im Bezug auf die Fantasy-Literatur nicht. Verlage haben über die Platzierung der Werke innerhalb ihres Programms sowie die Titelgestaltung einen enormen Einfluss auf die Wahrnehmung eines Buches, und Buchhandlungen wirken über die Sortierung ihrer Ware auf die Leserinnen und Leser ein. Daher werden unter Umständen auch Werke als Fantasy wahrgenommen, die es nach strenger Definition nicht wären, und von Leserinnen und Lesern unter diesem Gesichtspunkt rezipiert werden.

Phantastischer Kinder- und Jugendliteratur bzw. Fantasy werden eine Reihe von spezifischen Funktionen zugewiesen. In didaktischen Zusammenhängen wird vor allem im Rahmen ganzheitlicher handlungs- und produktionsorientierter Ansätze die Spielfunktion betont: die Grenzen der vorfindlichen Wirklichkeit werden ausgeweitet zu einem Spiel-Feld der Phantasie.[91] Diese Spielfunktion trägt zur Förderung der Phantasie und der Imaginationsfähigkeit bei. Allerdings heben Autoren wie Reinbert Tabbert zu Recht hervor, dass das Spiel mit den Texten nicht folgenlos bleiben darf: „Gewiss kommt die literarische Phantastik spielerisch-kreativen Unterrichtsvorhaben entgegen: damit diese aber nicht zu unverbindlicher Spielerei werden, sollten auch die ausgeprägten gattungsspezifischen Strukturen beachtet werden."[92]

Weniger bedeutsam für die unterrichtliche Arbeit, sondern eher ein Nebeneffekt der Freizeitlektüre ist die persönlichkeitsstärkende Funktion der phantastischen Literatur in einer bestimmten Entwicklungsphase. Ausgehend von den entwicklungspsychologischen Theorien Piagets kommt Meißner zu der Feststellung, dass der Abbau der Egozentrik im Kindesalter und der Übergang vom präoperationalen zum konkret-operationalen Denken ein problematischer Vorgang ist, der mit der Adoleszenzkrise vergleichbar ist. Phantastische Literatur kann diese Anpassung an die Realität dadurch erleichtern, dass sie dem Kind das egozentrische, magische, animistische und artifizialistische Denken in den Figuren zurückgibt. Die Lektüre wird zum regressiven Akt, in dem das Kind auf eine frühere Stufe seines Denkens zurückkehrt. Die Regression ist allerdings nicht negativ zu bewerten, sondern stärkt das Kind. Die phantastische Kinder- und Jugendliteratur erfordert von ihren Leserinnen und Lesern weder Anpassung an die Anforderungen der Realität noch Kompromissbildung, sondern eröffnet ihnen die Möglichkeit, die Ansprüche, die an sie gestellt werden, durch egozentrische Regression abzuwehren. In der Phantasie kehren sich die Realitätsverhält-

---

90 Pehlke/Lingfeld 1974, S. 16.
91 Vgl. Haas 1993, S. 131.
92 Tabbert 2000, S. 197.

nisse um, und das Kind kann verschiedene Verhaltensmöglichkeiten durchspielen.[93]

Ebenso kann die phantastische Kinder- und Jugendliteratur während der Adoleszenz eine Stabilisierungsfunktion erfüllen. Im Alter von 13 bis 14 Jahren wird das konkret-operationale Denken durch das formale Denken abgelöst. Außerdem formt sich das Selbstbild der Jugendlichen. Die eigentliche Adoleszenz, also das Alter zwischen 15 und 16 Jahren, ist von heftigen Turbulenzen geprägt. In dieser Phase treten Regression auf kindliche Erlebnisweisen und neue ödipale Konflikte auf. Typisch sind je nach Persönlichkeit eine Steigerung des Narzissmus, ausgeprägte Ichbezogenheit, Selbstverherrlichung, aber auch Leergefühle und depressive Reaktionen.[94] Gerade die Fantasy-Literatur ist oft geeignet, dem gesteigerten Narzissmus entgegenzukommen, aber auch Minderwertigkeitsgefühlen entgegenzuwirken, da sie immer wieder das Modell des Schwachen, der zum starken Herrscher wird, aktualisiert. Die Orientierung in den dargestellten Welten fällt leicht, da die Verhältnisse meist eindeutig sind. Kulik geht davon aus, dass solche Texte in zweierlei Hinsicht stabilisierend auf das Ich wirken: zum einen, weil sie den Jugendlichen helfen können, aggressive Verhaltensweisen als allgemein menschlich zu verstehen und die Rachegelüste der ödipalen Phase gegen die Eltern an Stellvertretern auszuleben, und zum anderen wegen der Betonung von Tapferkeit und Mut, aber auch der Berechtigung von Angstgefühlen. Hinzu kommt das Trostpotential, das vom Sieg des Guten über das Böse ausgeht.[95]

Gertrud Lehnert betont das Potential der Horizonterweiterung durch die Lektüre phantastischer Literatur:

> Als tendenziell grenzüberschreitend verstehe ich die Phantastik aus folgendem Grund: Indem sie sich den rationalen Ordnungsprinzipien unserer herkömmlichen Realitätswahrnehmung wenigstens punktuell entzieht, vermag sie in hohem Maße horizonterweiternd, ja sogar subversiv zu wirken.[96]

Wie jede andere Form von Kinder- und Jugendliteratur sind natürlich auch die phantastische Literatur und Fantasy für junge Leserinnen und Leser anfällig dafür, zur Vermittlung pädagogischer Inhalte genutzt zu werden. Birgit Patzelt nennt fünf pädagogische Funktionen: Lösung entwicklungspsychologisch und gesellschaftlich bedingter Konflikte, Individuation, Veränderung der kindlichen Realität, Entlastung von Problemen und die Bildung von Lektüretechniken.[97]

---

93 Vgl. Meißner 1993, S. 27-33.
94 Vgl. Kulik 2005, S. 354 f.
95 Vgl. Kulik 2005, S. 357 f.
96 Lehnert 1995, S. 81.
97 Vgl. Patzelt 2001, S. 255 ff.

Genau wie in der realistischen und der problemorientierten Kinder- und Jugend-literatur können den Leserinnen und Lesern in der phantastischen Literatur Vor-bilder und modellhafte Handlungsschemata vorgeführt werden, ihre Akzeptanz wird jedoch dadurch erhöht, dass die Wertevermittlung durch die nicht realisti-sche Darstellung der Ereignisse entlastet und weniger als Belehrung wahrge-nommen wird.

Im Gegensatz zur phantastischen Kinder- und Jugendliteratur, die über eine anerkannte Stellung im Spektrum der Texte für junge Leserinnen und Leser ver-fügt und in der Regel positiv sanktioniert wird, sieht sich die Fantasy oftmals dem Vorwurf ausgesetzt, triviale Unterhaltungsliteratur ohne weitere Funktionen und ohne ästhetische Qualität zu sein. Dies zeigt sich beispielsweise in Aussa-gen wie der folgenden:

> Mit Heroic Fantasy bezeichnet man eine bestimmte Art von Geschichten, die sich nicht in der Welt, wie sie ist, war oder sein wird, abspielen, sondern in der Welt, wie sie sein sollte, um eine gute Geschichte abzugeben. [...] Es sind phantastische Aben-teuergeschichten, die sich in imaginären prähistorischen oder mittelalterlichen Wel-ten abspielen, als alle Männer stark, alle Frauen schön, alle Probleme einfach waren und die Welt ein einziges Abenteuer war.[98]

Besonders häufig tritt der Vorwurf auf, Fantasy-Literatur sei reaktionär und rückwärtsgewandt, weil die handelnden Personen keine Möglichkeit haben, die Welten, in denen sie leben, zu beeinflussen oder sogar nachhaltig zu ändern.[99] Die Handlung der Figuren ist oft ausschließlich darauf ausgerichtet, eine beste-hende Ordnung zu bewahren oder eine gefährdete Ordnung wiederherzustellen – ihre Veränderung oder Weiterentwicklung ist allerdings nur in den seltensten Fällen das Ziel der Akteure.

Natürlich mag es zahlreiche Werke geben, die sich auf eine abenteuerliche Geschichte und einfache Handlungsmuster reduzieren lassen. Doch grundsätz-lich kann die Fantasy-Literatur dieselben Funktionen erfüllen, die auch für die phantastische Kinder- und Jugendliteratur aufgezeigt wurden. Gerhard Haas lei-tet seine Aussagen zu den kreativ-schöpferischen Möglichkeiten der Spielfunk-tion explizit vom Werk J.R.R. Tolkiens, also von Romanen, die unstrittig zur Fantasy-Literatur gezählt werden, ab.[100]

Häufig sieht sich die Fantasy-Literatur auch dem Vorwurf ausgesetzt, eine eskapistische Lektüre, also die Flucht aus einer als bedrückend empfundenen Wirklichkeit durch das Eintauchen in die Fiktion zu fördern. Bevor diese Lese-haltung allerdings grundsätzlich negativ bewertet wird, muss sie genauer auf

---

98   De Camp, zitiert nach Biesterfeld 1993, S. 77 f.
99   Vgl. Kulik 2004, S. 347.
100 Haas 1993, S. 132.

ihre Funktion hin untersucht werden. Schon Tolkien soll auf seine eigene Frage „Wer hat eigentlich etwas gegen Flucht?" geantwortet haben: „Der Kerkermeister!"[101], und Buddecke stellt fest: „Ich finde es nicht so schrecklich, wenn ein junger Mensch sich einer schwierigen Lebenssituation für die Dauer der Lektüre entzieht und eben in einer anderen Welt sich einrichtet, um dann vielleicht gestärkt in die Lebenswelt, in die Alltagswelt, zurückkehren."[102] Abgesehen davon gibt es graduelle Unterschiede bei der eskapistischen Lektüre, die unterschiedlich zu bewerten sind. Eine erste Art eskapistischer Lektüre liegt vor, wenn die dargestellte Welt als Phantasiewelt wahrgenommen wird und die Leserin oder der Leser zur reinen Unterhaltung liest, ohne dass die Lektüre für ihn sichtbare oder erfahrbare Erfolge hätte. In der zweiten Form der eskapistischen Lektüre wird die andere Welt zum Traum, in die sich die Leserin oder der Leser flüchtet, wobei dennoch Verbindungen zur eigenen, als schwer zu bewältigend empfundenen Welt gezogen werden. Bei der dritten Art von eskapistischer Lesehaltung wird die Phantasiewelt als real wahrgenommen und auf die eigene Lebenswelt übertragen. Egal, welche der drei Lesehaltungen ein eskapistisch vorgehender Leser einnimmt, er kann in keinem Fall eine kritische Distanz zum Text aufbauen, sondern nimmt diesen empathisch wahr. Lange wurde angenommen, dass die Möglichkeit einer solchen Lektüre im Text selbst angelegt sei und daraus Rückschlüsse auf den Unterhaltungswert oder die Trivialität des Textes gezogen. Dabei wird aber die Rolle der Leserin oder des Lesers und seiner Rezeptionshaltung vergessen, denn Qualität manifestiert sich nicht unabhängig im Text, sondern ist immer auch das Ergebnis einer bestimmten Lektüreweise.[103]

3.1.2.   Axiologische Werte

3.1.2.1 Doppelsinn

Die Doppelsinnigkeit als Qualitätskriterium kann aus verschiedenen übergeordneten axiologischen Werten abgeleitet werden. Sie lässt sich den Werten Polyvalenz[104] und Komplexität[105] unterordnen, die gemäß den Wertsprachen der Autonomieästhetik oft als Merkmal für die hohe Qualität eines Textes gelten. Doch auch von der Vermittlungsperspektive aus betrachtet ist die Doppelsinnigkeit von Texten positiv zu bewerten. Solche Texte sind in besonderem Maß geeignet,

---

101 Vgl. Liedtke 1993, S. 156.
102 Liedtke 1993, S. 156.
103 Vgl. Karg/Mende 2010, S. 211 f.
104 Vgl. v. Heydebrand/Winko 1996, S. 116.
105 Vgl. v. Heydebrand/Winko 1996, S. 119.

Schülerinnen und Schülern eine Basis zu bieten, an die sie mit ihrer literarischen Erfahrung anknüpfen können, gleichzeitig aber auch einen Lernzuwachs zu erzielen, indem sie ermöglichen, die erste Lektüre immer wieder zu revidieren und dadurch weitere Sinnebenen zu erschließen. Durch solche Texte können Schülerinnen und Schüler zur Reflexion angeregt werden, ein kognitiver Effekt des Lesens, der im Allgemeinen immer positiv bewertet wird.[106] Diese Möglichkeit der Reflexion bezieht sich vor allem auf die Funktionsweise von Literatur selbst und auf ihr Verständnis, da Schülerinnen und Schülern anhand doppelsinniger Texte vor Augen geführt werden kann, dass Textverstehen nicht in der Entnahme eines im Text fest angelegten Sinnes oder im Erraten der Interpretation der Lehrperson besteht, sondern ein dynamischer Prozess ist, der sich je nach Rezeptions- und Rezipientenvoraussetzungen immer wieder neu darstellt.[107]

Darüber hinaus können an doppelsinnigen Texten philologische Fähigkeiten erarbeitet und geschult werden, ohne dass der Text als altersunangemessen empfunden wird, wie es bei hochkanonischen Texten, die von Expertenlesern nach den Vorgaben der Autonomieästhetik in der Regel als hochwertig eingestuft werden, oft der Fall ist.

Gerade im Hinblick auf Kinder- und Jugendliteratur ist der Wert der Doppelsinnigkeit in hohem Maße von der Forderung der Vereinbarkeit von Komplexität und Stimmigkeit[108] geprägt: „Je komplexer ein Werk, desto größer die Leistung, es dennoch stimmig zu gestalten; Komplexität scheint also ein ‚stimmiges' Werk im Vergleich zu anderen – in quantitativer Wertung – wertvoller zu machen."[109]

Das Kriterium der Doppelsinnigkeit verfügt insgesamt über eine quantitative Dimension: je mehr Sinnebenen ein Text eröffnen kann, desto höher ist seine Qualität anzusetzen – solange alle Ebenen jeweils für sich alleine genommen und das Gesamtkonstrukt stimmig bleiben.

3.1.2.2 Entautomatisierung der Lektüre

In der autonomieästhetischen Wertungstradition wird ein Effekt beschrieben, der „Entautomatisierung" genannt wird und der auf zwei übergeordnete axiologische Werte zurückgeht: den Wert der Abweichung von der Alltagskommunikation, die in mehreren Literaturtheorien als konstitutives Merkmal von Literatur

---

106 Vgl. v. Heydebrand/Winko 1996, S. 125.
107 Vgl. hierzu Kapitel 3.2.
108 Der Wert „Stimmigkeit" stammt aus strukturalistischen und hermeneutischen Literaturtheorien und wird innerhalb dieser unterschiedlich definiert. Vgl. hierzu v. Heydebrand/Winko 1996, S. 117 f.
109 v. Heydebrand/Winko 1996, S. 119.

angesehen wird, und den Wert des Normbruchs, der sich auf literarische, aber auch soziale Normen beziehen kann. Beide Werte werden im Rahmen der Autonomieästhetik in der Regel hoch gewertet.[110] Entautomatisierung findet statt, wenn Texte durch diese Abweichungen und Normbrüche geeignet sind, die übliche Wahrnehmung und das Denken der Leserin bzw. des Lesers zu irritieren und sie oder ihn dadurch von alltäglichen Denk- und Wahrnehmungsmustern zu befreien.[111]

Im muttersprachlichen Deutschunterricht wird den Schülerinnen und Schülern in der Regel ein begrenztes Verständnis von Literatur vermittelt. Dies liegt zum einen an der Wirkungsmacht der Autonomieästhetik, die, wie bereits ausgeführt, eng mit dem modernen Literaturbegriff verbunden ist, andererseits an den vorherrschenden didaktischen Paradigmen, die eine Identifikation der Leserinnen und Leser mit literarischen Figuren und eine Enthistorisierung der Texte begünstigen. Vorautonome Literaturen, aber auch neuere Texte, zum Beispiel die der Postmoderne, entstanden jedoch unter anderen Produktions- und Rezeptionsvoraussetzungen und sind nicht immer der Autonomieästhetik verpflichtet. Sie werden entweder vollständig aus dem Unterricht ausgeklammert, oder aber unhinterfragt über jene Lesestrategien rezipiert, die an autonom-ästhetischen Texten entwickelt wurden. In diesem Fall werden beispielsweise mittelalterliche Artusromane oder das *Nibelungenlied* als spannende Abenteuergeschichten verstanden, und die Handlungsmotivation der Figuren wird aus eigenen Alltagserfahrungen abgeleitet. Diverse Lehrwerke kommen dieser Rezeptionshaltung entgegen, indem sie die Aufgabenstellungen zu mittelalterlichen Texten auf Identifikation und eine Interpretation auf der Grundlage der Alltagslogik der Schülerinnen und Schüler hin ausrichten.[112]

Die Textrezeption wird allerdings nicht nur gesteuert von den Lesemodi, die Schülerinnen und Schülern im Unterricht vermittelt werden, sondern auch von den Konventionen bestimmter Interpretationsgemeinschaften, denen auch junge Leserinnen und Leser bereits angehören. Nach Stanley Fish spielen diese eine entscheidende Rolle für das Textverständnis:

> At this point it looks as if the text is about to be dislodged as a center of authority in favor of the reader whose interpretive strategies make it; but I forestall this conclusion by arguing that the strategies in question are not his in the sense that would make him an independent agent. Rather, they proceed not from him but from the interpretive community of which he is a member; they are, in effect, community property, and insofar that as they at once enable and limit the operations of his consciousness, he is too. [...] Indeed, it is interpretive communities, rather than either

---

110 Vgl. v. Heydebrand/Winko 1996, S. 121.
111 Vgl. v. Heydebrand/Winko 1996, S. 125.
112 Vgl. Mende 2011.

the text or the reader, that produce meanings and are responsible for emergence of formal features.[113]

Fish geht sogar davon aus, dass individuelle Interpretationen nicht unabhängig von irgendeiner Interpretationsgemeinschaft existieren können und dass die Wurzeln jeglicher geistiger Tätigkeit immer in einer solchen Deutungsgemeinschaft liegen.[114]

Wenn auch Fishs Einschätzung der Rolle der *Interpretive communities* mitunter sehr radikal erscheint, ist ihm insofern zuzustimmen, dass Interpretationskonventionen solcher Gruppen die Textrezeption grundsätzlich beeinflussen. Hieraus können ebenfalls Automatismen entstehen, deren Durchbrechen positiv bewertet werden kann. Im Hinblick auf Literatur mit Mittelalterbezug kommt dem Komplex Phantastik und Fantasy, der nicht nur Literatur umfasst, sondern auch Filme, Computer- und Rollenspiele, für die Deutungsgemeinschaft der Kinder und Jugendlichen eine große Bedeutung zu. Es handelt sich dabei offensichtlich um ein äußerst wirkungsmächtiges Interpretationsmuster für den Zugang zum Mittelalter. Dadurch werden aus Texten aus dem und über das Mittelalter ganz einfach phantastische oder Fantasy-Geschichten – der literarische Text wird von den Rezipienten dem lebensweltlich geprägten Erwartungshorizont angepasst.[115]

Wie in Kapitel 3.2 gezeigt wird, besteht aus textverständnistheoretischer Sicht kein qualitativer Unterschied einer solchen Lektüre zu einer Expertenlektüre, die die ursprünglichen Produktions- und Rezeptionsvoraussetzungen berücksichtigt. Soll der Auftrag des Deutschunterrichts jedoch über quantitative Leseförderung hinausgehen und auf Erkenntnisgewinn ausgerichtet sein, ist es notwendig, solche Automatismen kritisch zu hinterfragen.

Eine Entautomatisierung der Textrezeption kann erfolgen, wenn Leserinnen und Leser das Gefühl haben, mit ihren üblichen Lektürestrategien an einem Text zu scheitern oder zumindest nicht zu einem befriedigenden Leseerlebnis zu gelangen. Sie kann aber auch durch unterrichtliche Arbeit angeregt werden, indem Schülerinnen und Schüler dazu angehalten werden, ihre eigene Textrezeption und deren Voraussetzungen zu überprüfen.

Gleichzeitig besteht die Möglichkeit, hiervon ausgehend das Literaturverständnis zu erweitern, wenn nach dem Grund von Irritationen im Leseprozess gefragt wird und den Schülerinnen und Schülern Kenntnisse und Fähigkeiten vermittelt werden, die ihnen ermöglichen, ihre Rezeptionshaltung grundsätzlich zu überdenken und den Anforderungen verschiedener Texte anzupassen.

---

113   Fish 1980, S. 14.
114   Vgl. Fish 1980, S. 14
115   Vgl. Maier-Eroms/Neecke 2012 (im Druck).

Dies ist im Kontext des Untersuchungsgegenstandes natürlich vor allem im Hinblick auf den Umgang mit mittelalterlicher Literatur der Fall. Eine Rezeption auf der Grundlage von Empathie und Identifikation führt zwar zu einem bestimmten Verständnis der Texte, diese vernachlässigt aber die spezifischen Eigenschaften dieser Literatur und ihre starke Einbindung in gesellschaftliche Handlungszusammenhänge. Die Entautomatisierung einer Lektüre, die von autonomieästhetischen Prämissen ausgeht, kann zu Einsichten in die historische Bedingtheit von Literatur führen und den Blick öffnen für die Charakteristika der vorautonomen Literatur.

Allerdings gilt es auch eine motivationale Komponente zu berücksichtigen, da Kinder- und Jugendliteratur ja nicht in erster Linie Schullektüre, sondern vor allem Freizeitlektüre ist. Ist der Effekt der Entautomatisierung zu stark und der Text nur noch verständlich, wenn eine ausführliche Erklärung durch Expertenleser erfolgt, ist der Schritt zur „Frustlektüre" nicht weit. Daher ist die quantitative Dimension dieses Kriteriums nicht linear darstellbar. Vielmehr ist ein Gleichgewicht zwischen problemloser Rezipierbarkeit aufgrund der üblichen Lesefähigkeiten und -erfahrungen und Irritationen derselben, die Chancen zum Erkenntnisgewinn eröffnen, positiv zu bewerten. Dieses kann allerdings nicht allgemeingültig beschrieben werden, sondern muss im Hinblick auf eine bestimmte Rezeptionssituation und unter Berücksichtigung der Voraussetzungen der entsprechenden Leserinnen und Leser immer neu festgelegt werden.

3.2. Textrezeption in schulischen und außerschulischen Zusammenhängen

3.2.1. Zuordnungsvoraussetzungen

3.2.1.1 Wissen, lesen, verstehen

> Wer einen Text *liest* und nicht nur seine Zeichen als Dekoration auf weißem Papier ansieht, der wird vom ersten Signal an, das sein Text ihm gibt, aktiv werden: Er wird Wissensbestände aufrufen, die er mit den Impulsen aus dem Text zusammenführt, um zu einem Verständnis zu gelangen.[116]

Trotz unterschiedlicher wissenschaftlicher Traditionen wird der Vorgang des Lesens grundsätzlich ziemlich einheitlich beschrieben: verstehendes Lesen ist kein Vorgang, bei dem eine Leserin oder ein Leser einem Text einfach einen in letzterem fest angelegten Sinn entnimmt, sondern ein Prozess, bei dem der Re-

---

116 Karg 2008, S. 412.

zipient die Bedeutung selbst generiert. Dieser ist niemals abgeschlossen und beginnt unter verschiedenen Voraussetzungen immer wieder neu.[117]

Damit ein solcher Prozess aber erst in Gang kommen kann, ist Wissen nötig, das an die Impulse des Textes anschlussfähig ist. Die Rolle des Wissens wird in verschiedenen theoretischen Modellierungen des Verstehens unterschiedlich akzentuiert. Eine umfassende Darstellung aller Theorien ist im Rahmen dieser Arbeit nicht möglich. Daher werden lediglich exemplarisch zwei Forschungsfelder betrachtet, die die Rolle des Wissens für den Verstehensprozess betonen und die für den literaturdidaktischen Diskurs von großer Bedeutung sind: zum einen hermeneutische Theorien, zum anderen kognitionspsychologische Modellierungen des Verstehens. Dabei soll vor allem danach gefragt werden, welche Bedeutung Wissensbeständen innerhalb dieser Konzepte zukommt.

Für die Philologie spielt die Hermeneutik innerhalb literaturtheoretischer Diskussionen nach wie vor eine herausragende Rolle. Es handelt sich um die wirkungsmächtigste Denktradition für die Literaturwissenschaft, womit sie für die Literaturdidaktik ebenfalls unumgänglich wird. Ihr Kernstück ist das Modell des so genannten „hermeneutischen Zirkels":

> Verstehen wird konsequent als ein Prozess gesehen, der letztlich nie endet und bei dem sich sowohl Ganzes und Teile des zu verstehenden Gegenstandes (man beginnt die Lektüre eines Textes immer mit einem ersten Detail) als auch Rezipient (mit den Bedingungen, unter denen er antritt) und Gegenstand (einschließlich seiner Entstehungsvoraussetzungen) stets und aufgrund der Prozesshaftigkeit und der Wechselwirkungen immer wieder unter neuen Voraussetzungen treffen.[118]

Zu den wichtigsten Vertretern der Hermeneutik zählen Origines und Augustin, Martin Luther, Friedrich Schleiermacher, Wilhelm Dilthey, Martin Heidegger und Hans-Georg Gadamer.[119] Die Ursprünge der Hermeneutik als Wissenschaft von der Auslegung von Texten reichen bis in die Antike zurück, der Begriff wurde allerdings erst im 17. Jahrhundert geprägt, als damit eine Hilfsdisziplin der Theologie, Philologie und Jurisprudenz bezeichnet wurde. Friedrich Schlegel und Friedrich Schleiermacher erweiterten den Hermeneutikbegriff von einer Lehre der Auslegung normativer Texte zu einer Theorie des Verstehens und der Auslegung aller Arten von Texten. In ihren philosophischen Ausprägungen schließlich wird die „Hermeneutik des Daseins" als Wesen der Philosophie selbst verstanden und auf ihre allgemeinste Frageebene, die Metaphysik, bezogen.[120]

---

117 Vgl. Karg/Mende 2010, S. 164.
118 Karg/Mende 2010, S. 165.
119 Vgl. Köppe/Winko 2008, S. 20.
120 Vgl. Ineichen 1999, S. 20 f.

Da die Hermeneutik in sehr unterschiedlichen Kontexten und unter verschiedenen Voraussetzungen verwendet und weiterentwickelt wurde, ist es angebrachter, nicht von *der* Hermeneutik, sondern von mehreren verschiedenen Hermeneutiken zu sprechen. Diese lassen sich grob in zwei Kategorien einteilen: zum einen die Hermeneutiken als Methodenlehren des Interpretierens, die vor allem in theologischen und philologischen Zusammenhängen verwendet werden, und zum anderen die philosophischen Hermeneutiken, die sich auf menschliche Welt- und Selbsterfahrung beziehen und den Anspruch erheben, über die Darstellung, Erläuterung und Begründung interpretationsbezogener Methodologien hinauszugehen.[121]

Für die Literaturwissenschaft sind nicht nur die hermeneutischen Methodenlehren von Bedeutung, sondern auch Theorien, die den philosophischen Hermeneutiken zuzurechnen sind. Da allerdings auch die hermeneutische Tradition zu vielfältig ist, um sie im Rahmen dieser Arbeit ausführlich darzustellen, wird im Folgenden nur jeweils ein Konzept aus beiden Kategorien ausgeführt. Die Wahl fällt hierbei in Anlehnung an Köppe und Winko auf die beiden Ansätze, die für die neueren literaturtheoretischen Diskussionen am wichtigsten sind: die philologische Hermeneutik Friedrich Schleiermachers, die als methodische Voraussetzung für weite Teile der literaturwissssenschaftlichen – und auch schulischen – Interpretationspraxis fungiert, und die philosophische Hermeneutik Hans-Georg Gadamers, die das Selbstverständnis der deutschsprachigen Literaturwissenschaft bis in die 80er Jahre des 20. Jahrhunderts entscheidend geprägt hat.[122]

Friedrich Schleiermacher stellt in der Einleitung seines Werks „Hermeneutik und Kritik" fest: „Die Hermeneutik als Kunst des Verstehens existiert noch nicht allgemein, sondern nur mehrere spezielle Hermeneutiken."[123] Aus dieser Aussage lassen sich zweierlei Grundlagen der Arbeit Schleiermachers herauslesen: zum ersten, dass Schleiermacher Verstehen als eine Kunst betrachtet, zum anderen, dass sein Ziel darin besteht, eine allgemeine Hermeneutik in Abgrenzung zu den speziellen Hermeneutiken, die in den einzelnen wissenschaftlichen Teildisziplinen bereits existieren, zu entwickeln. Für Schleiermacher besteht Verstehen aus einem Ineinandergreifen zweier gleichberechtigter Momente: des grammatischen und des psychologischen.[124] Ein solches Verstehen erfordert zwar ein besonderes Talent[125], ist aber insofern aber nicht völlig arbiträr, dass es auf der Anwendung von Regeln beruht, nämlich eben der grammatischen und der psy-

---

121 Vgl. Köppe/Winko 2008, S. 20.
122 Vgl. Köppe/Winko 2008, S. 20.
123 Schleiermacher 1977, S. 75.
124 Vgl. Schleiermacher 1977, S. 79.
125 Vgl. Schleiermacher 1977, S. 81.

chologischen Auslegung.[126] Das Grundprinzip der grammatischen Auslegung ist die Sprache der Entstehungszeit des Textes: „Alles, was noch einer näheren Bestimmung bedarf in einer gegebenen Rede, darf nur aus dem dem Verfasser und seinem ursprünglichen Publikum gemeinsamen Sprachgebiet bestimmt werden."[127] Dies bedeutet, dass der Interpret sich Sprachkenntnisse aneignen muss, die ihm ermöglichen, einen Text vom sprachlichen Standpunkt des zeitgenössischen Rezipienten und des Autors zu betrachten.

Die psychologische Interpretation ist wiederum eine Betrachtung des Textes aus einer anderen Perspektive:

> Aber der Verf. ordnet sich nun den Gegenstand nach seiner eigentümlichen Weise, die sich in seiner Anordnung abspiegelt. Ebenso, da jeder immer Nebenvorstellungen hat und auch diese durch seine Eigentümlichkeit bestimmt werden, so erkennt man die Eigentümlichkeit aus der Ausschließung verwandter und der Aufnahme fremder. Indem ich den Verf. so erkenne, erkenne ich ihn, wie er in der Sprache mitarbeitet: denn er bringt teils Neues hervor in ihr, da jede noch nicht gemachte Verbindung eines Subjekts mit einem Prädikat etwas Neues ist, teils erhält er das, was er wiederholt und fortpflanzt. Ebenso, indem ich das Sprachgebiet erkenne, erkenne ich die Sprache, wie der Verf. ihr Produkt ist und unter ihrer Potenz steht. Beides ist also dasselbe, nur von einer anderen Seite aus gesehen.[128]

Verstehen beruht also entscheidend auf Wissen, das bei Schleiermacher vor allem als sprachliches Wissen zu begreifen ist.

Vollständig regelgeleitet kann die Auslegung eines Textes allerdings nur sein, wenn schon die Produktion nach genauen Regeln erfolgt ist. Ist das Verfassen eines Textes allerdings Kunst, so ist es auch das Verstehen, und durch bloße, mechanische Anwendung einer Methode nicht zu leisten.[129] Vollständiges Verstehen ist nicht von einer der beiden Seiten aus, sondern nur durch ein Zusammenspiel der verschiedenen Aspekte zu erreichen:

> Sollte die grammatische Seite für sich allein vollendet werden, so müßte eine vollkommene Kenntnis der Sprache gegeben sein, im andern Falle eine vollständige Kenntnis des Menschen. Da beides nie gegeben sein kann, so muß man von einem zum andern übergehen, und wie dies geschehen soll, darüber lassen sich keine Regeln aufstellen.[130]

Schleiermacher stellt zwei Sichtweisen des Verstehens in der Kunst gegenüber, die sich über ihr Verhältnis zum Missverstehen unterscheiden: eine Praxis, die von einem automatisch ablaufenden Verstehen ausgeht und Missverstehen zu

---

126 Vgl. Schleiermacher 1977, S. 79 ff.
127 Schleiermacher 1977, S. 101.
128 Schleiermacher 1977, S. 167.
129 Vgl. Schleiermacher 1977, S. 81.
130 Schleiermacher 1977, S. 81.

vermeiden sucht, und eine andere, die Missverstehen als den Regelfall annimmt und davon ausgeht, dass Verstehen ständig aktiv gesucht werden muss.[131] Allerdings grenzt er sich von beiden Perspektiven ab und plädiert für eine positive Formel des Verstehens. Vor diesem Hintergrund definiert er als Grundprinzip „[…] das geschichtliche und divinatorische (profetische) objektive und subjektive Nachkonstruieren der gegebenen Rede."[132] Jede Auslegungstätigkeit beinhaltet also vier Seiten: die objektiv geschichtliche, die darin besteht, die Aussage als „Erzeugnis der Sprache" in die Gesamtheit der Sprache einzuordnen, die objektiv divinatorische, in der die Rede als Entwicklungspunkt für die Sprache interpretiert wird, die subjektiv geschichtliche, die die Rede im Gemüt des Verfassers verortet, und die subjektiv divinatorische, die beinhaltet, die weitere Wirkung der Aussage in der Gedankenwelt des Urhebers abzuschätzen.[133]

Die Aufgabe des Auslegenden besteht darin, den Urheber der Rede zuerst genauso gut und dann besser zu verstehen, als er sich selbst verstanden hat.[134] Der Autor wird hierdurch als höchste Autorität für die Auslegung seines Textes fragwürdig. Hierbei stellt sich die Frage, wer autorisiert ist, das „richtige" Verständnis eines Textes festzulegen. Die Interpretationen von Expertenlesern spielen in diesem Zusammenhang sicherlich eine wichtige Rolle, jedoch wäre es problematisch, diese als einzig richtige Auslegung anzunehmen, da in diesem Fall die Rolle der nicht professionellen Leser bzw. der Schülerinnen und Schüler nur darin bestehen könnte, die Interpretation der Lehrperson nachzuvollziehen.

Der Philosoph Manfred Frank weist darauf hin, dass der Aspekt des Divinatorischen oft fehlinterpretiert wird. Er ist nicht mit einer Einfühlung in den Autor gleichzusetzen, sondern im Rahmen einer Theorie des Stils zu verstehen.[135] Frank stellt daher fest:

> In Schleiermachers Sprache steht der Begriff ‚Divination' für eben diese Einsicht, daß Sprachsysteme von sich hier niemals einen bestimmten Interpretanten für die aktuelle Sprachverwendung vorgeben und der einzelne Sinn (diesseits der kodifizierten Semantik/Syntaktik der ihn transportierenden Zeichenkette) prinzipiell nicht aufgrund von *discovery procedures* vom Typ einer Deduktion/Dekodierung abgeleitet werden kann.[136]

Trotz der Betonung der Tatsache, dass Interpretation auch vom Talent des Auslegenden abhängig ist, ist Schleiermachers Hermeneutik grundsätzlich als Methode des Verstehens zu begreifen. Dies zeigt sich beispielsweise in folgender

---

131 Vgl. Schleiermacher 1977, S. 92.
132 Schleiermacher 1977, S. 93.
133 Vgl. Schleiermacher 1977, S. 94.
134 Vgl. Schleiermacher 1977, S. 94.
135 Vgl. Frank 1980, S. 28 f.
136 Frank 1980, S. 33.

Aussage: „Die hermeneutischen Regeln müssen mehr Methode sein, Schwierigkeiten zuvorzukommen, als Observationen, um solche aufzulösen."[137]

Eben dieser Aspekt der Hermeneutik Schleiermachers ist für die schulische Interpretationspraxis von Bedeutung, denn er zeigt ein Spannungsfeld auf, von dem Textanalyse in unterrichtlichen Zusammenhängen auch heute noch geprägt ist: einerseits wird vermittelt, dass Interpretation durch die Anwendung von Regeln gelernt werden kann und dass die Berücksichtigung von Informationen über den Autor und die Entstehungszeit des Textes eine bedeutende Rolle spielt, andererseits zeigt sich, dass ein arbiträres Moment zumindest oft angenommen wird.[138]

Gadamer kritisiert Schleiermachers Hermeneutik scharf und bezieht sich dabei vor allem auf das Element der psychologischen Interpretation, das er als zentralen Aspekt betrachtet:

> Schleiermachers Eigenstes ist aber die psychologische Interpretation. Sie ist letzten Endes ein divinatorisches Verfahren, ein Sichversetzen in die ganze Verfassung des Schriftstellers, eine Auffassung des ,inneren Herganges' der Abfassung eines Werkes, ein Nachbilden des schöpferischen Aktes. Verstehen also ist eine auf ursprüngliche Produktion bezogene Reproduktion, ein Erkennen des Erkannten (Boeckh), eine Nachkonstruktion, die von dem lebendigen Moment der Konzeption, dem ›Keimentschluß‹ als dem Organisationspunkt der Komposition ausgeht.[139]

Gadamer kritisiert den Aspekt der Divination, da er annimmt, dass im Sinne Schleiermachers alles Verstehen immer ein Akt divinatorischer Kongenialität sein muss, weil die Grenzen zwischen mechanischer und kunstvoller Produktion immer fließend sind, solange darin Individualität zum Ausdruck kommt. Aus diesem Grund bezweifelt er die Realisierbarkeit der Hermeneutik als Methode:

> Indem Schleiermacher dergestalt das Verstehen auf das Problem der Individualität zuspitzt, stellt sich ihm die Aufgabe einer Hermeneutik als eine universelle dar. Denn die beiden Extreme der Fremdheit und der Vertrautheit sind mit der relativen Differenz aller Individualität gegeben. Die ›Methode‹ des Verstehens wird ebenso

---

137 Schleiermacher 1977, S. 84.

138 Dies zeigt sich in der häufig geäußerten Ansicht, schulische Textinterpretation bestünde darin, die „richtige" Interpretation bzw. die Interpretation der Lehrperson zu erraten. Hans-Magnus Enzensberger geht auf diese Annahme in seiner Kritik der Interpretation in seinem Aufsatz *Bescheidener Vorschlag zum Schutze der Jugend vor den Erzeugnissen der Poesie* ein: „Die gewitzteren unter den Schülern haben das natürlich längst begriffen. Sie wissen ganz genau, dass der Gegenstand ihrer Klassenarbeit gar nicht das Gedicht ist, dass es vielmehr darauf ankommt, jede eigene Lektüre rigoros zu meiden und stattdessen die ,richtige Interpretation' im Kopf des Lehrers zu erraten, um sie möglichst genau zu reproduzieren." Enzensberger 1991, S. 37.

139 Gadamer ⁵1986, S. 191.

sehr das Gemeinsame – durch Vergleichen – wie das Eigentümliche durch Erraten im Auge haben, das heißt, sie wird sowohl komparativ als auch divinatorisch sein. Sie bleibt aber in beiden Hinsichten ›Kunst‹, weil sie nicht als Anwendung von Regeln mechanisiert werden kann. Das Divinatorische bleibt unentbehrlich.[140]

Gadamers Schleiermacher-Interpretation wurde wiederum von Wissenschaftlern wie Manfred Frank kritisiert. Zum einen bezieht sich diese Kritik, wie bereits erwähnt, auf das Missverstehen des Elements des Divinatorischen, zum anderen auf Gadamers Kritik an der subjektiven Seite der Interpretation. Frank stellt fest, dass „[…] das vom Subjekt Erschaffene […] kein Gegenstand irgendeiner möglichen realen ‚Erfahrung' oder ‚Wahrnehmnung' [ist], denn es existiert überhaupt nicht als vom Subjekt unabhängiges Seiendes."[141] Damit wird auch der Status des Kunstwerks als Objektivation, wie er von verschiedenen klassischen Ästhetiken und Hermeneutiken – unter anderem auch der Gadamers – angenommen wird, fragwürdig.[142] Frank weist Gadamers Kritik an der Subjektivität der Interpretation zurück und betont vielmehr ihre Notwendigkeit für die Interpretation:

Das ist die unvermeidliche Konsequenz des appellativen Charakters jeder Rede: Ihren Sinn wird nur entbinden, wer das intersubjektive Schema auf die es interpretierende und dadurch modifizierende – dann aber nicht mehr unter Regeln zu bringende – Intention hin überschreitet, d.h. wer ihren Sinn durch eine ebenso freie und regelüberschreitende interpretatorische Kunst nicht etwa erfährt […], sondern unmittelbar errät, ja ihn produziert.[143]

Aus didaktischer Sicht interessanter als die Frage nach der Subjektivität und Objektivität in Schleiermachers und Gadamers Hermeneutik ist allerdings ein Unterschied der beiden Konzepte, der in der wissenschaftlichen Gegenüberstellung deutlich seltener hervorgehoben wird: die Frage nach der Realisierbarkeit einer hermeneutischen Methode. Gadamer weist diese Möglichkeit zurück:

Eine hermeneutische Methode gibt es nicht. Alle Methoden, die die Wissenschaft gefunden hat, können hermeneutischen Gewinn bringen – wenn man sie richtig nutzt und wenn man darüber nicht vergisst, dass ein Gedicht kein Befund ist, den man als Fall von etwas Allgemeinerem zu erklären vermöchte, wie den experimentellen Befund als den Fall einer Naturgesetzlichkeit. […] Hermeneutik meint nicht so sehr ein Verfahren als das Verhalten des Menschen, der einen anderen verstehen will oder als Hörer oder Leser eine sprachliche Äußerung verstehen will. Das ist dann immer: diesen einen Menschen, diesen einen Text verstehen. Ein Interpret, der alle Methoden der Wissenschaft wirklich beherrscht, wird sie nur anwenden, um die Erfahrung

---

140 Gadamer [5]1986, S. 193.
141 Frank 1977, S. 354.
142 Vgl. Frank 1977, S. 355.
143 Frank 1977, S. 357.

des Gedichtes durch besseres Verstehen möglich zu machen. Er wird nicht den Text blindlings gebrauchen, um Methoden anzuwenden.[144]

Gadamer fasst die Hermeneutik also grundsätzlich nicht als Methode auf, sondern als Beschreibung des Verstehensprozesses. Sie gibt also nicht vor, wie eine Verstehensleistung idealerweise ablaufen sollte, ist keine Anleitung zum Verstehen, sondern beschreibt, wie sie im Normalfall verläuft, ohne dass der Verstehende eine besondere Anstrengung unternimmt oder Verständnisregeln anwendet. Innerhalb des Verstehensprozesses ist der Leser ständig dem ausgesetzt, was Gadamer „Beirrungen" nennt: der Konstruktion von vorläufigen Sinnentwürfen, die sich bei wachsendem Verständnis des Textes als falsch herausstellen. Als ersten Schritt der Interpretation nimmt der Verstehende zunächst immer einen Entwurf vor, indem ein Sinn des Ganzen angenommen wird, sobald eine erste Bedeutung im Text erkennbar ist. Dies erfolgt auf der Grundlage von Erwartungen der Leserin oder des Lesers im Bezug auf den Sinn des Textes. Bei der weiteren Lektüre wird dieser Sinnentwurf ständig revidiert und aktualisiert. Allerdings birgt jede Revision des Vorentwurfs die Möglichkeit in sich, wiederum selbst eine neue Konzeption von Bedeutung auf den gesamten Text voraus zu werfen, die sich bei der weiteren Lektüre bestätigen oder falsifizieren lässt.[145] Um zu einer kompetenten Interpretation zu kommen, muss sich die Leserin bzw. der Leser dieses Prozesses bewusst sein, um das Wesentliche, den Text, nicht aus den Augen zu verlieren:

> Alle rechte Auslegung muß sich gegen die Willkür von Einfällen und die Beschränktheit unmerklicher Denkgewohnheiten abschirmen und den Blick ‚auf die Sachen selber' richten (die beim Philologen sinnvolle Texte sind, die ihrerseits wieder von Sachen handeln). Sich dergestalt von der Sache bestimmen lassen, ist für den Interpreten offenkundig nicht ein einmaliger ‚braver' Entschluß, sondern wirklich ‚die erste, ständige und letzte Aufgabe.' Denn es gilt, den Blick auf die Sache durch die ganze Beirrung hindurch festzuhalten, die den Ausleger unterwegs ständig von ihm selbst her anfällt.[146]

Die Aufgabe des Verstehenden besteht darin, seine Vor-Meinung so lange zu revidieren, bis sie sich an „der Sache", sprich dem Text, bestätigen lässt.

Einerseits sollte sich die Verstehensleistung auf den Text selbst richten und der Blick auf die „Sache" trotz aller „Beirrungen" nicht verloren gehen, andererseits aber ist eine Interpretation ohne diese Vormeinungen nicht möglich. Ein kompetenter Interpret ist sich allerdings dieser Voraussetzungen des Verste-

---

144 Gadamer 1993, S. 447.
145 Vgl. Gadamer [5]1986, S. 271 f.
146 Gadamer [5]1986, S. 271.

hensprozesses bewusst und steht seinen eigenen Vormeinungen kritisch gegenüber:

> Das Verstehen kommt nun aber erst in seine eigentliche Möglichkeit, wenn die Vormeinungen, die es einsetzt, nicht beliebige sind. Es hat darum seinen guten Sinn, daß der Ausleger nicht geradezu, aus der ihm bereiten Vormeinung lebend, auf den Text zugeht, vielmehr die in ihm lebenden Vormeinungen ausdrücklich auf ihre Legitimation, und das ist, auf Herkunft und Geltung prüft.[147]

Eine große Leistung Gadamers ist die Rehabilitation des Begriffs „Vorurteil", der durch die Aufklärung eine negative Konnotation erhalten hatte.[148] „Vorurteil" heißt bei Gadamer nicht „falsches Urteil", sondern ist eine Bedingung des Verstehens. Die Diskreditierung des Begriffs durch die Aufklärung steht im Zusammenhang mit der Annahme eines Gegensatzes zwischen Autorität und Vernunft: nach Gadamer ist es „[...] die allgemeine Tendenz der Aufklärung, keine Autorität gelten zu lassen und alles vor dem Richtstuhl der Vernunft zu entscheiden."[149] Gadamer gesteht dem Gegensatz von Autoritätsglaube und Gebrauch der eigenen Vernunft durchaus eine gewisse Legitimation zu, jedoch nur, wenn die Geltung der Autorität an die Stelle des eigenen Urteils tritt und so zur Quelle von negativen Vorurteilen wird. Autorität kann aber auch eine Wahrheitsquelle sein. Daher differenziert Gadamer zwischen „legitimen Vorurteilen" und „Vorurteilen, deren Überwindung das unbestreitbare Anliegen der kritischen Vernunft ist."[150]

Als eine besonders starke Form von Autorität sieht Gadamer die Tradition an:

> Das durch Überlieferung und Herkommen Geheiligte hat eine namenlos gewordene Autorität, und unser geschichtliches endliches Sein ist dadurch bestimmt, daß stets auch Autorität des Überkommenen – und nicht nur das aus Gründen Einsichtige – über unser Handeln und Verhalten Gewalt hat.[151]

Während die Aufklärung jegliche Form von Autorität ablehnt, wird die Tradition in der Romantik besonders verteidigt. Gadamer sieht allerdings keinen Gegensatz zwischen Tradition und Vernunft, da Tradition stets ein Moment der Freiheit und der Geschichte selbst enthält. Die geisteswissenschaftliche Hermeneutik kann sich nicht in einem Gegensatz zum Überlieferten setzen, da alle Interpreten „geschichtlich Lebende" sind:

---

147 Gadamer [5]1986, S. 272.
148 Vgl. Gadamer [5]1986. S. 276 ff.
149 Gadamer [5]1986, S. 277.
150 Vgl. Gadamer [5]1986, S. 281 ff.
151 Gadamer [5]1986, S. 285.

Wir stehen vielmehr ständig in Überlieferung, und dieses Darinstehen ist kein vergegenständlichendes Verhalten, so daß das, was die Überlieferung sagt, als ein anderes, Fremdes gedacht wäre – es ist immer schon ein Eigenes, Vorbild und Abschreckung, ein Sichwiedererkennen, in dem für unser späteres historisches Nachurteil kaum noch Erkennen, sondern unbefangenste Anverwandlung der Überlieferung zu gewahren ist.[152]

Voraussetzung für geisteswissenschaftliches Verstehen ist, sich von der Überlieferung angesprochen zu fühlen – ein Aspekt, den es mit dem Fortleben der Tradition teilt. Daher steht nach Gadamer am Anfang aller hermeneutischen Verstehensleistung die Auflösung des Gegensatzes zwischen Tradition und Historie bzw. Geschichte und Wissen von ihr. Tradition und historische Forschung bilden eine Einheit, ein Geflecht aus Wechselwirkungen. Historisches Bewusstsein darf daher nicht als etwas radikal Neues verstanden werden, sondern ist lediglich ein neues Moment innerhalb des menschlichen Verhältnisses zur Vergangenheit, wie es sich seit jeher darstellt. Der Verstehende muss das Moment der Tradition im historischen Verhalten erkennen und fragen, welche hermeneutische Produktivität daraus erwachsen kann.[153] Auch wenn die Interpretation auf die „Sache" gerichtet sein soll, lässt sich nicht verhindern, dass der Blick des Lesers immer dadurch gelenkt wird, unter welchem Aspekt ihm diese präsentiert wird:

Was unser geschichtliches Bewußtsein erfüllt, ist immer eine Vielzahl von Stimmen, in denen die Vergangenheit widerklingt. Nur in der Vielfachheit solcher Stimmen ist sie da. Das macht das Wesen der Überlieferung aus, an der wir teilhaben und teilgewinnen wollen. Die moderne historische Forschung ist selber nicht nur Forschung, sondern Vermittlung der Überlieferung. Wir sehen sie nicht nur unter dem Schrittgesetz des Fortschritts und der gesicherten Ergebnisse – auch an ihr machen wir gleichsam geschichtliche Erfahrungen, sofern in ihr jeweils eine neue Stimme laut wird, in der die Vergangenheit widerklingt.[154]

Die Einordnung in die Überlieferung stellt den Kern der Verstehensleistung dar: „Das Verstehen ist selber nicht so sehr als eine Handlung der Subjektivität zu denken, sondern als Einrücken in ein Überlieferungsgeschehen, in dem sich Vergangenheit und Gegenwart beständig vermitteln."[155]

Dementsprechend nimmt Gadamer auch eine Umakzentuierung des Modells des hermeneutischen Zirkels vor. Grundsätzlich beruht dieses bei allen Theoretikern auf der Annahme, dass das Ganze aus dem Einzelnen heraus und das Einzelne aus dem Ganzen heraus verstanden werden müssen.

---

152 Gadamer [5]1986, S. 286 f.
153 Vgl. Gadamer [5]1986, S. 287.
154 Gadamer [5]1986. S. 289.
155 Gadamer [5]1986, S. 295.

Nach Gadamer stellt der Zirkel eine Beschreibung des Verstehens als Ineinandergreifen der Bewegungen der Überlieferung einerseits und des Interpreten andererseits dar. Der erste Vorentwurf eines Sinns, den eine Leserin oder ein Leser konstruiert, sobald er einen Text zu rezipieren beginnt, entsteht aus der Gemeinsamkeit, die den Interpreten mit der Überlieferung verbindet. Diese ist jedoch keine Selbstverständlichkeit, eine Voraussetzung, unter der jeder Leser steht, sondern wird von jedem Rezipienten selbst in dem Maße erstellt, indem er bereit ist, am Überlieferungsgeschehen teilzunehmen. „Der Zirkel des Verstehens ist also überhaupt nicht ein ‚methodischer' Zirkel, sondern beschreibt ein ontologisches Strukturmoment des Verstehens."[156]

Grundsätzlich ist es dem Interpreten nicht möglich, über seine eigenen Vormeinungen und Vorurteile frei zu verfügen, ob es sich nun um für das Textverständnis förderliche oder hemmende Vorurteile handelt: „Er ist nicht imstande, von sich aus vorgängig die produktiven Vorurteile, die das Verstehen ermöglichen, von denjenigen Vorurteilen zu scheiden, die das Verstehen verhindern und zu Mißverständnissen führen."[157] Die Unterscheidung geschieht erst im Verstehensprozess selbst. Gewisse Fehlerquellen werden zwar nach und nach ausgeschaltet, so dass der Sinn immer deutlicher hervortritt, aber letztendlich ist die Ausschöpfung des „wahren" Sinns ein unendlicher Prozess.

Grundsätzlich kritisch steht Gadamer hingegen Vorurteilen gegenüber, die aus Informationen über die Person des Autors und Aussagen desselben über sein eigenes Werk entstehen:

> Die besonderen Belehrungen, die ein Dichter über seine verschlüsselten Schöpfungen zu geben vermag […] haben stets etwas Mißliches. Bedarf es der Auskunft über das, was ein Dichter sich bei seinem Gedicht gedacht hat? Es kommt doch wohl allein darauf an, was ein Gedicht wirklich sagt – und nicht, was sein Verfasser meinte und vielleicht nicht zu sagen verstand. […] Wenn der Dichter seine privaten und okkasionellen Motive mitteilt, verschiebt er im Grunde das, was sich als dichterisches Gebilde ausbalanciert hat, nach der Seite des Privaten und Kontingenten – das jedenfalls nicht dasteht.[158]

Entscheidend für die Interpretation ist also nicht, was der Autor gewollt hat, sondern, was er gemacht hat.

Als förderlich für die Ausschaltung von Vorurteilen, die zu Missverständnissen führen, sieht Gadamer einen zeitlichen Abstand zur Produktion des Textes:

---

156 Gadamer [5]1986, S. 299.
157 Gadamer [5]1986, S. 301.
158 Gadamer 1993, S. 383.

Nun ist die Zeit nicht mehr primär ein Abgrund, der überbrückt werden muß, weil er trennt und fernhält, sondern sie ist in Wahrheit der tragende Grund des Geschehens, in dem das Gegenwärtige wurzelt. Der Zeitenabschnitt ist daher nicht etwas, was überwunden werden muß. [...] In Wahrheit kommt es darauf an, den Abstand der Zeit als eine positive und produktive Möglichkeit des Verstehens zu erkennen. Er ist nicht ein gähnender Abgrund, sondern ist ausgefüllt durch die Kontinuität des Herkommens und der Tradition, in deren Lichte uns alle Überlieferung sich zeigt.[159]

Nach Gadamer ist das Verständnis zeitgenössischer Texte oft schwieriger als das zeitlich entfernter, weil die Interpreten meist von unkontrollierbaren Vorurteilen eingenommen sind, während ein gewisser zeitlicher Abstand dem Leser „sichere Maßstäbe" anvertraut. Er ermöglicht, die eigentlich kritische Frage der Hermeneutik zu lösen, nämlich die Unterscheidung produktiver Vorurteile von Vorurteilen, die zum Missverständnis führen. Daher muss ein hermeneutisch geschultes Bewusstsein zwangsläufig das historische Bewusstsein einschließen. Letzteres ermöglicht, die Vorurteile, die das Textverständnis leiten, bewusst zu machen, damit sich die Überlieferung als Andersmeinung davon abheben kann. Ein Vorurteil kann nach Gadamer nur dann zur Abhebung gebracht werden, wenn es „gereizt" wird, wenn es nicht mehr unbemerkt, aber beständig die Interpretation beeinflusst. Dieser notwendige Reiz ist die Begegnung mit der Überlieferung. Das Verstehen beginnt dadurch, dass der Rezipient durch etwas angesprochen wird. Doch gleichzeitig muss das, was zum Verstehen einlädt, sich schon zuvor in seiner Andersartigkeit zur Geltung gebracht haben.[160]

Die hermeneutische Verstehensleistung erschöpft sich weder in der Entnahme eines vermeintlich objektiv fassbaren Sinns aus dem Text, noch gleitet sie ins Subjektive, Beliebige ab: „Roman oder Gedicht ergeben mehr als nur eine Extrapolation der objektiven Bedeutung; sie sind auch nicht reduzierbar auf das subjektive Erlebnis, das im Lesen entsteht."[161] Dies bedeutet, dass es weder eine „richtige" oder „falsche" Lektüre gibt, aber auch, dass nicht jede Interpretation eines Textes per se als „richtig" gelten kann.

Das zwangsläufige Vorhandensein von Vorurteilen hat zur Folge, dass kein Text einfach nur verstanden wird, sondern dass er immer *als etwas* verstanden wird – als was genau, hängt von den Voraussetzungen ab, die der Leser mitbringt.

Einen tieferen Einblick in den Prozess des Textverstehens, der für literaturwissenschaftliche Textbetrachtung und die Beschäftigung mit Literatur im Unterricht fruchtbar gemacht werden kann, ermöglichen aber nicht nur philologische Theorien. Er lässt sich auch über einen ganz anderen Zugang gewinnen:

---

159 Gadamer [5]1986, S. 302.
160 Vgl. Gadamer [5]1986, S. 304.
161 Umlauf 2007, S. 155.

über die die Forschungsergebnisse der Kognitionspsychologie. In der psychologischen Modellierung der menschlichen Kognition nach Walter Kintsch stellen sich sowohl Text als auch Wissen als Netzwerke von so genannten „Propositionen" oder „semantischen Vektoren" dar, die durch Assoziationen locker miteinander verknüpft, aber nicht starr sind:

> The mind in this view is not a well-structured, orderly system but is a little chaotic, being based on perception and experience rather than on logic, being Aristotelian rather than Cartesian. The assumptions made about the cognitive process are similar: The construction of mental representations does not involve the application of precise, sophisticated, and context-sensitive rules; instead, construction rules may be crude and relatively context-free and may yield only approximate solutions full of irrelevancies and redundancies that need to be cleared up by constraint satisfaction – specifically, a spreading activation mechanism.[162]

Innerhalb dieses Absatzes skizziert Kintsch grob den Aufbau des menschlichen Gedächtnisses und legt damit die Grundlagen für die Beschreibung des Verstehensprozesses. Hervorzuheben ist hier vor allem die hohe Variabilität des Vorgangs und die ständige Korrektur erster Annahmen. Verstehen bedeutet nicht die systematische – und schon gar nicht bewusste – Anwendung logischer Regeln, sondern vielmehr die immer wieder neue Konstruktion von Annäherungen, die auf Wahrnehmung und Erfahrung basieren. Am Anfang des Prozesses steht ein Rezipient in einer bestimmten Wahrnehmungssituation, der als Voraussetzung spezifische Erfahrungen, Wissensbestände und Ziele im Bezug auf die Lektüre mitbringt. Ist diese Wahrnehmungssituation die Lektüre eines Textes, formt die Leserin oder der Leser aus den Worten Bedeutungseinheiten. Gleichzeitig werden aus dem Langzeitgedächtnis des Rezipienten – also aus seinem Wissen und seinen Erfahrungen – Elemente aus dem Netzwerk durch Assoziationen aktiviert. Hierbei handelt es sich um einen *bottom-up*-Prozess, bei dem sowohl für das Textverständnis relevante als auch irrelevante Elemente aufgerufen werden. Bei fortschreitender Lektüre werden die angemessenen Elemente beibehalten, die unangemessenen wieder deaktiviert: „Spreading activation around this network until the pattern stabilizes works as a constraint-satisfaction process, selectively activating those elements that fit together or are somehow related and deactivating the rest."[163] Dieses Vorgehen ermöglicht eine zunehmende Strukturierung und die Bildung einer adäquaten mentalen Repräsentation des Textes. Kintsch nennt diese Modellierung *Construction-integration (CI) Theory*: „A context-insensitive construction process is followed by a constraint-satisfaction,

---

162 Kintsch 1998, S. 5.
163 Kintsch 1998, S. 4 f.

or integration, process that yields if all goes well, an orderly mental structure out of initial chaos."[164]

Die Grundlage für Wahrnehmung, Verstehen und Problemlösung ist die Bildung mentaler Repräsentationen oder Modelle von Objekten oder Ereignissen. Dabei vermischt das kognitive System die Wahrnehmung der aktuellen Umweltbedingungen, denen das Individuum ausgesetzt ist, mit den Erfahrungen, die es in der Vergangenheit gemacht hat. Die mentalen Modelle stellen die Basis für die Interaktion des Individuums mit seiner Umwelt dar, da diese nur sehr selten zu ein und demselben Zeitpunkt alle Informationen liefert, die für ein angemessenes Handeln nötig wären. Daher müssen Erfahrung und Wissen aktiviert werden, um die meisten Situationen des menschlichen Lebens bewältigen zu können.[165] In welchem Ausmaß auf diese kognitiven Strukturen zurückgegriffen werden muss, ist situationsabhängig: „At a minimum, it supplements information in the environment by filling gaps that are unspecified. Often, however, the environmental input must be transformed in complex ways to ensure an optimal action."[166]

In Kintschs Modell stellt sich das Gedächtnis als semantisches Netzwerk von Propositionen dar, die als *Predicate-argument*-Schema definiert werden, dar. [167] Die Verknüpfungen innerhalb des Netzwerks sind nicht statisch und werden je nach Bedarf assoziativ neu gebildet:

> In the model proposed here, knowledge is represented as a network of propositions. Such a network is called a knowledge net. The nodes of the net are propositions, schemas, frames, scripts, production rules – which can all be written in a formalism based on the predicate-argument schema […]. The links are unlabeled and vary in strength, that is, a knowledge net is a type of associative net.[168]

Die Konzepte von Bedeutung, die innerhalb dieses Netzwerks gebildet werden, sind ebenso wenig statisch wie das Netzwerk selbst. Wird ein Knotenpunkt dieses Netzes aktiviert, bestimmen die Ziele des Rezipienten im Hinblick auf die Lektüre, Erfahrungen, Emotionen sowie der situationsbezogene und semantische Kontext, welche Propositionen im Umfeld des Knotenpunkts aufgerufen werden. Der Knotenpunkt und andere Komponenten des Langzeitgedächtnisses stellen Referenzpunkte dar, doch welche Verknüpfungen von diesem Punkt aus

---

164   Kintsch 1998, S. 5.
165   Vgl. Kintsch 1998, S. 14 f.
166   Kintsch 1998, S. 15.
167   Vgl. Kintsch 1998, S. 37.
168   Kintsch 1998, S. 74.

hergestellt werden, wird vom Arbeitsgedächtnis und von der momentanen Wahrnehmung beeinflusst.[169]

Für seine Modellierung des Textverständnisses unterscheidet Kintsch drei Ebenen: die Oberflächenstruktur, die Textbasis und das so genannte Situationsmodell. Diese Unterscheidung bezieht sich auf die Herkunft der Propositionen innerhalb der mentalen Abbildung des Textes. Die Oberflächenstruktur besteht aus der sprachlichen Repräsentation des Textes. Propositionen, die direkt aus dem Text abgeleitet werden, stellen die Textbasis dar. Allerdings ist es äußerst selten, dass eine Leserin bzw. ein Leser einen Text nur aus sich selbst heraus versteht. Daher greift sie oder er auf zusätzliche Informationen, die im Langzeitgedächtnis gespeichert sind, zurück – Wissen und Erfahrungen – und gelangt so zu einer Interpretation des Textes, die mit diesen Informationen in Verbindung steht. Das gesamte Konstrukt aus Textbasis und Elementen, die der Leser aus seinem Langzeitgedächtnis hinzufügt, wird Situationsmodell genannt.[170] Bei der Konstruktion des Situationsmodells greift der Leser auf verschiedene Komponenten zurück: Wissen über Sprache, Wissen über die Welt im Allgemeinen, spezifisches Fachwissen, Wissen über die betreffende Kommunikationssituation, aber auch seine eigenen Erfahrungen.[171] Doch auch die Textbasis kann sich je nach Leser unterschiedlich darstellen, je nachdem, welchen Aspekten des Textes er eine höhere oder geringere Wichtigkeit zumisst.[172]

Aus all den beschriebenen Voraussetzungen leitet Kintsch nun sein Modell des Textverstehens ab:

> We comprehend a text, understand something, by building a mental model. To do so, we must form connections between things that were previously disparate: the ideas expressed in the text and relevant prior knowledge. Comprehension implies forming coherent wholes with Gestalt-like qualities out of elementary perceptual and conceptual features. It is a marvelous and wondrous achievement, for there are myriads of such features ready to yield many different configurations.[173]

Die Verstehensleistung wird als Prozess modelliert, bei dem zunächst auf unstrukturierte Weise Assoziationen hergestellt und dadurch mentale Repräsentationen konstruiert werden. Diese sind allerdings zunächst chaotisch und widersprechen sich bisweilen gegenseitig. In einem zweiten Schritt werden sie einem Integrationsprozess unterworfen, aus dem eine strukturierte mentale Repräsentation hervorgeht. Diese beiden Schritte geben auch die Bezeichnung der Theorie

---

169 Vgl. Kintsch 1998, S. 75
170 Vgl. Kintsch 1998, S. 49.
171 Vgl. Kintsch 1998, S. 103.
172 Vgl. Kintsch 1994, S. 295.
173 Kintsch 1998, S. 93.

vor: *Construction-integration model*. Der Verstehensprozess erfolgt allerdings nicht in einem einmaligen Durchlaufen beider Schritte, sondern in Zyklen:

> Text representations must be built up sequentially. It is not possible psychologically to construct and integrate a text representation for a whole book chapter or a whole lecture. The chapter and the lecture have to be processed word by word and sentence by sentence. As each text segment is processed, it is immediately integrated with the rest of the text that is currently held in working memory.[174]

Ein Element wird also in die mentale Repräsentation integriert, sobald dies möglich ist. Bei der Lektüre wird vom ersten Moment an ein vorläufiges Situationsmodell konstruiert, das während der weiteren Lektüre kontinuierlich bestätigt oder revidiert wird.[175] Das Endprodukt einer Verstehensleistung ist eine mentale Repräsentation des Textinhalts.

In Kintschs Untersuchungen zur Textverarbeitung wurden im Allgemeinen kurze, speziell für die Studien konzipierte Texte verwendet. Das Verstehen literarischer Texte wurde nicht explizit untersucht.

Ein bedeutender Vorläufer Kintschs, Frederic Charles Bartlett, beschreibt in seinem 1932 erschienenen Werk *Remembering* diverse psychologische Experimente zum Textverstehen und –erinnern. Bei seinen Versuchen verwendet er als Textgrundlage einerseits eine Art Volkssage, andererseits einen kurzen argumentativen Prosatext. Diese Wahl trifft er aus verschiedenen Gründen:

> The folk-stories were used, as before, because they are predominantly a type of material which passes very rapidly from one social group to another; because most subjects regard it as interesting in itself; because stories can easily be chosen which were fashioned in a social environment very different from that of any social group that is likely to yield subjects for a given experiment; and because, both as to form and as to content, they frequently contain characters which would normally be expected to undergo much change in the course of transmission. The descriptive and argumentative passages were used because they represent a type of material with which all the subjects of these experiments were already familiar, so that they would provide some kind of check, or control, upon the results with the folk-tales.[176]

Bartlett verwendet also sowohl Texte, die gemäss den von Winko und von Heydebrand aufgestellten Kriterien als literarisch zu bezeichnen sind[177], als auch nicht-literarische Texte. Allerdings thematisiert er diesen Unterschied nicht, was darauf hindeutet, dass davon ausgegangen wird, dass die Art der Textverarbeitung in beiden Fällen gleich verläuft.

---

174 Kintsch 1998, S. 101.
175 Vgl. Kintsch 1998, S. 101.
176 Bartlett 1932, S. 119.
177 Vgl. Kapitel 2.

Kintsch stellt explizit die Hypothese auf, dass literarische Texte nicht grundsätzlich anders verstanden werden als die zu Testzwecken benutzten Texte – die Grundstruktur der Verstehensleistung, also das Wechselspiel von Konstruktion und Integration, ist dieselbe. Ein Unterschied liegt jedoch nach Kintsch im *was*, nicht im *wie*: „Literary language presents a novel and powerful set of constraints not present in everyday texts, but these new and different constraints are processed in the same way as other more familiar constraints."[178] Bei nichtliterarischen Texten liegt die Intention des Autors im Allgemeinen in der deutlichen Vermittlung eines bestimmten Situationsmodells an den Leser über das Medium Text. Die Qualität solcher Texte bemisst sich daran, wie problemlos die Kommunikation abläuft. Schaffen es kompetente Leser nicht, das intendierte Situationsmodell zu konstruieren, kommt dies einem Versagen des Autors gleich.[179]

Literarische Texte hingegen bieten die Möglichkeit zur Konstruktion von Situationsmodellen auf verschiedenen Ebenen. Die Intention des Autors tritt hierbei in den Hintergrund, und welche Situationsmodelle erstellt werden, hängt in hohem Maße von der Leserin oder dem Leser selbst ab. Kintsch geht davon aus, dass der Verstehensprozess bei literarischen Texten zwar bestimmte Fähigkeiten verlangt, aber sich nicht grundsätzlich von dem oben beschriebenen Prozess unterscheidet:

> Is the comprehension of literary texts different from that of nonliterary texts? – the answer must be 'yes' and 'no'. Yes, because literary texts demand specific encoding strategies and specific knowledge that do not play a role in comprehending nonliterary texts. Specifically, the encoding strategies for literary language are different from those employed for everyday language, and specific domain knowledge is reqired to understand literary texts. No, because the psychological processes involved are the same in both cases: The 'what' is different, but the 'how' is the same.[180]

Studien zum Verstehen literarischer Texte auf der Grundlage der Arbeiten von Kintsch wurden von Rolf A. Zwaan durchgeführt. Ein zentraler Aspekt seiner Theorie besteht in der Annahme eines kognitiven Kontrollsystems, das die Textrezeption steuert: „The crucial notion that was developed is that of a cognitive control system. It was pointed out that for each conventional type of text, proficient readers may have acquired such systems, which monitor their comprehension."[181] Zwar erklärt Zwaan, dass es kein Standardmodell der nichtliterarischen Textrezeption gibt, das sich der Lektüre literarischer Texte gegenüberstellen ließe, doch innerhalb seiner Untersuchung greift er dennoch in der

---

178 Kintsch 1998, S. 205.
179 Kintsch 1998, S. 213.
180 Kintsch 1998, S. 213.
181 Zwaan 1993, S. 37.

Regel auf eine Unterscheidung zwischen *Newspaper perspective* und *Literary perspective* zurück. Aus diesen Kategorien leitet er zwei Arten von Kontrollsystemen ab, nämlich das *News comprehension control system* (NCCS) und das *Literary comprehension control system* (LCCS). [182] Die unterschiedlichen Auswirkungen dieser beiden Rezeptionshaltungen, die aufgrund des eingesetzten Kontrollsystems entstehen, untersucht er anhand verschiedener Experimente. Seine Ergebnisse deuten darauf hin, dass die Struktur des Textverstehensprozesses, wie sie im *Construction-integration*-Modell nach Kintsch dargestellt wird, sich durch die Anwendung des LCCS grundsätzlich nicht verändert, sich aber dennoch Unterschiede feststellen lassen. Das Verstehen des Textes beruht auch bei literarischen Texten auf der Konstruktion einer mentalen Repräsentation des Textinhalts aufgrund einer ständigen Wechselwirkung von Assoziation und Integration. Allerdings nimmt Zwaan an, dass die Integration von Informationen in das Situationsmodell bei der Rezeption von literarischen Texten weniger stark gesteuert ist als bei der Lektüre nicht-literarischer Texte:

> As pointed out above, the NCCS uploads some sort of generic knowledge structure about newsworthy events. One may view this structure as an activation pattern in the knowledge net of the reader. To the extent that the text offers support for this pattern, its activation rises, and it begins to dominate incoming information, by integrating it into the pattern, which, again, enhances the activation of that pattern. In other words, this pattern dominates the integration process and will result in a strongly integrated textbase, i.e., a situation model. In literary comprehension, on the other hand, no such pattern is activated (or the pattern is less active). This means that incoming information is less constrained. Hence, the textbase will be less coherent. [183]

Voraussetzung hierfür ist allerdings, dass die Leserin oder der Leser sich der Tatsache, dass er einen literarischen Text rezipiert, bewusst ist. Zwaan nimmt an, dass Leserinnen und Leser, die unter dem Einfluss eines LCCS lesen, Inkohärenzen in der mentalen Repräsentation eher aushalten als Leserinnen und Leser, die das NCCS anwenden. Erst, wenn die Kohärenz unter einen bestimmten Grenzwert absinkt, werden Integrationsprozesse wirksam, die die Kohärenz herstellen. In einem literarischen Rezeptionsmodus sollen Leserinnen und Leser zudem eher als in einem nicht-literarischen Rezeptionsmodus bereit sein, die Relevanz einzelner Informationen anzunehmen: „As a result, the literary mode will be more tolerant to incoherence that will be the news mode. To put it diffe-

---

182   Vgl. Zwaan 1993, S. 41 f.
183   Zwaan 1993, S. 155.

rently, in a news mode readers will be more inclined to discriminate between 'relevant' and 'irrelevant' information than in a literary mode."[184]

Aufgrund der Ergebnisse seiner Experimente und der oben skizzierten Überlegungen kommt Zwaan zu dem Schluss, dass die Literarizität eines Textes nicht nur von textuellen Merkmalen oder Konventionen abhängt, sondern auch von seiner Rezeption:

> Rather, literariness may be conceived of as the result of the application of a specific cognitive control mechanism, the literary-comprehension control system, during the comprehension of a text. Mature readers develop and use such a system in order to be able to deal with texts which are, or which they expect to be indeterminate, opaque, or ambiguous.[185]

Der literarische Rezeptionsmodus, den Zwaan annimmt, ist kulturell bedingt und wird zumindest in Industrieländern in der Schule gelernt. Zwaans Erkenntnisse können nicht nur als Weiterentwicklung kognitionspsychologischer Textverständnistheorien gesehen werden, sondern auch als empirische Bestätigung der in Kapitel 2 ausgeführten Theorien von Winko und von Heydebrand: literarisch ist ein Text nicht nur aufgrund seiner spezifischen Merkmale, sondern auch aufgrund seiner Rezeption.

Natürlich sind die beiden hier vorgestellten Zugänge zum Textverstehen unter völlig unterschiedlichen Voraussetzungen entstanden und sollen keinesfalls gleichgesetzt oder vermischt werden. Hervorgehoben werden soll durch die Gegenüberstellung der beiden Theorien jedoch die Tatsache, dass sich die Unabdingbarkeit des Wissens für das Textverstehen über ganz unterschiedliche Denk- und Forschungstraditionen herleiten lässt. Oder anders gesagt: beide Ansätze zeigen, dass es ohne Wissen – verstanden als „Vorurteil" im Sinne Gadamers oder als „Vorwissen" im Sinne der kognitionspsychologischen Theorien – kein Verstehen geben kann. Außerdem zeigen sie, dass eine Leserin oder ein Leser einem Text nicht neutral gegenübertreten, ihn nicht voraussetzungslos rezipieren kann – und die individuellen Voraussetzungen, die er an den Text heranträgt, beeinflussen das Verstehen. Kinder und Jugendliche lesen anders als Erwachsene, erfahrene Leser lesen anders als Gelegenheitsleser, und professionelle Leser lesen anders als nichtprofessionelle Leser – und alle *lesen* nicht einfach einen Text, sondern sie lesen ihn *als etwas*. Die Art und Weise, wie ein Text gelesen und verstanden wird, hängt also nicht nur von den Fähigkeiten ab, die eine Leserin bzw. ein Leser anzuwenden weiß – und die Schülerinnen und Schülern im

---

184 Zwaan 1993, S. 155.
185 Zwaan 1993, S. 170.

Deutschunterricht als Strategien zu vermitteln wären[186] – sondern in entscheidendem Maß auch von dem Wissen, über das sie oder er verfügt. Dabei ist Wissen nicht nur im Sinne von Faktenwissen zu verstehen, das Schülerinnen und Schülern im Bezug auf einen bestimmten Gegenstand im Unterricht vermittelt werden könnte:

> Dazu gehören Textsorten bzw. ein Wissen um ordnende Textmuster, das der Leser hat und das er sich angesichts der Signale, die ihm sein Text gibt, aktiviert. Dazu gehören aber vor allem mentale Ordnungsraster, sog. *schemata, scripts* und *frames*, die mit Weltwissen zu tun haben und eine Art ‚mentale Container' darstellen, in denen dieses Weltwissen aufbewahrt wird. Sie dienen als Grundlage für Sinnstiftung, Orientierung und Verstehensleistung.[187]

Nicht nur die Quantität des in den „mentalen Containern" vorhandenen Wissens zu einem bestimmten Thema unterscheidet sich von Person zu Person, sondern auch die Art der Inhalte. Davon hängt nicht nur ab, ob eine Leserin oder ein Leser vorhandenes Wissen an Impulse im Text anschließen kann, sondern auch, welche Art von Wissen angeschlossen wird. So wird ein Philologe einen Text mit Mittelalterbezug anders lesen als eine Leserin oder ein Leser, der nicht über philologisches Vorwissen verfügt, dafür aber sehr viel phantastische Literatur oder Fantasy-Literatur liest.[188] In diesem Zusammenhang ist hervorzuheben, dass die Begrifflichkeiten im Rahmen dieser Konzepte bisweilen anders gefasst sind als die entsprechenden Termini in ihren alltäglichen Bedeutungen. Daher ist es wichtig, vor allem im Hinblick auf Begriffsdefinitionen, die stark von der Verwendung der betreffenden Begriffe in der Alltagssprache abweichen, zu betonen, dass diese im Rahmen der vorliegenden Arbeit immer im Sinne der vorgestellten Theorien verwendet werden. Im Fall der Textverständniskonzepte gilt dies vor allem für die Begriffe „Wissen" bzw. „Vorwissen", „Vorurteil" und „Verstehen." Abweichungen werden explizit markiert.

Die vorgestellten Modelle zeigen nicht nur, dass Wissen den Verstehensprozess steuert, sondern machen auch deutlich, dass Wissen eine unverzichtbare Bedingung für Verstehen ist. Wo die „mentalen Container" leer sind, kann kein Vorwissen aufgerufen werden, und der Rezipient kann keine Verstehensleistung erbringen.

---

186 Dass dies durchaus versucht wird, zeigen didaktische Handreichungen, die in den letzten Jahren in großer Zahl erschienen sind. Als Beispiel wären hier die Veröffentlichungen der Arbeitsgruppe von Prof. Andreas Gold am Institut für Psychologie der Johann Wolfgang Goethe-Universität Frankfurt zu nennen: siehe http://www.textdetektive.de/ (04.07.2012).

187 Karg 2005, S. 111.

188 Vgl. Kapitel 3.1.

Es wird aber nicht nur das Textverständnis vom Wissen beeinflusst, sondern durch das Textverständnis auch neues Wissen generiert, das in dem bestehenden Wissensbestand der Leserin bzw. des Lesers integriert wird. Dort wird es seinerseits wieder Voraussetzung für die Lektüre weiterer Texte. Kintsch und Van Dijk verstehen ein solches „Lernen aus Texten" als Änderung und Anpassung von Situationsmodellen.[189] Der Prozess läuft parallel zur Verstehensleistung ab und ist nicht von ihr zu trennen: „Comprehension is thus interpreted as the assimilation of a text into a particular knowledge structure, which through this process itself undergoes a change. It is this change that is learning."[190] Das Resultat solcher Lernprozesse beschränkt sich ebenfalls nicht auf den Aufbau von Faktenwissen, sondern lässt sich allgemein als neuer Inhalt eines „mentalen Containers" beschreiben.

Es lässt sich also feststellen, dass Wissen und Verstehen aufs Engste miteinander verknüpft sind. Gleichzeitig muss aber im Hinblick auf die Vermittlung von Literatur die Frage gestellt werden, inwiefern solchen wissenschaftlichen Paradigmen bei der Textarbeit in schulischen Zusammenhängen Rechnung getragen wird.

3.2.1.2 Schulische Rezeption von Texten

Das bedeutendste Paradigma der Literaturdidaktik stellt seit nunmehr gut 25 Jahren der sogenannte „handlungs- und produktionsorientierte Literaturunterricht" dar. Dieser zeichnet sich vor allem durch die Hervorhebung der Rolle der Leserin bzw. des Lesers aus und wurde als „Korrektur an [...] traditionellen Vorgaben"[191] des Literaturunterrichts entwickelt. Diese Vorgaben beschreibt Gerhard Haas, ein bedeutender Vertreter dieser didaktischen Strömung, folgendermaßen:

> [...] die absolute Dominanz des kognitiven Vorgehens, in der Zieldiskussion die Vorrangstellung von Erkenntnis und Wissen, das Arrangement eines Unterrichts, in dem die Wortgewandten und Schnellen dominieren, die weitgehende Vernachlässigung der sinnlichen Seite von Literatur, vor allem aber die fraglose Priorität des literarischen Objekts gegenüber dem Subjekt des Lektüreprozesses.[192]

Es geht also vor allem um eine Stärkung der Leserin bzw. des Lesers gegenüber der in traditionellen Ansätzen als übermächtig empfundenen Vorrangstellung des Textes.

---

189 Vgl. Van Dijk/Kintsch 1983, S. 342.
190 Kintsch 1980, S. 97.
191 Haas [9]2009, S. 7.
192 Haas [9]2009, S. 7

Diese veränderte Sichtweise auf das Verhältnis zwischen Text und Leser geht einher mit einer Infragestellung der traditionellen Zielsetzung des Literaturunterrichts und seiner Gegenstände. So war über lange Zeit die analytisch ausgerichtete Textinterpretation Kernbestand des gymnasialen Literaturunterrichts. Zwischen 1945 und den späten 1960er Jahren waren Lehrpläne Grundlage des Unterrichts, es wurden Gegenstände – in der Regel bestimmte Texte – festgelegt, deren Lektüre als wichtig für die Schülerinnen und Schüler erachtet wurde. Diese Einschätzung gründete auf einer Bewertung der Texte als literarische Kunstwerke mit überzeitlich-zeitlosem Charakter.[193]

Mit dem Aufkommen der Curriculum- oder Lernzielorientierung wurden die Werthaltigkeit und die Stellung als Bildungsgut der traditionell in den Lehrplänen verzeichneten Texte zwar in Frage gestellt, und die Auswahl bestimmter Texte musste durch ihre Eignung für ein bestimmtes Lernziel gerechtfertigt sein, doch der Umgang mit ihnen blieb, zumindest nach der Einschätzung Haas', der literaturwissenschaftlichen Tradition verhaftet. Haas geht sogar noch weiter und führt das literaturdidaktische Paradigma, von dem der handlungs- und produktionsorientierte Unterricht sich abzugrenzen versucht, bis ins 19. Jahrhundert zurück:

> Am bezeichnendsten ist aber dabei die Wendung des Mannes, der die Deutschdidaktik dieser Zeit am entschiedensten geprägt hat: Friedrich A.W. Diesterweg. Der dichterische Text soll seinem Verständnis nach auch in der Schule unter Beachtung aller literaturwissenschaftlichen Prinzipien gleichsam ‚wie ein Leichnam seciert' werden. Durch alle Veränderungen der letzten 150 Jahre hindurch hat die Schule an diesem, genau besehen letztlich nur leicht abgemilderten Ansatz festgehalten und ihn im Sinne literaturwissenschaftlicher Interpretationsmuster stetig ausgebaut.[194]

Haas vernachlässigt allerdings die Tradition der Literaturwissenschaft und die Situation der Literaturdidaktik im 19. Jahrhundert. Diesterwegs Anleitung zur schulischen Lektüre ist eben gerade nicht der literaturwissenschaftlichen Interpretation verpflichtet, zumal sich eine germanistische Literaturwissenschaft ohnehin erst im Laufe des 19. Jahrhunderts herausgebildet hat. Zwar vertritt Diesterweg in seinem Werk *Praktischer Lehrgang für den Unterricht in der deutschen Sprache*[195] tatsächlich ein stark formal-analytisches Verfahren, das den Angriffspunkt für Haas' Kritik darstellt, dieses ist aber kein literaturwissenschaftliches Prinzip, sondern eine Übertragung aus dem Grammatikunterricht. Sein Ansatz ist als Leselehre für die Volksschule konzipiert und hat mit genuinem Literaturunterricht nur sehr wenig zu tun. An letzterem interessiert war ein

---

193 Vgl. Karg 2008, S. 403 f.
194 Haas [9]2009, S. 31.
195 Diesterweg 1849.

Zeitgenosse Diesterwegs, Robert Heinrich Hiecke. Auch sein Programm versteht sich als eine gezielte Anleitung zur Lektüre im Unterricht, ist aber stärker als Diesterwegs Konzept auf das Verstehen von Literatur als Bildungsgut ausgerichtet. Vor allem setzt er sich für die Rezeption von zeitgenössischer Literatur im Unterricht ein.[196]

Haas' Kritik am analytisch-interpretativen Literaturunterricht bezieht sich also auf eine didaktische Theorie, die gerade keine literaturwissenschaftliche Fundierung hat und lässt die historischen Implikationen dieses Prinzips völlig außer acht.

Wie Literatur tatsächlich in unterrichtlichen Zusammenhängen vermittelt wird, hängt aber nicht nur von didaktischen Paradigmen, sondern auch von den curricularen Vorgaben der Bundesländer ab. In diesen werden aktuell keine Inhalte und keine Lernziele mehr formuliert, sondern Kompetenzen, die die Schülerinnen und Schüler erreichen sollen. So wird beispielsweise in den so genannten „Bildungsstandards im Fach Deutsch für den Mittleren Schulabschluss"[197] der Kompetenzbereich „Lesen – mit Texten und Medien umgehen" folgendermaßen zusammengefasst: „Die Schülerinnen und Schüler verfügen über grundlegende Verfahren für das Verstehen von Texten, was Leseinteresse sowie Lesefreude fördert und zur Ausbildung von Empathie und Fremdverstehen beiträgt."[198]

Dabei wird explizit auf die Bedeutung von Wissen eingegangen:

> Sie entnehmen selbstständig Informationen aus Texten, verknüpfen sie miteinander und verbinden sie mit ihrem Vorwissen. Dafür entwickeln sie verschiedene Lesetechniken und setzen Lesestrategien gezielt ein. Sie verfügen über ein Grundlagenwissen zu Texten, deren Inhalten, Strukturen und historischer Dimension, reflektieren über Texte, bewerten sie und setzen sich auf der Grundlage entsprechender Kriterien mit ihrem ästhetischen Anspruch auseinander. Sie verfügen über ein Orientierungswissen in Sprache und Literatur und nutzen die verschiedenen Medien, um Informationen zu gewinnen und kritisch zu beurteilen.[199]

Dies zeigt, dass die Bedeutung von Wissen, auch im Sinne der im vorangegangenen Kapitel vorgestellten Theorien, durchaus berücksichtigt wird. Es wird der Tatsache Rechnung getragen, dass Vorwissen bzw. Vorurteile Einfluss auf das Textverständnis haben. Außerdem wird in der näheren Beschreibung dieser An-

---

196 Vgl. Hiecke 1842.

197 http://www.kmk.org/fileadmin/veroeffentlichungen_beschluesse/2003/2003_12_04-BS-Deutsch-MS.pdf (04.07.2012).

198 http://www.kmk.org/fileadmin/veroeffentlichungen_beschluesse/2003/2003_12_04-BS-Deutsch-MS.pdf (04.07.2012).

199 http://www.kmk.org/fileadmin/veroeffentlichungen_beschluesse/2003/2003_12_04-BS-Deutsch-MS.pdf (04.07.2012).

forderungen der Aufbau von Kenntnissen über Textsorten, literarische Gattungen und historische Zusammenhänge mit einbezogen. Zwar werden die individuellen Voraussetzungen der Leser berücksichtigt, wie die Erwähnung von altersangemessener Literatur und der erwünschten Anwendung produktiver Methoden zeigen, doch im Fokus steht deutlich der jeweilige Text selbst.[200]

Auch Haas spricht von Kompetenzen, die Schülerinnen und Schüler durch den Literaturunterricht aufbauen sollen. Allerdings stellt er die Leserin bzw. den Leser sehr viel stärker in den Vordergrund, als dies bei den Bildungsstandards der Fall ist. Auch beim Begriff „Kompetenz" muss hervorgehoben werden, dass seine Bedeutung stark abhängig von der jeweiligen Theorie, in deren Rahmen er verwendet wird, ist. Bei Haas bezieht sich der Kompetenzbegriff stark auf die Lektüre selbst: er versteht Kompetenzen als „[…] grundlegende Fähigkeiten, die sowohl für den Lektüreablauf selbst, das Umgehen mit Lektüre, wie für das Verstehen und im ganzen für den Aufbau einer stabilen Lesehaltung fördernd und letztlich unabdingbar sind."[201] Der Kompetenzbegriff der Bildungsstandards hingegen ist allgemeiner auf die Lebenspraxis der Schülerinnen und Schüler ausgerichtet:

> Bildungsstandards formulieren fachliche und fachübergreifende Basisqualifikationen [= Kompetenzen, d.Verf.], die für die weitere schulische und berufliche Ausbildung von Bedeutung sind und die anschlussfähiges Lernen ermöglichen. Die Standards stehen im Einklang mit dem Auftrag der schulischen Bildung. Sie zielt auf Persönlichkeitsentwicklung und Weltorientierung, die sich aus der Begegnung mit zentralen Gegenständen unserer Kultur ergeben.[202]

Haas formuliert folgende Kompetenzen, die der Literaturunterricht vermitteln soll:[203]

- Literarische Kompetenz, also die Fähigkeit, mit einem Text Kontakt aufzunehmen und eine emotional-affektive oder kognitive Verbindung mit ihm einzugehen;
- Emotive Kompetenz, verstanden als die Fähigkeit, bei der Lektüre Gefühle zu zeigen, emotionale Spannungen im Zusammenhang mit Figuren und Handlungen zu genießen und sich identifikatorisch mit dem fiktionalen Geschehen zu verbinden;

---

200 http://www.kmk.org/fileadmin/veroeffentlichungen_beschluesse/2003/2003_12_04-BS-Deutsch-MS.pdf (04.07.2012).
201 Haas [9]2009, S. 35.
202 http://www.kmk.org/fileadmin/veroeffentlichungen_beschluesse/2003/2003_12_04-BS-Deutsch-MS.pdf (04.07.2012).
203 Auflistung nach Haas [9]2009, S. 35 ff.

- Kreative Kompetenz, d.h. die Fähigkeit, auf Texte aktiv-produktiv-handelnd zu antworten;
- Emanzipatorische Kompetenz, die die folgenden drei Elemente beinhaltet: Mitwirkung bei der Auswahl der gelesenen Texte und der Form des Umgangs mit ihnen, die Realisierung des Lesens – in bestimmten Situationen – als Form der Distanzierung von Alltäglichem, Gewohntem und Nützlichem, und die Nutzung des Lesens als Hilfe bei der Problemlösung oder als Mittel der Information;
- Projektionskompetenz, die Fähigkeit, literarische Texte für eine Übertragung in reale Situationen einzusetzen, aber ebenso lesend den eigenen Wirklichkeitsraum zu übersteigen;
- Ästhetische Kompetenz, also die Fähigkeit, einen Text als poetologische Struktur zu sehen, seine Form zu analysieren, poetische Kodierungen zu erkennen und sie zur Aussageabsicht in Bezug zu setzen;
- Kritische Kompetenz, d.h. die Fähigkeit, Inhalt und Aussage eines Textes aus ideologiekritischer, politischer, sozialer oder ethischer Sicht kritisch zu befragen sowie seine Form ästhetisch zu werten und zu beurteilen.

Bei den von Haas beschriebenen Kompetenzen stehen affektive und emotionale Zusammenhänge im Vordergrund. Zwar werden literaturwissenschaftliche Paradigmen innerhalb der „ästhetischen Kompetenz" und in Teilen auch bei der „kritischen Kompetenz" aufgerufen, ihnen scheint aber angesichts der sehr viel stärkeren Orientierung an den psychologisch begründeten Kompetenzen eine untergeordnete Bedeutung zugemessen zu werden. Dies bestätigt sich, wenn man betrachtet, woraus Haas die beiden letztgenannten Kompetenzen begründet und inwiefern er seine Grundlage umakzentuiert: er bezieht sich dabei auf Hubert Ivo, der im Rahmen der Lernzielorientierung in den späten 1960er Jahren die kritische und die poetische Kompetenz als zentrale Ziele des Deutschunterrichts postulierte. Letztere beinhaltet in Ivos Konzept drei Aspekte, nämlich das Verständnis poetisch kodierter Texte, das Verstehen der poetischen Kodierung selbst und die Fähigkeit, sich in einer fiktionalen Welt bewegen zu können. Haas lehnt diesen Ansatz zwar nicht ab, sieht aber seine Generalisierung kritisch:

> Die beiden erstgenannten Zielvorstellungen sind also nicht falsch, aber als Normvorgabe in gleicher Weise undifferenziert auf alle Schulstufen und alle Schularten bezogen werden sie höchst problematisch, da in ihnen jegliche entwicklungspsychologische Reflexion fehlt [...].[204]

Haas plädiert auch für eine Umkehrung der Reihenfolge der drei Aspekte, die die poetische Kompetenz enthält. Auch hier stehen motivationale und emotiona-

---

204 Haas ^{9}2009, S. 25.

le Überlegungen im Vordergrund. Für Haas stellt die Fähigkeit, für eine begrenzte Zeit in einer fiktionalen Welt leben zu können, die Basis des Literaturunterrichts dar:

> Erst indem junge Menschen in diese poetische und fiktionale Welt neugierig und erwartungsvoll eintreten, sich in ihr bewegen, in ihr selbst kreativ-produktiv arbeiten, sich in ihr vertraut und heimisch machen – erst dann hat die gedankliche Erkundung Sinn und eine tragfähige Grundlage und können die ersten beiden Ziele in Angriff genommen werden.[205]

Die emotionale Komponente wird auch akzentuiert, wenn es um die Frage nach dem Verstehen von Texten geht. Haas schätzt die Vorstellung, Verstehen beschränke sich im wesentlichen auf gedankliche Prozesse, als „völlig unhaltbar" ein.[206] Es wird zwar nicht ausgeführt, wie der Verstehensprozess genau ablaufen soll, doch implizit wird angedeutet, dass Emotionen für das Textverständnis wichtig seien. Diesen Gedanken entwickelt Bettina Hurrelmann im Rahmen ihrer Auseinandersetzung mit dem Lesekompetenzbegriff infolge der Ergebnisse der PISA-Studie weiter:

> Als Moment realer kultureller Praxis umfasst das Lesen eben nicht nur kognitive Prozesse. Zu seiner Aufnahme bedarf es der Motivation, Textverstehen wird von Emotionen begleitet, Reflexionen und Bewertungen münden ein in Anschlusskommunikationen, die allererst die Verbindung herstellen zwischen dem Lesen und der von PISA postulierten Teilhabe der Leser an gesellschaftlicher Kommunikation.[207]

Während sich also die Bildungsstandards – wenn auch nicht explizit – mit ihrer Berücksichtigung der Bedeutung von Wissen für den Bereich Lesekompetenz an die im vorhergegangenen Kapitel ausgeführten Theorien anschließen, wird dieser Aspekt in Haas' Konzept des handlungs- und produktionsorientierten Unterrichts zwar nicht völlig außer Acht gelassen, ihm kommt aber nur eine untergeordnete Bedeutung zu. Gleichwohl wird aber betont, dass sich dieser Ansatz nicht in der Praxis erschöpfen darf, sondern diese auch theoretisch begründet werden müsste. Haas hebt hervor, dass kognitive Erkenntnis durchaus Teil des handlungs- und produktionsorientierten Unterrichts sein soll:

> Wenn also in der Regel keine kognitiven Ziele mitthematisiert sind, so bedeutet das keineswegs, wie gelegentlich unterstellt wird, daß sie negiert würden. Beschrieben werden Wege zum Ziel eines interessierten und dabei mündig werdenden Lesers – nicht aber die damit verbundenen Wissens- und Erkenntnishorizonte, denn zum einen sind sie lange tradierter Bestandteil von Bildungs- und Lehrplänen und müssen

---

205   Haas [9]2009, S. 25.
206   Vgl. Haas [9]2009, S. 25
207   Hurrelmann (Leseleistung – Lesekompetenz) 2002, S. 13.

hier nicht nochmals genannt werden; vor allem aber lassen sie sich im Sinne eines offenen Unterrichts, [...] nicht von der jeweiligen Lernsituation in den verschiedenen Schulstufen und Schularten ablösen.[208]

Welche Rolle nun der bewussten Akzentuierung von Wissen, vor allem im Zusammenhang mit seiner Bedeutung für das Textverstehen, in der Praxis des Deutschunterrichts tatsächlich zukommt, kann nicht zweifelsfrei festgestellt werden. Während die Bildungsstandards durchaus einen bewussten Umgang mit Wissensbeständen und deren Einfluss auf den Lektüreprozess suggerieren, deuten die Ausführungen Haas' darauf hin, dass im Rahmen des handlungs- und produktionsorientierten Unterrichts vor allem ein affektiver Umgang mit Texten im Vordergrund steht und kognitive Belange eher „nebenbei" zum Tragen kommen. In der Unterrichtswirklichkeit spielen sicher unterschiedliche Faktoren wie die Altersgruppe, die Persönlichkeit der Lehrperson und die der Schülerinnen und Schüler eine Rolle.

Dennoch lässt sich feststellen, dass der handlungs- und produktionsorientierte Unterricht trotz aller Vorteile, die von seinen Vertretern hervorgehoben werden, auch Gefahr läuft, nicht mehr als Methode verstanden zu werden, sondern sich zu verselbstständigen. In diesem Fall besteht das Risiko, dass Texte ausschließlich als Projektionsfläche für die Selbsterfahrung von Schülerinnen und Schülern verwendet und dadurch ihre ästhetischen und historischen Eigenheiten vernachlässigt werden. Grundlage jeglicher Beschäftigung mit Literatur wird die Identifikation mit den literarischen Figuren:

> Man beruft sich auf ‚Leerstellen', zitiert Wolfgang Iser und spricht von ‚produktiver Rezeption.' Abgesehen davon, dass das Verständnis von ‚Leerstellen' einer Überprüfung unterzogen werden müsste, da sich Wolfgang Iser explizit gegen die Auffassung gewandt hat, Leerstellen seien etwas, das mit ‚eigener Phantasie' zu füllen wäre, gehen diese Verfahren von der Möglichkeit einer Identifikation zwischen Leser und literarischer Figur aus, die in den alltagspsychologischen Motivationen heutiger Provenienz grundgelegt ist. Sie sind [...], nimmt man sie für sich und versteht sie nicht etwa als Methoden, einem enthistorisierten Literaturbegriff verpflichtet, wie er aus wissenschaftlicher Sicht in die Phase der unmittelbaren Nachkriegszeit gehört.[209]

Wissen, das für das Textverstehen genutzt wird, ist in diesem Fall vor allem Alltagswissen, das sich auf die persönlichen Erfahrungen der Schülerinnen und Schüler stützt. Das Wissen, das die Leser aus dem Textverständnis heraus aufbauen können, ist wiederum Handlungswissen, das direkt auf konkrete Lebenssituationen anwendbar sein soll. Dass ein solch verkürztes Verständnis des handlungs- und produktionsorientierten Unterrichts durchaus auch in unterricht-

---

208   Haas ⁹2009, S. 11.
209   Karg 2008, S. 406.

lichen Zusammenhängen vorkommt, zeigt ein Blick in diverse Unterrichtswerke, vor allem für die frühe Sekundarstufe I, in denen immer wieder Aufgabenstellungen vorkommen, in denen die Schülerinnen und Schüler beschreiben sollen, wie sich eine literarische Figur in einer gegebenen Situation verhält, bevor sie selbst ausführen sollen, wie sie sich selbst verhalten hätten. Beliebte Methoden für eine solche Auseinandersetzung mit Literatur sind das Verfassen von inneren Monologen und Tagebucheinträgen oder szenische Darstellungen bestimmter Textabschnitte. Ein tatsächlicher Wissenszuwachs stellt sich aber nur ein, wenn es nicht bei diesen Verfahren bleibt, sondern diese auch reflektiert werden: „Soll sich Erkenntnis (‚Lernzuwachs') einstellen, so sind die Komponenten gleichsam auf eine Verhandlungsbühne zu bringen, auf der die Voraussetzungen des jeweiligen Verstehens diagnostiziert werden."[210]

Auch für die produktiven Verfahren – sofern sie nicht verselbstständigt eingesetzt werden – ist Wissen als Voraussetzung und Produkt der Verstehensleistung also grundlegend, selbst wenn dies in vielen Darstellungen der Vertreter des handlungs- und produktionsorientierten Literaturunterrichts hinter den affektiven Implikationen zurücktritt.

3.2.2. Axiologische Werte

3.2.2.1 Anschlussmöglichkeiten für Wissen

Aus Gadamers Hermeneutik oder den vorgestellten kognitionspsychologischen Textverstehensmodellen Kriterien für die Wertung von Texten abzuleiten, ist höchst problematisch. Hatte Schleiermacher die Hermeneutik noch als Methode verstanden, wurde diese Sichtweise von Gadamer deutlich zugunsten einer Hermeneutik als Beschreibung des Verstehens relativiert. Ebenso machen die Vertreter der kognitionspsychologischen Textverstehensmodelle keine Aussagen über „richtige" und „falsche" Situationsmodelle. Vielmehr bestätigen diese Modellierungen des Verstehens theoretisch die Erfahrungen, die wohl jede Leserin und jeder Leser schon beim Wiederlesen von Texten gemacht hat: ein und derselbe Text wird bei erneuter Lektüre nicht zwangsläufig immer gleich verstanden, sondern seine Bedeutung für den Rezipienten ändert sich je nachdem, unter welchen Voraussetzungen er gelesen wird. Gerade die Modelle von Kintsch und Zwaan als Grundlage für die Bewertung von Verstehensleistungen heranzuziehen, kommt einem fundamentalen Missverstehen der Theorie gleich. Ein prominentes Beispiel für eine solche Fehlinterpretation stellt die deutsche Rezeption

---

210 Karg 2008, S. 413.

des Modells als Basis für die Aufgabenkonzipierung im Rahmen der PISA-Studie dar:

> Er [der festgestellte Widerspruch zwischen dem Anspruch der Aufgaben und dem Textverstehensmodell, d.Verf.] liegt grundsätzlich daran, dass man eine Theorie heranzieht, die den Prozess zu beschreiben, nachzuvollziehen und systematisch zu fassen versucht, der sich beim verstehenden Lesen eines Textes abspielt, man aber auf dieser Grundlage gleichzeitig glaubt, die erbrachten Verstehensleistungen mit ‚richtig' und ‚falsch' oder ‚besser' und ‚schlechter' bewerten zu können.[211]

Auch wenn sich in der Praxis zeigt, dass Missverstehen durchaus vorkommt und dass es qualitative Unterschiede auch in der Interpretation von Texten geben kann, lässt sich weder auf der Grundlage von Gadamers Hermeneutik noch der kognitions-psychologischen Verstehensmodelle eine „richtige" Textrezeption ausmachen. Hinzu kommt, dass ein starker Fokus auf den Rezipienten gelegt wird, die Wertungskriterien sich aber als attributive Werte am Text selbst ablesen lassen sollten.

Dennoch lässt sich ein Wertungskriterium für Texte aus einem zentralen Aspekt der Modelle ableiten, nämlich aus der Bedeutung von Vorwissen. Dieses beeinflusst das Textverstehen grundsätzlich, und zwar umso mehr, je zahlreicher Anschlusspunkte im Text vorhanden sind, die ermöglichen, dieses Vorwissen zu aktivieren und es zum Aufbau eines kohärenten Situationsmodells zu nutzen. Ob sich allerdings daraus in Verbindung mit den Informationen, die der Text liefert, ein kohärentes Situationsmodell konstruieren lässt, hängt nicht nur vom Vorwissen des Rezipienten, sondern eben auch von den besagten Informationen ab. Widersprechen diese dem Vorwissen, kann diese Irritation das Textverstehen hemmen, sie kann aber auch zu einer Infragestellung des vorhandenen Wissens und gegebenenfalls zu dessen Modifizierung führen. Die Bestätigung des Vorwissens oder der Widerspruch des Textes dazu sind von individuellen Rezeptionssituationen abhängig und können daher nicht als Wertungskriterien für Texte herangezogen werden.

Doch grundsätzlich kann als positives Merkmal eines Textes gelten, wenn er viele Anschlussmöglichkeiten für Wissen bietet. Da Wissen aber nun im Sinne der oben ausgeführten Textverständnistheorien nicht mit Faktenwissen gleichzusetzen ist, sondern auch Weltwissen und persönliche Erfahrungen einschließt, muss dieses Kriterium noch spezifiziert werden. Dies geschieht hier einerseits mit einer didaktischen Ausrichtung, also dem Anspruch eines Erkenntnisgewinns, und andererseits im Hinblick auf den Untersuchungsgegenstand, nämlich Kinder- und Jugendliteratur mit Mittelalterbezug. Wissen muss in diesem speziellen Fall wissenschaftlich fundiert sein, das heißt, es sollte den allgemein an-

---

211 Karg 2005, S. 114.

erkannten Erkenntnissen der Mittelalterforschung – insbesondere der germanistischen – zumindest nicht widersprechen. Je mehr Anschlussmöglichkeiten für Faktenwissen über das Mittelalter und seine Literatur ein Text also bietet, desto hochwertiger ist er. Allerdings ist auch bei diesem Kriterium zu berücksichtigen, dass ein Spannungsfeld zwischen der Möglichkeit und der Notwendigkeit, Wissensbestände zu aktivieren, besteht. Je unverzichtbarer das Wissen für ein befriedigendes Verständnis eines Textes und je höher die Anzahl der Anschlussstellen für solches Wissen ist, desto schwieriger ist es für unerfahrene Leserinnen und Leser, ein kohärentes Situationsmodell zu konstruieren. Frustration und Minderung der Lesefreude könnten die Folge sein. Daher ist ein Text als qualitativ hochwertiger einzustufen, der anstelle der Notwendigkeit die Möglichkeit setzt, Wissen in das Textverstehen einzubringen. In dieser Hinsicht steht das Kriterium der Anschlussmöglichkeiten für Wissen in Verbindung zum axiologischen Wert der Doppelsinnigkeit: ein Text, der die Aktivierung von Wissen, das den Erkenntnissen der akademischen Mittelalterforschung zumindest nicht widerspricht, begünstigt, ohne es zur unverzichtbaren Voraussetzung zu machen, und der über die Aktivierung dieses Wissens eine zweite Sinnebene eröffnet, ist als besonders wertvoll anzusehen.

3.2.2.2 Beitrag zum Wissensaufbau

Wie bereits beim vorausgegangenen Kriterium dargelegt, ist aus didaktischer Sicht nicht nur Vorwissen im Sinne von Gadamers Begriff „Vorurteil" oder im Sinne der kognitionspsychologischen Theorien wichtig, sondern auch Faktenwissen als Voraussetzung für das Textverständnis. Aber nicht nur das bereits vorhandene Wissen von Schülerinnen und Schülern ist von Bedeutung, sondern auch das, das im Prozess des Verstehens von Texten aufgebaut werden kann. Jeder Text trägt zu einer Ergänzung oder Veränderung der Wissensbestände bei, die in den „mentalen Containern" seiner Leserinnen und Leser gespeichert sind. Daher ist über die Frage nach den Anschlussmöglichkeiten hinaus auch wichtig, zu überprüfen, welche Informationen der Text selbst weitergibt. Hierbei handelt es sich um ein recht einfach zu bewertendes Kriterium: je mehr die Informationen, die ein Text über das Mittelalter vermittelt, zumindest den Wissensbeständen entsprechen, über die in der mediävistischen Forschung ein Grundkonsens besteht, desto höher ist die Qualität des Textes.

3.2.2.3 Kohärenz zwischen extratextuellen Signalen und textimmanenten Informationen

Bevor eine potentielle Leserin oder ein potentieller Leser ein Buch aufschlägt, hat er bereits eine gewisse Anzahl an Signalen aufgenommen, die zur Bildung von Vorwissen und Vorurteilen führen und die das Textverständnis beeinflussen. Die Präsentation der Verlage, also die Gestaltung der Titelbilder, Werbetexte, aber auch Aussagen anderer Leserinnen und Leser über den betreffenden Text, die über das Internet leicht zugänglich sind, rufen bei der Leserin bzw. beim Leser Erwartungen hervor, die durch die Informationen, die der Text liefert, bestätigt oder widerlegt werden. Positiv zu bewerten ist, wenn eine Kohärenz zwischen den Signalen und Informationen, die eine Leserin oder ein Leser vor der eigentlichen Lektüre rezipieren kann, und den Informationen, die er aus einer tatsächlichen Lektüre gewinnt, besteht.

Im konkreten Fall der Kinder- und Jugendliteratur mit Mittelalterbezug bedeutet dies: je stärker die Illustration und die Vermarktung eines Buches sowie die Aussagen früherer Leserinnen und Leser geeignet sind, die Erwartung hervorzurufen, etwas über das Mittelalter und seine Literatur zu erfahren, desto wichtiger ist es, dass die Informationen, die der Text diesbezüglich vermittelt, wissenschaftlich vertretbar sind. Ist es aufgrund von extratextuellen Signalen hingegen schon unwahrscheinlich, dass sich Leserinnen und Leser einen Erkenntnisgewinn erhoffen, fallen auch klischeehafte Mittelalterbezüge weniger ins Gewicht.

3.3. Bilder vom Mittelalter

3.3.1. Zuordnungsvoraussetzungen: Vorstellungen vom Mittelalter

Nach Otto Gerhard Oexle fand die „Erfindung des Mittelalters" in der Aufklärung und damit am Beginn der Moderne statt. Da es das erklärte Ziel der Aufklärer war, ihre Vergangenheit geschichtlich zu ordnen, erfolgt die Reflexion über das Mittelalter aus einer geschichtsphilosophischen Perspektive, jedoch immer unter dem Einfluss der zeitgenössischen Gegenwart:

> Das Entscheidende dabei war – um es noch einmal zu sagen –, dass diese Erfindung des Mittelalters sich im Zeichen eines offenen Horizonts menschlichen Handelns und damit im Zeichen der Reflexion über den Fortschritt vollzog. Deshalb beziehen sich alle Reflexionen über das Mittelalter implizit oder explizit auf die Moderne. Und sie begegnen deshalb nicht nur in der Geschichtswissenschaft und überhaupt in

allen Wissenschaften, die sich mit dem Menschen und seiner Geschichte befassen, sondern auch in der Kunst und Literatur, in der Architektur, im Film und in der Fotografie.[212]

Bei modernen Vorstellungen vom Mittelalter ist es unmöglich, von einem homogenen Mittelalterbild zu sprechen, da es sehr viele unterschiedliche Ausprägungen und Nuancen gibt. Gleichwohl lassen sich bestimmte Tendenzen ausmachen. Vor allem im nicht-akademischen Bereich gibt es zwei Hauptströmungen von Mittelalterbildern: das „finstere Mittelalter" und das „romantische Mittelalter."

Die Vorstellung vom dunklen Mittelalter wurzelt im Frühhumanismus des 14. Jahrhunderts, wo sie zunächst nur auf rhetorisch-literarische und künstlerische Leistungen bezogen wurde. Erst in der Aufklärung wurde sie auf alle Lebensverhältnisse des Mittelalters ausgedehnt. In dieser Vorstellung erscheint das Mittelalter als vollkommen rückständige, sogar barbarische Epoche, die mit Erscheinungen wie Folter, Hexenverbrennung, Armut und Unterdrückung in Verbindung gebracht wird. Die Funktion dieses Mittelalterbildes liegt in der Selbstvergewisserung der Neuzeit, die sich über eine radikale Abgrenzung zu ihrer Vorgeschichte definiert.[213] Vor der Folie des Mittelalters hebt sich die eigene Zeit strahlend ab: „Säkularisierung, Rationalität, Partizipation gegen klerikale Tyrannei, dumpfes Befangensein in magischen Vorstellungen und feudale Unterdrückung."[214] Dabei wird das Mittelalter aber eindeutig verkannt:

> Wann immer ein Kritiker oder ein Leser schrieb oder sagte, da oder dort vertrete einer von meinen Mönchen zu moderne Gedanken, waren die inkriminierten Stellen genau und ausschließlich jene Passagen, die ich wortwörtlich aus Texten des 14. Jahrhunderts abgeschrieben habe[215],

stellt Umberto Eco in seiner *Nachschrift zum ›Namen der Rose‹* fest. Auch die Tatsache, dass die immer wieder mit dem Mittelalter in Verbindung gebrachten, barbarischen Erscheinungen wie Inquisition und Hexenverfolgung überwiegend in die Zeit nach 1500 gehören und so nach der gängigen Epocheneinteilung bereits der Neuzeit zuzurechnen sind, ist allgemein nicht bekannt.[216]

Dem gegenüber steht ein sehr viel positiveres Mittelalterbild, das auf die Romantik zurückgeht. Das Mittelalter erscheint als „[...] Zeit eines einheitlichen Weltbildes ohne religiöse Spaltung und moderne Zerrissenheit, als eine vorin-

---

212 Oexle 2009, S. 32.
213 Vgl. Märtl 1997, S. 7 f.
214 Märtl 1997, S. 8.
215 Eco 1986, S. 89.
216 Vgl. Märtl 1997, S. 8.

dustrielle Zeit der Harmonie des Menschen mit der Natur."[217] Hinter einer völlig verklärten mittelalterlich-idealen Ritterwelt werden die weniger positiven Aspekte des Mittelalters übersehen.[218]

Grundsätzlich ist davon auszugehen, dass diese beiden Mittelalterbilder beim Individuum fast nie in Reinform auftreten. Meist ist zwar eine grundsätzliche Tendenz erkennbar, das Mittelalterbild des Einzelnen dürfte aber immer Elemente sowohl des romantisch-idealistischen als auch des negativen Mittelalterbildes enthalten.

Bisher gibt es leider keine umfassende Studie zum Mittelalterbild von Kindern und Jugendlichen. Es existieren nur zwei exemplarische Untersuchungen: zum einen eine Umfrage, die von Günther Bärnthaler 1990 in einer Klasse am Übergang von der 9. zur 10. Jahrgangsstufe durchgeführt wurde und eine Studie, die 2006 vom Lehrstuhl für Ältere Deutsche Literatur der Universität Regensburg veröffentlicht wurde.[219] Beide Untersuchungen deuten darauf hin, dass in den Vorstellungswelten der Schülerinnen und Schüler sowohl Elemente des positiven, romantischen Mittelalterbildes als auch Elemente des negativ gezeichneten, finsteren Mittelalters vorkommen. Die Vorstellungen vom Mittelalter sind zwar bei beiden Gruppen von Befragten differenzierter als angenommen, aber dennoch stark von Klischees geprägt. Die Untersuchung des Lehrstuhls für Ältere Deutsche Literatur der Universität Regensburg macht zudem eine wichtige Tendenz deutlich: das Mittelalterbild der Befragten scheint mit dem Medium zusammenzuhängen, über das sie sich mit dem Mittelalter beschäftigen. Diejenigen Umfrageteilnehmer, die auf die Frage nach dem Medium, über das sie mit dem Mittelalter in Kontakt kommen, die Kategorie Buch gewählt hatten, nannten auf die Frage nach spontanen Mittelalter-Assoziationen weniger Klischees als diejenigen, die sich über andere Medien mit dem Mittelalter beschäftigten. Nun kann aber nicht einfach ein kausaler Zusammenhang zwischen Medium und Mittelalterbild hergestellt werden. Es ist zwar denkbar, dass andere Medien, wie zum Beispiel der Film, eher geeignet sind, Klischees zu produzieren, aber auch, dass die jeweilige Anspruchshaltung bei den Konsumenten bereits im Vorfeld eine medienbezogene Selektion verursacht.[220]

Zusammenfassend lässt sich sagen, dass bezüglich der populären Vorstellungen vom Mittelalter auch bei Schülern gelten dürfte: „Es hat eben jeder seine eigene (meist verdorbene) Idee vom Mittelalter."[221]

---

217 Märtl 1997, S. 7.
218 Vgl. Krohn 1979, S. 7.
219 Untersuchungsergebnisse zusammengefasst in: Bärnthaler 1996 und in Feistner/Karg/ Thim-Mabrey 2006.
220 Vgl. Feistner/Karg/Thim-Mabrey 2006, S. 41.
221 Eco 1986, S. 89.

Die Assoziationen von Kindern und Jugendlichen im Zusammenhang mit dem Mittelalter unterscheiden sich auch je nachdem, welche kulturelle Sozialisation sie erfahren haben. Hierbei gibt es große nationale Unterschiede. Dies ist für die Analyse von Kinder- und Jugendliteratur, die für eine Heranführung an das Mittelalter geeignet sein soll, von Bedeutung, da ein großer Teil der heutzutage populären Kinder- und Jugendliteratur mit Mittelalterbezug aus dem englischsprachigen Raum kommt.

Die Vorstellungen vom Mittelalter in Deutschland sind entscheidend vom Werk Richard Wagners geprägt. Dieser war der Auffassung, dass nicht die mittelhochdeutschen Epen ein schönes, vollkommenes Bild des Mittelalters gäben, sondern ihre Umformungen in den Werken des 19. Jahrhunderts. Die mittelalterlichen Autoren hätten dagegen den alten Sagenschatz der Volkspoesie verfälscht – diese Auffassung war im frühen 19. Jahrhundert sehr verbreitet.[222] Zwar betrieb Wagner umfangreiche Quellenstudien und hatte Kenntnis der mittelalterlichen Dichtung, wie die Bestände seiner Dresdner Bibliothek zeigen, aber seine Absicht bestand keineswegs darin, die Stoffe möglichst „quellentreu" auf die Bühne zu bringen. Im Gegenteil, eine historische Fixierung war ihm für die freie Gestaltung der Stoffe eher hinderlich.[223] Hinzu kam, dass er sich bei seinen Studien nicht immer auf mittelalterliche Texte beschränkte, sondern auch Adaptationen der Romantiker einbezog. So geht die Oper *Tannhäuser* beispielsweise vorrangig auf die Bearbeitungen des Stoffes durch Heinrich Heine, E.T.A. Hoffmann, Friedrich Tieck, Achim von Arnim und Clemens von Brentano zurück.[224] Aber auch dort, wo Wagner sich vornehmlich auf mittelalterliche Quellen bezog, ist wenig Mittelalter übrig geblieben. Dies hängt mit Wagners Intention zusammen, das Menschliche „in seiner Ursubstanz, wie es sich wiederspiegelt in seinen denkbaren Varianten: den göttlichen, den halbgöttlichen, den dämonischen"[225] darzustellen. Wagner interessierte sich für Archaisches, Mythisches, für schicksalhafte Verstrickungen – all dies ist in mittelhochdeutscher Dichtung nicht zu finden, da das Mittelalter keine mythisch organisierte, sondern eine vom *Ordo christianus* beherrschte Epoche war.[226] Mittelhochdeutsche Literatur ist entscheidend geprägt von einem christlichen, höfisch-ritterlichen Geist und war damit für Wagners Zwecke ungeeignet. Seine Helden wurden auf das Heroische reduziert und ins Archetypische verzeichnet.[227] Damit geht ihnen aber das spezifisch Mittelalterliche, die höfisch-ritterliche und gesellschaftliche

---

222 Vgl. Mertens 1986, S. 19.
223 Vgl. Mertens 1986, S. 20 f.
224 Vgl. Mertens 1986, S. 22 f.
225 Wapnewski 1979, S. 24.
226 Vgl. Wapnewski 1979, S. 23.
227 Vgl. Mertens 1986, S. 77.

Dimension verloren. Anstatt das Mittelalter als historische Epoche mit spezifischen Merkmalen darzustellen, wird es in eine mythische Zeit und damit letztendlich in Zeitlosigkeit überführt.[228]

Problematisch ist, dass durch die große Popularität von Wagners Werk auch heute noch viele Rezipienten mittelalterliche Texte mit den Augen Wagners lesen. So wird beim *Parzival*-Stoff vor allem die Gralsuche und bei *Tristan* die Liebesthematik akzentuiert, und aus dem *Tannhäuser* werden ein einseitiges Bild Wolframs als Minnesänger und eine ebenso einseitige Vorstellung vom Minnesang selbst abgeleitet.[229] Die heroischen Elemente, die in allen Mittelalter-Opern Wagners großes Gewicht haben, sind sehr anfällig für die Einbeziehung in eine Fantasy-Welt. Daher ist es wenig verwunderlich, wenn moderne Fantasy, die als „mittelalterlich" verstanden wird, Wagners Mittelalter-Rezeption oft sehr nahe steht.

In Großbritannien lässt sich ebenfalls die oben ausgeführte Spaltung des Mittelalterbildes feststellen. Der oftmals für diese Epoche gebrauchte Begriff der *Dark Ages* weist auf ein negativ geprägtes Mittelalterbild hin, doch gleichzeitig existieren ebenso romantisch-idealistische Vorstellungen vom Rittertum. Von größerer Bedeutung als diese allgemeinen Bilder ist jedoch für die englische Mittelalterrezeption die Rezeption des Artusstoffes. Artus, Merlin und seine Tafelritter sind in Großbritannien Teil eines Identifikationsmythos, der eine lange Tradition hat und auch heutzutage in allen Medien immer wieder aufgegriffen wird. Elemente und Symbolträger dieses Mythos sind unter anderem Artus, Excalibur, Merlin, Morgan le Fay, Mordred, Glastonbury und Stonehenge. Es gibt offensichtlich einen gesellschaftlichen Grundkonsens und Wissensbestand über das Mittelalter, der sich auf diese Symbolträger stützt. Dieser ist von einer Vermischung verschiedener Elemente geprägt, die nicht zwangsläufig mittelalterlich sind, aber als Teil des Artus-Indentifikationsmythos als mittelalterlich rezipiert werden.[230] „Druiden und Mittelalter, Steinkultur und Zauberwelt, Hollywood-Film, Klosterruinen und Reallandschaft werden zu einem Gemisch, dem das – in diesem Fall englische – Alltagswissen entspricht, das damit bestätigt und tradiert wird."[231] Der kollektive Wissensbestand wird auch für Kinder und Jugendliche als wichtig befunden. So wurde im *National curriculum for English* von 1999 unter dem Punkt *English literary heritage* ausdrücklich festgelegt: „Pupils should be taught how and why texts have been influential and significant, for example, the influence of the Greek myths, the Authorised Version

---

228 Vgl. Wapnewski 1979, S. 25.
229 Vgl. Mertens 1986, S. 56 f.
230 Vgl. Karg 2007, S. 157.
231 Vgl. Karg 2007, S. 157 f.

of the Bible, the Arthurian Legends."[232] Schülerinnen und Schüler sollten bereits im *Key Stage 2*, das heißt, spätestens im Alter von 11 Jahren, mit diesen Traditionen vertraut gemacht worden sein.

Diese Vorstellungen über das Mittelalter werden einerseits bedient und weiter getragen, andererseits aber auch vorausgesetzt. In ihrer ständigen Wiederaufnahme und Weiterentwicklung wird ein Dialog mit der Vergangenheit geführt, in dem Bilder weiterwirken, sich verfestigen, verändern, aber auch verfälschen können.[233] „Es handelt sich um einen komplizierten und komplexen Vorgang, der über mentale Konstrukte verläuft, deren Quellen sich im Einzelnen kaum feststellen lassen, an dessen Entstehung aber die Literatur einen erheblichen Anteil hat."[234]

Dieser Hintergrund muss in jedem Fall berücksichtigt werden, wenn es um die Rezeption britischer Literatur in Deutschland geht. Deutsche Leser und britische Autoren haben nicht zwangsläufig einen gemeinsamen Wissens- und Vorstellungskonsens, auf den sich ihre Kommunikation stützen könnte. Gerade junge Leserinnen und Leser können die von britische Autoren angesprochenen Vorstellungen unter Umständen nicht abrufen, weil sie, anders britische Jugendliche, nicht unbedingt über den nötigen Wissensbestand verfügen. Dennoch erfreut sich Kinder- und Jugendliteratur aus dem englischen Sprachraum gerade im Abenteuer- und Fantasybereich auch bei deutschen Kindern und Jugendlichen großer Beliebtheit.

Auch in den USA tragen die Vorstellungen vom Artusstoff entscheidend zum Mittelalterbild bei. Viel mehr als in Großbritannien wurde das Artusbild in den USA jedoch aktualisiert und auf vielfach höchst eigentümliche Weise für die Vermittlung moderner Anliegen usurpiert. Die geschah besonders deutlich in der Verbindung des Stoffs mit der Präsidentschaft John F. Kennedys, einer Assoziation, die von Jacqueline Kennedy selbst mittels eines Interviews unmittelbar nach der Ermordung ihres Mannes verbreitet wurde. In Anlehnung an das Brodway-Musical *Camelot* von Lerner und Loewe, das John F. Kennedy sehr gemocht haben soll, beschrieb sie die Präsidentschaft ihres Mannes als kurzen, herausragenden Moment in der Geschichte: „There will be great presidents again, […] but there will never be another Camelot again."[235]

---

232 https://www.education.gov.uk/publications/eOrderingDownload/QCA-99-459.pdf (04.07.2012). In der aktuell gültigen Version des *National Curriculum for English* wird der Bezug zur literarischen Tradition leider nicht mehr erwähnt. Vgl. http://www.education.gov.uk/schools/teachingandlearning/curriculum/primary/b001988 74/english/ks1/en2 (04.07.2012).

233 Vgl. Karg 2007, S. 158.

234 Karg 2007, S. 158.

235 Piereson 2007, S. 188.

Jacqueline Kennedys Artusbild war außerdem stark geprägt von der Vorlage des erwähnten Musicals, *The once and future king* von T.H. White, laut James Piereson eine Neuinterpretation des Artusstoffs als „[…] modern allegory demonstrating the futility of war and the pointessness of nationalism and national rivalries."[236] Diesen Aspekt griff Jacqueline Kennedy auf und versuchte ihn mit der Politik ihres verstorbenen Mannes in Verbindung zu bringen. In dem erwähnten Interview zeichnete sie ein Bild John F. Kennedys als Idealisten, der die Geschichte als etwas betrachtete, das von Helden wie König Artus gemacht wurde.[237] Dementsprechend war die von ihr aufgerufene Vorstellung von Artus auch nicht die des Herrschers der mittelalterlichen Dichtung, sondern die eines modernen Ritters, der nach weltumfassendem Frieden strebt.[238]

Jacqueline Kennedy legte Wert darauf, die öffentliche Erinnerung an ihren verstorbenen Ehemann in heroischen Symbolen zu bewahren, wozu sich die Camelot-Assoziation hervorragend eignete. Die Verbreitung des Camelot-Bildes über das Interview war nur ein Element, ein weiteres war die Aufstellung einer „ewigen Flamme" auf dem Grab Kennedys.[239] Diese Symbole hatten zwei Ziele: zum einen sollte John F. Kennedy zu einem Staatsmann, der jedem anderen zeitgenössischen Politiker in jeglicher Hinsicht überlegen war, überhöht werden, zum anderen sollte herausgestellt werden, was die Nation durch seinen Tod verloren hatte. Jacqueline Kennedy nutzte die populäre Artus-Rezeption, um der Öffentlichkeit das Gefühl zu vermitteln, dass die besten Zeiten nun in der Vergangenheit lägen und so schnell nicht wiederzugewinnen seien. Die Kennedy-Regierung wurde als Höhepunkt in der Geschichte dargestellt, der in näherer Zukunft nicht mehr erreicht oder übertroffen werden könne.[240]

Auch wenn die Instrumentalisierung des Artusstoffes durch Jacqueline Kennedy heutzutage jungen Leserinnen und Lesern in den USA nicht zwangsläufig bewusst sein muss, so hat sie doch das Bild von Artus und vom Mittelalter entscheidend mitgeprägt. Dies spiegelt sich auch in den Unterrichtsprogrammen verschiedener Schulen wider, die über das Internet abrufbar sind. Hier ist nicht nur eine heroische Interpretation des Artusstoffes die Regel, sondern auch der direkte Bezug auf die amerikanische Geschichte.[241]

---

236 Piereson 2007, S. 191.
237 Vgl. Piereson 2007, S. 188.
238 Vgl. Piereson 2007, S. 194.
239 Vgl. Piereson 2007, S. 195 f.
240 Vgl. Piereson 2007, S. 196 f.
241 So zum Beispiel im Unterrichtsvorschlag „King Arthur and George Washington. A thought experiment on the Historical Arthur." http://www.arthuriana.org/teaching/undergrad.html (04.07.2012).

3.3.2. Axiologische Werte

3.3.2.1 Darstellung eines differenzierten Mittelalterbildes

Dieser axiologische Wert steht in engem Zusammenhang mit den vorangegangenen Ausführungen zum Textverstehen. Da das Mittelalter – oder das, was dafür gehalten wird – wie eingangs festgestellt seit Jahrzehnten über eine hohe Popularität verfügt, kann davon ausgegangen werden, dass die „mentalen Container" der meisten Leser Wissensbestände zu diesem Thema enthalten, auch wenn es sich bei diesen nicht zwangsläufig um wissenschaftlich fundiertes Fachwissen handelt. Das Mittelalter ist den Leserinnen und Lesern nicht über Erfahrungen zugänglich, die im alltäglichen Leben gewonnen werden. Wissen und Vorurteile über das Mittelalter müssen also zwangsläufig über Texte im weiteren Sinn – also auch mündlich übermittelte Informationen – erworben worden sein und sind nicht direkt an der zeitgenössischen Realität überprüfbar. Kollektive Wissensbestände im Bezug auf das Mittelalter sind allerdings, wie schon die Darstellung der populären Mittelalterbilder zeigte, oftmals von Klischees geprägt und entsprechen nicht dem, was als „wissenschaftlich vertretbares Wissen" bezeichnet werden kann. Die Fiktionalität von Texten kann dem Aufbau und der Perpetuierung eines klischeehaften Mittelalterbildes in dem Maße entgegenwirken, in dem sie klar herausgestellt wird. Phantastische Kinder- und Jugendliteratur ist sicherlich weniger als der historische Roman der Gefahr ausgesetzt, für Realität genommen zu werden. Die Möglichkeit, dass Leserinnen und Leser erwarten, bei der Lektüre „etwas über das Mittelalter" zu lernen, darf dennoch nicht vernachlässigt werden. Daher ist der Anspruch, dass auch dezidiert fiktionale Texte ein differenziertes, wissenschaftlich verantwortbares Mittelalterbild transportieren sollten, durchaus gerechtfertigt und kann als Kriterium für Wertung von Texten mit Mittelalterbezug angesetzt werden.

Je weniger Klischees aufgenommen werden und je differenzierter und wissenschaftlich fundierter das dargestellte Mittelalterbild ist, desto hochwertiger ist ein Text. In diesem Sinne sind Texte, die lediglich eines oder beide populären Mittelalterbilder – das Bild von der „dunklen" Zeit oder das Bild von der Zeit der Ritter und Helden – widerspiegeln, negativ zu bewerten.

Anhand dieses Kriteriums kann eine recht eindeutige Einordnung von Texten auf einer linearen Skala vorgenommen werden.

3.4. Intertextualität und Adaptation

3.4.1. Zuordnungsvoraussetzungen: Theorie der Intertextualität und Adaptation

Die allgemein akzeptierte Definition[242] des Terminus „Intertextualität" suggeriert auf den ersten Blick, dass es sich dabei um ein einfaches und klar definierbares Phänomen handelt: „Intertextuality involves the relation of one text to other texts."[243] Leider besteht weder Einigkeit darüber, was ein Text ist, noch was eine Beziehung zwischen Texten ist. Daher existieren sehr unterschiedliche Vorstellungen von Intertextualität, die sich in ein breites Spektrum von Theorien im Spannungsfeld zwischen ontologischen und deskriptiven Intertextualitätskonzepten einschreiben.[244]

Im Hinblick auf die systematische Analyse von intertextuellen Bezügen in Texten haben viele dieser Modelle auf unterschiedliche Weise Schwachstellen. Ontologische Intertextualitätskonzeptionen[245] gehen in der Regel von einem globalen Textbegriff aus, der jegliche semantische Struktur einschließt. Indem sich diese Strukturen permanent aufeinander beziehen, wird jeder Text zum Intertext. Diese Modelle sind zwar aus texttheoretischer Perspektive schlüssig, für literaturwissenschaftliche Analyse hingegen unbrauchbar.

Deskriptiven Modellen[246] wiederum liegt die Vorstellung eines Kommunikationsprozesses zugrunde, der zwischen Autor und Leser stattfindet und ein beiderseitiges Intertextualitätsbewusstsein einschließt. Ein weiterer wichtiger Bestandteil vieler solcher Konzeptionen ist die Forderung, dass intertextuelle Bezüge markiert sein müssen. Hierbei kommt oft ein sehr enges Intertextualitätsverständnis zum Tragen, nach dem nur wenige Referenzen, die von Rezipienten als intertextuell wahrgenommen werden, auch tatsächlich als intertextuelle Bezüge gelten. Gerade für die Analyse von Texten der Kinder- und Jugendliteratur, in dem die explizite Markierung von Intertextualität eher eine Ausnahme darstellt, sind solche Modelle nur sehr eingeschränkt brauchbar.

Als Versuch der Vermittlung zwischen den ontologischen und den deskriptiven Intertextualitätsmodellen entwickelten Ulrich Broich und Manfred Pfister ein Modell, in dem von einem übergreifenden Verständnis der Intertextualität

---

242 Vgl. Tegtmeyer 1997, S. 49.
243 Mailloux 1982, S. 151.
244 Eine Übersicht über die wichtigsten Positionen findet sich bei Tegtmeyer. Vgl. Tegtmeyer 1997.
245 z.B. Kristeva, Riffaterre.
246 z.B. Genette, Stierle.

ausgegangen und dann nach Graden der Intensität intertextueller Bezüge abgestuft wird.[247]

Pfister beschreibt dieses Modell als

> System konzentrischer Kreise oder Schalen [...], dessen Mittelpunkt die höchstmögliche Intensität und Verdichtung der Intertextualität markiert, während diese, je weiter wir uns vom ‚harten Kern' des Zentrums entfernen, immer mehr abnimmt und sich asymptotisch dem Wert Null annähert.[248]

Grundsätzlich unterscheiden Broich und Pfister zwischen Einzeltextreferenz und Systemreferenz. Einzeltextreferenz ist allerdings nicht im Wortsinn zu verstehen, denn der Begriff bezeichnet nicht nur Bezüge auf einen einzelnen Prätext, denn „[nur] theoretisch von Bedeutung ist die Frage, ob sich ein Text auf einen einzigen Prätext oder auf mehrere Texte bezieht, denn man wird lange nach literarischen Werken suchen müssen, in denen nur ein einziger fremder Text präsent ist."[249] Eine Einzeltextreferenz bezieht sich auf einen oder mehrere Prätexte, während die Systemreferenz auf Konventionen literarischer Gattungen, Mythen, philosophische oder rhetorische Systeme und weitere textsystematische Aspekte Bezug nimmt.[250] Die Systemreferenz beschränkt sich jedoch in Abgrenzung zu ontologischen Intertextualitätskonzeptionen auf sprachliche oder versprachlichte Systeme.[251] Die bedeutsamste Dimension der Systemreferenz ist der Bezug auf Mythen. Diese ist von großer literaturgeschichtlicher Bedeutung und erlebt besonders seit den 80er Jahren des 20. Jahrhunderts eine neue Konjunktur. Referenzen auf Mythen sind nicht wie viele andere Systemreferenzen formal oder strukturell, sondern thematisch orientiert. Dennoch lassen sie sich nicht als Einzeltextreferenzen fassen, da es sich erstens beim Mythos nicht um eine Sammlung einzelner Erzählmotive, sondern um deren Verknüpfung zu einem System handelt und zweitens, weil Referenzen auf Mythen selten auf einen einzelnen Text zurückgreifen, sondern auf eine ganze Serie von Varianten.[252] Oft sind Einzeltext- und Systemreferenz in diesem Bereich schwer voneinander zu trennen. Wenn sich beispielsweise ein Text auf einen Mythos bezieht, ist oft nicht eindeutig zu entscheiden, ob der Prätext eine ganz bestimmte literarische Ausformung des Mythos ist oder ob es sich bei dem Bezugstext um den hinter den sprachlichen Ausformungen liegenden Mythos selbst handelt.[253]

---

247 Vgl. Pfister 1985, S. 25.
248 Pfister 1985, S. 25.
249 Broich/Pfister/Suerbaum 1985, S. 50.
250 Vgl. Broich/Pfister/Suerbaum 1985, S. 48.
251 Vgl. Broich/Pfister/Suerbaum 1985, S. 53.
252 Vgl. Broich/Pfister/Suerbaum 1985, S. 56.
253 Vgl. Broich/Pfister/Suerbaum 1985, S. 51.

Gerade bei intertextuellen Bezügen zur mittelalterlichen Literatur sind Systemreferenzen sehr häufig, nämlich in der Wiederaufnahme kleinerer thematischer Einheiten wie zum Beispiel Motiven, Figuren oder Symbolen. In einigen Fällen kommt es durch solche Systemreferenzen zur Bildung weiterer Sinnebenen hinter der vordergründigen Bedeutung des Texts. Diese sind durch die literarische Tradition bedingt. Das Wissen um die traditionelle Bedeutung von Motiven, Figuren und Symbolen kann essentiell für das Verständnis des Textes sein, so dass syntagmatische Zusammenhänge ohne paradigmatisches Zusatzwissen sinnleer oder unverständlich bleiben. Viel häufiger ist aber, gerade bei Kinder- und Jugendbüchern, dass diese Elemente zur Doppelsinnigkeit eines Textes beitragen.

Es lassen sich bestimmte Leittexte benennen, in denen bestimmte wichtige Sinnzuschreibungen stofflicher Einheiten besonders deutlich werden oder deren Vorstellungswelt die Weiterverwendung dieser Elemente entscheidend beeinflusst hat. Der wohl wichtigste Text im Bezug auf alle Gattungen und Genres der Literatur ist die Bibel. Für Texte mit Mittelalterbezügen sind darüber hinaus einige bedeutende Leittexte zu nennen: der so genannte *Physiologus*, die „Reise-Version" der *Brandan*-Legende und die mittelalterlichen Artusromane. Somit bewegt sich die Wiederaufnahme stofflicher Einheiten zwischen Einzeltext- und Systemreferenz: zwar tritt die traditionelle Bedeutung in einzelnen Texten besonders deutlich zu Tage, doch gleichzeitig hat sie auch eine gewisse, von den entsprechenden Einzeltexten unabhängige Stabilität entwickelt.

Zur Bestimmung der Intertextualität führen Broich und Pfister sechs qualitative Kriterien ein, nach denen die Intensität der Intertextualität bewertet werden kann. Als erstes Kriterium nennen sie die „Referentialität" eines Bezuges. Hierbei wird unterschieden, ob sich ein Autor vorgegebener Texte oder Diskurstypen nur bedient oder ob er auf sie referiert. Nach dem Kriterium der Referentialität ist ein Fremdtextbezug umso intensiver intertextuell, je mehr der eine Text den anderen durch die Offenlegung seiner Eigenarten thematisiert. Der Folgetext wird so in gewisser Weise auch zum Metatext des Prätexts, also zu einem Text über den Prätext.[254]

Das zweite Kriterium, das der „Kommunikativität", bezieht sich auf die kommunikative Relevanz der intertextuellen Bezüge. Kommunikative Relevanz wird verstanden als der Grad der Bewusstheit des intertextuellen Bezugs sowohl beim Autor als auch beim Rezipienten, der Intentionalität und der Deutlichkeit der Markierung des Bezugs.[255]

---

254 Vgl. Pfister 1985, S. 26.
255 Vgl. Pfister 1985, S. 27.

[…] der harte Kern der Intensität [ist] hier erreicht […], wenn sich der Autor des intertextuellen Bezugs bewußt ist, er davon ausgeht, daß der Prätext dem Rezipienten geläufig ist und er durch eine bewußte Markierung im Text deutlich und eindeutig darauf verweist.[256]

Schwach intertextuell sind diesem Kriterium nach hingegen Plagiate, da die Beziehung zwar dem Autor bewusst ist, er sie aber vor dem Rezipienten zu verschleiern sucht, und intertextuelle Bezüge, die häufig durch Begriffe wie Epigonentum oder Einfluss erfasst werden, die dem Autor nicht bewusst sind und daher nur vom Rezipienten konstruiert werden.[257]

Als drittes Kriterium nennen Broich und Pfister die „Autoreflexivität." Ein Text ist in hohem Maße autoreflexiv, wenn er nicht nur bewusst gesetzte intertextuelle Verweise enthält, sondern die Intertextualität auch thematisiert und auf ihre Voraussetzungen und Leistungen reflektiert.[258]

Das vierte Kriterium, die „Strukturaliät", bezieht sich auf die syntagmatische Integration des Prätextes oder der Prätexte in den Text. Punktuelles und beiläufiges Anzitieren von Prätexten ist demnach schwach intertextuell, während Texte, in denen der Prätext zur strukturellen Folie wird, von hoher intertextueller Intensität sind.[259]

Beim fünften Kriterium, der „Selektivität", geht es um die Frage, „[…] wie pointiert ein bestimmtes Element aus einem Prätext als Bezugsfolie ausgewählt und hervorgehoben wird und wie exklusiv oder inklusiv der Prätext gefasst ist, d.h. auf welchem Abstraktionsniveau er sich konstituiert."[260]

Ein wörtliches Zitat ist demnach intensiver intertextuell als eine Anspielung, die sich auf einen übergreifenden Aspekt des Prätexts oder sogar auf den ganzen Prätext bezieht. Ebenso ist eine Einzeltextreferenz prägnanter und demnach intensiver intertextuell als eine Systemreferenz.[261]

Das letzte Kriterium nennen Broich und Pfister „Dialogizität." Es besagt, dass „[…] ein Verweis auf vorgegebene Texte oder Diskurssysteme von umso höherer intertextueller Intensität ist, je stärker der ursprüngliche und der neue Zusammenhang in semantischer und ideologischer Spannung zueinander stehen."[262]

So plausibel Broichs und Pfisters Modell im Hinblick auf die wissenschaftliche Analyse von „Literatur als Kunst" im Sinne des Literaturbegriffs der Au-

---

256 Pfister 1985, S. 27.
257 Vgl. Pfister 1985, S. 27.
258 Vgl. Pfister 1985, S. 27.
259 Vgl. Pfister 1985, S. 28.
260 Pfister 1985, S. 28.
261 Vgl. Pfister 1985, S. 28.
262 Vgl. Pfister 1985, S. 29.

tonomieästhetik sein mag, es ist dennoch nur eingeschränkt geeignet für eine Analyse intertextueller Kinder- und Jugendliteratur mit dem Ziel einer Behandlung im Deutschunterricht. Dies hat mehrere Gründe: zunächst beinhaltet Broichs und Pfisters Modell ein wesentliches Problem im Hinblick auf das Kriterium der Kommunikativität. Broich und Pfister setzen, wie gezeigt, die Autorintention und die deutliche Markierung eines intertextuellen Bezugs voraus, damit dieser ins Zentrum der Intertextualität rückt. Ob ein intertextueller Bezug nun aber tatsächlich vom Autor markiert ist oder nicht und wie deutlich diese Markierung ist, ist oft nur schwer nachzuvollziehen, gerade wenn die Markierung im werkimmanenten Kommunikationssystem erfolgt. In seiner Darstellung der Markierungen von Intertextualität geht Broich davon aus,

> [...] daß Intertextualität häufig markiert wird, wobei diese Markierung stärker oder schwächer erfolgen und im Extremfall nur gleichsam aus unsichtbaren Anführungszeichen bestehen kann, die man z.B. beim lauten Lesen durch die Intonation andeuten muß.[263]

Gerade bei solchen „unsichtbaren Anführungszeichen" dürfte ein zweifelsfreier Nachweis der Autorintention schwer fallen. Aber auch bei scheinbar deutlicheren Markierungen von Intertextualität können Probleme auftauchen. Nach Broich gilt ein intertextueller Bezug beispielsweise dann als stark markiert, wenn eine Person aus einem anderen Text leibhaftig auftritt.[264] Problematisch wird diese Einschätzung, wenn es sich dabei um Figuren mit einer langen Tradition handelt, bei denen nicht entschieden werden kann, aus welchem Text sie übernommen wurden und ob sie überhaupt aus einem konkreten Text stammen oder nicht vielmehr aus den Beständen des kollektiven Gedächtnisses – und damit zur Kategorie der Systemreferenz gehören. Beispiele hierfür sind vor allem im Bereich des Mythos zu finden. Darüber hinaus konstatiert Broich, dass es Werke gibt, in denen die Intertextualität in keiner Weise markiert ist, die aber trotzdem als intertextuelle Texte und nicht als Plagiate anzusehen sind. Als Beispiel nennt er die Romane von Arno Schmidt, die der Autor für einen kleinen Kreis von Kennern geschrieben haben soll, wobei sogar diese Kenner noch die Hilfe des so genannten „Dechiffriersyndikats" brauchen, um alle Fremdtextreferenzen zu erkennen.[265]

Die Frage nach Autorintention und Markierung muss also im allgemeinen sehr kritisch betrachtet werden, nicht nur im Bezug auf die Kinder- und Jugendliteratur. Es gelingt Broich und Pfister nicht, plausible Kriterien für die Randbe-

---

263 Broich 1985, S. 33.
264 Vgl. Broich 1985, S. 40.
265 Vgl. Broich 1985, S. 32 f.

reiche der Markierung zu definieren, und somit ist die Gefahr groß, in Spekulationen abzugleiten.

Auch wenn die steuernde Hand des Autors in vielen Texten gegeben ist und analysiert werden kann, sollte man doch unter bestimmten Bedingungen die Möglichkeit eines intertextuellen Bezuges auf der Ebene zwischen Text und Leser nicht gänzlich ausschließen, dessen sich der Autor nicht bewußt war oder bewußt sein konnte. Denn es sind eine Reihe von Möglichkeiten denkbar und historisch belegbar, daß nicht durch ›willkürliche‹ Setzung des Rezipienten eine Relationierung erfolgt, sondern daß der Text selbst intertextuell erfahrbare Strukturen und Signale enthält, die produktionsseitig nicht abgedeckt sind.[266]

Bei der Kinder- und Jugendliteratur kommt hinzu, dass ein Autor, der vorrangig junge Leserinnen und Leser als Publikum im Blick hat, über weniger Möglichkeiten in dieser Hinsicht verfügt als ein Autor, dessen Werke sich an ein literarisch gebildetes Publikum richten. Kinder und Jugendliche verfügen in den meisten Fällen noch über einen geringen literarischen Erfahrungsschatz, so dass man nur bei wenigen Texten davon ausgehen kann, dass sie den meisten Kindern und Jugendlichen bekannt sind. Somit ist es wahrscheinlich, dass viele Bezüge, auch wenn sie auf hochkanonische Texte wie z.B. die Bibel verweisen, nicht ohne weiteres erkannt werden können. Auch die Kenntnis literarischer Figuren ist vermutlich noch eingeschränkt, wodurch die Einführung von Figuren aus anderen Texten nicht zwangsläufig als Markierung von Intertextualität erkannt wird. Bei solchen Formen der Markierung muss der Autor also damit rechnen, dass die Kommunikation auf der Seite des Rezipienten in vielen Fällen scheitert. Bei deutlicheren Formen der Markierung, zum Beispiel Markierungen im Nebentext oder in Fußnoten, kann zwar davon ausgegangen werden, dass sie auch von unerfahrenen Leserinnen und Lesern erkannt werden, jedoch besteht die Gefahr, dass solche Einfügungen die Lektüre so erschweren, dass sie entweder generell überlesen werden oder dass sie zwar rezipiert werden, darunter aber die Lesefreude leidet.

Auch was die Autoreflexivität und die Dialogizität betrifft, sind die Möglichkeiten für einen Autor bei einem jugendlichen Lesepublikum eingeschränkt. Verhandelt ein Text seine Intertextualität in zu manifester Weise oder tritt er zu sehr in einen Dialog mit den Diskursen, die der Prätext verhandelt, ist davon auszugehen, dass das Textverständnis der jungen Rezipienten leidet.

Neben Intertextualitätsmodellen, die anhand moderner Texte entwickelt wurden, besteht natürlich auch die Möglichkeit, in germanistisch-mediävistischen Diskursen zur Intertextualität nach Impulsen für die Betrachtung kinder- und jugendliterarischer Texte mit Mittelalterbezug zu suchen.

---

266 Schulte-Middelich 1985, S. 208 f.

Ulrike Draesner stellt fest, dass eine intertextuelle Betrachtung für mittelalterliche Literatur besonders geeignet ist:

> Damit geht ein Literaturverständnis Hand in Hand, das ‚Literatur gegen den Leistungsdruck der Innovation' begreift, indem der Verweis auf den vorgängigen Text als Sinnkonstruktion erkannt wird. Der intertextuelle Zugriff erscheint auch von daher als einem mittelalterlichen Literaturverständnis besonders angemessen.[267]

Die einzelnen Zugänge unterscheiden sich aber deutlich. Friedrich Wolfzettel arbeitet für die romanistische Forschung einen Intertextualitätsbegriff heraus, der stark ontologisch ausgerichtet und an die strukturalistischen, poststrukturalistischen und dekonstruktivistischen Modelle angelehnt ist.[268] Konkret auf den Artusroman bezogen stellt er eine „Affinität zwischen Artusliteratur und dekonstruktivistisch-lacanistischen Tendenzen der Literaturkritik"[269] fest. Darüber hinaus konstatiert er eine deutliche gattungstheoretische Ausrichtung des Intertextualitätsdiskurses in der Mediävistik.[270] Dabei hebt er allerdings auch ein Paradox hervor:

> Der moderne Intertextualitätsbegriff, aus der Bachtinschen Gattungsreflexion erwachsen, aber erst vor dem Hintergrund der modernen Gattungskrise, ja Literaturkrise siegreich, zeigt im mediävistischen Bereich eine deutliche Neigung, zur gattungsdistinktiven und rezeptionsästhetischen Kategorie zu regredieren und erweist sich offensichtlich da am fruchtbarsten oder zumindest beliebtesten, wo er – seines modernistischen Sinnes beraubt – zu einer Neubestimmung der ungelösten Gattungsproblematik seinen Beitrag leistet.[271]

Die Eignung eines solchen mediävistischen Intertextualitätsbegriffs für die Analyse zeitgenössischer Kinder- und Jugendliteratur, und sei es nur als Impulsgeber, wird unter diesen Voraussetzungen natürlich fragwürdig.

Ulrike Draesner wiederum konstatiert nach einem Überblick über die mediävistische Forschungsdiskussion zur Intertextualität, dass die Rolle intertextueller Referenzen für die Sinnkonstruktion der Werke bisher vernachlässigt wurde.[272] Sie selbst legt ihre Analyse breiter an als andere Autoren:

> So orientiert sie [die Studie, d. Verf.] sich an der durch einen Eigennamen markierten und mit der Darstellung eines Ereigniszusammenhanges versehenen Referenz als einer beobachtbaren textuellen Struktur und nimmt alle Hinweise dieser Art in das zu untersuchende Korpus auf: Verweise auf Figuren ebenso wie auf Autoren, so ver-

---

267 Draesner 1993, S. 23.
268 Vgl. Wolfzettel 1990.
269 Wolfzettel 1990, S. 8.
270 Vgl. Wolfzettel 1990, S. 10.
271 Wolfzettel 1990, S. 13.
272 Vgl. Draesner 1993, S. 36.

faßte Kurzcharakterisierungen einer im *Parzival* selbst auftretenden Person ebenso wie Fälle, die zwar intratextuelle Verknüpfungen darstellen, dennoch aber der oben beschriebenen Struktur folgen und mit intertextuellen Bezugnahmen in unmittelbarem Zusammenhang stehen.[273]

Draesner arbeitet also mit einem sehr weiten Intertextualitätsbegriff, der allerdings nicht ontologisch, sondern deskriptiv zu fassen ist. Sie plädiert zudem für eine Historisierung des Intertextualitätsbegriffs, um den Besonderheiten der mittelalterlichen Literatur gerecht zu werden.[274] Auch die Möglichkeiten, bei einer Analyse moderner Literatur an dieses Intertextualitätskonzept anzuschließen, sind daher sehr begrenzt.

Ein weiterer mediävistischer Diskurs, der mit den Charakteristika der mittelalterlichen Intertextualität in Zusammenhang steht, ist die Debatte um die sinntragende Struktur des Artusromans, wie sie Walter Haug postuliert.[275] Nimmt man an, dass das Strukturschema des Doppelwegs tatsächlich ein gemeinsames Merkmal aller höfischen Romane ist und dass es Erklärungen für bestimmte Handlungen der literarischen Figuren liefert, die sich nicht psychologisch erschließen lassen[276], läge hier ein textübergreifendes Charakteristikum vor, über dessen Bewusstsein beim Rezipienten sich der Sinn eines Textes erschließen lassen würde. Somit wäre die Intertextualität im Artusroman hauptsächlich strukturell ausgerichtet, und die Frage nach der Beziehung zwischen modernen und mittelalterlichen Texten müsste notwendigerweise die Suche nach einer Doppelwegstruktur in den zeitgenössischen Texten einschließen.

Unter diesen Voraussetzungen erscheint für die Analyse aktueller Kinder- und Jugendliteratur mit Mittelalterbezug ein Rückgriff auf das Vermittlungsmodell von Broich und Pfister sinnvoll. Angesichts der bereits dargestellten Schwierigkeiten kann es zwar als Grundlage für die Analyse intertextueller Bezüge in der Kinder- und Jugendliteratur dienen, muss aber umformuliert werden. Hierbei ist es sinnvoll, nur drei statt sechs Kriterien anzusetzen, indem die oben genannten Kriterien Kommunikativität, Autoreflexivität und Dialogizität ausgeklammert werden. Die anderen Kriterien können hingegen verwendet werden, müssen aber eingeschränkt werden: bei der Referentialität ist zu beachten, dass ein Text auch ohne die Kenntnis des Prätextes für unerfahrene Leser verständlich sein muss. Vielmehr ist ein Bezug als hochgradig referentiel – und damit auch zumindest teilweise intensiv intertextuell – zu betrachten, der über die Kenntnis eines Prätextes eine oder mehrere zusätzliche Sinnebenen eröffnet.

273 Draesner 1993, S. 36.
274 Vgl. Draesner 1993, S. 64.
275 Vgl. Haug 1987.
276 Hierbei wäre an Erecs Umgang mit Enite nach seinem *verligen* zu denken.

Die Kriterien Strukturalität und Selektivität können relativ unverändert in ein reduziertes Modell des Intertextualitätskonzepts nach Broich und Pfister zur Analyse intertextueller Bezüge in der Kinder- und Jugendliteratur übernommen werden. Es ist lediglich zu beachten, dass die Leserinnen und Leser aufgrund ihres oft geringen literarischen Erfahrungsschatzes relativ eindeutige intertextuelle Bezüge unter Umständen nicht erkennen, zum Beispiel, wenn ein Prätext als strukturelle Folie eines Textes benutzt oder wörtlich zitiert wird, der der Leserin oder dem Leser nicht bekannt ist.

Im Hinblick auf unterrichtliche Arbeit mit intertextuellen Bezügen muss allerdings noch eine andere Seite der Intertextualität in den Blick genommen werden, die in der Intertextualitätsforschung meist von sehr untergeordneter Bedeutung ist: die Frage, auf welche Prätexte ein Text verweist. Sie soll daher in der Analyse ebenfalls berücksichtigt werden. Sie ist vor allem dann bedeutsam, wenn Schülerinnen und Schüler über eine intertextuelle Lektüre an die Prätexte selbst herangeführt werden sollen, da in diesem Fall nur Fremdtextreferenzen relevant sind, die auf Prätexte verweisen, die für diesen Zweck von Interesse sind.

Ein weiterer nicht zu vernachlässigender Aspekt der Intertextualität ist, dass das Erkennen intertextueller Referenzen gefördert werden kann, um die Lesefreude zu steigern. Auf die Freude am Wiedererkennen wurde von vielen Vertretern der Intertextualitätstheorien hingewiesen:

> Während Aristoteles in seiner Poetik die Funktion der Literatur auch in der Freude am Wiedererkennen der nachgeahmten Natur und menschlichen Handelns begründet sah, so sind es später die Theoretiker und Praktiker der Intertextualität, die der aristotelischen Charakterisierung die Freude am Wiedererkennen, am Entschlüsseln von Prätexten hinzufügen [...].[277]

Thomas Anz sieht das Entdecken intertextueller Bezüge als „[...] lustvolle[s] Spiel, bei dem er [der Leser; d. Verf.] seine Wissenskompetenz auf die Probe stellt und im Falle des Erfolgs genießt."[278] Dieser Aspekt ist gerade im Zusammenhang mit der Bedeutung der Lesefreude für didaktische Belange wichtig.

Eine Sonderform der Intertextualität, die besonders im Hinblick auf die im Folgenden untersuchten Texte von Bedeutung ist, ist die Adaptation. Ihre Besonderheit liegt darin, dass einer Adaptation meist nur ein einzelner Prätext oder eine Gruppe von Prätexten, die desselben Stoffkreises behandeln, zugrunde liegt. Nach Julie Sanders unterscheidet sich die Adaptation von anderen Formen der Intertextualität in folgender Weise: „[...] citation is different again to adaptation, which constitutes a more sustained engagement with a single text or

---

277 Schulte-Middelich 1985, S. 219 f.
278 Anz 1998, S. 43.

source than the more glancing act of allusion or quotation, even citation, allows."[279] So ist bei Adaptationen die Intertextualität in den meisten Fällen sehr viel deutlicher markiert als bei anderen Texten mit intertextuellen Bezügen, oft schon durch den Titel. Allerdings ist ein konkreter Prätext keine notwendige Voraussetzung für Adaptationen. Die Adaptation bewegt sich im Spannungsfeld von Einzeltextreferenz und Systemreferenz: Obwohl sie letztendlich nur in ihrer konkreten Realisierung in Texten greifbar werden, entwickeln manche Stoffe eine gewisse Unabhängigkeit von ihren Bearbeitungen. Sie haben im kollektiven Gedächtnis eine solche Bekanntheit und Stabilität erreicht, dass alle Teilhabenden einer Kommunikationsgemeinschaft sie jederzeit wiedergeben können.[280]

Der Adaptationsbegriff lässt sich grundsätzlich in den Intertextualitätsbegriff nach Broich und Pfister integrieren, sofern der erwähnten Unschärfe zwischen Einzeltext- und Systemreferenz Rechnung getragen wird, indem beim Kriterium der Selektivität nicht von vorneherein davon ausgegangen wird, dass eine Systemreferenz weniger intensiv intertextuell ist als eine Einzeltextreferenz. Allerdings muss darauf hingewiesen werden, dass sich Adaptationen nur in das ausgeführte Intertextualitätsmodell integrieren lassen, solange sie im intramedialen Bereich verbleiben. Sobald ein Text intermedial adaptiert wird, greift das Modell nach Broich und Pfister nicht mehr. Da in der folgenden Analyse keine intermedialen Bearbeitungen betrachtet werden, wird der Adaptationsbegriff ausschließlich im Sinne einer intramedialen Adaptation verwendet.

Im Adaptationsprozess geschieht eine materielle und/oder geistige Aneignung der Vorlage, wobei die Möglichkeit besteht, das Reprodukt zu verändern, um es an eine neue Rezeptions- oder Gebrauchssituation anzupassen. Adaptationen sind ein wesentliches Merkmal von Traditionsbildung und –verbreitung, wobei Variationen ermöglichen, sich entweder in eine bestimmte Tradition einzuordnen oder sich von ihr abzugrenzen.[281]

Aufgrund der Tatsache, dass in der modernen Literatur der Originalität ein sehr hoher Stellenwert beigemessen wird, ist der Begriff „Adaptation" heutzutage oft negativ belegt. Im Mittelalter hingegen war Adaptation die gängige Form literarischer Produktion.[282] Die mittelalterlichen Dichter wollten nichts Neues schaffen, sondern bekannte Geschichten neu erzählen. So kündigt der Dichter im Parzival-Prolog an: *„ein maere will ich iu niuwen."*[283] In Gottfrieds von Straßburg *Tristan* hingegen wird ein anderer Dichter – in der germanistisch-

---

279 Sanders 2006, S. 4.
280 Vgl. Lieb 2005, S. 358.
281 Vgl. Hausmann 2005, S. XIII f.
282 Vgl. Worstbrock 1997, S. 129.
283 Parzival, V. 4,9.

mediävistischen Forschung herrscht weitgehend Einigkeit darüber, dass Wolfram gemeint ist – als „vindære wilder mære"[284] gescholten.

Originalität im modernen Wortsinn gab es im Mittelalter nicht:

> Keiner der mittelalterlichen Erzähler, der lateinischen, romanischen, deutschen, hat beansprucht, eigenmächtig ersonnene Geschichten zum besten zu geben, keiner eine erste und ausschließliche Urheberschaft an seiner *historia*, seinem *conte*, seinem *mære* geltend gemacht. Erfundene Geschichten wurden auch von niemandem erwartet.[285]

Aufgrund der modernen Skepsis gegenüber dem Adaptationsbegriff hat Franz Josef Worstbrock für die Mediävistik den Begriff „Wiedererzählen" geprägt. Es handelt sich nach seiner Definition dabei um ein erzählerisches Verhalten, das eine spezifische Epoche hat – das Mittelalter. Wiedererzählen impliziert Begriffe von Autorschaft, Werk und Text, die eindeutig mittelalterlich sind. Nach Worstbrock kann Wiedererzählen als fundamentale Kategorie mittelalterlicher Erzählpoetik betrachtet werden.[286]

Das Verhältnis von Übertragung zur Vorlage ist hierbei von besonderen Äquivalenzanforderungen geprägt.[287] Die Bezugsgröße der Äquivalenz, die zwischen einem Text und seiner Vorlage angenommen wird, ist der Stoff oder auch die *materia*.[288] Dieser gilt als durch die Tradition der Überlieferung verbürgte, objektive Größe und damit als verbindlich. Als solche bildet er den Gegenstand der Übertragung und ist das entscheidende Kriterium für Äquivalenz.[289] „Ziel der Übertragung ist die Wiedergabe des Stoffes bzw. des *sins* der Vorlage und ihre Anpassung an die jeweilige konkrete zeitgenössische Lebens- und Gebrauchssituation des (Ziel)Publikums."[290] Die Aufgabe des mittelalterlichen Dichters sei es, die Stoff- und Erzähltradition seinem Publikum zu vermitteln. Mit dieser Anpassung an neue Rezeptionssituationen gehen auch Eingriffe in den Vorlagentext einher. Innerhalb dieses Rahmens eröffnet sich für den Dichter ein kreativer Spielraum, vor allem im Bezug auf die sprachliche Ausgestaltung des Stoffes.[291]

Der Prozess des Wiedererzählens lässt sich in zwei Schritte gliedern: zunächst rezipiert der Bearbeiter die Vorlage vor dem Hintergrund des ihm bekannten und vertrauten literarischen Kontextes, dann gibt er sie nach seinem

---

284 Tristan, V. 4465.
285 Worstbrock 1997, S. 128.
286 Vgl. Worstbrock 1997, S. 130.
287 Vgl. Hausmann, 2005, S. XVI-XVIII.
288 Vgl. Worstbrock 1997, S. 133 f.
289 Vgl. Kreft 2005, S. 159.
290 Kreft 2005, S. 159.
291 Vgl. Kreft 2005, S. 159.

Verständnis wieder, wobei er immer den Horizont seines Publikums im Blick behalten muss. Der literarische Kontext ist geprägt von „Vorstellungswelten", die Wissen um Stilisierungsmuster, Darstellungsmuster, Deutungsperspektiven, Stoffe, Gattungen, Motive und Denkmuster einschließen.[292] So kann als zweite Bezugsgröße für Äquivalenz neben der *materia* auch die Einbettung in den literarischen Kontext gelten:

> Äquivalenz würde sich dann bei mittelalterlichen Übertragungen in eine andere Sprache und eine andere Literatur weniger an möglichst genauer Übereinstimmung mit der Vorlage messen, sondern eher an Anschließbarkeit an die Vorstellungswelten, die Darstellungs- und Deutungsmuster der ‚Zielliteratur.'[293]

Die in der Mediävistik entwickelten Theorien zur literarischen Adaptation können den Hintergrund für die Betrachtung moderner Adaptationen bilden und Impulse geben, jedoch nicht direkt und unverändert auf Texte der Moderne angewandt werden.

Grundsätzlich findet auch bei moderner Adaptation bekannter Stoffe oder Werke ein ganz ähnlicher Prozess statt: der Autor eignet sich die Vorlage vor seinem eigenen literarischen Horizont an und bearbeitet sie im Hinblick auf ein zeitgenössisches Zielpublikum. Oftmals entstehen Adaptationen auch aufgrund der Intention, Texte einem neuen oder breiteren Publikum zugänglich zu machen, was in den meisten Fällen mit einer Vereinfachung einhergeht.[294] In vielen solchen Fällen soll die Adaptation den Zweck erfüllen, die Lektüre des Quellentextes überflüssig zu machen und ihn zu ersetzen, weil er als zu kompliziert oder schwierig für eine bestimmte Gruppe von Leserinnen und Lesern empfunden wird. Im Bezug auf moderne Adaptationen mittelalterlicher Texte für Kinder und Jugendliche ist davon auszugehen, dass die Autoren oft beabsichtigen, bestimmte als „schwierig" geltende Texte für die Jugend zugänglich zu machen.

Dies kann allerdings problematisch sein, wenn so auch das Bewusstsein dafür verloren geht, dass es sich bei dem rezipierten Text um eine Adaptation handelt. Darüber hinaus ist das Wissen über Adaptationen bei jungen Leserinnen und Lesern meist noch nicht ausgeprägt genug, um den rezipierten Text als eine Adaptation von mehreren existierenden und vielen möglichen wahrzunehmen:

> Wer als Kind bei Auguste Lechner von Aeneas oder bei Hans Baumann von Icarus liest, wird diese Version nicht als eine von vielen möglichen verstehen, sondern sie zunächst einmal naiv-unvoreingenommen mit der Haltung aufnehmen, genau so und

---

292   Vgl. Schmitt 2005, S. 166 f.
293   Schmitt 2005, S. 181 f.
294   Vgl. Sanders, 2006, S. 19.

nicht anders sei das Schicksal der geschilderten Figuren durch die antiken Autoren überliefert.[295]

Was Maria Rutenfranz für Adaptationen antiker Texte feststellt, gilt natürlich in demselben Maß auch für Texte, die Kindern und Jugendlichen mittelalterliche Stoffe vermitteln sollen. Hinzu kommt, dass die Verfasser von kinder- und jugendliterarischen Adaptationen vormoderner Stoffe oft nicht das Ziel verfolgen, eine Vorlage in den Horizont ihres Zielpublikums zu versetzen, sondern pädagogische Belange in den Vordergrund stellen[296]: die Texte sind oft geprägt von höchst neuzeitlichen Wertvorstellungen, die den Jugendlichen durch die Lektüre vermittelt werden sollen. Dabei scheinen gerade die Stoffe der griechischen und römischen Antike sowie des Mittelalters bei Autoren beliebt zu sein:

,Epische Mythen' wie die Erzählstoffe von König Artus, vom Gral oder von den Nibelungen liefern schier unerschöpfliche, stets aktualisierbare Möglichkeiten, die Welt mit dem Reiz der Bedeutungsdifferenzen von alt und neu und in einer kreativen Pluralität von Figuren und Fiktionen, Stoffen und Stilen immer neu zu deuten.[297]

3.4.2.　Axiologische Werte

3.4.2.1 Intertextuelle Bezüge

Grundsätzlich lässt sich festhalten, dass intertextuelle Bezüge die Qualität eines Textes erhöhen, da sie zu seiner Steigerung der Komplexität beitragen. Dennoch sollte diese wiederum im Hinblick auf die betreffende Adressatengruppe nicht zu groß sein. Daher muss dass Intertextualitätskonzept nach Broich und Pfister für seine Anwendung auf die Kinder- und Jugendliteratur modifiziert werden, wie bereits in Kapitel 3.4 ausgeführt wurde. Aufgrund dieser Überlegungen kann spezifiziert werden, dass das wichtigste Kriterium im Hinblick auf die Intertextualität in der Kinder- und Jugendliteratur die Referentialität ist. Auch hier besteht wiederum eine Verbindung zum axiologischen Wert der Doppelsinnigkeit von Texten, die sich in diesem Fall aus der hohen Referentialität der Bezüge ergibt.

Darüber hinaus kann in die Wertung einfließen, welche Prätexte aufgerufen werden. Handelt es sich um bekannte Leittexte, allen voran um Sir Thomas Malorys *Le Morte D'Arthur*, ist dies neutral zu bewerten. Bezieht sich ein Text hingegen auf einen mittelalterlichen Text oder eine Gruppe von Texten, die in der

---

295 Rutenfranz 2004, S. 19.
296 Vgl. Rutenfranz 2004, S. 22 f.
297 Wunderlich 1991, S. 488.

populären Rezeption bislang wenig Beachtung erfahren hat, ist dies aus didakti-scher Perspektive noch höher zu bewerten, da es die Möglichkeit eröffnet, Schü-lerinnen und Schüler auch an unbekannte Texte heranzuführen.

3.4.2.2 Übereinstimmung von Bedeutungszumessungen mit der literarischen Tradition

Stoffliche Elemente bewegen sich in einem Spannungsfeld von Zeitbedingtheit und Überzeitlichkeit. Wird der Aspekt der Zeitbedingtheit vernachlässigt und ein Element ohne nähere Kenntnis seiner einzelnen Ausprägungen verwendet und bearbeitet, besteht die Gefahr, dass es statt zu einem Dialog mit der Ver-gangenheit nur zur Reproduktion von Klischees kommt. Besonders groß ist die-se Gefahr, wenn der Ursprung der stofflichen Elemente bis in die Vormoderne zurückreicht. Die Vorstellungen von der Antike und vor allem vom Mittelalter sind heutzutage sehr stark von Klischees dominiert, und gerade im Bereich der Kinder- und Jugendliteratur wird selten tatsächlich auf Texte aus diesen Epo-chen Bezug genommen. Stattdessen kommt es zu einer Entleerung der verwen-deten Sinnbilder und Figuren und zu einer Füllung mit neuzeitlichen Inhalten. Ein solcher intertextueller Bezug mindert die Qualität eines Textes.

3.4.2.3 Erkenntnisgewinn über Prätexte durch Adaptationen

Im Bezug auf Adaptationen ist festzustellen, dass die literaturwissenschaftliche Forschung in der Regel keine Aussagen über die Qualität bestimmter Bearbei-tungen trifft:

> Intellectual or scholary examinations of this kind are not aimed at identifying ‚good' or ‚bad' adaptations. On what ground, after all, could such a judgement be made? Fidelity to the original? [...] it is usually at the very point of infidelity that the most creative acts of adaptation and appropriation take place.[298]

Die germanistische Mediävistik jedoch will sich mit der Beliebigkeit, mit der mittelalterliche Stoffe in der Moderne vielfach produktiv rezipiert werden, ei-nem unverbindlichen *anything goes*, oftmals nicht abfinden[299] – und die Didak-tik sollte es auch nicht. Sanders ist zwar in dem Punkt zuzustimmen, dass Vor-lagentreue nicht zum Maßstab für eine Bewertung gemacht werden kann, da es vielmehr gilt, den neueren Text als eigenes Werk zu anzusehen, aber er kann dennoch nicht losgelöst von seiner Tradition betrachtet werden.

---

298 Sanders 2006, S. 19 f.
299 Vgl. Kühnel 1991, S. 456.

Darüber hinaus ist mit Adaptationen im deutschdidaktischen Bereich immer auch die Erwartung verknüpft, den Schülerinnen und Schülern Wissen über die Prätexte oder, im Fall der Kinder- und Jugendliteratur mit Mittelalterbezug, über das Mittelalter und seine Literatur zu vermitteln. Wie sich an der anhaltenden Bedeutung von Nacherzählungen für Unterrichtseinheiten zur mittelalterlichen Literatur sowohl in Lehrwerken als auch auf Lektürelisten zeigt, ist die Annahme, dass Adaptationen den mittelalterlichen Text ersetzen können, durchaus verbreitet. Antonie Schreier-Hornung kommt nach ihrer Analyse der Adaptationen verschiedener mittelalterlicher Stoffe von Auguste Lechner allerdings zu dem Schluss, dass Bearbeitungen nicht dafür geeignet sind, um mittelalterliche Literatur zu vermitteln. Hierfür sieht sie nur einen einzigen Weg:

> Es gibt verschiedene Gründe dafür, daß – vorausgesetzt, es gehe um Erkenntnisgewinn in Bezug auf das Mittelalter – gute Vermittlung mittelalterlicher Stoffe – unabhängig von irgendeinem Zielpublikum – heute nur heißen kann, sorgfältig edierte Originale mit gründlich erarbeiteter, durchdachter und sprachlich gekonnter Übersetzung, wenn möglich mit Illustrationen aus der Zeit anzubieten.[300]

Schreier-Hornungs Vorschlag beschreibt eine, aber sicher nicht die einzige Möglichkeit guter Mittelalter-Vermittlung. Es ist sicherlich wünschenswert, dass Schülerinnen und Schüler mittelalterliche Texte im Original (wenn möglich sogar ohne Übersetzung) lesen, aber dennoch unterschätzt Schreier-Hornung das Potential, das eine Beschäftigung mit Adaptationen in sich birgt. Es kann durchaus ein erster Zugang zu einer Art von Literatur gefunden werden, die im Allgemeinen als fremd und schwer zugänglich empfunden wird und die als Freizeitlektüre nur in Ausnahmefällen vorkommen dürfte.

Über Adaptationen können Schüler jedoch nicht nur an mittelalterliche Texte herangeführt werden, sondern auch der Systemcharakter von Literatur verdeutlicht werden. Behandelt man Bearbeitungen mit dem Bewusstsein, dass es sich um eine Version von vielen handelt, lässt sich neben dem ersten Kontakt zu Stoffen, die im Mittelalter eine große Popularität erfahren haben, auch das Bewusstsein für den Prozess des Wiedererzählens als solchen wecken. Durch die Vermittlung von Kenntnissen über den Prozess der Adaptation können die Schülerinnen und Schüler Kompetenzen entwickeln, die es ihnen ermöglichen, die vielen Produkte moderner Mittelalter-Rezeption, mit denen sie in ihrer Freizeit in Kontakt kommen, adäquat zu beurteilen und zu erkennen, ob tatsächlich Mittelalterliches vermittelt wird oder ob es sich um eine klischeehafte Darstellung handelt. Die entscheidende Bedingung dafür, dass eine solche Vermittlung funktioniert, ist jedoch, dass Adaptationen niemals isoliert betrachtet und dazu gebraucht werden, den oder die Vorgänger zu ersetzen.

---

300 Schreier-Hornung 1988, S. 193.

Eine Adaptation ist daher umso positiver zu bewerten, je deutlicher sie die Tradition berücksichtigt, in die sie sich stellt, und zwar nicht nur in bloßer Übernahme und Aneignung, sondern in einer reflektierten Auseinandersetzung mit derselben. Dieses Kriterium ist sehr abstrakt und kann nur an konkreten Texten veranschaulicht werden. Entscheidend für eine gute Adaptation ist, dass die vorgenommenen Änderungen stimmig und nachvollziehbar sind. Während sich nicht universell beschreiben lässt, welche Eingriffe in den Ausgangstext den Stoff betreffen und welche nicht, kann man im Einzelfall doch sehr genau festlegen, ob der Stoff nun adäquat vermittelt wird oder nicht.

4. Analyse ausgewählter Beispiele

4.1. Anmerkungen zum Textkorpus

Bei der Fülle von Titeln, die in den letzten Jahren im Bereich der Kinder- und Jugendliteratur zum Thema Mittelalter erschienen sind, ist eine umfassende Untersuchung kaum möglich. Die Analyse muss sich also auf eine kleine Auswahl exemplarischer Werke beschränken, die möglichst viele Facetten der produktiven Mittelalterrezeption zeigen. Andererseits wurde gemäß dem Prinzip, an die Alltagslektüre der Schüler anzuschließen, bei der Auswahl der Titel darauf geachtet, dass es sich um aktuelle Werke handelt, die dem zeitgenössischen Angebot für junge Leserinnen und Leser entsprechen. Da sich die Privatlektüre von Schülern nicht auf deutsche Literatur beschränkt und gerade Werke britischer und US-amerikanischer Autoren ebenso rezipiert werden wie die deutscher Autoren, werden auch Übersetzungen fremdsprachiger Titel berücksichtigt. Bei den ausgewählten Werken handelt es sich ausschließlich um Romane. Sachbücher zum Thema Mittelalter werden nicht berücksichtigt.

Die ausgewählten Texte sind ausschließlich Adaptationen. Im Sinne einer besseren Vergleichbarkeit wurden Titel ausgewählt, die alle denselben Stoff behandeln – den Artusstoff. Die unterschiedlichen Werke wurden gewählt, um ein möglichst breites Spektrum an Kinder- und Jugendliteratur abzudecken: ein „Klassiker"[301], ein Werk aus dem englischen Sprachraum und zwei Titel von deutschen Autoren, von denen einer eher für Kinder, der andere eher für Jugendliche geeignet ist.

4.2. Analysemethode

Bei allen ausgewählten Texten handelt es sich um sehr umfangreiche Werke. Das einzige Einzelwerk ist Marion Zimmer Bradleys *Die Nebel von Avalon*, alle

---

301 Zum Klassikerbegriff gibt es in der Kinder- und Jugendliteraturforschung unterschiedliche Zugänge. Bettina Kümmerling-Meibauer erarbeitet einen normativen, auf ästhetischen Kriterien basierenden Klassikerbegriff (vgl. Kümmerling-Meibauer 1999 und Kümmerling-Meibauer 2003), während Doderer und Hurrelmann ihren Klassikerbegriff deskriptiv anlegen und ihn vor allem an die anhaltende Popularität eines Werkes knüpfen (vgl. Doderer 1969 und Hurrelmann 1996). Da es in der Analyse darum geht, Werke zu betrachten, die wahrscheinlich von Kindern und Jugendlichen als Privatlektüre rezipiert werden, erfolgt eine Anlehnung an den Klassikerbegriff von Doderer und Hurrelmann. Demnach ist *Die Nebel von Avalon* auf jeden Fall zu den Klassikern zu zählen.

anderen Texte sind mehrbändige Romane. Daher ist es unmöglich, im Rahmen dieser Arbeit jeden einzelnen Text ausführlich zu analysieren und alle Aspekte zu berücksichtigen. Um dennoch einen Überblick darüber gewinnen zu können, wie das Mittelalter in diesen Romanen dargestellt wird, werden jeweils die zentralen Aspekte der Texte unter Berücksichtigung der oben ausgeführten Kriterien analysiert. Zur angemessenen Einbeziehung des möglichen Vorwissens von Rezipienten wird dieser Analyse jeweils eine Betrachtung der anzunehmenden „Vorurteile" vorangestellt.

Um insbesondere beurteilen zu können, ob in den Texten attributive Werte zu finden sind, die den oben erarbeiteten axiologischen Werten entsprechen, werden zunächst noch die Geschichte des Artusstoffes und das populäre Artusbild skizziert.

4.3. Zur Geschichte des Artusstoffs

So wie die Ursprünge der meisten im Mittelalter beliebten literarischen Stoffe liegen auch die Anfänge des Artusstoffs in der mündlichen Tradition. Der Stoff ist keltischer Herkunft, allerdings herrscht Uneinigkeit darüber, ob er eher aus dem inselkeltischen (britischen) oder festlandkeltischen (bretonischen) Bereich stammt.[302]

Seine früheste schriftliche Erwähnung findet Artus in der *Historia Brittonum* aus dem frühen 9. Jahrhundert, die in einigen Handschriften dem walisischen Chronisten Nennius zugeschrieben wird. Volker Mertens geht davon aus, dass die *Historia Brittonum* zwar zur Zeit Nennius' in Wales entstand, aber mit ihm nichts zu tun hat.[303] In diesem Text wird Artus als Heerführer dargestellt, der im 5. Jahrhundert zwölf Schlachten gegen die Sachsen geschlagen habe. Die letzte dieser Schlachten soll am Berg Badon stattgefunden haben und kommt ebenfalls im Bericht des Gildas aus dem 6. Jahrhundert, der *Kirchengeschichte* Bedas aus dem Jahr 731 und den *Annales Cambriae* aus dem 10. Jahrhundert vor. Allerdings wird das Heer nur in letzteren von Artus geführt, in den anderen Schriften von Ambrosius Aurelianus. Die ältesten schriftlichen Zeugnisse kennen Artus also nicht als König, sondern als britischen Heerführer im Kampf gegen die Sachsen. Die Verfasser der Texte heben sein Christentum im Vergleich zum Heidentum der sächsischen Invasoren hervor und wollen damit vermutlich die christliche Tradition der einheimischen Kelten betonen. Darüber hinaus

---

302 Vgl. Mertens 1984, S. 293.
303 Vgl. Mertens 1998, S. 19.

taucht Artus in walisischen Heiligenlegenden und volkstümlichen englischen Legenden auf.[304]

Seit 1066 herrschten in Britannien die Normannen, und die mit ihnen nach Britannien gekommenen Bretonen erzählten Geschichten über einen König, der um 460 Feldzüge in Gallien unternommen haben soll. Die literarische Figur Artus entstand möglicherweise aus der Identifikation des Helden der Bretonen und dem Heerführer der Briten während der Sachsenkriege und wäre damit Ausdruck eines gemeinsamen britisch-bretonischen Interesses an einem keltischen Nationalhelden.[305]

In der *Historia Regum Britanniae*, einem 1136 vollendeten Werk Geoffreys of Monmouth, wird erstmals ausführlich über Artus als König „berichtet"[306]: Handlungselemente sind Artus' Zeugung in einer von Merlin arrangierten Liebesnacht zwischen Ygerna, der Frau des Herzogs von Cornwall, und Uther Pendragon, König zur Zeit der sächsischen Invasion, Artus' Regierungszeit, während der er zusammen mit den Bretonen die Sachsen, Pikten und Schotten besiegt und Irland, Island, Gotland und die Orkney-Inseln unterwirft und der Glanz seines Hofes, zu dem Ritter aus aller Welt strömen; im weiteren Handlungsverlauf folgen Feldzüge nach Norwegen, Dänemark und Gallien. Nach dem Sieg über Kaiser Lucius in der Bretagne kehrt Artus nach Britannien zurück, als er erfährt, dass sein Neffe Mordred, dem er in Britannien die Regierung anvertraut hatte, versucht, den Thron und Artus' Frau Ganhumara an sich zu reißen. Er stellt sich Modred und seinem Heer aus Sachsen, Schotten, Pikten und Iren, es kommt zur Entscheidungsschlacht in Cornwall, während derer Modred getötet wird. Artus, schwer verwundet, wird nach Avalon entrückt.[307]

Die *Historia Regum Britanniae* ist unter anderem mit Widmungen an normannische Adlige überliefert. Ihr Ziel kann darin gesehen werden, die normannische Herrschaft in Britannien zu legitimieren, indem eine Geschichtskonzeption entwickelt wurde, die die Normannenherrscher als Erfüller der britischen Geschichte darstellte und ein nationales Identifikationsmuster bot. Artus verkörpert, so besehen, ein Herrscherideal, das gleichzeitig das aufwendige Hofleben der normannischen Herrscher reflektiert und dem Idealbild einer neuen, säkulä-

---

304 Vgl. Mertens 1984, S. 290 f.

305 Vgl. Mertens 1984, S. 291.

306 Walter Haug bezeichnet Geoffreys Werk als „Geschichtsklitterung" und führt aus: „Er will sie zwar aus dem Britannischen übersetzt haben, was ,bretonisch' oder ,walisisch' heißen kann, doch handelt es sich wohl um eine Quellenfiktion, womit nicht gesagt sein soll, dass er nicht aus der mündlichen Überlieferung geschöpft hätte. [...] Was er von anderen bezieht, steht freilich in keinem Verhältnis zu dem, was das Werk seiner eigenen, unglaublich blühenden Fantasie verdankt." (Haug 2004, S. 109).

307 Vgl. Mertens 1984, S. 291 f.

ren Kultur entspricht.[308] Geoffreys Werk wurde ein großer literarischer Erfolg: noch heute sind über 200 Handschriften erhalten. 1155 wurde es von Wace ins Französische übersetzt, dann 1190 von dem englischen Dichter Layamon ins Mittelenglische. Außerdem gibt es mehrere walisische Versionen. So konnte die *Historia* weit über den Kreis der lateinisch Gebildeten hinaus wirken. Sie prägte das britische Geschichtsbewusstsein über vier Jahrhunderte hinweg und galt als historisches Referenzdokument.[309]

Der bereits erwähnte Wace übersetzte Geoffreys Text nicht nur ins Französische, sondern erweiterte ihn auch um Aspekte aus der mündlichen Überlieferung, kürzte an anderen Stellen und verschob vor allem den Akzent bei der Beschreibung Artus' als Herrscher. Die Ergänzung mit der größten Nachwirkung ist die Einführung der runden Tafel als Symbol für das Fehlen von Rangstreitigkeiten und Herrschaftszeichen. Wace gestaltet Artus deutlicher als Geoffrey als Repräsentant einer ritterlich-höfischen Kultur, deren adlig-aristokratisches Selbstverständnis sich nicht mehr nur in kämpferischer Tätigkeit äußert, sondern besonders in höfischen Repräsentationsformen. Die politische Intention Waces scheint dieselbe zu sein wie die Geoffreys: Legitimierung der normannischen Herrschaft durch Geschichtsmythologie.[310]

Zum gesamteuropäischen Erfolg auch mit außerliterarischer Wirkung wurde der Artusstoff durch den von Chrétien de Troyes begründeten Artusroman. Nach Haug geht der Gattungswechsel von der Chronik zum Roman mit einer entscheidenden Veränderung einher: dem Schritt zur bewussten Fiktionalität. Nach Haug bedeutet dies,

> [...] daß man sich diese Fiktionalität nicht nebenbei erschleicht, sondern daß man sie offen präsentiert, ja daß der Sinn dieses Romans überhaupt nur erfaßt werden kann, wenn man seinen fiktionalen Charakter erkennt, und d.h. seine fiktionale Konstruktion durchschaut.[311]

Der Anspruch auf historische Wahrheit wird in diesem Zusammenhang zugunsten einer literarischen – nach Haug strukturellen – Wahrheit aufgegeben.[312] Somit ändert sich auch die Zielsetzung: statt Herrschaftslegitimation (wie die Chronik) bezweckt der Roman Sinnvermittlung eben durch seinen fiktionalen Charakter, der umso nachdrücklicher auf den Sinn verweist, je deutlicher die Fiktionalität hervortritt. Dieser Übergang von einer Gattung zur anderen hat folgenreiche Auswirkungen auf die Figur Artus. Vom „Action-Held par excel-

---

308 Vgl. Mertens 1984, S. 292.
309 Vgl. Haug 2004, S. 109.
310 Vgl. Mertens 1984, S. 293.
311 Haug 1994, S. 393.
312 Vgl. Haug 1994, S. 394.

lence" (Haug) wird er zur gänzlich passiven Figur, die am Hof bleibt und wartet, bis seine Ritter von ihren Aventiuren zurückkehren.[313]

Nach Mertens ist dies auf die starke Fokussierung auf die Figur Artus in den Chroniken zurückzuführen: König Artus wurde durch Geoffrey und Wace als „historische Gestalt" fixiert, die Ritter der Tafelrunde dagegen waren für die literarische Bearbeitung frei verfügbar. So wurden sie bei Chrétien und seinen Bearbeitern zu den handlungstreibenden und sinntragenden Protagonisten, während Artus und sein Hof zu einer Rahmeninstanz wurden, zum Fixpunkt im Geschehen. Auf der Handlungsebene liegt der Fokus nicht mehr auf Artus' Leben, sondern auf der Aventiure, die Mertens als bewusst gesuchte ritterliche Bewährungsprobe versteht.[314]

Haug hingegen sieht als neues, entscheidendes Thema des Artusromans die Frage nach der Realisierbarkeit und vor allem Beständigkeit der idealen ritterlichen Gesellschaft, der absoluten sozialen Harmonie. So wird diese von der Welt außerhalb des Hofs immer wieder auf die Probe gestellt, und ein Ritter muss als Repräsentant des Hofes dafür sorgen, dass das Ideal wieder ins Gleichgewicht kommt – „[…] man kann die Welt außerhalb letztlich nicht ignorieren, und so meldet diese denn im Gegenzug als Teil der Wirklichkeit ihr Recht an."[315] In der konkreten Realisierung innerhalb der einzelnen Romane bedeutet dies, dass der Artushof durch eine unerhörte Handlung – zum Beispiel die Beleidigung eines Ritters oder auch die Entführung der Königin – herausgefordert wird, woraufhin ein Ritter ausziehen muss, um die Harmonie wieder herzustellen. Dazu begibt er sich in die Gegenwelt, die sich als ein Bereich der Gewalt und oftmals Barbarei darstellt, der mit dem Ideal des Hofs stark kontrastiert. Nach erfolgreichem Bestehen der Aventiure kehrt der entsprechende Ritter an den Hof zurück, wo mit einem Fest das Ideal wieder bestätigt wird. Durch die Erzählung der Aventiure bleibt jedoch die Gegenwelt immer präsent: „Das Fest, das Spiel, das Glück lebt vor dem Hintergrund der überwundenen Gegenwelt, es lebt im Bewusstsein der Gefährdung und im Blick auf den nächsten Einbruch von außen."[316] Artus selbst wird in diesem Zusammenhang zum tatenlosen, gedankenverlorenen König, der bisweilen ins Komische abrutscht, und stellt damit einen deutlichen Gegensatz zum kämpferischen Feldherrn der Chroniken dar.[317]

Das Konfliktpotential von Artushof und Gegenwelt erschöpft sich allerdings nicht im eindimensionalen Kampf zwischen Gut und Böse. Das Ideal beruht auf

---

313 Vgl. Haug 2004, S. 116 f.
314 Vgl. Mertens 1984, S. 296.
315 Haug 2004, S. 118.
316 Haug 2004, S. 118.
317 Vgl. Haug 2004, S. 118.

dem Prinzip der *mâze*, das nicht nur durch die Unbeherrschtheit der Außenwelt bedroht werden kann, sondern auch durch ein Übermaß eines eigentlich positiv belegten Wertes. Diese Bedrohung von innen stellt sich nach Haug im Artusroman Chrétienscher Prägung als zweite, innere Krise des Helden dar, die über einen zweiten Aventiureweg bewältigt werden muss. Häufig ist es der Absolutheitsanspruch der Liebe, der das Maß der höfischen Idealität herausfordert, so wie im *Erec*, bisweilen aber auch ein religiöser Anspruch, wie im *Perceval*.[318]

> Chrétien demonstriert also in seinen Artusromanen, dass die gesellschaftliche Harmonie auf dem maßvollen Ausgleich der menschlichen Bestrebungen beruht. Sie kann gewonnen und bewahrt werden, indem man die Gegenkräfte besiegt. Zugleich aber macht man die Erfahrung, dass es quer dazu absolute Forderungen gibt, die erotische Forderung durch das Du und die religiöse Forderung, die beide ohne Maß sind. Eine Versöhnung ist nicht denkbar. Es bleibt nichts, als den Widerspruch auszuhalten.[319]

Während dies in den meisten Romanen gelingt, wird im *Lancelot* die Grenze überschritten. Die ehebrecherische Liebe zwischen Lancelot und der Königin lässt sich nicht in das höfische Ideal integrieren, was darin deutlich wird, dass die Aventiure am Hof nicht erzählt werden kann, sondern in der Gegenwelt verbleiben muss.[320] Chrétiens *Lancelot*-Roman ist nach Haug der Versuch, eine Tristan-Problematik in einer Artus-Struktur zu bewältigen. Die Liebe Lancelots und Guineveres bewegt sich in ihrer Absolutheit jenseits höfischer Regeln.[321] Das bekannte Schema bleibt zwar erhalten, verliert aber seinen Sinn, da es nur noch um Lancelots absolute Liebe geht, die quer zur höfischen Idealität steht und die es Lancelot unmöglich macht, wieder in diese integriert zu werden.[322]

Der Stoff wird auch von anderen Autoren übernommen, aber nach Mertens' Einschätzung stark trivialisiert. Über den *Lanzelet* Ulrichs von Zatzikhofen gelangt er Ende des 12. Jahrhunderts ins Deutsche. Mertens bezeichnet Ulrichs Lanzelet als „krisenlosen Helden", der über einen Weg von sich steigernden Aventiuren und verschiedene Ehen erst zum Artushof und dann zur Herrschaft über ein eigenes Reich kommt. Diese steht ihm sowohl aufgrund seiner Abstammung als Königssohn als auch wegen seiner ritterlichen Leistung zu. Anstatt aus Krisen zu lernen wie Chrétiens Helden, beschreitet er einen Weg, der ihm schon durch seine Geburt vorgezeichnet war.[323] Allerdings ist zu beachten, dass Mertens sich hier offensichtlich an Haugs Theorie des sinntragenden Struk-

---

318 Vgl. Haug 2004, S. 118 f.
319 Haug 2004, S. 119.
320 Vgl. Haug 2004, S. 120.
321 Vgl. Mertens 1984, S. 300 f.
322 Vgl. Haug 2004, S. 120.
323 Vgl. Mertens 1984, S. 302 f.

turschemas anschließt, denn nur in diesem Zusammenhang ist der Begriff „krisenlos" im Bezug auf den Helden sinnfällig. Aus dieser Perspektive leitet Mertens auch die Einschätzung, der Stoff sei trivialisiert worden, ab:

> Die Reduktion des Strukturschemas um die Krise eröffnet zwar stofflich-erzählerische Möglichkeiten, bedeutet aber auch eine Verarmung, weil dem Helden die existentielle Dimension fehlt, die ihm seine Schuld in der Krise verleiht.[324]

Auch im französischen *Prosa-Lanzelot* aus dem 13. Jahrhundert dienen die Aventiuren nicht mehr dazu, das Ideal des Artushofs zu verteidigen und zu bestätigen, sondern lediglich zur Demonstration von Lanzelots Liebe zur Königin, die seine Ergebenheit immer wieder durch Aufgaben auf die Probe stellt. Die einzelnen Aventiuren folgen keinem Gesamtschema mehr, und ihr Bezug auf den Hof und auf die Frage nach der Realisierbarkeit der Utopie geht verloren. Anstelle der sinntragenden Struktur steht die Funktionalisierung der ritterlichen Aventiure durch eine verabsolutierte Liebe.[325]

Im Zuge dieses Strukturwandels verändert sich die Rolle König Artus' erneut: er wird als betrogener Ehemann fragwürdig, und es ist ihm unmöglich, in seiner Tatenlosigkeit als Fixpunkt des Geschehens zu verweilen. Er wird zum Handeln gezwungen und ist so wieder an den Ereignissen beteiligt, die schlussendlich zum Zerbrechen der Utopie und zum Untergang des Artusreichs führen. Die Tafelrunde geht zugrunde, als Lancelot bei einer Aktion zur Rettung der Königin einen Bruder von Gauvain tötet und daraufhin die Ritter sich gegenseitig bekämpfen. Schließlich kommen auch der gallische Feldzug und Mordreds Verrat wieder ins Spiel. Damit nähert sich die Figur Artus wieder ihrer Darstellung bei Geoffrey und Wace an. Allerdings wird er nicht wieder zum strahlenden Helden der Chroniken, dessen heroischer Tod das Ende eines ruhmvollen Lebens ist, sondern das Verhängnis ist von Anfang an vorgezeichnet. Artus selbst erfährt davon durch Träume, die ihm von Gelehrten ausgelegt werden. Er versucht seinem Schicksal zu entgehen, leistet Buße, um Gottes Segen zurückzugewinnen, und versucht Unrecht im Land wieder gutzumachen, schafft es aber dennoch nicht, das Unheil abzuwenden. Es zeigt sich, dass das Konstrukt der höfischen Idealität die Erprobung seiner Grenzen nicht aushält, und mit dem Ideal geht auch König Artus unter.[326]

Die drei Artusbilder – der große Heerführer, der ruhende Pol im Aventiuregeschehen und Mittelpunkt des untergehenden Artusreichs – bleiben über Jahr-

---

324 Mertens 1984, S. 303.
325 Vgl. Haug 2004, S. 121.
326 Vgl. Haug 2004, S. 121 f.

hunderte nebeneinander bestehen und beeinflussen auch die moderne Literatur.[327]

Ein weiteres für die moderne Artusrezeption entscheidendes Element ist die Suche nach dem Heiligen Gral. In den meisten Fällen wird dieser als Gefäß dargestellt, dem eine sakrale Bedeutung zugesprochen wird oder der über magische Eigenschaften verfügt. So wird unter dem Gral oft die Abendmahlsschale Jesu Christi verstanden. Die Ausnahme in der mittelalterlichen Literatur stellt Wolframs *Parzival* dar, in dem der Gral ein Stein ist. Auch in der modernen Literatur wird die Frage nach der Natur des Grals immer wieder neu gestellt und auf unterschiedliche Weise beantwortet. Prominentestes Beispiel der letzten Jahre hierfür ist Dan Browns Roman *The DaVinci Code*[328], in dem unter dem Gral die Gebeine Maria Magdalenas bzw. die Blutlinie Jesu verstanden werden. Im Sprachgebrauch des 21. und ausgehenden 20. Jahrhunderts steht der Begriff „Gral" oft metaphorisch für einen Gegenstand der Verehrung.

Ursprünglich handelte es sich allerdings bei Gral- und Artusstoff um zwei voneinander unabhängige Stoffkreise. Auch die Wurzeln des Gralstoffes reichen in die Zeit vor der Verschriftlichung von Texten zurück, so dass seine Herkunft nicht zweifelsfrei belegt werden kann. Die ältesten Theorien gehen von einem christlichen Ursprung der Gralsgeschichten aus und stützen sich dabei vor allem auf die *Estoire dou Graal* Roberts de Boron.[329] Die christliche Interpretation wurde vor allem von den Romantikern unterstützt, die im Christentum eine Möglichkeit der Vereinheitlichung des zersplitterten Europas sahen. Allerdings wurde dies bereits in der Romantik im Zusammenhang mit der weit verbreiteten Mythensehnsucht wieder relativiert und der Gralstoff auf ältere Erscheinungsformen oder Urmythen zurückgeführt. So geht beispielsweise Joseph Görres davon aus, dass der christliche Gralsmythos auf einen allgemeinen indoeuropäischen Urmythos von Fruchtbarkeit, Speise, Trank und gemeinsamem Mahl Bezug nimmt.[330]

Eine andere Traditionslinie führt in die keltische Überlieferung, wo sich der Gralsmythos in der irischen und walisischen Literatur, vor allem in der *Historia Peredur ab Evrauc*, einer Prosaerzählung aus dem *Mabinogion*-Zyklus, manifestiert.[331] Das Interesse für die keltische Kultur begann im 19. Jahrhundert vor allem in England und Frankreich, wo es im Zusammenhang mit der Suche nach den Wurzeln des eigenen Volkes auftrat. Ende des 19. Jahrhunderts kam es in

---

327 Vgl. Haug 2004, S. 122.
328 Brown 2003.
329 Vgl. Mertens 2003, S. 15.
330 Vgl. Mertens 2003, S. 11.
331 Vgl. Mertens 2003, S. 15 f.

England und Irland zu einem regelrechten *Celtic revival*, vorrangig im kunsthandwerklichen Bereich, das sich auch auf die Wissenschaft auswirkte. In diesem Zusammenhang wurde auch versucht, die Ursprünge der Gralsgeschichten in der keltischen Kultur zu finden.[332]

Des Weiteren wurden Parallelen zwischen dem Gralsmythos und dem vorderasiatischen Attis- und Adoniskult sowie den Mithrasriten gezogen, die sich hauptsächlich auf den Aspekt der Verwundung des Königs und die Unfruchtbarkeit des Landes bezogen.[333]

Der Gegenstand, der als Gral bezeichnet wird, ist untrennbar mit einem Ritual verbunden:

> Wie ist der Gral? Sollte die Frage besser lauten. Der Gral ist ein Ritual, das vorgegeben ist, aber neu gefunden werden muss. Finden kann es nur der Erwählte, aber die Suche ist eine persönliche Leistung. Das Ritual kann sich auf die Suche beschränken (wie im *Prosa-Lancelot*), es kann einen Rachevollzug einschließen (wie im *Peredur* oder, im Sinn einer Korrektur, bei Wagner) oder in einer Frage bestehen, die nach dem magischen Gegenstand und seinem Zweck (Chrétien) oder nach dem Leid des Gralshüters (Wolfram) gestellt werden muss. In der Frage können sich die Familienzugehörigkeit, die Rachebereitschaft, eine ethische Haltung offenbaren. Der Gral als Objekt spiegelt nicht nur die magische Aura des Rituals, er ist eine unterschiedlich zu füllende Leerstelle.[334]

Wie sich dieses Ritual genau darstellt und welche Funktion ihm zukommt, hängt von der entsprechenden Traditionslinie ab: so ruft die vorderasiatische Tradition hauptsächlich Fruchtbarkeitsriten auf, während es in der keltischen Tradition vorrangig um die Herrschaftsübertragung an einen neuen König geht.[335] Der Aspekt der Speisung tritt als fundamentaler Ritus in vielen Religionen auf, so auch in der christlichen.[336]

Im Mittelalter erfreut sich der Gralsmythos im literarischen Bereich besonderer Beliebtheit: „Jedenfalls taucht die Bezeichnung ‚Gral' für einen wie auch immer mysteriösen, wunderwirkenden, heiligen Gegenstand in einer Fülle von Texten geradezu flutartig innerhalb einer Zeitspanne von knapp zwei Generationen um 1200 auf."[337] Als bedeutendste Werke sind in diesem Zusammenhang Roberts de Boron *Estoire dou Graal* und Chrétiens *Conte del Graal* zu nennen.

Die *Estoire* berichtet, wie Joseph von Arimathia den Gral erlangt, die Gralstafel gründet und einen Nachfolger beauftragt, den Gral in den Westen zu brin-

---

332   Vgl. Mertens 2003, S. 11 f.
333   Vgl. Mertens 2003, S. 31.
334   Mertens 2003, S. 10.
335   Vgl. Mertens 2003, S. 12 f.
336   Vgl. Mertens 2003, S. 15.
337   Karg 1993, S. 177.

gen und dort den Glauben zu verbreiten. Die Handlung endet mit dem Aufbruch der auserwählten Personen. Petrus reist in die „Täler von Avaron." Die Berührungspunkte der *Estoire* mit der Artusliteratur sind also kulturgeographischer Natur.[338]

Sehr viel konkreter wird die Verbindung von Gral- und Artusstoff in Chrétiens *Conte del Graal*. Sein Held, Perceval, begibt sich aus der Artuswelt hinaus und gerät mit der mysteriösen Gralswelt in Berührung. Die Handlung enthält sehr viele Elemente, die die spätere Rezeption des Gralstoffes entscheidend prägen: die Frage nach der Bedeutung des Grals, der kranke König, dessen Erlösung, als die richtige Frage schließlich gestellt wird, und die Benennung des Helden als Nachfolger des geheilten Gralskönigs.

Chrétiens Gralsroman ist die Hauptquelle für Wolframs von Eschenbach *Parzival*, die bedeutendste deutschsprachige Bearbeitung des Stoffes. Die Handlung orientiert sich in weiten Teilen eng an Chrétien: Parzival stellt bei seinem ersten, zufälligen Besuch auf der Gralsburg die Frage nicht, die von ihm erwartet wird, verhält sich aber bei seinem zweiten Aufenthalt auf Schloss Munsalvaesche richtig und erlöst damit den kranken Gralskönig Anfortas, zu dessen Nachfolger er anschließend ernannt wird.

Eine der wichtigsten Fragen, die sich die Forschung in diesem Zusammenhang zu stellen hat, ist die nach der Funktion der Einbindung des geheimnisvollen Gegenstandes, der „Gral" genannt wird, in den höfischen Roman. Eine auch heute noch weit verbreitete Auffassung geht davon aus, dass die ethisch-soziale Sinngebung des Erzählens durch die Einführung des Grals von einer universaleschatologischen Dimension abgelöst wird.[339] Perceval, der Held Chrétiens *Conte du Graal*, wird als Kämpfer gegen das Böse schlechthin interpretiert, das Bestehen des Gralsabenteuers als universelle Erlösungstat.[340] Nach der Meinung vieler Autoren führt dies zu einer Relativierung der Artuswelt. Ina Karg fasst die gängige Ansicht wie folgt zusammen:

> Wie überall, wo dieser Gegenstand auftaucht, in welcher Form auch immer, glaubt man, einen Bereich höherer Ordnung und Wertigkeit greifen zu können; und so konfrontiert, so die gängige Auffassung, auch Wolfram mit Artusbereich/-hof und Gralsbereich/-hof zwei Formen des Rittertums miteinander, um schließlich eine bisher nur weltlich verstandene Ritterschaft in einer religiösen Dimension zu erhöhen. Ziele und Normen der Artusakteure, so scheint es, sind durch die neue Norminstanz des Gralshofes zwar nicht unbedingt ganz destruiert, aber doch entscheidend korrigiert.[341]

---

338 Vgl. Welz 1984, S. 342.
339 Vgl. Köhler 1956, S. 227.
340 Vgl. Welz 1984, S. 341.
341 Karg 1993, S. 178.

Die These von der Überlegenheit des Gralsrittertums gegenüber der Artusritter-schaft scheint zunächst durch den Untergang des Artusreiches in der nachklassi-schen Literatur gestützt.[342]

Dennoch trifft die Interpretation der Gralswelt als überlegenes und schließ-lich die Artuswelt ablösendes Gesellschaftsmodell gerade auf Wolframs *Parzi-val* nicht zu. Karg zufolge stellt sich die angeblich überlegene Gesellschaft als absolutes Gegenteil von *hoves fröide* dar. Sie ist nicht das, was die Artusgesell-schaft als Ideal anstreben sollte, sondern vielmehr ihre Verkehrung ins Negative. Darüber hinaus ist Parzival kein Gralssucher im Sinne der *queste*, da der Gral nicht Zielpunkt einer linearen Folge von Bewährungsabenteuern ist, die dazu dienen, unter mehreren beauftragten Rittern den Würdigsten zu finden. Parzivals Begegnungen mit dem Gral sind auch nicht das Ergebnis einer gezielten Suche nach dem heiligen Gegenstand, sondern Aventiuren innerhalb des arthurischen Strukturschemas.[343] Weder Sigune noch Cundrie werfen Parzival religiöses Ver-sagen vor, sondern formulieren einen Mangel an Ritterlichkeit. Darüber hinaus entspricht die Verfehlung auch genau dem Strukturschema des höfischen Ro-mans: nach erfolgreichem Bestehen des ersten Aventiure-Weges wird die Ritter-lichkeit des Helden in Frage gestellt und damit der Aventiure-Weg erneut in Gang setzt. Mit diesem muss der Fehler korrigiert und damit die Harmonie des Artushofes wiederhergestellt werden.[344] Während sich bei den anderen beiden bekanntesten Helden des klassischen Artusromans, Erec und Iwein, das Defizit auf die Balance zwischen Minne und Rittertum bezieht – Erec vernachlässigt das Rittertum für die Minne, Iwein die Minne für das Rittertum – steht Parzivals Verfehlung nicht im Zusammenhang mit seinem Verhältnis zu Condwiramurs. Sein Defizit ist aber auch kein religiöses: Cundrie beschimpft Parzival nicht als gottlos – was zu erwarten wäre, wenn es tatsächlich um eine neue, überhöhte Wertordnung ginge – sondern hebt seine Unvollkommenheit im Hinblick auf die Vorbildlichkeit seines Vaters Gahmuret und seines Bruders Feirefiz hervor. Damit bezeichnet sie Parzival nicht als gralsunwürdig, sondern als artusunwür-dig. Indem Parzival sich selbst zu dieser Schuld bekennt, wird er zum Störfaktor am Artushof, und seine Unwürdigkeit wird zum Problem der ganzen Artusge-sellschaft. Dies ist der Kontext von Parzivals Gralssuche: es geht nicht darum, eine neue Ordnung zu erreichen, sondern eine Störung in der bestehenden Ord-

---

342 Vgl. Karg 1993, S. 181.
343 Vgl. Karg 1993, S. 191.
344 Vgl. Karg 1993, S. 193.

nung zu beseitigen.[345] Dementsprechend findet im zweiten Aventiure-Weg auch kein Wandel in Parzivals Haltung zu Gott statt.[346]

Die Gralsgesellschaft, die in Wolframs *Parzival* dargestellt wird, ist also keine positive Utopie, sondern eine gestörte Gesellschaft. Im Kontext des Romans funktioniert sie als Gegenbereich der Artuswelt in Ausnutzung des Erzählmusters, als Anti-Artushof, an dem die höfische Identität negiert und ins Gegenteil verkehrt wird.[347]

Im klassischen Artus-Gral-Roman sollte der Gral daher nicht unter dem Aspekt der Enträtselung des Symbols oder der Bewertung der Normen der Gralsgesellschaft betrachtet werden, sondern als Element einer Aventiure auf einem für den Artusroman typischen Stationenweg.[348] Unter diesen Gesichtspunkten bleibt vom Gral als Symbol einer höheren Ordnung, die dazu gedacht ist, die Artusgesellschaft abzulösen, nicht viel:

> Wolfram setzt ihn [den Gral, d. Verf.] gezielt dafür ein, einem Bereich die Aura des Glanzvoll-Mysteriosen zu geben und höchstes Leid und höchste Trauer in dessen Mitte setzen zu können. Er führt damit in einem ritterlichen Kontext und höfischen Milieu komprimiert vor, was er nicht nur gemerkt, und doch er schon in seinem Prolog angekündigt hat – jene Verse von liebe und leit, fröude und angest. (3, 29 ff.). Sein Gral ist ein Kunstmittel.[349]

Die Vorstellung vom höheren Rittertum des Grals steht im Zusammenhang mit dem *queste*-Gedanken und dem vom Tod Artus'. Bei beidem handelt es sich um Aspekte, die in der französisch-englischen Tradition verankert sind. Besonders der vermeintliche Tod Artus', der in England im Mittelalter zu realpolitischen Zwecken instrumentalisiert wurde, rückt die Gralssuche in eine neue Perspektive, die oftmals auf das gesamte Korpus der Artus-Gral-Romane übertragen wird.[350]

Und auch in den Prosa-Gralromanen des 12. und 13. Jahrhunderts ist der Ausgangspunkt für die Gralssuche auf ein ritterliches, nicht ein geistliches Wertesystem bezogen: im *Didot Perceval*, einem Werk eines anonymen Dichters, das vermutlich zwischen 1190 und 1215 entstanden ist, wird sie beispielsweise dadurch ausgelöst, dass sich Perceval an den „gefährlichen Sitz" an der Tafelrunde setzt, der dem besten Ritter der Welt vorbehalten ist. Zum Ausgleich für diese Verfehlung begibt er sich auf die Suche nach dem Gral, andere Ritter brechen ebenfalls zur Gralssuche auf. Allerdings ist sie keinesfalls ausschließlich

---

345 Vgl. Karg 1993, S. 194.
346 Vgl. Karg 1993, S. 198.
347 Vgl. Karg 1993, S. 187.
348 Vgl. Karg 1993, S. 185.
349 Karg 1993, S. 200.
350 Vgl. Karg 1993, S. 183.

eine Aventiure auf einem Stationenweg, sondern tatsächlich auch eine transzendent motivierte Sühnefahrt: Percevals Verfehlung wird von einer Stimme aus dem Himmel verkündet, und eine Felsspalte tut sich auf. Nach erfolgreichem Bestehen seiner Aufgabe wird er auf höheren Befehl hin zum Gralshüter bestimmt, und die Felsspalte schließt sich.[351]

Noch stärker tritt die religiöse Thematik im zwischen 1191 und 1212 entstandenen *Perlesvaus* hervor: der Held versäumt, die Erlösungsfrage zu stellen und ruft damit eine Störung der allgemeinen Ordnung hervor. Auch Artus wird davon betroffen, er versinkt in Trägheit und verliert seine Herrschertugenden. Artus gelingt es, das höfische Leben am Artushof kurzfristig wiederherzustellen, doch die endgültige Behebung der Störung kann nur durch den vorbestimmten Helden geleistet werden. Allerdings kommt es nicht zu einem zweiten Besuch auf der Gralsburg, und Percevals Aufgabe besteht am Schluss nicht mehr darin, die richtige Frage zu stellen, sondern darin, den Gral von einem Ungläubigen zurückzuerobern. Artus pilgert ins Heilige Land, während Perceval auf der Gralsburg ein zurückgezogenes Leben führt. Schließlich reist er in eine andere Welt, in die der Gral bereits entschwunden ist. Nach Dieter Welz vertritt der *Perlesvaus* einen „[…] militanten Glaubenseifer und propagiert die kriegerische Bewältigung religiöser Konflikte."[352]

In der *Queste del Saint Graal*, einem französischen Prosa-Roman aus dem frühen 13. Jahrhundert, erscheint nicht Parzival als Gralsheld, sondern Lanzelots unehelicher Sohn Galaat. Die problematische Ausgangslage ist nicht durch eine konkrete Verfehlung eines Ritters bedingt, sondern geht letztendlich auf die Urschuld der Menschheit zurück. Galaats Auftreten wird als Ankunft des Messias inszeniert. Sein Erscheinen an der Tafelrunde findet zu Pfingsten statt und ist von einem Gralswunder begleitet, das den allgemeinen Aufbruch zur Suche nach dem Gral auslöst. Artus wird im Stich gelassen, ein Verrat, der den späteren Untergang des Artusreichs vorwegnimmt. Einzig Galaats Gralsuche ist erfolgreich, er wird in die „himmlische Gemeinschaft" aufgenommen und entschwindet gemeinsam mit dem Gral. Hier und vor allem in der deutschen Bearbeitung als *Grals-Queste* erfährt die Spiritualisierung des Stoffes ihre größte Zuspitzung.[353]

Dieter Welz schätzt die Verbindung von Artus- und Gralstoff als problematisch ein:

> Es scheint insgesamt wohl doch so zu sein, daß die Artusgesellschaft die Annahme der Frohen Botschaft vom Gral verweigert hat. Sie geht deshalb als unzustellbar zu-

---

351 Vgl. Welz 1984, S. 354 f.
352 Welz 1984, S. 356.
353 Vgl. Welz 1984, S. 356 ff.

rück an den Absender. Der Versuch, die herkömmliche (irdische) Erzählung für erbauliche (angeblich überirdische) Zwecke nutzbar zu machen, scheitert. Die Vermählung von Himmel und Erde im Gralroman wird zuschanden am Widerstand der Materie. Gralstoff und Artussage gehören eben doch nicht zusammen, und das nicht nur aus Gründen der Stoffgeschichte.[354]

Dennoch kommt die Verbindung von Artus- und Gralstoff sehr häufig vor, im Mittelalter vor allem in Form von Zyklen, so zum Beispiel im so genannten *Lancelot-Gral-Zyklus* oder *Vulgata-Zyklus* aus dem frühen 13. Jahrhundert, bestehend aus einer Folge von fünf Prosa-Romanen. Die Quellen sind vielfältig: Chrétiens *Karrenritter*, das *Welsche buoch* Hugos von Morville, die *Estoire dou Graal* Roberts de Boron sowie Geoffreys von Monmouth *Historia Regum Britanniae* und *Vita Merlini*. Der Zyklus besteht aus fünf Teilen: *Estoire del Saint Graal*, *Estoire de Merlin*, *Lancelot propre*, *Queste del Saint Graal* und *Mort Artu*.

Die Vorgeschichte berichtet von der Ankunft des Heiligen Grals in Britannien sowie von Merlins Herkunft, seine Dienste für Uther Pendragon und von Artus' Zeugung und Geburt. Des Weiteren wird erzählt, wie Artus bei einer Pflegefamilie aufwächst, nach Uthers Tod das Schwert Escalibort aus einem Stein zieht und sich so als legitimer König ausweist. Er besiegt die Sachsen und die Römer und besteht darüber hinaus zahlreiche Kämpfe gegen wundersame Gegner wie den Riesen vom Mont St. Michel und die Katze vom Genfer See. Der *Lancelot propre* handelt hauptsächlich von Lancelots Liebe zu Guinevere und dem sich daraus ergebenden Konflikt. Weiter folgt die Gral-Handlung: mehrere Artusritter ziehen auf der Suche nach dem Gral aus, einige erreichen die Gralsburg Corbenic, aber letztendlich scheitern alle. Lancelot zeugt auf der Gralsburg mit der Tochter des Gralskönigs, die ihm vorspiegelt, Guinevere zu sein, Galaad, von dessen Gralssuche die *Queste du Saint Graal* handelt. Ihm ist schließlich bestimmt, den Gral zu erlangen und ihn ins Heilige Land zurückzubringen. Die Artuswelt treibt indes unaufhaltsam ihrem Untergang entgegen: Lancelot, der eigentlich seiner Liebe zu Guinevere abgeschworen hatte, nimmt sein Verhältnis mit der Königin wieder auf, die deswegen auf dem Scheiterhaufen verbrannt werden soll. Bei ihrer Rettung tötet Lancelot 77 Ritter, darunter Gauvains Brüder. Ein Krieg zwischen Artus und Lancelot wird dadurch unvermeidlich. Während Artus in Frankreich zusammen mit Gauvain gegen Lancelot und seine Anhänger kämpft, versucht Mordret in Britannien, den Thron und die Königin an sich zu reißen. Als Artus davon erfährt, kehrt er zurück, doch Gauvain erliegt auf der Reise seinen Verletzungen, die er sich im Kampf mit Lancelot zugezogen hatte, und Artus muss sich ohne seine besten Ritter Mordret stel-

---

354 Welz 1984, S. 361.

len. In der Entscheidungsschlacht töten Artus und Mordret sich gegenseitig. Von Artus' Entrückung nach Avalon wird nicht berichtet, da die gesamte Handlung auf einen Untergang weltlichen Rittertums angelegt ist.[355]

> Die Artuswelt ist an ihren eigenen Widersprüchen zugrunde gegangen: die höfische Liebe als höchster Wert vor der Welt und Sünde vor Gott, das kämpferische Rittertum führt zu Hochmut und Totschlag. Mit der Wegnahme des Grals ist die Erlösungsmöglichkeit verschwunden: die Artusgesellschaft bleibt auf sich selbst angewiesen und geht unter. Nur die Wendung zu Gott als persönlicher Umkehr rettet das Seelenheil. [...] Der Artusroman ist an seinem Ende, in dieser 'Ritterdämmerung' sind die Erfahrungen, die Chrétiens Helden machen und nachvollziehen lassen, nichtig vor den vorgegebenen Wahrheiten des christlichen Glaubens. So ist der 'Lancelot-Gral-Zyklus' eine Zurücknahme der Sinnfindungs-Aufgabe, der der klassische Held sich stellt.[356]

Die letzten drei Teile des Zyklus werden zwar ins Deutsche übersetzt, die Werke haben allerdings keinen großen Erfolg.[357] Eine ähnlich umfangreiche Zusammenstellung des gesamten Artus- und Gralstoffs versucht Ulrich Füetrer in seinem 1478 bis 1481 entstandenen *Buch der Abenteuer*, in das er den gesamten verfügbaren Erzählstoff einbezieht.[358] Auch die Nachwirkung dieses Werks ist begrenzt.

Ganz anders verhält es sich bei einem ebenfalls im Spätmittelalter in England entstandenen Werk: Sir Thomas Malorys *Le Morte D'Arthur*, 1485 von Caxton als einheitliche Geschichte der arthurischen Herrschaft gedruckt. Es handelt sich hierbei um das wohl wirkungsmächtigste Werk der Artusliteratur, das die Rezeption bis heute entscheidend beeinflusst. Malory nutzte offensichtlich mehrere Quellen, allen voran den *Lancelot-Gral-Zyklus*, aber auch den *Prosa-Tristan* und die so genannte *Merlin-Suite*. Ein einheitliches Handlungskonzept wie im *Lancelot-Gral-Zyklus* fehlt *Le Morte D'Arthur* – es handelt sich eher um eine Aneinanderreihung einzelner Erzählepisoden. Er nimmt eine erzählerische Vereinfachung des Stoffs vor und führt die Problematik ritterlichen Verhaltens exemplarisch an der Figur Launcelots vor. Dieser steht im Konflikt zwischen Lehnstreue gegenüber Arthur und der Liebe zur Königin und wird in der Unmöglichkeit, diesen aufzulösen, zur tragischen Figur.[359]

Anders als der Dichter des *Lancelot-Gral-Zyklus* nimmt Malory die bekannte Vorstellung vom Weiterleben Artus' wieder auf, auch wenn er selbst diese Möglichkeit bestreitet:

---

355 Vgl. Mertens 1984, S. 330 f.
356 Mertens 1984, S. 331 f.
357 Vgl. Mertens 1984, S. 332.
358 Vgl. Mertens 1984, S. 326.
359 Vgl. Mertens 1984, S. 334 f.

> Yet somme men say in many partyes of Englond that kyng Arthur is not deed / But
> had by the wylle of our lord Ihesu in to another place / and men say that he shal
> come ageyn & he shal wynne the holy crosse. I wyl not say that it shal be so / but ra-
> ther I wyl say here in thys world he chaunged his lyf / but many men say that there
> is wryton vpon his tombe this vers / Hic iacet Arthurus Rex quondam Rex que futu-
> rus[360]

Mit der angeblichen Inschrift auf Artus' Grab „Rex quondam Rex que futurus"
prägt Malory ein Bild, das gerade in der modernen Literatur häufig wieder aufgenommen wird.

Während im deutschen Sprachgebiet die Artusliteratur relativ früh abbrach,
avancierte der Stoff in Großbritannien zu dem bereits erwähnten nationalen
Identifikationsmythos.

Dieser geht nicht nur auf produktive Rezeption des Artusstoffs in verschie-
densten Medien zurück, sondern auch auf die Verknüpfung der Geschichten um
Artus und seine Ritter mit real existierenden Orten, allen voran Glastonbury in
Somerset. Diese Verknüpfung hat eine lange Tradition: der keltische Ortsname
lautete „Ynis Vitrin", „Glasinsel", was wiederum in der keltischen und nordi-
schen Tradition ein anderer Name für die Jenseitsinsel Avalon war, auf die der
sterbende Artus dem Volksglauben nach entrückt wurde. Im späten 12. Jahrhundert behauptete König Heinrich II. gar, von ihm mit der Grabung beauftragte
Mönche hätten dort die Gebeine Artus' und Guineveres gefunden. Ein Ziel
Heinrichs II. war wohl, mit seinen Grabungen und dem vermeintlichen Fund
von Artus' Gebeinen diesen Glauben zunichte zu machen, die Hoffnung auf eine
Wiederkehr zu zerstören und seine eigene Herrschaft zu legitimieren.[361] Doch
der Volksglaube war nicht so leicht zu zerstören. Zwar äußerten einige Schriftsteller des 12. Jahrhunderts kritische Bedenken zum Glauben an Artus' Wiederkehr, doch ab dem 13. Jahrhundert häufen sich wieder Hinweise darauf. Diese
beschränken sich nicht auf England, sondern kommen auch in anderen europäi-
schen Schriften des Mittelalters und der frühen Neuzeit vor. Der Wiederkehrmythos wird auch immer wieder mit der Sage vom König im Berg vermischt. So
berichtet zum Beispiel Gervasius von Tilbury, er habe Artus um 1190 in einem
unterirdischen Palast im Ätna gesehen. Auch im Mittelhochdeutschen *Wart-
burgkrieg* wird diese Vorstellung tradiert. Bis ins 19. Jahrhundert herrschte in
Nordengland der Glaube, König Artus lebe in einer Höhle weiter.[362]

---

360 http://quod.lib.umich.edu/cgi/t/text/text-
     idx?c=cme;idno=MaloryWks2;rgn=div2;view=text;cc=cme;node=MaloryWks2%3A23.
     7 (04.07.2012).
361 Vgl. Haug 2004, S. 105.
362 Vgl. Haug 2004, S. 107.

Andere Legenden bringen Glastonbury mit dem Heiligen Gral in Verbindung: Joseph von Arimatäa soll im Auftrag Gottes mit dem Gral dort hin gereist sein, um eine Kirche zu gründen. Über Jahrhunderte soll die Reliquie in dieser Kirche aufbewahrt worden sein, bevor der Fischerkönig sich gezwungen sah, sie zu verstecken.

Auch heute noch ist die Verbindung Glastonbury – Artus – Heiliger Gral im allgemeinen Wissensbestand der britischen Gesellschaft sehr präsent. Glastonbury kann im Sinne Pierre Noras als „Erinnerungsort"[363] verstanden werden, an dem sich das kulturelle Gedächtnis im Bezug auf den Artusstoff kristallisiert.

Die Verknüpfung des Artusstoffs mit dem realen Leben hat in Großbritannien eine lange Tradition. Während Heinrich II. wie erwähnt versuchte, den Wiederkehrmythos zu zerstören und damit seine eigene Herrschaft zu legitimieren, versuchten ihm nachfolgende Herrscher, Artus programmatisch in ihre eigene Dynastie einzubinden: Edward I. veranstaltete Turniere, die er „Tafelrunden" nannte, Edward III. führte 1344 eine konkrete Tafelrunde als Rittergemeinschaft ein, und Heinrich VII. übernahm das Drachenbanner und nannte seinen Sohn Arthur.[364]

Auf literarischer Ebene beeinflusste indes Malorys *Le Morte d'Arthur* direkt oder indirekt alle Formen der nachmittelalterlichen produktiven Rezeption des Artusstoffs und tut dies bis heute. Das Werk verfügt im englischsprachigen Bereich über eine ähnliche Verbreitung wie im Deutschen Grimms Märchen.[365] Nach Barbara Tepa Lupack ist die Multiadressiertheit des Textes direkt im Stoff angelegt:

> The Arthurian story [...] works whatever age you are. When you're young, you respond to the story of the fellowship and the great deeds... [As you get older] you begin thinking about the romance, and the tragedy, and the beauty, and you find different things in the legend.[366]

Anzumerken ist allerdings, dass viele solcher Interpretationen gegenüber der mittelalterlichen Adaptationen des Stoffes stark vereinfacht und trivialisiert sind. Dies zeigt sich auch bei einem besonders prominenten Werk der modernen Ar-

---

363 Unter einem „Erinnerungsort" versteht Pierre Nora einen „[...] materiellen wie auch immateriellen, langlebigen, Generationen überdauernden Kristallisationspunkt kollektiver Erinnerung und Identität, der durch einen Überschuss an symbolischer und emotionaler Dimension gekennzeichnet ist, in gesellschaftliche, kulturelle und politische Üblichkeiten eingebunden ist und sich in dem Maße verändert, in dem sich die Weise seiner Wahrnehmung, Aneignung, Anwendung und Übertragung ändert." (François/Schulze 2001, S. 17 f.)
364 Vgl. Haug 2004, S. 106.
365 Vgl. Müller 1984, S. 438.
366 Lupack 2004, S. xiv.

tus-Adaptationen, nämlich T.H. Whites *The Once and Future King*. White veröffentlichte unter diesem Titel 1958 seine Nacherzählung von Malorys Werk. Er verschob jedoch den Schwerpunkt in seiner Darstellung so, dass nicht viel Mittelalterliches übrig bleibt. In einer Rezension des Romans in der *New York Times* nennt Orville Prescott das Werk

> [...] a glorious dream of the Middle Ages as they never where but as they ought to have been, an inspired and exhilarating mixture of farce, fantasy, psychological insight, medieval lore and satire all involved in a marvelously peculiar retelling of the Arthurian legend.[367]

White nutzt seine Adaptation des Artusstoffes, um implizite Kritik an Krieg, Militarismus und Nationalismus zu üben. Sein Artus ist dementsprechend auch kein tapferer Krieger, sondern ein friedlicher Idealist, der den kriegerischen Bestrebungen der Menschen entgegenzuwirken versucht. Er nutzt den Stoff, um moderne Werte und Ideale von Frieden und Gerechtigkeit zu vermitteln. Der fortschrittliche Staatsmann Artus scheitert allerdings trotz seiner guten Absichten und seiner Weisheit, da seine Mitmenschen sich nicht von persönlichen Ambitionen und nationalen Interessen lossagen können. Trotzdem lässt Artus nicht von seiner Vision einer Welt von Gleichen ohne Unterschiede und Grenzen ab: vor seiner letzten großen Schlacht gibt er dem Jungen Thomas eine Kerze, die er jahrelang als Symbol für seine Idee von einer friedlichen und gerechten Welt mit sich geführt hat, mit dem Auftrag, die Flamme nicht ausgehen zu lassen. Das Versprechen des Jungen, Artus' Ideale weiterleben zu lassen, gibt Artus Hoffnung, dass es auf der Welt irgendwann eine neue Tafelrunde geben wird, „[...] a new Round Table which had no corners, just as the world had none – a table without boundaries between the nations who would sit to feast there."[368]

Mit dem „Prinzip Hoffnung", das Whites Adaptation des Artusstoffs anhaftet, trifft der Autor offensichtlich einen Nerv der US-amerikanischen Gesellschaft. Neben Alfred Lord Tennysons *Idylls of the King*[369] und Mark Twains *A Connecticut Yankee in King Arthur's Court*[370] ist Whites Roman das wichtigste Stück moderner Artus-Literatur in den USA und prägt dort die Vorstellungen von diesem Stoff und vom Mittelalter im Allgemeinen maßgeblich. Im Vergleich zur britischen Rezeption verliert die Figur des Artus in ihrer US-amerikanischen Variante viele ihrer Facetten. Der Hauptakzent liegt auf dem Heldentum Artus', und in dieses heroische Bild werden auch die Aspekte integriert, die ihm ursprünglich eigentlich entgegenstehen. So wird Artus vom gede-

---

367 Prescott, zitiert nach Piereson 2007, S. 190.
368 White 1987, S. 639.
369 Tennyson 1859.
370 Twain 1890.

mütigten und verratenen Hahnrei zum tragischen Helden, dessen Tod gleichzeitig das Resultat des Verrats an ihm und ein Opfer für sein Volk ist. So ergibt sich folgendes vorherrschendes Bild von Artus:

> Over the generations, the legend grew of Arthur as a ‚Christ-like' king, one who was once strong, courageous, and just, and who in the end sacrificed his own life for his people. As one historian said, ‚King Arthur seems to demonstrate the heroic theory of history, which holds that an individual can permanently alter the course of events.'[371]

In Deutschland hatte der Artusstoff in der Moderne bei weitem nicht denselben literarischen und außerliterarischen Erfolg wie im englischsprachigen Bereich. Dies kann auf die starke Prägung des deutschen Mittelalterbildes durch Richard Wagners Opern, in denen aus dem Stoffkreis um Artus nur der Parzivalstoff aufgenommen wird, zurückgeführt werden. In Deutschland fehlt ein nationaler Identifikationsmythos analog zu dem in Großbritannien präsenten Artus-Mythos. Der Nibelungenstoff hätte über das Potential verfügt, Grundlage eines ähnlichen nationalen Mythos in Deutschland zu werden, wurde aber im Zusammenhang mit seiner Vereinnahmung durch die Nationalsozialisten so stark korrumpiert, dass er dieses Potential nicht entfalten konnte. Dies beeinflusst vor allem die populäre Mittelalterrezeption: da Autoren von Kinder- und Jugendliteratur in Deutschland sich nicht auf einen als Konsens geltenden Wissensbestand über mittelalterliche Stoffe beziehen können, greifen sie häufig auf die englische Traditionslinie und damit auf den Artusstoff zurück.

4.4. Das populäre Artusbild

Der Fortschritt der Informationstechnologien und namentlich die weite Verbreitung des Internets erlauben Experten ebenso wie Laien, ihre Auffassungen in unterschiedlicher Weise zum Ausdruck zu bringen. Daher können Internetquellen als Konkretisierungen des populären Artusbildes betrachtet werden. Gerade im Hinblick auf diese Quellen muss betont werden, dass sie ausschließlich als Untersuchungsgegenstand, nicht als wissenschaftliche Quellen herangezogen werden.

Einen ersten Eindruck des populären Artusbildes vermittelt der Eintrag des Online-Lexikons Wikipedia unter dem Stichwort „Artus":

> König Artus (walisisch Arthur ['arθir]) ist eine Sagengestalt, die in vielen literarischen Werken des europäischen Mittelalters in unterschiedlichem Kontext und unterschiedlicher Bedeutung auftaucht. Sein Herrschaftsgebiet wird in Britannien ver-

---

371 Piereson 2007, S. 183.

ortet. Seit dem 9. Jahrhundert überliefern britische Chroniken eine führende und erfolgreiche Teilnahme Artus' in den Kämpfen gegen die dort eindringenden Angeln, Jüten und Sachsen (Angelsachsen) um 500 n. Chr.[372]

Bereits in der Einleitung kommt die unklare Einordnung Artus zum Ausdruck: einerseits wird er als „Sagengestalt" bezeichnet, andererseits wird aber auch durch die konkrete Zeitangabe 500 n. Chr. eine Einordnung als historische Gestalt versucht.

Der eigentliche Artikel hat folgende Gliederung:

1 Mythos und Geschichte
2 Die Artussage
2.1 Entstehung, Geschichte und Inhalt der Artussage
2.2 Fortleben des Mythos
2.3 König Artus und der Heilige Gral
3 Literaturgeschichte der Artussage
3.1 Früheste Überlieferungen von Artus
3.2 Ausbreitung der Artussage und Artusromantik
3.3 Neuzeitliche Verwertung und Umformung des Stoffes
4 Wissenschaftlicher Hintergrund
4.1 Artus – Identifikationsversuche
4.1.1   Lucius Artorius Castus
4.1.2   Der Riothamus und Flavius Aëtius
4.1.3   Enniaun Girt, Owain Ddantgwyn und Ambrosius Aurelianus
4.2 Camelot – Identifikationsversuche
4.3 Das Schwert aus dem Stein
4.4 Zur keltischen „Geschichtsschreibung"
5 Einzelnachweise
6 Siehe auch
7 Literatur
7.1 Ausgaben
7.2 Sekundärliteratur
8 Rezeption
9 Weblinks[373]

Die Vermischung von vermeintlicher Historizität und Fiktionalität wird im Abschnitt mit dem Titel „Mythos und Geschichte" weitergeführt. Obwohl Artus zunächst als „wichtige Figur der Mythologie Britanniens" ganz klar in einen fiktionalen Kontext eingeordnet wird, werden sofort Überlegungen zu den „histori-

---

372   http://de.wikipedia.org/wiki/Artus (04.07.2012).
373   http://de.wikipedia.org/wiki/Artus (04.07.2012).

schen Grundlagen" der Figur angestellt und als Quelle die *Historia Brittonum* genannt. Weiter wird auf Darstellungen des Königs in der Literatur von Geoffrey bis Chrétien eingegangen, ohne dass der fiktionale Charakter der Werke thematisiert würde.

Der Abschnitt „Die Artussage" erklärt die Entstehung der literarischen Figur Artus folgendermaßen:

> Die Artussagen dürften folgendermaßen entstanden sein: Im späten 5. Jahrhundert flüchteten viele Briten vor der Sachseninvasion auf das Festland, in die heutige Bretagne, und übten Einfluss auf die Kultur der dortigen Bewohner aus. Um 1066 kamen die Bretonen mit den normannischen Eroberern nach England, wodurch die keltisch-britische Tradition erneut belebt wurde. Die insel- und festlandkeltischen Traditionen verdichteten sich dann im späten 11. Jahrhundert zu einer einzigen Sagengestalt, die Geoffrey von Monmouth weiterentwickelte.[374]

Davor präsentiert der Artikel eine Zusammenfassung der populären Elemente des Artusstoffs, die wohl so etwas wie eine „Standardversion der Artussage" darstellen soll, und der Abschnitt „Entstehung, Geschichte und Inhalt der Artussage" nennt die bekanntesten literarischen Ausformungen. Die Überlieferungsgeschichte wird zwar kurz umrissen, ist aber im Vergleich zu anderen Kapiteln relativ knapp gehalten. Mehr Raum nehmen dagegen wieder „Identifikationsversuche" für Artus und Camelot – also Versuche historischer und geographischer Verortung des Stoffs – ein.

Auch auf der Diskussionsseite zu dem entsprechenden Artikel wird die Vorstellung von einem „historischen Kern der Sage" akzentuiert. Ein Benutzer der Seite empfiehlt die Überarbeitung des Artikels aufgrund des folgenden Arguments:

> Es gibt zudem neue Erkenntnisse, das Artus ein römischer Feldherr gewesen sein soll. Er hat als erster die sog. Sarmaten (?!), ein Reitervolk und Nachfahren der Amazonen, besiegen können. Die Sarmaten waren quasi die ersten Ritter, die bis zu diesem Zeitpunkt unbesiegt geblieben waren. Nach deren Niederlage haben sie sich bedingungslos Artor angeschlossen. Zudem hat Artor den sarmatischen Kriegsgott besiegt indem er ein Schwert aus Schwarzerde gezogen hat. Dies konnte er nur durch übermenschliche Kräfte schaffen, die Scharzerde (sic!) haftete wie ein Magnet an dem Schwert. Die Sarmaten wurden später von Rom nach Großbritannien umgesiedelt um dort die Nordgrenze des Reiches (Hadrians Wall) gegen die Barbaren aus dem Norden zu verteidigen. Dies ist die Parallele zu den Rittern der Tafelrunden und König Artus.[375]

In dieser Darstellung kommt nicht nur die Annahme einer realen historischen Person Artus zum Ausdruck, sondern auch die tatsächlich geschehener Ereignis-

---

374 http://de.wikipedia.org/wiki/Artus (04.07.2012).
375 http://de.wikipedia.org/wiki/Diskussion:Artus (04.07.2012).

se, die als Vorbild für bestimmte wichtige Handlungselemente in der „Sage"
dienten, als die der Artusstoff wahrgenommen wird, umgeformt und uminterpretiert wurden.

Diese Rezeptionshaltung zeigt sich auch in der Beliebtheit von Fernseh-
Dokumentationen mit unterschiedlicher wissenschaftlicher Fundiertheit und
Qualität wie *Arthur – Die Erfindung eines Königs*[376], *Arthur – King of the Bri-
tons*[377] und *Galileo Mystery: Wer König Artus wirklich war.*[378]

Auf die Suche nach der „Wahrheit hinter dem Mythos" begeben sich auch
die Betreiber der Internetseite *Arthuriana – Auf der Suche nach König Artus.*[379]
Auf der Startseite werden zunächst die Kernelemente des Artusstoffs genannt,
dann die zentrale Fragestellung formuliert:

> Doch wie schaute die Wirklichkeit aus? Hat es Artus, oder Arthur, tatsächlich gege-
> ben? Wenn ja, wo lag sein Königreich, wo seine Burgen, wer waren die Krieger, die
> für ihn kämpften? Und wenn nein, wer war oder ist Arthur, *rex quondam rexque fu-
> turus*, der einstige und zukünftige König der nie einer war?[380]

In den darauf folgenden Antworten, die die Erstellerin oder der Ersteller der Seite gibt, kristallisieren sich viele Elemente, die in der populären Artusrezeption
immer wieder auftauchen und anscheinend zu einer Art gemeinsamem Wissensbestand gehören, über den zumindest innerhalb der Gruppe Artus-Interessierter,
die einen historischen Kern des Stoffes sucht, Konsens herrscht.

Bereits bei der Betrachtung der Gliederung fällt auf, dass die literarische
Bearbeitung des Stoffes sehr viel mehr Raum einnimmt als die von der Autorin
oder dem Autor so genannte „historische Vorgeschichte." Innerhalb dieser skizziert die Verfasserin oder der Verfasser des Textes in äußerst groben Zügen die
Geschichte der Kelten, die römische Besatzung Britanniens und die Zeit zwischen letzterer und der Machtübernahme der Angelsachsen, die er oder sie als
Dark Ages bezeichnet. Diese werden beschrieben als Zeit der Kriegswirren in
Britannien, das nach einer Zeit der Ordnung während der römischen Besatzung
im Chaos versinkt.

Die Frage, ob es Artus tatsächlich gegeben hat, beantwortet die Betreiberin
oder der Betreiber der Website nicht explizit. Einerseits wird festgestellt: „Wir
wissen nicht, ob er eine historische Persönlichkeit ist, oder ‚nur' eine fiktive Sagengestalt der Dark Ages"[381], andererseits finden sich aber auch folgende Aus-

---

376 *Arthur - Die Erfindung eines Königs.*
377 *Arthur, King of the Britons.*
378 *Galileo Mystery: Wer König Artus wirklich war.*
379 http://www.arthuriana.de/ (04.07.2012).
380 http://www.arthuriana.de/alt/index.html (04.07.2012).
381 http://www.arthuriana.de/alt/index.html (04.07.2012).

sagen: „Arthur war jedoch ein Mann 6. Jahrhunderts" oder „Der ‚wirkliche' Arthur war jedoch eine keltische Persönlichkeit."[382]

Hier wird ein Bild von Artus und seiner Zeit gezeichnet, das weit verbreitet ist: in Britannien herrscht nach dem Abzug der römischen Besatzer Uneinheitlichkeit und Chaos, verschiedene Volksgruppen kämpfen gegeneinander um die Herrschaft, auch von außen werden die Grenzen des Landes bedroht. Artus ist derjenige, dessen Herrschaft für Einheit und Frieden im Land sorgt. Doch die Ordnung ist brüchig, und dies liegt nicht nur an inneren Konflikten – allen voran der Liebe zwischen Lanzelot und Guinevere – sondern auch an der Bedrohung des Reichs durch verschiedene Volksgruppen, zum Beispiel Sachsen, Pikten und Schotten.

Die Tendenz zur (Pseudo-)Historisierung zeigt sich bisweilen auch in der Literatur. Alexis Léonard stellt fest:

De la même façon qu'avait été observé un ‚saut qualitatif' entre Geoffrey de Monmouth et Chrétien de Troyes, un passage de l'histoire au roman, on note une sorte de saut inverse, un mouvement de retour à un Arthur qui se veut plus proche d'une certaine réalité historique. C'est ainsi qu'Arthur se retrouve projeté d'un Moyen Âge central utopique à cette période charnière qu'est la fin de l'Empire romain d'Occident, une époque où le christianisme ne connaît pas encore une situation de monopole religieux.[383]

Auch wenn Léonards Annahme eines Übergangs von Geschichtsschreibung zum Roman zwischen Geoffrey und Chrétien mit Skepsis betrachtet werden muss[384], so ist ihm doch in der Hinsicht zuzustimmen, dass das moderne populäre Artusbild auch in der Literatur vielfach zu einer Verortung der Figur Artus in der Geschichte tendiert, auch wenn es sich bei dieser Geschichte oftmals um Vorstellungen handelt, die nicht historisch fundiert sind. Allerdings kann aus einer Beschäftigung mit der Artus-Figur weder aus geschichts- noch aus literaturwissenschaftlicher Perspektive ein einheitliches Bild abgeleitet werden, das für eine populäre Verbreitung geeignet wäre. Die Komplexität eines differenzierten Mittelalter- und Artusbildes – ob nun im Hinblick auf die historische Figur oder auf den literarischen Stoff – läuft vielfach den Ansprüchen populärer Darstellung zuwider, deren Adressaten oftmals Einfachheit und Eindeutigkeit erwarten, wenn sie sich über einen bestimmten Gegenstand informieren möchten. Darüber hinaus scheint die Tendenz zu bestehen, abstrakt erscheinende Sachverhalte greifbar machen zu wollen, weswegen eine geographische oder historische Verortung angestrebt wird. Über diese Elemente versuchen Online-Enzyklopädien,

382 http://www.arthuriana.de/alt/index.html (04.07.2012).
383 Léonard 2007, S. 151.
384 Vgl. Haug 2004.

einen wissenschaftlichen Anspruch aufzubauen, allerdings ist es wegen der im Allgemeinen von den Adressaten geforderten Vereinfachung im Rahmen der populären Vermittlung nicht möglich, eine differenzierte, wissenschaftliche Darstellung zu leisten.

Wo die akademische Forschung kein greifbares, einheitliches Bild präsentieren kann, das sich für eine Vermittlung an einen möglichst großen Adressatenkreis eignen würde, konstruieren unterschiedliche Gruppen selbst Bilder, die an ihre spezifischen Bedürfnisse angepasst sind. So hat sich in Großbritannien der bereits erwähnte Artus-Identifikationsmythos herausgebildet, in anderen Kulturkreisen wiederum, in denen die Bezugspunkte zur Konkretisierung des Bildes fehlen, stellt es sich eher diffus dar und lässt sich je nach Bedarf für unterschiedliche Zwecke gebrauchen.

Obwohl der Artusstoff entscheidend durch seine Popularität im Mittelalter geprägt ist und auch als mittelalterlich wahrgenommen wird, scheint ein Bedürfnis nach einer Rückführung in die Zeit vor seiner Verschriftlichung zu bestehen, was sich vor allem in der häufig anzutreffenden Akzentuierung der keltischen Wurzeln des Stoffs zeigt. Dieses Phänomen ist nicht neu und beschränkt sich auch nicht auf den Artusstoff – schon in der Romantik versuchten Wissenschaftler und Schriftsteller, das „wahrhaft Volkstümliche" hinter den im Mittelalter beliebten und durch die mittelalterlichen Dichter verbreiteten Stoffen zu ergründen und diese von ihrem christlich-höfischen Geist zu befreien. Prominentestes Beispiel ist die bereits erwähnte Haltung Richard Wagners, die mittelalterlichen Dichter hätten die volkstümliche Dichtung verfälscht.[385] Diese Tendenz zeigt sich auch in der modernen Kinder- und Jugendliteratur, so zum Beispiel bei Adaptationen des *Nibelungenliedes*.[386]

All diese Faktoren beeinflussen bewusst oder unbewusst sowohl die Produktion als auch die Rezeption literarischer Werke mit Bezug zum Artusstoff. Daher ist auf sie bei der folgenden Analyse ausgewählter Werke immer wieder zurückzukommen.

4.5. Marion Zimmer Bradley: Die Nebel von Avalon

4.5.1. „Vorurteile"

Über *Die Nebel von Avalon* finden potentielle Leserinnen und Leser eine Fülle von Informationen, vor allem im Internet. Diese können zu Vorurteilen – im

---

385 Vgl. Kapitel 3.3.
386 Vgl. Mende 2008.

Sinne von Vorwissen oder Rezeptionsperspektiven – im Bezug auf den Text führen. Andere lassen sich aber auch als Ausformulierung der Erwartungen von Rezipienten lesen, vor allem wenn es sich um Online-Rezensionen oder Leserkommentare handelt. Beiderlei Arten von Informationen gilt es zu berücksichtigen, wenn man eine Einschätzung treffen möchte, welches Vorwissen Leserinnen und Leser möglicherweise an den Text herantragen.

Eine der wichtigsten Quellen für populäre Wissensbestände über jeglichen Gegenstand ist das Online-Lexikon Wikipedia. Dort findet man zu *Die Nebel von Avalon* folgenden Eintrag:

> Die Nebel von Avalon (engl. Originaltitel *The Mists of Avalon*) ist ein Fantasy-Roman von Marion Zimmer Bradley, der zuerst 1982 bei Alfred A. Knopf, Inc. New York City verlegt wurde.
>
> Der Bestseller ist eine Interpretation der Artussage und wird aus der Sicht Morgaines, der Halbschwester von Artus, erzählt. Aufgrund dieser Perspektive und des Inhaltes fand eine starke feministisch-esoterische Auseinandersetzung mit dem Roman statt.[387]

Die potentielle Leserin oder der potentielle Leser erfährt also, dass es sich um ein äußerst erfolgreiches Buch („Bestseller") einer amerikanischen Autorin handelt, das angeblich dem Genre Fantasy[388] zuzuordnen ist. Weiter wird er darüber informiert, dass es sich um die Adaption eines sehr bekannten literarischen Stoffes handelt, die anscheinend insgesamt eine positive Aufnahme erfährt. Als zentraler Aspekt des Romans wird die feministische (Um-)Akzentuierung des Stoffs herausgearbeitet.

Auch die Kurzbeschreibung des Online-Buchhändlers Amazon.de beginnt nicht mit einer Zusammenfassung der Handlung, sondern mit einer (äußerst positiven) Wertung: „Die amerikanische Fantasy-Autorin Marion Zimmer Bradley hat ein gewaltiges Epos in der großen Tradition der Ritterromane geschaffen, in dem sie den Zauber der alten Mythen und Legenden um König Artus wieder heraufbeschwört."[389]

Interessant ist hierbei, dass der Roman zwar dem modernen Genre Fantasy zugeordnet wird, gleichzeitig aber von einem „Epos in der großen Tradition der Ritterromane" die Rede ist. Damit wird nicht nur eine Assoziation zum Mittelalter hergestellt, indem das vielleicht stärkste Schlagwort – Ritter – genannt wird,

---

387 http://de.wikipedia.org/wiki/Die_Nebel_von_Avalon (04.07.2012).

388 Nach den in Kapitel 3.1 ausgeführten Theorien zur phantastischen Literatur und zur Fantasy ist diese Kategorisierung falsch. Viele Rezipienten scheinen dennoch das Werk als Fantasy wahrzunehmen; dies zeigt sich auch in Aussagen an anderer Stelle.

389 http://www.amazon.de/Nebel-Avalon-Marion-Zimmer-Bradley/dp/3596282225/ref=sr_1_1?ie=UTF8&s=books&qid=1258905650&sr=8-1 (04.07.2012).

sondern auch das Werk in die Gattungstradition des höfischen Romans eingeordnet.

In diesem Zusammenhang ist ebenfalls aufschlussreich, welche so genannten „Tags"[390] Kunden dem Roman zuordnen. Hierbei ist hervorzuheben, dass
diese Kategorien von den Leserinnen und Lesern selbst erstellt werden. Die
verwendeten Tags geben also Aufschluss darüber, wie Rezipienten ein Werk
kategorisieren und womit sie es assoziieren. *Die Nebel von Avalon* trägt folgende Tags:

- fantasy
- avalon
- sage
- kelten
- britannien
- historische fantasy
- artus-sage
- könig arthur
- druiden
- magie
- fantasy-roman

Die meisten Kategorien überraschen nicht. Über die Zuordnung zum Genre Fantasy scheint ein allgemeiner Konsens zu herrschen, auch die Verbindung zum
Artusstoff ist offensichtlich. Die Nennung der Begriffe „Kelten" und „Druiden"
weist auf die oft vorgenommene Verbindung des Artusstoffs mit der keltischen
Kultur hin. Auffällig ist die Kategorie „historische Fantasy", die kein allgemein
anerkanntes literarisches Genre darstellt. In diesem Begriff drückt sich die bereits bei der Betrachtung des populären Artusbildes festgestellte Vorstellung aus,
dass die Geschichte trotz aller phantastischen Elemente im Kern auf historische
Ereignisse zurückzuführen ist.

Ebenfalls aufschlussreich ist der Werbetext des Fischer-Verlags:

Morgaine, die Hohepriesterin des Nebelreichs Avalon und Schwester von Artus, erzählt die wahre Geschichte ihres königlichen Bruders und der Ritter der Tafelrunde.
Zum ersten Mal schildert eine Frau diese Geschichte, zeigt die Heldengestalten in
einem neuen Licht und erinnert daran, dass einst Frauen die Macht in den Händen

---

390 Tags sind nach der Definition, die auf Amazon.de zu finden ist „[…] so etwas wie ein
Schlagwort oder eine Kategorienbezeichnung." http://www.amazon.de/gp/help/
customer/display.html?ref=tag_dpp_pt_ihlp_wt?ie=UTF8&nodeId=200261040&pop-
up=1 (04.07.2012).

hielten: Sie lenken im Verborgenen das Geschick ihrer Zeit und setzen den König der Legenden auf den Thron, geben ihm das heilige Schwert Excalibur.[391]

Auch wenn die Bezeichnung „wahre Geschichte" aus der Sicht der Romanfigur Morgaine zu verstehen ist, wird hier doch implizit suggeriert, dass es eine „richtige" Version des Stoffs gibt. Die Passage „erinnert daran, dass einst Frauen die Macht in den Händen hielten" verweist auf den Versuch der Rückführung der Geschichte auf eine Zeit vor dem Mittelalter, die als ursprünglich und einer mythischen Ordnung verhaftet imaginiert wird.

Doch nicht nur textuelle, sondern auch bildliche Darstellungen tragen zur Bildung von Vorurteilen im Gadamerschen Sinn über den Text bei. Die Titel der Bücher spiegeln einerseits Vorstellungen der Verleger und Gestalter, kreieren andererseits aber auch gewisse Vorstellungen beim Rezipienten. Gerade im Bereich der Literatur, die von Kindern und Jugendlichen gelesen wird, ist die Titelgestaltung ein entscheidendes Element, wie Thomas Kullmann feststellt:

> Text und Bilder sind gelegentlich als gleichberechtigte Vermittler von Bedeutung einander ergänzend gegenübergestellt. Die Bilder präzisieren die Aussage des Textes, vermitteln zusätzliche Informationen oder stehen in einem ironischen Kontrast zur vom Text erzählten Geschichte.[392]

Die Nebel von Avalon erschien in verschiedenen internationalen Verlagen mit unterschiedlicher Titelgestaltung, wobei hervorzuheben ist, dass in Deutschland bei demselben Verlag drei verschiedene Ausgaben mit unterschiedlichen Covern erhältlich sind. Das wohl bekannteste dieser Cover trägt die 1987 im Fischer-Verlag erschienene Ausgabe, die im Wesentlichen der Gestaltung der amerikanischen Ausgabe entspricht. Es wird die Protagonistin des Romans, Morgaine, dargestellt, die auf einem weißen Pferd durch den Nebel reitet, anscheinend durch Wasser, da neben ihr ein Schwan schwimmt. In der Hand hält sie ein Schwert. Damit werden neben der Hauptfigur weitere Schlüsselelemente des Romans gezeigt: die Nebel, der See (wenn auch nur indirekt durch den Schwan), über den man nach Avalon gelangt, und das Schwert Excalibur. Allerdings weicht die Darstellung insofern vom Inhalt des Buches ab, dass die Protagonisten in der Regel mithilfe einer Barke nach Avalon gelangen, nicht auf Pferden. Auch der Schwan ist kein Handlungselement des Romans, seine Funktion ist unklar. Denkbar ist eine Assoziation zur irischen Legende der *Children of Lir*, die bei entsprechenden Wissensvorausetzungen der Rezipienten unter Umständen geeignet ist, einen diffusen Bezug zum Keltentum zu akzentuieren.

---

391 http://www.fischerverlage.de/buch/die_nebel_von_avalon/9783596282227 (04.07.2012).

392 Kullmann 2008, S. 67.

Die Ausgabe des englischen Penguin-Verlags von 1993 ruft zwar die Elemente See, Schilf und Nebel auf, ersetzt die Darstellung der Protagonistin aber durch das Bild einer Person im Stil einer mittelalterlichen Miniatur. Hier findet bereits vor der eigentlichen Lektüre eine Leserlenkung statt: der Rezipient erwartet möglicherweise, sofern er die Darstellung als mittelalterlich erkennt, auch innerhalb des Romans etwas Mittelalterliches vorzufinden.

Eine völlig andere Titelgestaltung präsentiert eine im Jahr 1999 bei Fischer Taschenbuch erschienene Ausgabe. Das Cover zeigt ein Schwarzweißfoto eines Burgturms mit typisch mittelalterlichen Rechteckzinnen auf weißem Grund, der Name der Autorin ist über dem Foto, der Titel des Buches unter dem Foto platziert. Das Titelbild wirkt schlicht und suggeriert Ernsthaftigkeit. Typische Elemente, die auf eine Fantasy-Geschichte hindeuten könnten, fehlen. Gemäß einer 2002/2003 an der Universität Regensburg durchgeführten Studie gehört die Burg zu einer Gruppe von Elementen, die Realienklischees über das Mittelalter darstellen und gerade bei Personen, die sich nicht wissenschaftlich mit dem Mittelalter beschäftigen, häufig mit dem Mittelalter assoziiert werden.[393] Das Titelbild des Buches ruft also einen starken Mittelalterbezug auf, ohne ihn allerdings mit den bekannten Elementen der Bildwelt der modernen Fantasy zu verbinden und akzentuiert so den (vermeintlich) mittelalterlichen Inhalt des Romans. Auch hier wird wiederum die Bemühung deutlich, die Geschichte realhistorisch zu verorten, sie auf einen historischen Kern zurückzuführen.

Kurios mutet die Covergestaltung der Ausgabe der Bild-Bestseller-Bibliothek aus dem Jahr 2005 an. Das Cover präsentiert ebenfalls nur ein einziges Bild, nämlich das der Burg, und verzichtet auf die Darstellung phantastischer Elemente. Auffällig ist aber der direkt auf dem Titel aufgedruckte Text, der als Zeitungsausschnitt dargestellt wird:

1000 Seiten Ritter & Sex
London – Nie wurde die ‚König-Artus-Sage' so mystisch, so erotisch, so fraulich, so spannend erzählt.
Die Mittelalter-Saga „Die Nebel von Avalon" (über 1000 Seiten) von Marion Zimmer-Bradley (1930-99) ist ein Welt-Bestseller (1,7 Mio. in Deutschland). Burgen, Schlachten, Intrigen, Orgien, Mystik – und eine Insel im Nebel. Ein Sensations-Schmöker, der Sie ins Abenteuer entführt.[394]

Hier wird also zusammengefasst, was den Roman für Leserinnen und Leser interessant machen soll, allen voran Abenteuer und Erotik. Auffällig ist die Verwendung des Begriffs „mystisch", die vermutlich von einer Verwechslung mit dem Terminus „mythisch" herrührt. Außerdem wird der große Erfolg betont,

393 Vgl. Feistner/Karg/Thim-Mabrey 2006, S. 2-35.
394 Zimmer Bradley 2005.

den das Buch bereits weltweit hatte. Der Mittelalterbezug wird nicht nur durch das Bild der Burg, sondern auch durch die Erwähnung gewisser – durchaus klischeebehafteter – Schlüsselelemente im Text hergestellt.

Zusammenfassend lässt sich also sagen, dass viele Titelgestaltungen einen sehr deutlichen Mittelalterbezug herstellen. Auch die Buchtitel sind also dazu geeignet, bei potentiellen Leserinnen und Lesern „Vorurteile" hervorzurufen, die sie einen Roman mit Referenzen zum Mittelalter erwarten lassen.

4.5.2. „Denn alle Götter sind ein Gott"[395] – Religion als zentrales Thema

Die Nebel von Avalon präsentiert den Leserinnen und Lesern zwei unterschiedliche religiöse Ordnungen: zum einen das Christentum, zum anderen eine „Religion der Großen Mutter", die zeitlich weit vor dem Christentum angesetzt und als eine Art „Urreligion" Britanniens dargestellt wird. Die Anhänger dieser Religion leben in einer matriarchalischen Gesellschaft, deren spirituelles Zentrum sich auf der Insel Avalon befindet. Diese soll in unmittelbarer Nähe zu einem Ort liegen, der der zweiten bedeutenden religiösen Gruppierung des Romans, den Christen, als heilig gilt: Glastonbury, bei Zimmer Bradley nicht nur ein Kloster, sondern auch der Ort, an dem Joseph von Arimathäa seinen Wanderstab in die Erde gestoßen haben soll, aus dem ein blühender Dornbusch wuchs. Damit verankert Zimmer Bradley ihre Geschichte klar im nationalen englischen Artus-Mythos, der sich eben dieser Elemente bedient.

Die Zeit, in der der Roman spielt, ist dagegen nicht näher spezifiziert. Allerdings wird sie deutlich als Zeit des Übergangs inszeniert, in der das Christentum immer mehr zur vorherrschenden Religion des Landes wird und dabei die alte Religion verdrängt. Taliesin, der „Merlin von Britannien" – also in der gesellschaftlichen Ordnung von Avalon der mächtigste Mann – formuliert den Konflikt folgendermaßen:

> Vor vierhundert Jahren schworen die Priester uns einen Eid... noch ehe die Römer hierherkamen und versuchten, unser Land zu erobern. Sie schworen, sich nie gegen uns zu erheben und uns mit Waffengewalt zu vertreiben. Denn wir waren vor ihnen da; sie kamen damals als Bittsteller, und sie waren schwach. Sie haben den Schwur nicht gebrochen... das muß ich ihnen zugute halten. Aber im Geist, in ihren Gebeten haben sie nie aufgehört, gegen uns zu kämpfen. Denn ihr Gott soll unsere Götter vertreiben; ihr Wissen soll über unsere Weisheit herrschen. In unserer Welt, Igraine, ist Platz für viele Götter und viele Göttinen. Aber in der Welt der Christen... wie soll ich es sagen? ... ist kein Platz für unser Wissen und unsere Weisheit. In ihrer

---

395 Zimmer Bradley [27]2003, S. 9.

Welt gibt es nur einen Gott. Er muß nicht nur alle anderen Götter besiegen, er muß auch so tun, als gäbe es keine anderen Götter, ja, habe es nie andere Götter gegeben, sondern nur Götzen, das Werk ihres Teufels. Und das, damit alle Menschen durch den Glauben an ihn in diesem einen Leben gerettet werden. Daran halten sie fest. Und was Menschen glauben, bestimmt den Lauf der Welt. Deshalb treiben die Welten, die einmal eins waren, auseinander.[396]

In dieser Rede wird die Religion von Avalon quasi *ex negativo* aus der Abgrenzung zum Christentum beschrieben. Es handelt sich offensichtlich um einen Glauben, der auch anderen Religionen gegenüber sehr tolerant eingestellt ist und keinerlei Missionarsgedanken hegt. Eine friedliche Koexistenz wird von Seiten Avalons nicht ausgeschlossen und ist in gewisser Weise sogar erwünscht – Viviane gibt beispielsweise ihren Sohn zu einer christlichen Ziehmutter und hält es für völlig unproblematisch, dass er als Christ aufwächst. Dieser Wunsch nach einem friedlichen Zusammenleben wird allerdings mehr und mehr durch den Absolutheitsanspruch des Christentums vereitelt. Darüber hinaus wird die zunehmende Unmöglichkeit einer Gleichstellung der beiden Religionen dafür verantwortlich gemacht, dass Avalon endgültig in den Nebeln verschwindet, die ohnehin nur Eingeweihte durchdringen können. Im weiteren Verlauf des Romans erfährt der Leser, dass der Glaube Avalons keine polytheistische Religion im eigentlichen Sinne ist, auch wenn die Existenz mehrerer Götter impliziert wird. Es gibt eine Gottheit, die deutlich über den anderen steht, die „Große Mutter" oder „Ceridwen." Entsprechend ist die Gesellschaftsstruktur in Avalon deutlich matriarchalisch. Entscheidungen werden mehrheitlich von der Herrin von Avalon getroffen, die von Priesterinnen umgeben ist. Es gibt auch männliche Geistliche, die Druiden, diese stehen aber deutlich unter den Priesterinnen und müssen sich deren Entscheidungen grundsätzlich beugen. Der höchste Druide trägt den Titel „Merlin von Britannien."

Das Volk von Avalon verfügt mehrheitlich über seherische Fähigkeiten, und zwar sowohl im räumlichen als auch im zeitlichen Sinn. In einigen Fällen, beispielsweise bei Igraine, ermöglicht „das Gesicht" den betreffenden Personen auch, in frühere Leben zu blicken – der Glaube an Reinkarnation gehört ebenfalls zu den Inhalten der Religion von Avalon.

Die Ausübung der „alten Religion" ist stark von Ritualen geprägt. Diese erlebt die Leserin bzw. der Leser hauptsächlich durch die Darstellung der Ausbildung Morgaines zur Priesterin von Avalon. Viele dieser Rituale sind stark sexuell geprägt, allen voran das Initiationsritual, bei dem Morgaine ausgewählt wird, ihre Jungfräulichkeit dem zukünftigen Großkönig von Britannien zu opfern. Ohne ihn zu erkennen, schläft sie mit ihrem Halbbruder Artus und wird von ihm

---

396 Zimmer Bradley [27]2003, S. 26.

schwanger. Innerhalb der alten Religion ist der Inzest allerdings nicht tabuisiert, so dass das daraus entstandene Kind für Viviane nicht als illegitim, sondern als idealer Nachfolger des Großkönigs gilt, da es aus zwei königlichen Blutlinien – der königlichen Linie Avalons und der Blutlinie Uther Pendragons – entstammt.

Außerdem wird der Glaube von Avalon als eine Art Naturreligion beschrieben. Mehrfach ist davon die Rede, die Priesterinnen trügen den Gezeitenstrom im Blut, die meisten Frauen sind sehr gebildet im Bereich der Kräuterkunde, und das Volk Avalons bringt der Natur insgesamt großen Respekt entgegen. Es verfügt aber auch über heilige Artefakte wie das Schwert Excalibur oder ein Gefäß, das später als „Heiliger Gral" bezeichnet wird.

Insgesamt rückt die Darstellung die Anhänger der Religion Avalons deutlich in die Rolle der Opfer, die einer grundsätzlich positiv gezeichneten Religion angehören und sich lediglich gegen ihre faktische Auslöschung in der Welt der Menschen wehren. Die Bedrohung durch das Christentum bezieht sich vor allem auch auf die Rolle der Frauen innerhalb dieses Glaubens:

> ‚Sie glauben', sagte Viviane mit ihrer dunklen, sanften Stimme, ‚dass es keine Göttin gibt. Denn das Wesen der Frau, so behaupten sie, sei das Wesen alles Bösen. Durch die Frau, so sagen sie, kam das Böse in die Welt, und sie beweisen das mit der unwahrscheinlichen Geschichte von einem Apfel und einer Schlange.'[397]

Unterstützt wird diese Darstellung natürlich auch durch die Erzählperspektive, die zwar heterodiegetisch ist (bis auf wenige homodiegetisch erzählte Passagen), aber über weite Strecken mit interner Fokalisierung auf die Figur Morgaine, die als Priesterin Avalons natürlich die Position der alten Religion und damit einer starken, unabhängigen Frau vertritt.

Die Person, die zu Beginn der Geschichte im Verborgenen die Geschicke des Landes lenkt, ist Viviane, die Herrin von Avalon. Ihre Ziele sind zwar in erster Linie religiöser Natur, aber auch untrennbar mit politischen Absichten verknüpft. Diese werden bereits am Anfang des Romans deutlich ausgeführt, als sie Igraine die Bedeutung ihres zukünftigen Sohnes erklärt:

> Wir brauchen unseren eigenen Führer, einen Mann, der über das ganze Land befehlen kann; sonst wird Britannien fallen, wenn sie sich gegen uns sammeln. [...] Nein, wir müssen einen Führer haben, dem alle Völker in Treue schwören... das Britannien der Priester und die Welt im Nebel, die von Avalon aus beherrscht wird. Vereint unter diesem Großen König [...], werden die Welten zusammenfinden zu einer Welt, in der Platz ist für die Göttin und für Christus, für den Kessel und das Kreuz. Dieser Führer wird uns einen.[398]

---

397 Zimmer Bradley [27]2003, S. 24.
398 Zimmer Bradley [27]2003, S. 28.

Es geht in erster Linie darum, Avalon vor dem Untergang zu bewahren, und der Weg dorthin führt über die Einheit des Landes. Der König, der diese Einheit herstellen soll, ist Artus. Durch Vivianes Eingreifen erhält er das Schwert Excalibur und wird Großkönig von Britannien. Zunächst steht er Avalon sehr nahe: Auf der so genannten „Dracheninsel" nimmt er an dem erwähnten Initiationsritual teil, das seine Akzeptanz als König bei den Stämmen sichert. Außerdem verfügt er über Tätowierungen, die ihn als Angehörigen Avalons ausweisen.

Artus' Verbindung zu Avalon ist allerdings ständiger Angriffspunkt überzeugter Christen, die versuchen, über ihn ihren Glauben im ganzen Land zu verbreiten. Allen voran ist hier Gwenhwyfar zu nennen, die christlich erzogen wurde und eine tiefe Abneigung gegenüber der alten Religion hegt. Sie nutzt allen Einfluss, den sie auf Artus hat, um Britannien zu einem durch und durch christlichen Land zu machen und bringt ihn dazu, immer mehr Riten seiner alten Religion zu entsagen oder sie sogar zu verbieten. Entscheidender Wendepunkt der Handlung ist die Schlacht am Berg Badon, in der Artus nicht unter dem traditionellen Drachenbanner, sondern unter einem von Gwenhwyfar angefertigten Banner der heiligen Jungfrau kämpft. Dies sorgt zunächst für einen Skandal, und es wird befürchtet, dass sich die Stämme von Artus abwenden. Als dieser allerdings den entscheidenden Sieg erringt, treibt dies die Christianisierung des Landes sogar noch voran, da die Menschen davon ausgehen, Gott habe Artus zum Sieg verholfen.

In Vivianes und Morgaines Augen macht sich Artus allerdings zum Verräter, der gestürzt werden muss. Doch der Lauf der Geschichte scheint zu zeigen, dass seine Verwandten aus Avalon im Unrecht sind: endlich herrscht der lang ersehnte anhaltende Frieden im Land. Viviane und später Morgaine versuchen dennoch mehrmals, Excalibur von Artus zurückzufordern oder es ihm zu entwenden, was allerdings fehlschlägt, und zwar mit dramatischen Konsequenzen. Letztendlich spricht sich sogar Kevin, der neue Merlin von Britannien, für das Christentum am Artushof und in weiten Teilen des Landes aus.

Schließlich gelingt es Artus sogar, die Sachsen, seine bislang größten Feinde, als Vasallen zu gewinnen, da diese inzwischen christlich geworden sind. Als Artus schließlich von Mordred herausgefordert wird und beide sich gegenseitig töten, sind keinerlei religiöse Motive im Spiel. Obwohl Mordred in Avalon ausgebildet wurde und als Druide gilt, glaubt er nicht daran, dass die Vorherrschaft der alten Religion wiederhergestellt werden kann:

> Ist dir nie der Gedanke gekommen, Niniane… daß Avalon wie Rom fiel, weil der Kern des Reiches von Verderbtheit befallen war? […] Die Welt ist jetzt keine Welt der Göttinnen, Niniane, sondern eine Welt der Götter… vielleicht eines Gottes. Ich

selbst muß nicht versuchen, Artus zu stürzen. Die Zeit und die Veränderungen werden es tun.[399]

Die Religion Avalons ist also, obwohl sie anscheinend die moralisch überlegene Glaubensrichtung ist, nicht mehr zeitgemäß und daher dazu bestimmt, zusammen mit der Insel in den Nebeln zu verschwinden und in Vergessenheit zu geraten.

Neben den beiden Extremen gibt es aber auch noch gemäßigte Vertreter beider Glaubensrichtungen. So wird Artus zwar immer mehr zum gläubigen Christen, toleriert aber gegen Gwenhwyfars Willen weiterhin Volksrituale, die im Zusammenhang mit der Religion Avalons stehen. Dasselbe gilt für Uriens, den König von Nordwales. Ebenso setzen sich Taliesin und Kevin, beide als Merlin von Britannien hochrangige Vertreter der Religion Avalons, für ein friedliches Miteinander des Christentums und der Religion der Großen Mutter ein. Auch wenn Taliesin in seiner ersten Unterhaltung mit Igraine sehr negativ von der anderen Religion spricht, wird er später zum Ratgeber Artus', auch als dieser sich immer mehr dem Christentum zuwendet. In einem Gespräch mit Gwenhwyfar wird deutlich, dass es für den Merlin eigentlich keinen Religionskonflikt gibt und politische Ziele im Vordergrund stehen, egal, welcher Religion die Menschen anhängen.

Auch Kevin, Taliesins Nachfolger, greift ähnliche Argumente auf wie Merlin, als Morgaine ihm Verrat an Avalon vorwirft, weil er zustimmt, Viviane nach deren Ermordung christlich begraben zu lassen: symbolische Handlungen sind letztendlich bedeutungslos für das Volk von Avalon, und es ist durchaus legitim, dem Christentum vordergründig eine Vorrangstellung einzuräumen, wenn es den politischen Zielen des Volks von Avalon dient.[400]

Darüber hinaus werden gegen Ende des Romans Menschen erwähnt, die eine Art gemäßigtes Christentum leben, das kein Bestreben danach hat, andere Glaubensrichtungen auszurotten. Diese flüchten sich ebenfalls nach Avalon:

> In jenen letzten Tagen kamen auch Menschen, die den Heiligen Dornbusch in seiner ersten Blüte gesehen hatten – Anhänger Christi, die ihren christlichen Gott in Frieden verehrten, ohne zu versuchen, die Schönheit von der Welt zu bannen. Sie liebten die Welt, die Gott geschaffen hatte. In Scharen kamen sie in jenen Tagen nach Avalon, um dem unerbittlichen Sturm der Verfolgung und Scheinheiligkeit der Kirchenmänner zu entgehen. Patricius hatte neue Formen der Anbetung eingeführt – er verkündete ein Weltbild, das keinen Raum mehr für die wahre Schönheit und das Mysterium der Natur ließ.[401]

399 Zimmer Bradley [27]2003, S. 1082.
400 Zimmer Bradley [27]2003, S. 644.
401 Zimmer Bradley [27]2003, S. 966.

Es gelingt allerdings den Druiden nicht, ihren Ansichten am Artushof und in Avalon soweit Gehör zu verschaffen, dass der Konflikt entschärft wird. Im Gegenteil: Gwenhwyfar treibt beinahe fanatisch die Christianisierung des Landes über die Christianisierung Artus' voran, und Morgaine macht Vivianes unerfüllte Aufgabe, Excalibur von Artus zurückzugewinnen, zu ihrer eigenen. Mit der Hilfe ihres jungen Liebhabers, ihrem Stiefsohn Accolon, entführt sie Artus in das mysteriöse Feenland und entwendet ihm Excalibur. Während Artus im Feenland verbleiben soll, soll Accolon mit Excalibur als Zeichen der Herrschaft den Thron Britanniens besteigen. Der Plan schlägt fehl, Artus tötet Accolon und bringt Excalibur wieder in seinen Besitz. Morgaine gelingt es lediglich, die Scheide, deren Zauber Artus vor schweren Verletzungen schützt, zu stehlen und sie in den See zu werfen, bevor sie vor Artus nach Tintagel flieht. Dort hadert sie mit ihrem Scheitern als Dienerin der Göttin. Obwohl sie immer noch davon überzeugt ist, dass das Christentum eine falsche Religion ist, möchte sie sich nicht mehr dagegen wehren, dass Britannien in die Hände der Christen fällt, da sie sich von der Göttin verlassen fühlt:

> Artus besaß Excalibur... wenn die Göttin wollte, daß es ihm genommen wurde, mußte sie es selbst tun. Ich hatte versagt. Ich war nicht länger ihre Priesterin... Ich glaube, das schmerzte mich am meisten. Ich hatte versagt. Ich hatte Avalon enttäuscht, und die Göttin hatte nicht die Hand ausgestreckt, um mich bei der Erfüllung ihres Willens zu unterstützen. Artus, die Christenpriester und der Verräter Kevin waren stärker gewesen als die Magie von Avalon... und niemand war da, um den Kampf weiterzuführen. [...] Alle, die ich in dieser Welt liebte, hatte ich getötet, von mir gestoßen oder an den Tod verloren. Igraine lebte nicht mehr, Viviane war tot, erschlagen. Sie ruhte zwischen den Priestern eines Gottes, der Tod und Unheil verhieß. Accolon, der Priester, den ich geweiht hatte, um die letzte Schlacht gegen die Christenpriester zu schlagen, lebte nicht mehr.[402]

Dennoch kehrt Morgaine nach Avalon zurück und nimmt dort ihren Platz als Herrin vom See ein. Jahrelang schenkt sie den Ereignissen in der Welt außerhalb Avalons keine Beachtung. Von den bereits erwähnten geflohenen Christen erfährt sie mehr über deren Glauben und stellt fest, dass diese Religion an sich nicht im Widerspruch zu der alten Religion von Avalon steht:

> Von den Christen, die vor dem blinden Eifer ihrer Glaubensbrüder zu uns flohen, erfuhr ich endlich etwas über den Nazarener, den Sohn des Zimmermanns, der in seinem Leben Göttlichkeit erreicht und die Liebe zum Nächsten gepredigt hatte. So begriff ich, daß ich nie mit Christus im Streit gelegen hatte, sondern mit seinen dummen, engstirnigen Priestern, die fälschlicherweise ihre Beschränktheit für seine hielten.[403]

---

402 Zimmer Bradley [27]2003, S. 957.
403 Zimmer Bradley [27]2003, S. 966.

Doch ein prophetischer Traum einer alten Priesterin stört die Abgeschiedenheit der Gesellschaft von Avalon: diese kündigt an, die heiligen Insignien von Avalon seien geraubt und entweiht worden. Ein Ritual, bei dem eine junge Priesterin in einen Teich blickt, bestätigt die Befürchtungen: dort sehen die Damen vom See, wie Kevin die Insignien – einen Kelch, eine Schale und einen Speer – entwendet und sie zu Artus bringt. Morgaine klärt die Priesterinnen über den Hintergrund dieser Tat auf: „Einmal hat er mit mir darüber gesprochen. Er sagte, Avalon liegt jetzt außerhalb der Welt, und die Heiligen Dinge müssen zum Wohl der Menschen und der Götter in der Welt bleiben, gleichgültig unter welchem Namen die Menschen die Götter anbeten...“[404]

Morgaine beschließt zusammen mit der alten Priesterin Raven und der jungen Nimue, zu handeln. Während Nimue dazu ausersehen wird, Kevin, der als Verräter angesehen wird, seiner Strafe zuzuführen, reisen Morgaine und Raven nach Camelot, um herauszufinden, was die Christen mit den Heiligen Insignien vorhaben. Gemeinsam wohnen sie der Ostermesse bei, zu der den Menschen im Land eine besondere Zeremonie angekündigt worden war. Morgaine begreift, dass die Heiligen Insignien Avalons für christliche Riten verwendet werden sollen und ist entsetzt über das, was sie hört. Sie ruft die Göttin um Hilfe an, und plötzlich erlebt sie wie in Trance, wie sie selbst den Kelch nimmt und den Anwesenden zu trinken gibt. Dies wird von den Menschen als höchste spirituelle Erfahrung wahrgenommen, die je nach Religionszugehörigkeit bzw. Glauben anders interpretiert wird:

> Später hörte sie, daß manche sagten, eine Jungfrau in schimmernden weißen Gewändern habe den Heiligen Kelch durch den Raum getragen. Andere behaupteten, ein brausender Wind habe die Halle erfüllt, und man habe den Klang vieler Harfen gehört... [...] Sie trat vor den Bischof. Er fiel vor ihr auf die Knie, als sie flüsterte: ‚Trinke! Dies ist der Heilige Geist...' Patricius trank, und sie fragte sich flüchtig, was er wohl sah. [...] Als sie vor Lancelot stand, hörte sie ihn ehrfurchtsvoll flüstern: ‚Seid Ihr es, Große Mutter?'[405]

Im Allgemeinen überwiegt bei den Romanfiguren die christliche Interpretation dieses Ereignisses. Der Bischof bezeichnet den Kelch als „Heiligen Gral" und bestätigt den Gläubigen, Gott sei unter ihnen gewesen. Allerdings verschwindet der Kelch nach der wundersamen Erscheinung, was zum Auslöser für die Gralssuche der Artusritter wird. Morgaine erkennt darin allerdings ein Zeichen für den Willen der Göttin, die Tafelrunde zu zerschlagen und Artus seine Gefährten zu nehmen.[406]

---

404 Zimmer Bradley [27]2003, S. 971.
405 Zimmer Bradley [27]2003, S. 981 f.
406 Vgl. Zimmer Bradley [27]2003, S. 984.

Dies scheint sich durch die Konsequenzen der Gralssuche zu bestätigen. Die Artusritter reiten ruhelos durch das Land, werden von Träumen und Visionen geplagt, Lancelot verfällt sogar dem Wahnsinn. Morgaine sieht dies alles in Wasserspiegelungen in der heiligen Quelle von Avalon und sieht ihren Glauben an eine Strafe der Göttin bestätigt: „Der Gral war für Camelot kein Segen, sondern ein Fluch… Und das ist richtig… es ist der Fluch für einen Verräter, der den Heiligen Kelch entweihen wollte… und jetzt ist er auch für immer aus Avalon entrückt."[407]

Schließlich geht das Artusreich zugrunde, und Artus und Mordred töten sich gegenseitig. Morgaine lebt weiterhin in Avalon, das schließlich völlig von der Außenwelt abgeschottet ist. Im Epilog verlässt sie die Insel, um das Kloster aufzusuchen, in dem Lancelot seine letzten Lebensjahre als Mönch und Priester zugebracht hatte. Allein in der Marienkapelle begreift Morgaine schließlich, dass ihr Kampf gegen das Christentum nicht notwendig war: „‚Große Mutter', flüsterte sie, ‚vergib mir. Ich glaubte, tun zu müssen, was du selbst für dich tun kannst, wie ich jetzt sehe. Die Göttin ist in uns, gewiß. Aber jetzt weiß ich, daß du auch draußen in der Welt bist, jetzt und immerdar…'"[408] Ebenso nimmt sie den Heiligen Gral wahr:

> Sie sah ein Licht auf dem Altar, wie sie es in der alten Kirche in Avalon gesehen hatte… das sie gesehen hatte, als sie es in Artus' Halle in ihren Händen trug… das Licht strahlte auf dem Altar und in den Händen der Herrin… und sie sah den Schatten, nur den Schatten des Kelchs… Er steht in Avalon. Aber er ist auch hier. Er ist überall. Und alle, die in dieser Welt ein Zeichen suchen, werden ihn immer finden…
> Ein lieblicher Duft erfüllte den Raum, der nicht von Blüten kam.[409]

Letztendlich gelangt Morgaine also zu derselben Erkenntnis wie Taliesin und Kevin, dass es sinnlos ist, wenn Menschen religiöse Konflikte untereinander austragen, da es für die wahre Gottheit nicht bedeutend ist, in welcher Form sie angebetet wird.

Diese Aussage des Werks zeigt sich bereits zu einem Zeitpunkt, an dem Morgaine noch an die Unvereinbarkeit der Glaubensrichtungen glaubt, und zwar in der Art und Weise, wie die heiligen Gegenstände der verschiedenen Religionen dargestellt werden, nämlich als ein und dasselbe. Das wird besonders deutlich kurz vor der Szene, in der Morgaine den Kelch durch Artus' Halle trägt:

> Sie wollen die Heiligen Insignien der Göttin dazu benutzen, Gott anzurufen… den einen Gott… aber sie tun es im Namen dieses Christus, der alle Götter als Dämonen verdammt, wenn sie nicht in seinem Namen sprechen! Der Kelch, den die Christen

---

407 Zimmer Bradley [27]2003, S. 1023.
408 Zimmer Bradley [27]2003, S. 1115.
409 Zimmer Bradley [27]2003, S. 1116.

in ihrer Messe gebrauchen, ist die Anrufung des Wassers, so wie die Schale, auf die sie ihr heiliges Brot legen, die heilige Schale der Erde ist. Wenn sie die uralten Dinge der Göttin benutzen, wollen sie damit ihren eigenen beschränkten Gott anrufen. Aber sie besudeln den Kelch mit Wein, anstatt ihn mit dem heiligen Wasser der heiligen Erde zu füllen, das aus der kristallklaren Quelle der Göttin fließt. Aus dem Kelch der Göttin, der Großen Mutter, dem Kessel von Ceridwen, werden alle Menschen genährt, und aus ihm erhalten alle Menschen die guten Dinge dieser Welt. Du hast die Göttin gerufen, du anmaßender Priester. Aber wirst du ihre Gegenwart ertragen können, wenn sie sich zeigt?*[410]*

Die wundersame Erscheinung wird von vielen Anwesenden christlich interpretiert. Darüber hinaus werden mehrere Elemente aufgerufen, die im Allgemeinen eher auf das Christentum hinweisen als auf eine vorchristliche Naturreligion: „Sie hörte das Rauschen vieler Flügel, das ihr voraneilte; sie roch einen süßen Duft, der weder Weihrauch noch Parfüm war…"[411] Die Flügel erinnern an Engelsdarstellungen, der „süße Duft" spielt auf Geruchswunder an, die in der mittelalterlichen Literatur oftmals anlässlich des Todes von Heiligen erwähnt werden. Dasselbe gilt für Morgaines inneren Monolog in derselben Szene: *„Ich bin alles… Jungfrau und Mutter und die Göttin, die Leben und Tod schenkt. Verleugnet mich, wenn ihr es wagt, ihr, die ihr andere Namen anruft… aber wisset, ich bin der Anfang und das Ende."*[412] Dieser ruft Assoziationen zu verschiedenen Bibelstellen aus dem Buch der Offenbarung auf, beispielsweise den Passus „Ich bin das A und das O, der Anfang und das Ende, spricht Gott der HERR, der da ist und der da war und der da kommt, der Allmächtige."[413]

Eine weitere Erfahrung, die die bei der Enthüllung des Kelchs Anwesenden erleben, ist eine wundersame Speisung: „Jeder in der Halle fand auf seinem Teller das, was er am liebsten aß… diese Geschichte hörte sie immer wieder, und dies war das Zeichen, daß sie wirklich den Kessel von Ceridwen in den Händen gehalten hatte."[414] Der „Kessel von Ceridwen" ist nur eine von vielen Varianten des Urmythos von unbegrenzter Speisung. Grundsätzlich ist es sehr wahrscheinlich, dass solche Legenden die Erzählungen vom Heiligen Gral entscheidend geprägt haben. Hier knüpft die Autorin an verschiedene Traditionen des Heiligen Grals an, wie sie bereits Kapitel 4.3 dargestellt wurden.

Die Kernaussage der gesamten religiösen Thematik des Romans ist, dass alle Religionen prinzipiell als gleichwertig anzusehen sind, da ohnehin von allen

---

410 Zimmer Bradley 272003, S. 980.
411 Zimmer Bradley 272003, S. 980.
412 Zimmer Bradley 272003, S. 982.
413 Offenbarung 1,8.
414 Zimmer Bradley 272003, S. 981.

dieselbe Gottheit angebetet wird. Es unterscheidet sich lediglich das Bild, das sich die Menschen von ihrem Gott machen. Diese Erkenntnis stellt sich allerdings nur auf der Seite der Vertreter der Religion der großen Mutter ein. Die überzeugten Christen erscheinen fast ausnahmslos als religiöse Fanatiker, deren Ziel die Auslöschung sämtlicher anderer Religionen ist. Selbst die Nonnen, denen Morgaine am Ende der Handlung begegnet, reagieren schockiert auf Morgaines Aussage, sie käme von Avalon, und nennen es das „unheilige Land."[415] Im Bezug auf den christlichen Glauben stellt sich die prinzipielle Gleichheit der Religionen vor allem als Usurpation anderer Glaubensrichtungen, ihrer Glaubensinhalte und ihrer heiligen Gegenstände dar. *Die Nebel von Avalon* spielt in einer Zeit des Umbruchs. Auch wenn diese nicht explizit im Mittelalter verortet wird, ist sehr wahrscheinlich, dass über den Aufruf des Artusstoffes durch viele Rezipienten ein Mittelalterbezug hergestellt wird. Die mittelalterlich-ritterliche Gesellschaft erscheint als christlich-fundamentalistische, die neben sich keine anderen Religionen duldet. Zwar war das europäische Mittelalter eine durch und durch vom *Ordo christianus* geprägte Epoche, in der allerdings Begegnungen zwischen Religionen zwar potentiell problematisch, aber trotzdem möglich waren:

> Zu den Voraussetzungen der mittelalterlichen Differenzierungsgeschichte gehört auch die wechselvolle Begegnung der drei monotheistischen Bekenntnisse des Judentums, Christentums und des Islam, die sich niemals nur als kulturell fremde Religionen gegenübertreten, sondern stets auch darum wussten, dass sie denselben Gott als den einzigen verehren, den Gott Abrahams, Isaaks und Jakobs. Dieser Umstand hat, wie wir wissen, den frühen Dialog der Vertreter dieser Religionsgemeinschaften ebenso möglich wie das Zusammenleben miteinander konfliktreich und mitunter unmöglich gemacht.[416]

Aber sowohl mittelalterliche Dichter als auch Philosophen kannten durchaus andere Formen der Auseinandersetzung mit fremden Religionen als Ablehnung und den Wunsch nach Vernichtung. Dies zeigt sich in wissenschaftlichen Texten, beispielsweise in den Schriften Abaelards oder Thomas' von Aquin[417], aber auch in literarischen Werken, in denen Begegnungen mit Angehörigen anderer Religionen thematisiert werden. Das bekannteste Beispiel hierfür ist Wolframs von Eschenbach *Willehalm*, der mit seiner Kreuzzugsthematik grundsätzlich eine problematische Konfrontation zwischen Christen und „Heiden" – wie in der Kreuzzugsliteratur üblich Muslime – thematisiert. Über die Figur der Gyburc erhält das Werk eine Dimension, die weit über die einfache Darstellung einer

---

415   Zimmer Bradley [27]2003, S. 1112.
416   Lutz-Bachmann/Fidora 2004, S. 7.
417   Vgl. Lutz-Bachmann/Fidora 2004.

Begegnung einer geistlich und moralisch überlegenen Religion mit den in jeder Hinsicht unterlegenen „Heiden" hinausgeht.

Anders als in der Kreuzzugsliteratur wird in den klassischen Artusromanen Religion nie explizit thematisiert. Erst in der nachklassischen Artusliteratur, besonders im *Wigalois*, gewinnen religiöse Aspekte eine größere Bedeutung, allerdings wiederum nicht unter dem Gesichtspunkt des Konflikts mit anderen Religionen, sondern durch die Verbindung der Figur des idealen Artusritters mit einem Legendenheiligen.[418]

Gegenüber der komplexen Reflexion über die Begegnung mit anderen Religionen erscheint die Darstellung der Christen in *Die Nebel von Avalon* sehr vereinfacht. Es kann angenommen werden, dass es nicht darum geht, tatsächlich das Verhältnis des mittelalterlichen Christentums zu anderen Religionen darzustellen – zumal der Mittelalterbezug ohnehin nicht explizit von der Autorin hergestellt wird. Allerdings erhebt diese durchaus einen gewissen geschichtswissenschaftlichen Anspruch: „Jeder Versuch, ein Bild der vorchristlichen Religion der Britischen Inseln zu zeichnen, muß sich zwangsläufig mit Mutmaßungen begnügen, denn die nachfolgenden Religionen haben alles darangesetzt, die Spuren auszulöschen."[419] Tatsächlich kann bei der Leserin oder beim Leser der Eindruck entstehen, das frühe Mittelalter – der „historische" Artus wird in der *Historia Brittonum* um das Jahr 500 angesiedelt – sei eine Zeit gewesen, in der eine Art britische Urreligion durch das Christentum verdrängt bzw. von ihm usurpiert wurde. Dies wird innerhalb des Romans deutlich durch die Rede des Bischofs kurz vor der Erscheinung des „Heiligen Grals" ausgedrückt:

> ‚Kommt alle zu mir', hob der Bischof an, ‚denn heute soll die alte Ordnung der neuen weichen. Christus hat über die alten und falschen Götter triumphiert. Sie müssen sich von nun an seinem Namen beugen, denn der wahre Christus hat den Menschen gesagt: Ich bin der Weg, die Wahrheit und das Leben. Niemand kommt zum Vater denn durch mich. Es gibt unter dem Himmel keinen anderen Namen, durch den ihr gerettet werden könnt. Und als ein Zeichen wollen wir alles, was einst den falschen Göttern geweiht war, weil die Menschen die Wahrheit noch nicht kannten, heute Christus darbringen und für den Dienst am Wahren Gott neu weihen…'[420]

Das Bild einer keltischen Naturreligion, die im frühen Mittelalter vom Christentum verdrängt wurde, mag für Leserinnen und Leser, die sich mit diesem Aspekt nicht auf wissenschaftlicher Basis beschäftigt haben, zunächst plausibel erscheinen. Die Religionswissenschaftlerin Marion Bowman schreibt bezüglich der Wahrnehmung keltischer Spiritualität:

---

418 Vgl. Wennerhold 2005, S. 123.
419 Zimmer Bradley [27]2003, S. 1118.
420 Zimmer Bradley [27]2003, S. 980.

Think ‚Celtic Spirituality' and who or what do you envisage? Druids performing sunrise rituals at Stonehenge? The Book of Kells? Harp music? Scenes of remote sealashed islands or wild moors, preferably with standing stones? The General Assembly of the Church of Scotland? The eisteddfod? Iona or Glastonbury?[421]

Druiden spielen innerhalb der Religion Avalons eine große Rolle, und Harfenmusik macht wiederum einen wichtigen Teil ihrer Funktion aus. Auch das Landschaftsbild, das Bowman anspricht, dürfte den Leserinnen und Lesern der *Nebel von Avalon* bekannt vorkommen. Zimmer Bradley ruft also neben real existierenden und sowohl mit dem Keltentum als auch mit dem Artusstoff in Verbindung gebrachten Orten noch weitere vermeintlich keltische Elemente auf und zeichnet damit das Bild einer ursprünglichen inselkeltischen Religion, die sich in den britischen Artus-Identifikationsmythos einfügt.

Historisch lässt sich eine keltische Religion nur schwer rekonstruieren, da die keltischen Stämme – von einer einheitlichen Volksgruppe kann ohnehin nicht die Rede sein – schriftlose Völker waren und Quellen über sie daher größtenteils auf die Berichte antiker Schriftsteller wie Herodot, Polybios, Diodot, Livius und Caesar sowie archäologische Funde zurückgehen.[422] Als weitere Quelle zur keltischen Religion wird immer wieder die walisische und irische Dichtung des Mittelalters angeführt. Diese stammt allerdings ausnahmslos aus der Zeit nach der Christianisierung und kann daher nicht als religionsgeschichtliche Quelle gelten.[423]

Die Berichte antiker Schriftsteller zeichnen ein Bild von den Kelten als bäuerliches Stammesvolk mit barbarischen Gebräuchen. Besonders hervorgehoben wird ein vermutlich religiös begründeter Kopfjagdkult, der durch archäologische Funde bestätigt wird. Von diesem wird aber nur bis zur Zeit der keltischen Wanderungen berichtet, weshalb vermutet wird, dass diese Praktiken später verloren gingen. Darüber hinaus wird von Menschenopfern berichtet, die dazu dienten, die Götter zu besänftigen, aber auch zur Bestrafung von Verbrechern.[424] Bei diesen Quellen muss immer berücksichtigt werden, dass die Verfasser Völkern angehörten, die mit den keltischen Stämmen im Kriegszustand lagen. Daher sagen sie wenig über die Ausübung der keltischen Religion in Friedenszeiten aus.

Diodot und Caesar berichten über Druiden, die sehr angesehen gewesen seien und in Kriegs- wie auch in Friedenszeiten als Ratgeber geschätzt wurden, aber selbst nicht am Krieg teilnahmen. Die Druiden waren laut Caesar nicht zu ihren Ämtern berufen, sondern konnten dazu ausgebildet werden. Ihre Lehre

---

421 Bowman 2002, S. 56.
422 Vgl. Wolf 1997, S. 128.
423 Vgl. Wolf 1997, S. 130.
424 Vgl. Wolf 1997, S. 136 ff.

sollte aus Britannien stammen und von dort nach Gallien gebracht worden sein, weshalb Männer, die sich in diesen Künsten weiterbilden wollten, zum Studium nach Britannien gereist sein sollen. Die Ausbildung solle unter anderem darin bestanden haben, viele Verse auswendig zu lernen, und mit viel Disziplin und Askese verbunden gewesen sein.[425]

Des Weiteren wird auch von der Ausübung kultischer Ämter durch Frauen berichtet, so zum Beispiel von Tacitus, laut dem Frauen während der Schlacht auf der Insel Mona als Furien zwischen dem keltischen Heer herumgelaufen seien. Kaiserzeitliche Quellen erwähnen gallische Wahrsagerinnen, aber die Bedeutung dieser Frauen wird nicht weiter ausgeführt.[426] In der populären Kultur werden die keltischen Druiden oft als Erbauer von Stonehenge angesehen[427], in Wirklichkeit entstanden Stonehenge und andere Megalithmonumente aber lange vor der keltischen Einwanderung nach Großbritannien, und die ursprünglichen Kulte, die dort gefeiert wurden, wurden mit größter Wahrscheinlichkeit nicht von den Druiden fortgeführt.[428]

Als keltische Gottheiten gelten der Vatergott Dis, Teutates, Esus, der Donnergott Taranis, Ogmios, Dagda, die irische Fruchtbarkeitsgöttin Birgit, der Fruchtbarkeits- und Kulturgott Sucellos und der Jagd- und Waldgott Cernunnos.[429] Hinweise auf eine „Religion der Großen Mutter" der Kelten und eine daraus abgeleitete matriarchalische Gesellschaftsstruktur gibt es nicht.

Marion Zimmer Bradleys Ausführungen zu *Die Nebel von Avalon* erwecken zwar den Eindruck eines umfangreichen Quellenstudiums, doch die Autorin gibt selbst zu, sehr selektiv vorgegangen zu sein: „Die Meinungen der Wissenschaftler gehen so weit auseinander, daß ich mich nicht dafür entschuldige, unter den verschiedenen Quellen die ausgewählt zu haben, die sich für einen Roman am besten eignen."[430] In den Quellen, die sie im Folgenden nennt, wird allerdings kein Interesse an geschichts- oder literaturwissenschaftlichen Zugriffen zu dem diffusen Material oder an der historischen Überprüfung desselben deutlich: genannt werden Werke über Gardnerian Wicca, Bücher von Dion Fortune und Starhawk sowie persönliche Gespräche mit „einheimischen nichtchristlichen Gruppen" wie dem *Orden der großen Göttin* oder den *Neuen Reformierten Druiden*.[431] Als einzige wissenschaftliche Quelle werden die Werke von Margaret Murray genannt, einer britischen Ägyptologin, die in den 20er Jahren des

---

425 Vgl. Wolf 1997, S. 139 ff.
426 Vgl. Wolf 1997, S. 143 f.
427 Vgl. Wolf 1997, S. 87.
428 Vgl. Wolf 1997, S. 99.
429 Vgl. Wolf 1997, S. 144-147.
430 Zimmer Bradley [27]2003, S. 1118.
431 Vgl. Zimmer Bradley [27]2003, S. 1118.

20. Jahrhunderts Arbeiten zum Thema Hexen in Westeuropa verfasste. Murray geht von der Existenz einer „alten Religion" aus, die dem Christentum in Großbritannien vorausgeht, und nimmt an, dass sich die Hexenverfolgung der frühen Neuzeit vor allem gegen Anhängerinnen dieser Religion gerichtet habe.[432] Während der Ausgangspunkt von Murrays Studien zunächst ausschließlich rationalistisch war, tritt in ihren späteren Arbeiten eine deutliche Abneigung gegen das Christentum und Sympathie gegenüber der von ihr angenommenen heidnischen Religion zutage.[433] Obwohl diese Theorien von Anfang an in akademischen Kreisen sehr umstritten waren, hatten sie in der Wissenschaft bis in die 1970er Jahre noch ihren Platz und beeinflussten vor allem die außerakademische Kultur entscheidend.[434]

Murrays Theorien erlangten vor allem im Kontext des verstärkten Auftretens so genannter neopaganistischer Religionen in Großbritannien und Nordamerika eine große Bedeutung. Heidnische spirituelle Bewegungen, die sich nicht selten als Gegenreligion zum Christentum verstanden, kamen in Großbritannien schon gegen Ende des 19. Jahrhunderts auf. In dieser Zeit wurden Gesellschaften wie die *Theosophical Society* oder die *Hermetic Order of the Golden Dawn* gegründet.[435] Die heute einflussreichsten und auch für das Verständnis der *Nebel von Avalon* bedeutendsten Bewegungen traten allerdings erst Mitte des 20. Jahrhunderts auf und standen unter dem direkten Einfluss von Murrays Arbeiten.

Die bereits erwähnte Wicca-Religion entstand in den 1950er Jahren. Als ihr Gründer gilt Gerald Gardner, der 1954 ein Buch mit dem Titel *Witchcraft Today* veröffentlichte. Magaret Murray verfasste selbst das Vorwort zu diesem Werk. Eine Beschreibung der groben Züge dieser religiösen Bewegung zeigt bereits die deutlichen Parallelen zu der von Marion Zimmer Bradley beschriebenen „alten Religion":

> [...] the fundamental claim made by Gerald Gardner (and supported by Murray herself in her introduction to his 1954 book Witchcraft Today) was that Pagan Witchcraft was a rival cult to its younger competitor, Christianity, focused on the Great Mother and particularly concerned with mysteries of death and rebirth. [...] Nevertheless, his goal was to demonstrate that ‚Wica' which he often spelt with one *c*, was not only a religion but the true native English faith.[436]

---

432   Vgl. Murray 1921 und Murray 1933.
433   Vgl. Hutton 2002, S. 235.
434   Vgl. Clifton 2006, S. 74.
435   Vgl. Pearson 2002, S. 23-31.
436   Clifton 2006, S. 74 f.

Die für die Wicca-Religion grundlegende Definition von *witch* stimmt nicht mit der heutzutage gängigen Bedeutung überein, wie sie z.B. vom *Cambridge Dictionary* wiedergegeben wird: „a woman who is believed to have magical powers and who uses them to harm or help other people."[437] Vielmehr zielt Murrays und auch Gardners Begriffsfassung auf die hohe Bildung und Klugheit der betreffenden Personen ab: Murray leitet das Wort *witch* von dem altenglischen Verb *wit* = „wissen" ab. Gardner folgt ihr zwar dahingehend, dass er Hexen als gebildete Frauen ansieht, schließt aber magische Handlungen in seine Definition mit ein.[438]

Als Religion, die sich selbst zumindest in ihren frühen (britischen) Ausprägungen als Fortsetzung einer inselkeltischen Naturreligion versteht[439], ist Wicca grundsätzlich polytheistisch ausgerichtet, interpretiert den Polytheismus allerdings in letzter Konsequenz wieder im Hinblick auf ein einziges, allumfassendes Göttliches. Auf der Ebene unterhalb dieser alles umspannenden Macht dominiert ein Götterpaar, bestehend aus einer weiblichen und einer männlichen Gottheit, die voneinander abhängig sind: „Gott und Göttin sind Partner, sie stehen nebeneinander, halten immer Kontakt. Der eine ist ohne den anderen unvollständig und in seiner göttlichen Kraft eingeschränkt."[440] Andere Götter stellen wiederum Teilaspekte der göttlichen Zweiheit dar. Die Göttin wird in der Regel als dreifache Gestalt verstanden, repräsentiert von Jungfrau, Mutter und alter Frau.[441] Auch der Gott beinhaltet mehrere Facetten, von denen allerdings eine ganz deutlich stärker als die anderen akzentuiert wird: seine Rolle als „der Gehörnte." Daher wird als Name des Gottes oft auch „Cernunnos" angegeben. Dahinter steht eine Kombination verschiedener Traditionen, nämlich dem griechischen Dionysos, dem ebenfalls griechischen Pan und dem keltischen Cernunnos. Vorstellungen von letzterem dominieren das Bild des wiccanischen Gottes, das mit Aspekten der beiden griechischen Götter ergänzt wird. Der wiccanische Cernunnos ist ein Gott der Lebenskraft, für die die Hörner bzw. das Geweih symbolisch stehen.[442] Allerdings muss betont werden, dass die göttliche Zweiheit keine Erfindung der Wicca-Gründer ist. Die erwähnten Götter sind bereits Ende des 19. Jahrhunderts fester Bestandteil paganistischer Religionskonzepte, wenn auch überwiegend literarischer Natur: „By 1900, the poetic vision of the

---

437 http://dictionary.cambridge.org/dictionary/british/witch (04.07.2012).
438 Vgl. Clifton 2006, S. 80.
439 Vgl. Wolf 1997, S. 109, Anmerkung 2.
440 Rensing 2007, S. 161.
441 Vgl. Rensing 2007, S. 179 f.
442 Vgl. Rensing 2007, S. 213 ff.

English, when contemplating the rural world, was dominated as never before by the great goddess and the horned god."[443]

Zwar werden beide Gottheiten als prinzipiell gleichwertig angesehen, doch der religiöse Schwerpunkt der Wicca-Anhänger liegt dennoch oftmals bei der Göttin. In der Primärliteratur des Wicca nimmt die Göttin fast überall eine übergeordnete Rolle ein.[444] Für feministisch ausgerichtete Wicca-Strömungen gilt dies natürlich in besonderem Maße.[445] Letztendlich werden auch diese beiden höchsten Gottheiten auf ein abstraktes, allumfassendes Göttliches zurückgeführt und repräsentieren Teilaspekte dieser höchsten Instanz.[446]

Das Konzept der allumfassenden Gottheit übernimmt auch Dion Fortune, die als Gründerin der *Society of Inner Light* zwar nicht Anhängerin des Wicca war, aber diesen Lehren doch sehr nahe stand, in ihrer Formel „All gods are one god."[447] Damit ist auch die Kernaussage des Romans *Die Nebel von Avalon* in einen Satz gefasst, der im Übrigen dort auch wörtlich vorkommt.[448]

Die Wicca-Lehren erreichten die USA in den frühen 60er Jahren des 20. Jahrhunderts und wurden dort entscheidend verändert: „In particular, Wicca was adapted by the women's spirituality movement, resulting in the development of Pagan Goddess spirituality and feminist witchcraft traditions such as Dianic and Reclaiming witchcraft."[449] Mit der traditionellen Wicca-Religion hat dieser Hexenkult nur noch sehr wenig gemeinsam.[450] Er ist ausschließlich feministisch ausgerichtet und geht nicht nur von einer Urreligion der Großen Mutter, sondern auch von einem ursprünglichen Matriarchat aus. Nach der Meinung der „Hexe" Starhawk begründe sich diese Religion nicht auf Dogmen und Schriften, sondern ausschließlich auf den Lehren der Natur, den Bewegungen der Himmelskörper, dem Vogelflug, dem Wachstum der Bäume und dem Wandel der Jahreszeiten. Darüber hinaus ist die Rede vom „pulsierenden Rhythmus […], der allem Lebenden innewohn[t]" und vom „Tanz[…] der Muttergöttin und des gehörnten Gottes, der alles Lebendige hervorbring[t]." Der Hexenkult betrachtet alle Menschen als Götter. Und da der Ursprung von allem in der Liebe liege, gelten sexuelle Handlungen – die natürlich von der Frau bestimmt werden – als Weg zur Göttlichkeit. Ziel aller religiösen Praxis ist es, sich selbst als Gott zu erken-

---

443 Hutton 2002, S. 232 f.
444 Vgl. Rensing 2007, S. 211.
445 Vgl. Rensing 2007, S. 159.
446 Vgl. Rensing 2007, S. 169.
447 Vgl Rensing 2007, S: 169.
448 Zimmer Bradley [27]2003, S. 9.
449 Pearson 2002, S. 36.
450 Vgl. Pearson 2002, S. 37.

nen.[451] Auch dieser Aspekt wird in *Die Nebel von Avalon* verarbeitet, und zwar wenn Morgaine über das wundersame Ereignis in Artus' Halle nachdenkt: „*Ich habe die Göttin gerufen und fand sie in mir.*"[452]

In manchen seiner Ausprägungen, so zum Beispiel in der *Dianic witchcraft*, wird der religiöse Feminismus ins Extrem getrieben: „Dianic covens are largely feminist and/or matriarchal in orientation, with an emphasis on rediscovering and reclaiming female power and divinity, and consciousness raising. Often, they are radical and lesbian in orientation."[453]

Eine weitere Ausprägung des Neopaganismus in Verbindung mit Wicca ist das sogenannte *Faery Wicca*, das in den 1970er Jahren in den USA entstand. Diese religiöse Strömung nimmt die Existenz eines alten, magischen Volkes an, das die Religion der Großen Muttergöttin Dana auf die britischen Inseln gebracht haben soll und später angeblich gezwungen wurde, sich in eine Anderswelt zurückzuziehen. Mehr als andere Ausprägungen des Wicca versteht sich *Faery Wicca* als Naturreligion.[454] In *Die Nebel von Avalon* wird diese Ausprägung ebenfalls einbezogen, wenn auch nur am Rande, wenn eine Verbindung zwischen Avalon und einem „Feenvolk", das ebenfalls auf der Insel lebt, sich aber in der Regel versteckt, suggeriert wird.

Ein weiterer Aspekt, der seinen Niederschlag in *Die Nebel von Avalon* findet, ist die so genannte *Celtic spirituality*. Diese tritt besonders stark im Zusammenhang mit einem *Celtic revival* auf, das in den letzten Jahrhunderten mehrmals, vornehmlich in den *Fin de siècle*-Perioden, stattgefunden hat.[455] *Celtic spirituality* ist keine eigene religiöse Erscheinung, sondern betrifft mehrere Gruppierungen: „The Celts are being looked to for inspiration by a variety of spiritual seekers, Christian, New Age and Pagan, while even some Buddhist and Hindu-derived groups are articulating Celtic connections."[456]

Das am meisten beachtete Element des neu entdeckten Keltentums ist die Kultur der Druiden, wobei auch hier kaum eine seriöse geschichtswissenschaftliche Beschäftigung mit dem Gegenstand zu erkennen ist. Bowan stellt daher fest: „[…] contemporary Druids are very much Druids-as-whished-for […]."[457]

Wenngleich manche Druidenorden eine lange Tradition haben, die bis ins 18. Jahrhundert zurückreicht – so zum Beispiel der *Ancient Order of Druids*[458] –

---

451 Vgl. Wolf 1997, S. 109 f.
452 Zimmer Bradley [27]2003, S. 1022.
453 Pearson 2002, S. 38.
454 Vgl. Pearson 2002, S. 38.
455 Vgl. Bowman 2002, S. 57 f.
456 Bowman 2002, S. 58.
457 Bowman 2002, S. 78.
458 http://www.aod-uk.org.uk/home.htm (04.07.2012).

sind viele Vereinigungen Erscheinungen des 20. Jahrhunderts, bzw. der 60er und 70er Jahre. In der Regel finden sich diese Gruppierungen in Großbritannien.[459] Manche Druidenorden akzentuieren eine explizite Verbindung zum Artusstoff: so gehört das Wissen um die Artussage zum festen Bestandteil der Ausbildung eines Druiden gemäß den Richtlinien des *Order of Bards, Ovates and Druids*. Der *Secular Order of Druids* zählt zu seinen Mitgliedern sogar einen Mann, der sich „Arthur Uther Pendragon" nennt und als Reinkarnation König Artus' gilt.[460]

Marion Zimmer Bradley nimmt in *Die Nebel von Avalon* diverse Elemente unterschiedlicher neopaganistischer Strömungen, allen voran Wicca, Hexenkult und *Celtic Spirituality* auf und kombiniert sie zur Religion von Avalon. In dieser finden sich die Große Mutter als höchste Gottheit, die wiederum die Dreiheit von Jungfrau, Mutter und alter Frau in sich vereint, das göttliche Paar, bestehend aus Göttin und Gehörntem, die Vorstellung, dass die Gottheit letztendlich in jedem Menschen steckt, Druidentum und viele weitere Elemente des britischen und amerikanischen Neopaganismus. Obgleich die betreffenden Religionen versuchen, sich historisch zu legitimieren, sind sie mitnichten die Fortführung verlorener Glaubensrichtungen, die sie vorgeben zu sein. Bezüglich einer Religion der Großen Mutter schreibt Jürgen Wolf:

> Nach all dem läßt sich eine ursprüngliche Religion der großen Göttin, der gesellschaftlich das Urmatriarchat entspräche, aus historischen Gründen nicht halten. Nicht nur die Hexenreligion Starhawks, sondern auch entsprechende populärwissenschaftliche Entwürfe können daher nicht an eine rekonstruierte Urreligion anknüpfen, sondern sind ausschließlich Produkte unserer Zeit.[461]

Dasselbe gilt für die Bestrebungen, das britische Keltentum wiederzubeleben. Die Kelten sind

> [...] nicht nur die Subjekte, sondern auch die Objekte sinnstiftender oder die Praxis begründender Mythen der neuen keltischen Religiosität geworden. Die Kelten gelten als Überlebende des goldenen Zeitalters, ihre Kultur reicht in die Zeit vor der römisch-christlichen Zivilisation, der wir unser heutiges Unheil zu verdanken hätten, zurück.[462]

Der in *Die Nebel von Avalon* dargestellte Religionskonflikt thematisiert demnach auch im Kern keine Konfrontation einer ursprünglichen Religion mit feindlichen Usurpatoren, sondern einen ausschließlich zeitgenössischen Konflikt: Die christliche Religion steht stellvertretend für alles, was bei den Anhängern der

---

459 Vgl. Bowman 2002, S. 81 ff.
460 Vgl. Bowman 2002, S. 83 f.
461 Wolf 1997, S. 112.
462 Wolf 1997, S. 151.

neopaganistischen Religionen ein Unbehagen gegenüber der modernen Gesellschaft auslöst, wie Zerstörung der Natur, Patriarchat, Verlust von Ganzheitlichkeit und Trennung von Verstand und Gefühl. Als Fluchtmöglichkeit präsentiert sich eine vermeintlich bessere Vergangenheit, die allerdings so uminterpretiert wird, dass von ihrem Wesen nichts mehr übrig bleibt. Joanne Pearson spricht von „reinventing the past to give meaning to the present."[463] Jürgen Wolf identifiziert im Kontext des *New Age* und des Neopaganismus einen Markt therapeutischer Lebenshilfe durch Selbsterkenntnis und Selbstverwirklichung.[464]

Die Nebel von Avalon greift also eine Diskussion auf, die zwar auf das Mittelalter Bezug nimmt, die aber bereits ihrerseits eine Aneignung der Vergangenheit und ihre Uminterpretation für zeitgenössische Belange darstellt. Das Mittelalter – repräsentiert durch eine fundamentalistisch-christliche Gesellschaft – wirkt als Negativfolie, von der sich die vermeintliche Vorvergangenheit positiv abhebt. Diese wird zur Bezugsgröße und wirkt für die zeitgenössische Gegenwart als anzustrebendes Modell. Daher ist die Darstellung des Religionskonflikts ebenfalls deutlich in der Gegenwart der Autorin und nicht im Mittelalter zu verorten.

4.5.3. „Ich bin keinem Mann auf dieser Erde Rechenschaft schuldig"[465] – Konzepte von Weiblichkeit und Männlichkeit

In der Analyse der religiösen Thematik des Romans deutet sich bereits an, dass ein weiteres Problemfeld das Verhältnis von Frauen und Männern ist. Viel Raum wird vor allem der Charakterisierung der weiblichen Figuren gegeben.

„Wohl zum ersten Mal erzählt eine Frau diese wundersame Geschichte, zeigt die christlich stilisierten Heldengestalten in einem neuen Licht und erinnert daran, daß einst Frauen die Macht in den Händen hielten"[466], heißt es im Klappentext der Fischer-Ausgabe der *Nebel von Avalon*. Da die Zeit, in der die Geschichte spielt, allerdings als eine Zeit des Umbruchs dargestellt wird, ist diese Ausgangssituation problematisch. In der Welt von Avalon ist die Vorherrschaft der Frauen unbestritten. Dies zeigt sich bereits am Anfang des Romans, während des ersten Gesprächs zwischen Viviane, Igraine und Taliesin: „Hör mir zu, Igraine', begann der Merlin wieder, ,ich bin dein Vater, obwohl mir das keine

---

463 Pearson 2002, S. 16.
464 Vgl. Wolf 1997, S. 288.
465 Zimmer Bradley [27]2003, S. 1080.
466 Vgl. Zimmer Bradley [27]2003, S. 2.

Rechte gibt. Das königliche Blut lebt durch das Blut der Herrin."[467] Ein paar Absätze weiter wird ausgeführt:

> Eine Tochter der Herrin gehörte nur der Göttin und dem Mann, in dessen Hände die Herrin sie gab... meist war es ihr Bruder und nur sehr selten der Mann, der sie gezeugt hatte. Es gab einen Grund dafür: Kein frommer Mann sollte beanspruchen können, Vater eines Kindes der Göttin zu sein. Und alle Kinder, die die Herrin gebar, galten als Kinder der Göttin.[468]

Insgesamt gelten Töchter in der Gesellschaft Avalons mehr als Söhne. Während Töchter bei den Müttern aufgezogen oder zur Ausbildung als Priesterin nach Avalon geschickt werden, wachsen Söhne oft bei Ziehmüttern auf, die nicht notwendigerweise der Kultur Avalons angehören. In der Regel wünschen sich die Frauen von Avalon eher Töchter als Söhne. Dies hat ähnliche Gründe wie der Wunsch der christlichen Herrscher, einen Sohn als Nachfolger und Erben zu zeugen. In scharfem Kontrast hierzu steht die dargestellte Auffassung der Männer, Töchter seien weniger wert als Söhne. Während es als völlig unproblematisch angesehen wird, Töchter höher zu schätzen, wird die gegenteilige Ansicht implizit kritisiert, indem sie mit gewalttätigen Handlungen in Verbindung gebracht wird. So hält Igraine ihrem ersten Mann Gorlois zu Gute, dass sie ihre Tochter Morgaine behalten durfte:

> Und wieder rief sich Igraine ins Gedächtnis, daß die Römer es als ihr Recht betrachteten, über Leben und Tod ihrer Kinder zu bestimmen. Viele Männer, Christen oder nicht, hätten gefordert, eine Tochter nicht aufzuziehen, nur damit ihre Frau, ohne Zeit zu verlieren, ihnen einen Sohn schenken konnte.[469]

Die Vorrangstellung der Frauen innerhalb der Gesellschaft Avalons drückt sich auch darin aus, dass sie es sind, die die Entscheidungen treffen und die Geschicke ihres Landes lenken. Taliesin, als Merlin von Britannien Inhaber des höchsten für Männer erreichbaren Amtes, tritt am Anfang des Romans zwar kurz als aktiv handelnde Figur auf, verblasst aber im Folgenden immer mehr neben Viviane und ist schließlich nur noch passiver Beobachter der Geschehnisse und allenfalls Ratgeber. Viviane dagegen erscheint von Beginn an als die Person, die die Geschicke ganz Britanniens lenkt. Dabei schreckt sie nicht davor zurück, auch ihre Verwandten für ihre Pläne zu benutzen: so zwingt sie Igraine zuerst zur Heirat mit Gorlois und dann mit Uther Pendragon, und sie sorgt für die Zeugung Mordreds in der arrangierten Liebesnacht zwischen Artus und Morgaine. Viviane ist aber nicht die einzige Frau, die ihr Umfeld entscheidend beeinflusst:

---

467 Zimmer Bradley [27]2003, S. 30.
468 Zimmer Bradley [27]2003, S. 30 f.
469 Zimmer Bradley [27]2003, S. 19.

Morgaine nutzt ihre in Avalon erlernten Fähigkeiten, um die Ehe zwischen Lancelot und Elaine zu arrangieren, und Vivianes Schwester Morgause wird von ihrem Mann als Ratgeberin geschätzt und regiert nach dessen Tod alleine über Lothian.

Auf den ersten Blick mag es so erscheinen, als sei die Machtverteilung an die Religionszugehörigkeit der Protagonisten gekoppelt, also die Gesellschaft von Avalon matriarchalisch und die christliche Gesellschaft patriarchalisch organisiert. Vordergründig mag dies auch der Fall sein, da die Frauen von Avalon als starke, selbstständige Personen dargestellt werden, während die Christinnen ihre den Männern untergeordnete Rolle nicht nur zum Schein annehmen. Doch bei genauerer Betrachtung zeigt sich, dass auch in der christlichen Gesellschaft die Frauen diejenigen sind, die die Geschehnisse bestimmen. Gwenwhyfar erscheint zwar vordergründig als schwache, abhängige Frau, die vor allem Möglichen Angst hat und Männer als starke Helden und Beschützer verehrt, sie übt aber auf subtile Art und Weise großen Einfluss auf Artus aus. Dies erkennt auch Morgaine, als sie plant, Artus zu stürzen: „*Vielleicht*, dachte Morgaine, *plane ich den Sturz des Falschen. Wenn ich erreichen könnte, daß Gwenhwyfar Camelot verläßt…*"[470]

Die Frauen von Avalon erkennen bald, dass in einer Welt, die nicht denselben Gesetzen folgt wie das alte Volk, eine offene Herrschaft der Frauen nicht denkbar ist. Die Ausübung weiblicher Macht ist zwar weiterhin möglich, doch nur über den Einfluss auf Männer, deren Aufgabe es ist, die vordergründige Herrschaft zu übernehmen. Hatte Viviane als Herrin von Avalon ihre Macht noch relativ offen demonstriert, wirkt Morgaine nach ihrem Weggang aus Avalon sehr viel mehr im Verborgenen. Zunächst wendet sie sich gänzlich von ihrer Bestimmung ab und lebt an Lots Hof in Lothian, dann als Hofdame Gwenhwyfars am Artushof. Erst nach der Ermordung Vivianes wird sie sich ihrer vermeintlichen Verantwortung im Dienste der Göttin bewusst und beginnt, selbst Pläne zu schmieden und diese in die Tat umzusetzen. Statt jedoch offen im Namen Avalons Forderungen auszusprechen und als Repräsentantin des alten Volkes anerkannt zu werden, wählt sie – wenn auch viel bewusster – denselben Weg wie Gwenhwyfar: sie nutzt die Männer, die sie lieben, für ihre Zwecke aus und bringt sie dazu, nach ihrem Willen zu handeln. Während sie ihrem Ehemann Uriens vorspielt, eine gehorsame Ehefrau zu sein, beginnt sie mit dessen Sohn Accolon eine Affäre und stiftet ihren Liebhaber zum Umsturzversuch gegen Artus an. Morgaine plant allerdings nicht, nach dem Sturz Artus' als offizielle Herrscherin über Britannien zu regieren. Vielmehr sieht sie sich selbst als Königin an der Seite Accolons und als diejenige, die im Verborgenen die Geschicke

---

470 Zimmer Bradley [27]2003, S. 921.

des Landes lenkt: *„Die Königin steht hinter dem König und herrscht wie in alten Tagen im Namen der Göttin..."*[471]

Außerdem erlangen die Frauen durch Sexualität und das Gebären von Nachkommen Macht über die Männer. Gwenhwyfar übt schon alleine aufgrund von Artus' Liebe zu ihr großen Einfluss auf ihn aus, hofft aber, diesen noch steigern zu können, indem sie ihm einen Sohn schenkt. Elaine verführt mit Morgaines Hilfe den ahnungslosen Lancelot, der daraufhin von Elaines Vater dazu gezwungen wird, sie zu heiraten. Morgaine selbst wird sich der Macht, die sie über Artus hat, weil sie die Mutter seines Sohnes ist, erst bewusst, als es zu spät ist, diese einzusetzen:

> Wie töricht ich war, dachte sie... war Priesterin bei seiner Krönung... gebar Artus einen Sohn. Ich hätte die Macht nutzen sollen, die ich über das Gewissen des Königs besaß... Ich, nicht Gwenhwyfar hätte hinter dem Thron stehen und herrschen sollen. Während ich mich verkrochen habe, um wie ein Tier meine Wunden zu lecken, verlor ich meinen Einfluß auf den Bruder. Früher hätte ich ihm befehlen können. Jetzt muß ich bitten, und mir steht nicht einmal die Macht der Göttin zur Verfügung.[472]

Auch Nimue, Lancelots Tochter und Morgaines designierte Nachfolgerin als Herrin von Avalon, nutzt ihre weiblichen Reize, um den Verräter Kevin seiner Strafe zuzuführen.

Während die weibliche Vorherrschaft im „alten Volk" anscheinend unbestritten war, funktionieren solche Machtverhältnisse unter den veränderten politischen und gesellschaftlichen Gegebenheiten nicht mehr. Die Frauen passen sich dementsprechend an und üben ihre Macht subtiler aus, indem sie Männer beeinflussen, deren Herrschaft allgemein anerkannt wird. Bei den Frauen von Avalon erfolgt dies bewusst und kalkuliert, während die Christinnen sich ihres Einflusses oft nicht einmal bewusst zu sein scheinen.

Alle Protagonistinnen sind bestrebt, persönliches Glück und ein Leben gemäß den für sie gültigen gesellschaftlichen Konventionen und Glaubensregeln zu verbinden, setzen dabei aber unterschiedliche Schwerpunkte. Die Extrempole des Spektrums stellen Viviane und Morgause dar: Viviane stellt – zumindest vorgeblich – ihre eigenen Wünsche in den Hintergrund, um der Göttin zu dienen, während Morgause sich über sämtliche Konventionen und Regeln hinwegsetzt und nur ihre eigenen Ziele verfolgt. Bei einigen Frauen stehen auch politische Ziele im Vordergrund. Letztendlich scheitern sie aber alle, oft sogar in mehrerlei Hinsicht: Gwenhwyfar bekommt trotz aller Buße, die sie tut und zu der sie auch Artus zwingt, keine Kinder. Bis auf wenige Momente des Zorns gegen Gott interpretiert sie ihre Kinderlosigkeit als gerechte Strafe für ihre oder

---

471 Zimmer Bradley [27]2003, S. 918.
472 Zimmer Bradley [27]2003, S. 908.

Artus' vermeintliche Sünden. Morgaine verliert bei ihrem Versuch, Artus zu stürzen, ihren Liebhaber Accolon und ihren Ehemann Uriens und damit ihren Einfluss als Königin von Nordwales. Elaine erreicht zwar ihr Ziel, Lancelot zum Mann zu gewinnen, muss aber ihre Tochter Nimue als Gegenleistung für das Arrangieren der Ehe Morgaine übergeben. Nimue wiederum wird auserwählt, den Verräter Kevin an die Herrin von Avalon auszuliefern, verliebt sich jedoch in ihn und begeht nach der Erfüllung ihres Auftrages Selbstmord. Morgaine ist am Ende des Romans die einzige Person, die tatsächlich ihren Frieden findet, und dies erst, als sie nicht mehr versucht, den Lauf der Ereignisse zu beeinflussen, sondern sich dem Schicksal – oder dem Willen der Göttin, wie sie es selbst wahrnimmt – fügt.

Im Gegensatz zu den Frauen leben die männlichen Protagonisten des Romans ihre Herrschaft offener aus, werden aber in vielen Fällen eigentlich als eher schwache Persönlichkeiten dargestellt. Dies betrifft allen voran Artus, der zwar von seinem Volk als großer König angesehen wird, aber aufgrund der Affäre zwischen Lancelot und Gwenhwyfar, die mehr und mehr zum offenen Geheimnis am Hof wird, an Glaubwürdigkeit verliert. Lancelot ist zwar unbestritten der beste Ritter der Tafelrunde, ist aber den größten Teil seines Lebens nicht in der Lage, glücklich zu sein. Analog zu Morgaine findet er seinen Seelenfrieden schließlich im hohen Alter als christlicher Priester. Die anderen Ritter der Tafelrunde spielen innerhalb des Romans lediglich eine Nebenrolle und werden nicht ausführlich charakterisiert. Differenzierter betrachtet wird dagegen die Persönlichkeit der Druiden. Taliesin wird im Gespräch mit Igraine zu Beginn des Romans noch als derjenige dargestellt, der verhindern will, dass Avalon in den Nebeln versinkt und bereit ist, Viviane bei ihren Plänen zu unterstützen, erscheint später aber nur noch als Ratgeber am Artushof, der stets um eine friedliche Koexistenz des alten Volkes und der Christen bemüht ist. Er entspricht dem Bild eines weisen, alten Mannes, der Toleranz als wichtigsten Wert für das Zusammenleben unterschiedlicher Kulturen erkannt hat und der für jeglichen Lebensentwurf Verständnis hat. Kevin dagegen bezieht deutlich Partei für Artus, trifft seine eigenen Entscheidungen, die nicht mit den Ansichten der Herrin von Avalon übereinstimmen, und greift aktiv ins Geschehen ein. Die einzige offen ausgetragene Konfrontation zwischen männlichem und weiblichem Machtanspruch findet zwischen ihm und Morgaine statt und endet schließlich zugunsten Morgaines.

Als zwiespältige Figur wird Mordred dargestellt. Schon als Kind scheint er die unheimliche Fähigkeit zu haben, anderen Menschen seinen Willen aufzuzwingen, ohne direkt physische oder psychische Gewalt anzuwenden. Einzig Viviane gelingt es problemlos, den uneingeschränkten Respekt des Jungen zu erlangen. In Avalon wird Mordred – der zu diesem Zeitpunkt noch seinen Geburtsnamen Gwydion trägt – zum Druiden ausgebildet, äußert aber auch den Wunsch, sich als Krieger zu bewähren. Da Artus mit einer entscheidenden Schlacht für langjährigen Frieden im Land gesorgt hat, sammelt Gwydion seine Erfahrungen im Kampf bei den Sachsen. Schließlich begibt er sich an den Artushof, erlangt durch eine List den Ritterschlag und wird zum Vertrauten Artus'. Seine Art, Macht zu erlangen, ähnelt deutlich der der Frauen von Avalon. Er begibt sich nicht selbst in Konfrontationen, sondern manipuliert andere Personen und benutzt sie für seine Pläne. Aber auch er wird wiederum von einer Frau beherrscht, nämlich seiner Ziehmutter Morgause. Zwar erscheint Gwydion als Kind seiner Ziehmutter gegenüber ungewöhnlich respektlos und manipulativ, aber eine Szene gegen Ende des Romans, zeigt deutlich, dass Morgause letztendlich diejenige ist, die Mordred beeinflusst und nicht umgekehrt:

> Morgause spürte, wie sie weich wurde. Er war in ihren Händen, wie damals das kleine hilflose Kind, das Lot umgebracht hätte. Gwydions Leben gehörte ihr, und er wusste es. […] Es war Balsam für ihr Herz, als er sich an sie klammerte und murmelte: ‚Das werde ich. Das werde ich tun, Mutter. Du bist die beste aller Mütter und die beste aller Frauen!' Morgause hielt ihn in den Armen, küßte Gwydion und genoß ihre Macht, ehe sie ihn wieder losließ.[473]

Wie bei den Frauen wenden sich auch Mordreds Pläne gegen ihn: beim Versuch, Lancelot zu diskreditieren und seine Affäre mit Gwenhwyfar öffentlich zu machen, wird sein Ziehbruder Gareth erschlagen, die einzige Person außer Morgause, die Mordred wirklich liebt.

Insgesamt lässt sich also schließen, dass in *Die Nebel von Avalon* bis zum entscheidenden Kampf zwischen Artus und Mordred tatsächlich in erster Linie die Frauen die Macht in ihren Händen halten. Zumindest ist dies vordergründig der Fall, denn in letzter Konsequenz sind alle handelnden Personen ihrem Schicksal ausgeliefert, und je mehr sie versuchen, in das Geschehen einzugreifen, desto härter werden sie durch das Schicksal gestraft. Morgaine begreift dies allerdings erst, als sowohl Artus als auch Mordred tot sind und ihr keine Möglichkeit mehr offen steht, irgendwie ins politische Geschehen in Britannien einzugreifen.

Obwohl Morded stark unter dem Einfluss seiner Ziehmutter Morgause steht, ist er überzeugt davon, dass die Zukunft in einer patriarchalischen Gesellschaft liegt: „… zuerst waren es die Römer, und jetzt wissen die Sachsen, wie die Welt sein muß. Die Welt ist nicht länger ein großer Mutterleib, der Männer hervorbringt… jetzt entscheiden Männer und Heere über Leben und Tod."[474] Und obwohl Mordred beim Versuch der Machtübernahme stirbt und nicht erzählt wird,

---

473   Zimmer Bradley [27]2003, S. 1084 f.
474   Zimmer Bradley [27]2003, S. 1082.

welche Verhältnisse nach seinem und Artus' Tod in Britannien herrschen, ist davon auszugehen, dass er im Hinblick darauf Recht behält, dass die Zeiten der matriarchalischen Gesellschaft endgültig vorbei sind.

Dass die feministisch geprägte Religion, wie sie in *Die Nebel von Avalon* dargestellt wird, entscheidend von modernen Denkmustern geprägt ist, wurde ja bereits ausgeführt. Im Zusammenhang mit geschlechterspezifischen Machtverhältnissen gilt es nun die Möglichkeit eines dem Mittelalter vorangehenden gesellschaftlichen Matriarchats zu überprüfen. Diese These wurde durchaus auch in akademischen Kreisen diskutiert, so zum Beispiel von Johann Jakob Bachofen, Lewis Henry Morgan, James George Frazer und Robert von Ranke-Graves.[475] Heide Göttner-Abendroth knüpft an diese Forschungspositionen an und radikalisiert die Annahme eines Matriarchats. Sie geht davon aus, dass sich patriarchale und matriarchale Gesellschaftsformen grundsätzlich abwechseln, das Bild der historischen Vergangenheit allerdings durch die Geschichtsschreibung verzerrt wird:

> Bei der Art unserer offiziellen Geschichtsschreibung, die von einem Glanzpunkt patriarchaler Gesellschaften zum nächsten eilt, […] ist es natürlich nicht möglich, in diesen Gesellschaften noch die tiefgreifenden Nachwirkungen der sehr langen Epoche matriarchaler Gesellschaftsentwicklung zu erkennen. Dabei sind die Zeiträume zwischen diesen ‚Höhepunkten' stets viel länger als sie selbst […]. Diese kurzen Phasen patriarchaler Kulturblüte sind eingebettet in lange Zeiträume, welche Historiker etwas abfällig ‚Frühzeit' oder ‚Spätzeit' nennen und auf wenigen Seiten abtun.[476]

In diesen „Früh-" und „Spätzeiten" sieht Göttner-Abendroth das Matriarchat als grundlegende Denk-und Lebensform, gegen das sich das Patriarchat nur für kurze Zeit durchsetzen kann, bevor es verschwindet und die unterdrückten Praktiken wieder aufgenommen werden.[477] Als historische Umbruchsituation identifiziert Göttner-Abendroth explizit das Mittelalter:

> Sie [die Feudalstaaten des europäischen Mittelalters, d. Verf.] waren weder politisch noch kulturell jene patriarchalisch-christliche Einheit, zu der unsere Geschichtsbücher sie hinaufstilisieren. Aus der unruhigen Völkerwanderungszeit hervorgegangen, die das Römische Reich vernichtet hatte, […] kamen die widerstrebenden Kräfte noch längst nicht zur Ruhe. Der alte matriarchal-patriarchale Konflikt schwelte weiter und löste sich auch in der kurzen Zeit des Hochmittelalters nicht auf.[478]

475 Bachofen 1861, Morgan 1877, Frazer [3]1907-1920, Ranke-Graves 1981.
476 Göttner-Abendroth [6]1984, S. 174.
477 vgl. Göttner-Abendroth [6]1984, S. 174.
478 Göttner-Abendroth [6]1984, S. 175.

Göttner-Abendroth versucht, ihre These zu untermauern, indem sie die mittelalterliche Literatur einer Untersuchung aus der Perspektive ihrer „sozialhistorischen Analyse"[479] unterzieht. In diesem Zusammenhang versteht sie vor allem die höfische Epik als Instrument der Ideologisierung an den Fürstenhöfen und stellt fest, dass die ursprünglichen Aussagen der alten Stoffe ins Gegenteil verkehrt seien.[480] Unter diesen Vorgaben untersucht Göttner-Abendroth Artusepik, Tristanerzählungen und das *Nibelungenlied*. Das Vorgehen hierbei ist immer gleich: ein Figurenpaar wird auf ein Strukturschema Göttin-Heros hin interpretiert, und bei den Frauenfiguren werden Parallelen zu Feenfiguren gesucht und auch gefunden. Der Konflikt zwischen Patriarchat und Matriarchat drückt sich nach Göttner-Abendroth in der Uminterpretation der Feenfiguren und des Göttin-Heros-Schemas in die patriarchal-höfische Gesellschaftsstruktur aus.[481]

Zimmer Bradleys *Die Nebel von Avalon* kann als literarische Veranschaulichung dieser Thesen gelesen werden, denn sie arbeitet ja genau diesen Konflikt und die angeblich matriarchalische Grundlage des Artusstoffes heraus. Damit wäre auch eine Verbindung zur mittelalterlichen Literatur hergestellt. Damit soll allerdings nicht impliziert werden, dass Zimmer Bradley sich auf Göttner-Abendroth bezieht oder ihre Arbeiten tatsächlich gekannt hat. Die Autorin nennt Göttner-Abendroth nicht unter ihren Quellen, und es finden sich keine Hinweise auf eine Auseinandersetzung mit ihrer Arbeit. Doch Göttner-Abendroths Forschung steht nicht isoliert, sondern drückt, genau wie Zimmer Bradleys literarische Bearbeitung des Konflikts zwischen Patriarchat und Matriarchat, einen zeitgenössischen Diskurs aus, der sowohl in der akademischen Forschung als auch im außerakademischen Bereich verortet ist.

Doch die These vom Matriarchat, das von patriarchalischen Gesellschaften verdrängt wurde, ist nicht haltbar: „Der sozialhistorische und ethnologische Befund ist mithin eindeutig. Matriarchate im Sinne Bachofens, Lewis H. Morgans, Ranke-Graves etc. hat es nie gegeben."[482] Damit wird auch Göttner-Abendroths Anwendung auf den höfischen Roman fragwürdig. Ihre Forschung ist deutlich geprägt von der feministischen Literaturwissenschaft der 1970er Jahre, die im Zusammenhang mit der Frauenbewegung entstand. Diese versteht sich als „[…] Reaktion auf und Kritik an jeder Form bisheriger Literaturwissenschaft als einer männlich geprägten Wissenschaft […], in der Frauen gleich mehrfach ausgegrenzt werden: als Figuren im Text, als Autorinnen und als Wissenschaftlerin-

---

479 Göttner-Abendroth [6]1984, S. 176.
480 vgl. Göttner-Abendroth [6]1984, S. 176.
481 vgl. Göttner-Abendroth [6]1984, S. 178-217.
482 Kühnel 1996, S. 285.

146

nen.“[483] Gerade die extremen Vertreterinnen dieser Position verfahren selbst so, wie sie es der angeblich „männlich" geprägten Literaturwissenschaft vorwerfen: ihre Paradigmen der Interpretation werden von geschlechtsspezifischen Anliegen geleitet.

Kühnel stellt fest, dass matriarchale Mythen nicht der Spiegel matriarchaler Gesellschaften sind, sondern das Matriarchat selbst ein Mythos ist. Psychoanalytisch gesehen stellt dieser einen regressiven Wunschtraum dar, allerdings nicht weiblicher Natur im Sinne des Wunsches nach weiblicher Herrschaft, sondern einen männlichen Traum, der auf einen Identitätsbruch in der frühkindlichen Entwicklung Bezug nimmt, der durch das Ende der Ureinheit zwischen Mutter und Kind ausgelöst wird.[484]

Es ist nicht die Geschichte, die sich im Mythos abbildet, sondern der Mythos wird zum Gegenstand einer Geschichtskonstruktion:

> [...] der Mythos vom Matriarchat ist die Übertragung des ontogenetischen Wunsches nach dem *regressus ad uterum* in die Phylogenese; und der Versuch, auf der Basis dieses Mythos Geschichte zu rekonstruieren [...] bedeutet die Konstruktion von Geschichte analog einem männlichen Wunschtraum.[485]

Kühnel stellt fest, dass matriarchale Mythen, sofern sie sich in der höfischen Literatur überhaupt nachweisen lassen, in dieser die Funktion einer Negativfolie erfüllen. Thesen wie die der Germanistin Gertrud Steiner, die Mythen einer weiblich dominierten Vergangenheit seien von mittelalterlichen Dichtern im Dienste einer patriarchalen Gesellschaft bewusst umgedeutet worden, sind seiner Meinung nach nicht haltbar. Die matriarchalen Mythen dienen viel eher dazu, ein Gegenbild zu patriarchalen Mythen anzubieten, die „[...] ihrerseits der Identitätsfindung, der Selbstbehauptung, Selbstvergewisserung, Selbstdarstellung männlich dominierter Gesellschaften dienen."[486]

Zimmer Bradleys Mythos vom Matriarchat dagegen ist ein weiblicher Wunschtraum, der die Sehnsucht nach weiblicher Emanzipation in einer von Männern dominierten Gesellschaft widerspiegelt. Damit ist er, ebenso wie die Darstellung der Religion der Großen Mutter sehr viel stärker der Frauenbewegung der 1960er und 70er Jahre verpflichtet als der Vormoderne. Warum diese Belange im Rahmen einer Geschichte verhandelt werden, bei der die Wahrscheinlichkeit hoch ist, dass sie von Rezipienten im Mittelalter verortet wird, darüber kann letztendlich nur spekuliert werden. Denkbar wäre der Versuch einer Legitimation zeitgenössischer Werte über die Konstruktion einer vermeint-

---

483   Köppe/Winko 2008, S. 201.
484   Vgl. Kühnel 1996, S. 285.
485   Kühnel 1996, S. 287.
486   Kühnel 1996, S. 289.

lich ähnlichen Vergangenheit. Das negativ dargestellte patriarchalische Mittelalter funktioniert – analog zu seiner Rolle im Religionskonflikt – als Negativfolie, aber auch als Ausgangspunkt für die gegenwärtige soziokulturelle Situation der Autorin, die offensichtlich als unbefriedigend empfunden wird. Wünschenswert wäre aus dieser Sicht eine Rückkehr zur den Werten, die vor dieser Zeit vermeintlich gültig waren. Es ist anzunehmen, dass diese angebliche Rückbesinnung auf eine Vergangenheit, die letztendlich nur eine fiktive ist, der Forderung der Vertreterinnen der Frauenbewegung nach gesellschaftlichem Wandel ein höheres Gewicht verleihen soll als eine Legitimation dieser Werte aus der Gegenwart heraus.

Ein weiteres Thema im Zusammenhang mit Geschlechterkonzepten ist die Frage nach der Möglichkeit weiblicher Selbstbestimmtheit, vor allem in sexueller Hinsicht. Dabei werden die Frauen von Avalon ganz deutlich mit den christlichen Frauen kontrastiert. Für die Frauen des „alten Volkes" ist Sexualität etwas Heiliges, das als Anbetung der Göttin wirkt. Die Frauen suchen sich ihre Partner selbst aus. Die Ehe gilt dagegen wenig, die meisten Frauen leben nicht in festen Verbindungen. Damit grenzen sie sich ganz deutlich von Frauen in anderen Kulturen ab, wie eine Unterhaltung zwischen Niniane und Mordred zeigt:

> Niniane drehte ihm ihr Gesicht zu und küßte ihn. Ohne sie loszulassen, fragte er: ‚Küßt Artus dich auch so?' […] ‚Artus ist ein Christ... ich glaube, mehr muß ich nicht sagen', erwiderte Niniane. ‚Und du bist mein Geliebter. Aber ich bin Niniane von Avalon, und ich bin keinem Mann auf dieser Erde Rechenschaft schuldig über das, was mir gehört... ja, mir und nicht dir. Ich bin keine Römerin und erlaube keinem Mann mir vorzuschreiben, was ich mit dem tue, was die Göttin mir gab.'[487]

Die Einstellung der Christen zur Sexualität wird von den Frauen Avalons und vor allem von Morgaine als Verneinung des Lebens und Beleidigung der Göttin wahrgenommen:

> Wäre ich Herrin von Avalon, würde ich in den Neumondnächten die Jungfrauen zum Kloster der Christenpriester senden, um ihnen zu beweisen, daß man die Göttin nicht verspotten oder verleugnen kann. Die Mönche müßten erkennen, daß sie Männer sind und Frauen keine Erfindung ihres angeblichen Teufels.[488]

Aber auch in der Gesellschaft von Avalon gibt es gewisse Regeln sowie sexuelle Handlungen, die tabuisiert sind. So stellt es für Morgaine kein Problem dar, im Rahmen des Initiationsrituals mit ihrem Bruder zu schlafen, da sie sich als „Priester und Priesterin" begegnen, die Wiederholung des Aktes am nächsten Morgen als „Mann und Frau" nimmt sie jedoch als Sünde wahr.[489] Dieselbe Un-

---

487 Zimmer Bradley [27]2003, S. 1080.
488 Zimmer Bradley [27]2003, S. 517.
489 Vgl. Zimmer Bradley [27]2003, S. 252.

terscheidung zwischen Sexualität als religiösem Ritual und als reinem Vergnügen, wobei ersteres positiv, letzteres negativ bewertet wird, trifft sie auch Jahre später im Bezug auf Accolon: *„Und ich bin nicht besser als sie alle. Mit einer Hand liebkose ich Uriens. Sobald es möglich ist, schleiche ich mich in Accolons Bett und rechtfertige mich damit, daß ich ihn meinen Priester nenne…"*[490] Die sexuelle Selbstbestimmtheit der Frauen des „alten Volkes" ist also weniger ausgeprägt, als es zunächst erscheinen mag. Die einzige Frau, die sich tatsächlich über sämtliche Konventionen hinwegsetzt, ist Morgause, aber auch ihre Freiheit gerät an ihre Grenzen, als sie schließlich unerwarteterweise von einem jungen Mann aufgrund ihres Alters abgewiesen wird. Hinzu kommt, dass die gesellschaftlichen Gegebenheiten auch die Frauen von Avalon daran hindern, über ihr eigenes Leben zu entscheiden: die Tatsache, dass Morgaine lange unverheiratet bleibt, ist immer wieder Gesprächsthema am Hof, und gelegentlich wird sie sogar – genau wie die lebenslang unverheiratet Viviane – als „Hure" bezeichnet. Als sie aufgrund eines Missverständnisses mit dem alten König Uriens verheiratet wird, gibt es für sie keine Möglichkeit, dieser Verbindung zu entgehen, und sie muss vorgeben, als tugendhafte Ehefrau zu leben.

Die Einstellung der christlichen Frauen wird am Beispiel Gwenhwyfars vorgeführt. Diese nimmt Sexualität im Allgemeinen, vor allem aber ihr Verlangen nach Lancelot, als große Sünde wahr. Meistens kämpft sie durch Buße und Beten dagegen an, doch gelegentlich hadert sie mit Gott, nicht nur aufgrund der Tatsache, dass sie keine Kinder bekommt, sondern auch, weil ihr Glaube ihre Liebe zu Lancelot nicht zulässt. Nachdem Gwenhwyfar von Meleagrant entführt und vergewaltigt wird und Lancelot sie rettet, vergisst sie sämtliche Regeln und plant, ihre Liebe nicht mehr zu verstecken. Doch schon bei der Rückkehr zum Hof verwirft sie diese Gedanken, nicht nur, weil ein Öffentlichmachen der Beziehung zu einem Skandal führen würde, sondern auch, weil diese Liebe nicht in Gwenhwyfars eigenes Konzept von Tugend integrierbar ist. Letztendlich sind es also nicht nur die gesellschaftlichen Zwänge, die Gwenhwyfar an einem Leben in Selbstbestimmtheit hindern, sondern vor allem die Grenzen, die sie sich selbst setzt. Daher entschließt sie sich auch nach dem Bekanntwerden ihrer Affäre mit Lancelot nicht zur Flucht mit ihm, sondern zum Eintritt in ein Kloster.

Morgaine dagegen findet endlich, nach diversen Beziehungen, die trotz aller Bemühungen unglücklich endeten, ihre wahre Liebe in einer der Priesterinnen von Avalon:

Ich schenkte dem Gehörnten meine Jungfräulichkeit. Ich gebar dem Gott ein Kind. Ich glühte vor Leidenschaft nach Lancelot, und auf dem gepflügten Feld, das die

---

490 Zimmer Bradley [27]2003, S. 796.

Frühlingsjungfer gesegnet hatte, machte Accolon mich wieder zur Priesterin. Aber ich habe nie erfahren, was es heißt, einfach geliebt zu werden...[491]

Diese Liebe ist allerdings nur in der abgeschiedenen Welt von Avalon realisierbar, da sie in der Gesellschaft außerhalb tabuisiert ist.

Weibliche Selbstbestimmtheit wird als Ideal vorgeführt, das von den Frauen Avalons zwar angestrebt wird, aber doch immer wieder an verschiedenen Zwängen scheitert. Die meisten christlichen Frauen hingegen leben in einer Art „selbstverschuldeten Unmündigkeit" und versuchen bis auf wenige Ausnahmen nicht einmal, gegen die gesellschaftlichen Einschränkungen aufzubegehren.

Zunächst scheint zumindest die Darstellung der christlichen Frauen dem Bild von Weiblichkeit in der mittelalterlichen Literatur durchaus gerecht zu werden. Weibliche Machtausübung ist im Mittelalter weitgehend undenkbar. Claudia Brinker-von der Heyde stellt fest:

> *Hêrschaft* ist, der Begriff deutet es an, genuin männlich gedacht, trotz des grammatisch weiblichen Genus; in seiner Bedeutungsvielfalt reflektiert er verschiedene Ausprägungen und Charakteristika von Macht und benennt ihre Träger, wobei in – zumindest sprachlich – männlicher Anverwandlung auch die Herrin denkbar ist. Bis in die Neuzeit hinein ganz sicher nichts zu suchen hatte diese in einem Bereich: der heterosexuellen Beziehung."[492]

An drei Werken der Textsorte *maere* führt sie vor, wie normative Heterosexualität dazu beiträgt, Frauen in eine soziale Geschlechterrolle zu drängen und sie zur Akzeptanz derselben zu bringen. Die Inversion der Rollen wird als Bedrohung für den Weiterbestand der Gesellschaft empfunden und führt daher zum Ausschluss. Dabei ist nicht nur die Frau zur Unterordnung, sondern auch der Mann zur *meisterschaft* verpflichtet, und diese wird notfalls auch mit Gewalt durchgesetzt. Übernimmt eine Frau in einer heterosexuellen Beziehung Macht, so ist dies nicht ihre Schuld, sondern die des Mannes: es ist seine Aufgabe, die Frau zu einer Frau zu machen, das heißt, sie dazu zu bringen, ihre normativ festgelegte Geschlechterrolle zu akzeptieren. Eine Beziehung, in der die Rollen umgekehrt sind, das heißt, die Frau herrscht und der Mann *sanfte gemuot* ist, spiegelt eine falsche, von Gott verdammte Welt wieder.[493] Sinnbild für dieses Verhältnis zwischen Frau und Mann ist das zähmen eines Pferdes: der Mann ist der Reiter, die Frau die Gerittene.[494]

Platz für das Streben nach Veränderung der Gegebenheiten ist innerhalb dieses Schemas nicht:

---

491 Zimmer Bradley [27]2003, S. 819.
492 Brinker-von der Heyde 1999, S. 47 f.
493 Vgl. Brinker-von der Heyde 1999, S. 62.
494 Vgl. Brinker-von der Heyde 1999, S. 63.

Die Metapher für das geschlechtliche Verhältnis von Frau und Mann stellt sich dar als grundlegendes Körperbild für mittelalterliches Ordodenken, in dem alles komplementär aufeinander bezogen, sich gegenseitig ergänzend, aber deutlich hierarchisch strukturiert ist. In dieser Zeichenhaftigkeit avanciert die Ehe über ihre eigentliche Bestimmung als wichtiger und notwendiger Ort der Reproduktion hinaus, zu einer ‚Keimzelle‘ bzw. zum Gradmesser geordneter Staatlichkeit. Spiegel oder Abbild einer sozial-historischen Wirklichkeit sind diese Texte deswegen genausowenig wie höfische Epen oder Minnesang. Sie sind aber lesbar als symbolischer Ausdruck für eine ideal gedachte Sozialordnung, in der das Prinzip des Befehlens und des Gehorchens das einzig Denkbare ist, alle Formen des Zusammenlebens prägt und dennoch immer gefährdet ist, weil der ‚Wille zur Macht‘ das starre System unterläuft. Frauen- und MannsBilder haben in diesem Szenario keinen Anspruch auf individuelle Ausgestaltung. Sie arbeiten ausschließlich mit starken, plakativen Farben. Entscheidend ist die Frage: wer reitet wen?[495]

Allerdings ist diese Feststellung nur uneingeschränkt gültig, wenn es um die untersuchte Textsorte *maere* geht.[496]

Die christlichen Frauen in *Die Nebel von Avalon* scheinen dem mittelalterlichen Idealbild einer Frau, die sich dem Mann unterordnet, durchaus zu entsprechen, sind sie doch stets bemüht, ihren Ehemännern zu gehorchen. Doch gerade die Beziehung zwischen Gwenhwyfar und Artus entspricht bei näherer Betrachtung nicht den Machtverhältnissen, wie sie in den *maeren* befürwortet werden: Artus lässt nicht nur zu, dass Gwenhwyfar Lancelot liebt, sondern bringt sie sogar noch dazu, mit Lancelot zu schlafen. Mordred zufolge ist die Unfähigkeit Artus', seine Frau zu beherrschen, ein Grund, warum er gegenüber seinen Untertanen an Glaubwürdigkeit verliert.

In anderen mittelalterlichen Textgattungen wie dem Minnesang und dem höfischen Roman stellt sich die Rolle der Frau deutlich anders dar als in den *maeren*. Dies zeigt sich bereits in der Bedeutung des mittelhochdeutschen Wortes *dienest,* den der Minneritter gegenüber seiner Dame ausübt: „Sie [die *vrouwe*] wird als (Lehns-)Herrin angesehen, welcher der Mann als ergebener Vasall *dienest* leistet in der Hoffnung auf *lôn*.“[497] Das Verhältnis der beiden Akteure ist dabei deutlich im Ungleichgewicht: „[…] ein Verhältnis der Unterordnung, nicht eines zweier gleichberechtigter Partner wie in *ich bin dîn, du bist mîn*, aber eine personale Beziehung, in der sich zugleich das Ich und das Du als *ritter* und *vrouwe*, als Mitglieder der ständischen Gesellschaft präsentieren.“[498] Die Beziehung zwischen Minneherrin und Ritter ist gekennzeichnet durch die Unmöglichkeit ihrer Realisierung. Die Dame bleibt für den Minneritter immer uner-

---

495 Brinker-von der Heyde 1999, S. 63 f.
496 Vgl. Brinker-von der Heyde 1999, S. 65.
497 Weddige ⁶2004, S. 100.
498 Weddige ⁶2004, S. 121.

reichbar. So ist die hohe Minne immer geprägt von zwei Komponenten: dem liebenden Verlangen einerseits und dem Verzicht als Anerkennung gesellschaftlicher Restriktionen andererseits.[499]

Während die Minneherrin im Minnesang in der Regel nicht als handelnde Figur auftritt, nehmen Frauen im höfischen Roman eine deutlich aktivere Rolle ein. In Texten wie *Erec* und *Iwein* ist das Verhältnis des Ritters zu seiner Dame entscheidend, da dieser Typus Roman die Balance zwischen vollkommener ehelicher Liebe und ritterlicher Aventiure als Ideal vorführt. Im *Erec* ist es ein Übermaß an Liebe, im *Iwein* ein Übermaß an ritterlichen Tätigkeiten, das die Krise auslöst. In beiden Fällen greifen die betroffenen Frauen direkt ins Geschehen ein: Enite ist diejenige, die Erec auf sein *verligen* hinweist, Iwein wird von Laudine verstoßen, weil er die Jahresfrist, die sie ihm gesetzt hatte, nicht einhält. Dadurch lösen sie den zweiten Aventiureweg aus, der schließlich den Mann zu einem vorbildlichen ritterlichen Leben befähigt.

Ein weiteres häufiges Element der Beziehung zwischen Frau und Mann im höfischen Roman ist das Erledigen von Aufgaben, die die Dame stellt, durch ihren Ritter. So mancher Roman zeigt aber auch, was passiert, wenn die Dame dieses Recht missbraucht: in der *Joie-de-la-court*-Episode des *Erec* wird der Ritter Mabonagrain gezeigt, dessen Dame ihm befohlen hatte, jeden Eindringling in den paradiesischen Garten, der ihre Burg umgibt, zu töten. Das Paar lebt ausschließlich für seine Liebe, die ritterliche Aventiure wird durch die Tötung jeglichen Eindringlings durch Mabonagrain pervertiert. Damit schließen sich sowohl Ritter als auch Dame aus der höfischen Gesellschaft aus. Erst Erecs Auftauchen ermöglicht einen Ausweg, und Mabonagrain ist schließlich glücklich, wieder in die höfische Gesellschaft aufgenommen werden zu können.

Diese Beispiele zeigen, dass weibliche Machtausübung im höfischen Roman Regeln folgt, die durch das Strukturschema festgelegt sind. Das Halten des idealen Maßes ist ebenso im Interesse der Frauen wie dem der Männer. Absolute Liebe ist in dieses Konzept nicht integrierbar und kann daher auch weder von Frauen noch von Männern durchgesetzt werden. Der Handlungsspielraum, den beide Geschlechter haben, ist sehr begrenzt und immer auf die Wiederherstellung des rechten Maßes ausgerichtet.

Dieselben Einschränkungen gelten auch für das Geschlechterverhältnis im Minnesang: die Frau steht zwar über dem Mann, füllt aber eine Rolle aus, die es ihr nicht erlaubt, wirkliche Selbstbestimmung auszuüben. Dies gilt auch in sexueller Hinsicht: dem Werben des Ritters nachzugeben, ist für die Minnedame keine Option.

---

499 Vgl. Weddige [6]2004, S. 121.

Eine weitere Gattung, in der sich vordergründig das Machtverhältnis von Mann und Frau umkehrt, ist das Feenmärchen. Hierfür hat Ralf Simon ein Gattungsschema herausgearbeitet, das sich auf eine Struktur mit neun Schritten stützt[500]:

- Der Held kommt zum Feenreich, oft durch gezielte Steuerung seitens der Fee.
- Der Held besteht eine Initiationsprobe und erlangt Einlass ins Feenreich.
- Die erste Begegnung zwischen Held und Fee findet statt. Es kommt zu einem Kommunikationskontrakt, oft in Form eines Schweigegebots.
- Der Held verstößt gegen den Kommunikationskontrakt.
- Verstoß des Helden aus dem Feenreich.
- Dadurch wird der Held in eine Krise gestürzt, die sich in Krankheit, Wahn, Verwilderung oder schwerer Traurigkeit zeigt.
- Die Fee oder ihre Botinnen heilen den Helden.
- Der Held bemüht sich, die Gunst der Fee zurückzuerlangen.
- Die Fee nimmt den Helden wieder auf, der endgültige Zustand wird festgelegt.

Die Grundlage des Feenmärchens ist das Aufeinandertreffen zweier verschiedener Welten mit unterschiedlichen Regeln: „Das Thema des Feenmärchens ist damit deutlich: es geht um das Problem der Vermittlung zweier verschiedener Welten, ihrer Semantik und ihrer Handlungsträger."[501] Das Feenreich trägt Züge des Paradieses, aber auch des Totenreiches. Zur Befreiung von den negativen Seiten ihrer Welt bedient sich die Fee des Helden und schenkt ihm dafür ihre Liebe.[502] Obwohl Fee und Held in dieser Konstellation aufeinander angewiesen sind, ist sie die handlungstreibende Figur. Der Held hat keinerlei Handlungsspielraum bis auf die Möglichkeit, den Kommunikationskontrakt zu verletzen: „Im Gegensatz zum Artusprogramm, wo sämtliche Momente der Handlungsbestimmung auf der Linie des Helden liegen, steht die Fee mitsamt ihrem Zauberapparat als eine Macht für sich dem Helden gegenüber."[503] Der Ausgang eines Feenmärchens ist offen. Es ist nicht festgelegt, ob die Vermittlung der beiden Welten funktioniert oder nicht. Gängige Auflösungen sind die Entrückung des Helden in das Reich der Fee, die Aufgabe des Feendaseins und die Menschwerdung der Fee. Tragische Enden kommen allerdings auch vor.[504]

---

500 Auflistung nach Simon 1990, S. 37 ff.
501 Simon 1990, S. 43.
502 Vgl. Simon 1990, S. 43.
503 Simon 1990, S. 44.
504 Vgl. Simon 1990, S. 44 f.

Die Figurenkonstellation im Feenmärchen, innerhalb derer der Fee die Rolle der Handelnden zukommt, interpretiert Ralf Simon als Relativierung der Figurenkonstellation des Artusromans:

> In die Erzählwelt der mittelalterlichen Romane wird damit ein Schema eingeführt, das den Ritter im Gegensatz zur einsinnigen Einbindung ins Artusprogramm auf eine Welt verpflichtet, die zum einen Verhaltensstrukturen erfordert, die den Ritter an der Definition des Verhaltens nicht teilhaben lassen, und die zum anderen nicht so einfach durch Handlung erreichbar ist, wie es der Artushof ist. Der Ritter bekommt damit eine passivere Rolle zugewiesen, als es ihm in seiner Eigenschaft als Ritter eigentlich zuständig. Insofern hat das Feenmärchen die Funktion, die Aktantenrolle des Ritters zu depotenzieren und in die Richtung eines ausgeglicheneren Verhältnisses zu den weiblichen Aktanten hin zu korrigieren.[505]

Vor allem aus der Perspektive der von Ralf Simon identifizierten Funktion der Abwertung der Aktantenrolle des Ritters und des Kräfteausgleichs zwischen den Geschlechtern könnte *Die Nebel von Avalon* als modernes Feenmärchen gelesen werden. Doch einer näheren Betrachtung hält eine solche Interpretation nicht stand. Wenn auch die Feenwelt im Feenmärchen bisweilen mit Avalon gleichgesetzt wird, ist Zimmer Bradleys Avalon keine Feenwelt: statt eine paradiesisch-jenseitige Anderswelt zu sein, in der andere Regeln gelten als in der diesseitigen Welt, wird Avalon als früheres Zentrum der Macht gezeichnet, dessen Existenz in früheren Zeiten allgemein bekannt und anerkannt war. Es wird mehrfach angedeutet, dass die Gesetze Avalons auch die Gesetze der Stämme und des „alten Volkes" sind und damit in der Zeit vor der Christianisierung Gültigkeit in ganz Britannien hatten. Avalon nimmt daher weniger die Rolle einer Anderswelt ein, sondern vielmehr die einer überholten Ordnung, die von einer neuen Gesellschaftsform verdrängt wird. Noch stärker akzentuiert wird diese Stellung Avalons durch die Tatsache, dass es tatsächlich noch ein richtiges Feenreich gibt, das von Avalon unabhängig ist. Dieses erinnert tatsächlich teilweise an die Darstellungen in Feenmärchen: einerseits trägt es Züge eines Paradieses, andererseits flößt es denjenigen, die ihm nicht angehören, auch Angst ein. Menschen aus der diesseitigen Welt oder aus Avalon gelangen dort hin, indem sie sich verirren, und eine Flucht daraus ist schwierig, weil die Menschen dort in einem traumartigen Zustand leben, der ihr Denkvermögen schwächt. Die dort lebenden Feen treten nicht als handelnde Figuren in der diesseitigen Welt auf.

Trotz gewisser Parallelen zu Feenreichen in der mittelalterlichen Dichtung nimmt das Feenreich in *Die Nebel von Avalon* keine ausreichend wichtige Rolle ein und ist nicht genügend charakterisiert, um greifbare Verbindungen feststellen zu können.

---

505 Simon 1990, S. 45.

Auch die Liebesbeziehungen zwischen Frauen und Männern sind keine Feenlieben. Zwar werden die Frauen gegenüber den Männern als diejenigen dargestellt, die die Beziehung bestimmen, aber es fehlen die entscheidenden Strukturen des Feenmärchens: es gibt keine von der Frau herbeigeführten Begegnungen mit der Anderswelt – wenn man von Artus' Entführung ins Feenreich durch Morgaine absieht, die in einem anderen Kontext steht –, keine Initiationsproben, keinen Kommunikationskontrakt, keine Krise des Helden und keine Heilung durch eine Frau. Darüber hinaus sind die Männer, deren Beziehungen thematisiert werden, aus der Sicht der Frauen keine Vertreter einer anderen Welt: Artus, Lancelot und Mordred sind allesamt eigentlich Angehörige der Gesellschaft von Avalon. Das Bestreben der Frauen von Avalon richtet sich nicht darauf, Unzulänglichkeiten ihrer eigenen Welt durch Einwirkung von außen zu beheben, sondern darauf, die Männer dazu zu bringen, sich entsprechend ihren kulturellen Wurzeln zu verhalten.

Auch zielt die Darstellung des Verhältnisses von Frau und Mann in *Die Nebel von Avalon* nicht auf einen Ausgleich der Geschlechterrollen, wie es Ralf Simon für das Feenmärchen annimmt, sondern im Gegenteil auf ein Ungleichgewicht zugunsten der Frau, das kulturhistorisch legitimiert wird.

Insgesamt lässt sich also auch hier feststellen, dass *Die Nebel von Avalon* zeitgenössischen Diskursen sehr viel näher steht als der mittelalterlichen Literatur. Auch hier ist deutlich der Zeitgeist zu erkennen: sexuelle Befreiung als angestrebtes Ideal bei weitgehender Unmöglichkeit einer Realisierung aufgrund gesellschaftlicher Zwänge. Hier spiegelt sich nicht das Mittelalter, sondern die sexuelle Revolution, wiederum legitimiert durch die vermeintliche Verwurzelung der zentralen Werte dieser Bewegung bereits in einer weit entfernten Vorvergangenheit.

4.5.4. „Ein Sturm wird sich erheben und Camelot vernichten"[506] – Idealität und Niedergang des Artusreiches

In der mittelalterlichen sowie der modernen Literatur ist der Niedergang des Artusreiches oft auf eine Schwächung der Tafelrunde zurückzuführen, die oft mit der Liebe zwischen Lancelot und der Königin zusammenhängt. Eine Ausnahme stellt die *Historia Regum Britanniae* dar, in der die Tafelrunde keine Rolle spielt und daher auch nicht zum Kernelement des Untergangs des Artusreiches werden kann. Im *Lancelot-Gral-Zyklus*, im *Prosa-Lancelot* sowie bei Malory ist es das

---

506   Zimmer Bradley [27]2003, S. 969.

Zerwürfnis zwischen Lancelot und Gauvain, das die Tafelrunde zerbrechen lässt und es Artus unmöglich macht, Mordreds Angriff abzuwehren. Auf eine Besonderheit des *Prosa-Lancelot* weist Walter Haug hin: das Artusreich ist von Anfang an zum Untergang verurteilt, wie Artus durch einen dreiteiligen Traum erfährt. Gelehrte deuten seinen Traum und sagen ihm, dass ihn seine Getreuen und seine Ehre verlassen werden. Artus versucht, durch Buße und Selbstgeißelung die Gunst Gottes zurückzugewinnen, doch sein Schicksal ist vorgezeichnet:

> Der Untergang ist dann nicht mehr wie bei Galfred ein heroisch-tragisches Ende nach einem ruhmvollen Leben, sondern er ist von Anfang an als düsteres Verhängnis vorgezeichnet. Die Geschichte steht unter dem Gesetz der Fortuna: Auf die Erhöhung folgt zwangsläufig der Absturz.[507]

In *Die Nebel von Avalon* nimmt die Beziehung zwischen Lancelot und Gwenhwyfar viel Raum ein. Ihr Konfliktpotential liegt auf mehreren Ebenen. Die vordergründigste Problematik ist, dass Gwenhwyfar verheiratet ist, aber einen anderen Mann liebt. Zwar liebt sie auch Artus, dennoch handelt es sich um eine von Gwenhwyfars Vater arrangierte Ehe, und schon vor ihrer ersten Begegnung mit Artus fühlt sich Gwenhwyfar zu Lancelot hingezogen. Doch auch Artus hat bereits Gefühle für eine andere Frau, bevor er die Vereinbarung eingeht, Gwenhwyfar zu heiraten: seine Halbschwester Morgaine. Am Morgen nach dem erwähnten Initiationsritual wiederholt sich der Geschlechtsverkehr, allerdings unter anderen Voraussetzungen: statt als Priester und Priesterin in einem rituellen Kontext handeln Artus und Morgaine ausschließlich als Mann und Frau und zu ihrem eigenen Vergnügen. Bei Artus ist dies mit starken Gefühlen für Morgaine verbunden:

> ‚Vermutlich werde ich dir nie wieder begegnen‘, sagte er, ‚du bist eine Priesterin und der Göttin geweiht. Aber eines möchte ich dir sagen…‘, er beugte sich über sie und küßte sie zwischen die Brüste, ‚… du warst die erste Frau; wie viele nach dir auch kommen mögen, ich werde mein Leben lang an dich denken, dich lieben und dich segnen. Ich verspreche es dir!‘[508]

Dieses Versprechen hält Artus über lange Zeit. Noch in seiner Hochzeitsnacht deutet er Morgaine gegenüber an, dass er sie immer noch liebt, und wird von seinem Geständnis nur durch eine abweisende Bemerkung von Morgaine abgebracht.[509] Und sogar Jahre später, als Morgaine bereits mit Uriens verheiratet ist und Artus' Sturz plant, spürt Morgaine noch seine Gefühle ihr gegenüber: „Morgaine sah die Qual in den Augen des Bruders und mußte den Kopf senken.

---

507 Haug 2004, S. 121.
508 Zimmer Bradley [27]2003, S. 240.
509 Zimmer Bradley [27]2003, S. 390.

Kann mir Gwenhwyfar deshalb nicht vergeben, weil ich für ihn das Gesicht der Göttin trage?"[510] Hinzu kommt, dass Artus den Eindruck erweckt, für ihn sei Gwenhwyfar tatsächlich nur Teil eines Handels: „König Leodegranz hat mir seine Tochter angeboten… ich vergesse ihren Namen immer wieder… Als Mitgift soll sie hundert seiner besten Männer bekommen, alle bewaffnet und… hört ihr das, Mutter?… ebenso viele seiner guten Pferde, die er züchtet."[511]

Die Ehe von Artus und Gwenhwyfar wird also zwischen zwei Menschen geschlossen, die eigentlich jemand anderen lieben. Sie steht daher von Anfang an unter keinem guten Stern. Dennoch stimmen beide der Verbindung zu, Gwenhwyfar, da sie sich ihrem Vater nicht widersetzen kann, und Artus, da er seine Liebe zu Morgaine aus gesellschaftlichen Gründen ohnehin nicht ausleben könnte. Sie sind sehr darum bemüht, den anderen lieben zu lernen, was ihnen in einem gewissen Maße auch gelingt. Doch gerade Gwenhwyfar schafft es nicht, ihre Gefühle für Lancelot dauerhaft zu unterdrücken, was schließlich auch zur Eskalation des Konflikts führt.

Die verhängnisvolle Dreiecksbeziehung enthält aber noch eine weitere Komponente, nämlich die Verbindung zwischen Artus und Lancelot. Zunächst erscheint es so, als wären die beiden Männer einander nur freundschaftlich zugetan, doch im Verlauf des Romans wird immer deutlicher, dass die Liebe zwischen den beiden, von der immer wieder die Rede ist, auch sexueller Natur ist. Gegenüber Morgaine spricht Lancelot über grundsätzliche homosexuelle Neigungen und seine Liebe zu Artus im Speziellen:

,Und dann versuchte ich es mit Frauen, mit allen Frauen… sogar mit dir, dem Pflegekind meiner Mutter und der geweihten Priesterin der Göttin. Aber nur wenige Frauen konnten mich auch nur in geringsten erregen, bis ich… *sie* sah. […] Ich sollte den Hof verlassen und Gwenhwyfar mitnehmen, ehe der Skandal an allen Höfen bekannt wird. Ich liebe die Gemahlin meines Königs, und doch… ist es Artus, den ich nicht verlassen kann… Ich weiß nicht, vielleicht liebe ich sie nur, weil ich so *ihm* nahe bin. […] Morgaine, weißt du, wie es dazu kam, daß ich zum ersten Mal mit der Königin schlief? Ich liebe Gwenhwyfar, seit ich sie zum ersten Mal in Avalon gesehen habe. Aber ich dachte, ich würde mit meiner ungestillten Leidenschaft leben und sterben müssen… denn Artus ist mein Freund, und ich kann ihn nicht betrügen… Und sie… sie… du darfst nicht glauben, daß sie mich verführt hat. Aber… es war Artus' Wille […] Aber du weißt noch nicht alles', flüsterte Lancelot. ,Als wir zusammenlagen… niemals, niemals war etwas so… so…' Er schluckte und rang nach Worten, um auszusprechen, was Morgaine nicht hören wollte. ,… Ich… ich berührte Artus… Ich berührte ihn. Ich liebe sie, o Gott, verstehe mich nicht

---

510 Zimmer Bradley [27]2003, S. 796.
511 Zimmer Bradley [27]2003, S. 342.

falsch, ich liebe sie. Aber wenn sie nicht Artus' Frau wäre, es wäre nicht... Ich be-
zweifle, daß selbst sie..."[512]

Lancelots Liebe zu Gwenhwyfar ist also letztendlich nur eine Projektion seiner
gesellschaftlich tabuisierten und daher nicht realisierbaren Liebe zu Artus, ebenso wie Artus' Liebe zu Gwenhwyfar ein Ersatz für die nicht realisierbare Liebe
zu Morgaine ist.

Zunächst erweckt der Handlungsverlauf den Eindruck, als seien diese problematischen Beziehungen der Grund für den Untergang des Artusreiches, auch
wenn die Protagonisten keine Konsequenzen aus ihren Gefühlen ziehen. Doch
bei näherer Betrachtung bleibt der Einfluss dieser Beziehungen auf den Untergang des Artusreiches sehr vage. Lancelot, der sich ebenso wenig wie Gwenhwyfar zur endgültigen gemeinsamen Flucht entschließen kann, bringt seine Ge-
liebte in ein Kloster und wird von ihr angehalten, zu Artus zurückzukehren. Danach erfährt man nur noch, dass Gawain auf dem Sterbebett Artus zur Versöhnung mit Lancelot anweist, der Konflikt zwischen Mordred und Artus aber dennoch nicht aufzuhalten ist und beide schließlich im Kampf sterben. Lancelot
geht in ein Kloster und wird dort zum Priester ausgebildet.

Doch selbst wenn die Affäre zwischen Lancelot und der Königin zum Zusammenbruch des Artusreiches beiträgt, so geschieht dies unter anderen Voraussetzungen wie im mittelalterlichen Artusroman. Bei Chrétien funktioniert die
Liebe zwischen Lancelot und der Königin mit ihrem Absolutheitsanspruch als
Herausforderung der höfischen *mâze*, die es unmöglich macht, dieses Paar in die
höfische Gesellschaft zu integrieren. Auch in den späteren Lancelot-Romanen
stellt diese Liebe alle gesellschaftlichen Regeln in Frage und reißt damit die arthurische Utopie in den Untergang. Meist geht es um die Problematik des
Treuebruchs, es werden aber auch weiterhin Grenzen der gängigen literarischen
Schemata provoziert, wenn die Liebe zwischen Guinevere und Lancelot die Gültigkeit der Regel, dass der beste Ritter die schönste Dame zur Geliebten bzw.
Ehefrau bekommt, in Frage stellt. Während die mittelalterlichen Texte vorfüh-
ren, wie eine Liebe außerhalb der Regeln das System gefährdet, zeigt *Die Nebel
von Avalon*, wie die Unterdrückung von Gefühlen, die gesellschaftlich negativ
sanktioniert werden, und deren Kompensation in anderen Beziehungen vor allem menschliches Leid hervorrufen. Konsequenzen für die Gesellschaft erwachsen daraus, wenn überhaupt, nur sekundär.

Ein anderer Faktor, der zum Zusammenbruch des Artusreiches in *Die Nebel
von Avalon* beiträgt, ist der Konflikt zwischen Artus und Mordred. Dieser wird
lange nur angedeutet, und der Grund seiner Zuspitzung wird völlig ausgespart.
Morgaine berichtet lediglich von einer Vision, stellt aber fest: *„Ich wusste nicht,*

---

512   Zimmer Bradley [27]2003, S. 615 ff.

was Artus und Gwydion entzweite."[513] Zwar wird immer wieder Mordreds prob-
lematisches Verhältnis zu seinem Vater thematisiert, der ihn aufgrund seiner in-
zestuösen Zeugung nicht anerkennen kann, doch zunächst scheint es nicht so, als
plane Mordred, seinen Vater gewaltsam vom Thron zu stürzen. So sagt er zu
Niniane: „Ich will nach Artus Großkönig sein... und um das zu erreichen, muß
ich den Ruhm von Artus' Hof in all seinem Glanz bewahren."[514] Obwohl
Mordred seinem Vater zunächst sehr skeptisch gegenübersteht, gibt er Morgause
gegenüber zu, dass er sich kaum Artus' Ausstrahlung entziehen kann und ihm
Sympathie entgegenbringt. Über Mordreds gespanntes Verhältnis mit seinem
Vater hinaus scheint er auch die Bestimmung zu haben, diesen zu stürzen. Das
Initiationsritual des Volkes von Avalon, an dem Artus vor seiner Krönung teil-
nahm, beinhaltete einen Lauf mit einer Herde Hirsche und das Töten des größten
Hirsches, des „Hirschkönigs." Dieses Bild wird wieder aufgerufen, wenn es darum geht, dass Mordred seinem Vater zum Verhängnis werden wird: *„Aber was
geschieht mit dem Hirschkönig, wenn der junge Hirsch herangewachsen ist?*"[515]
Doch für Mordred hat die Welt von Avalon keine Bedeutung mehr, er sieht sie
als überholt an und ist der Meinung, dass diese Ordnung unaufhaltsam von einer
patriarchalischen Gesellschaft abgelöst werden muss. Sein Ziel ist nicht,
„Hirschkönig" zu werden. Und doch kann er sich gegen diese Bestimmung offensichtlich nicht wehren. Dieses Dilemma drückt sich im letzten Dialog mit
Artus aus:

,Ihr seid es, Mordred. Ich habe nie ganz glauben wollen, daß Ihr Euch gegen mich
erhebt. [...] Was habe ich getan? Warum seid Ihr mein Feind geworden? Warum,
mein Sohn?' ,Glaubt Ihr wirklich, ich sei je etwas anderes gewesen, mein Vater?' Er
sprach das Wort ,Vater' mit größter Bitterkeit aus. ,Wozu bin ich gezeugt und geboren worden, wenn nicht für diesen Augenblick, in dem ich Euch wegen einer Sache
herausfordere, die nichts mehr mit dieser Welt zu tun hat? Ich weiß nicht einmal
mehr, weshalb ich Euch herausfordern muß... nur daß außer diesem Haß in meinem
Leben nichts mehr übrig ist.'[516]

Daher erfüllt Mordred auch nicht sein Schicksal, Artus auf den Thron zu folgen,
sondern fällt selbst im Kampf. Diesbezüglich kann man Siegrid Schmidt zu-
stimmen, die diese Situation folgendermaßen interpretiert:

Hier scheint Mordred über die Funktionen des Zerstörers, des am Vater-Sohn-
Konflikt Leidenden hinaus zum mißglückten Bindeglied zweier Kulturen/Religionen

---

513 Zimmer Bradley [27]2003, S. 1100.
514 Zimmer Bradley [27]2003, S. 1083.
515 Zimmer Bradley [27]2003, S. 929.
516 Zimmer Bradley [27]2003, S. 1101.

zu werden, die nicht kompatibel sind – und er zerbricht an dieser Aufgabe auch folgerichtig von Beginn an.[517]

Damit geht Zimmer Bradley wieder über die Tradition hinaus, die für Mordred vier Grundfunktionen kennt: den Verursacher des Untergangs, den Königsbetrüger, den Beteiligten am Vater-Sohn-Konflikt und den Ritter, der nur das Beste will und damit doch den Untergang evoziert. Meist sind mehrere oder alle diese Aspekte vorhanden, doch einer von ihnen dominiert die Darstellung.[518] Gerade in der modernen Literatur wird der Schwerpunkt oft auf den Vater-Sohn-Konflikt gelegt, der eine psychologische Dimension bekommt. Wenn Zimmer Bradley Mordred nun also zum nächsten „Hirschkönig" macht, der das Gleichgewicht zwischen Avalon und dem Rest Britanniens wieder herstellen soll, unterwirft sie seine Darstellung – wie viele andere Aspekte des Romans – der zentralen Problematik des Religionskonfliktes. Demnach ist der Hauptgrund für den Untergang des Artusreiches in der unmöglich gewordenen Koexistenz des Christentums und der alten Religion.

4.5.5. Fazit

Im Hinblick auf die einzelnen oben ausgeführten axiologischen Werte fällt die Beurteilung der zentralen Aspekte des Romans unterschiedlich aus:

4.5.5.1. Doppelsinn

Es handelt sich bei *Die Nebel von Avalon* mit Sicherheit um ein doppelsinniges Werk, dem durch den Anschluss von Vorwissen weitere Sinnebenen abgewonnen werden können, ein attributiver Wert, der für hohe Qualität steht. Dies zeigt sich vor allem an Beispielen wie der vorgestellten Darstellung des Heiligen Grals, der als Amalgamierung verschiedener Mythen gezeichnet wird. Es ergibt sich eine weitere Sinnebene, wenn die Leserin oder der Leser weiß, dass durchaus Verbindungen zwischen Mythen aus unterschiedlichen Kulturkreisen und den literarischen Darstellungen des Heiligen Grals bestehen.

4.5.5.2. Entautomatisierung der Lektüre

In Werbetexten oder Rezensionen zu *Die Nebel von Avalon* wird, wie bereits in Kapitel 4.5.1 gezeigt wurde, immer wieder die Originalität der Erzählperspektive betont. Die „feministische" Bearbeitung des Artusstoffes wird als innovativ

---

517 Schmidt 2001, S. 689.
518 Vgl. Schmidt 2001, S. 685.

beurteilt und in der Regel positiv bewertet. Vor dem Hintergrund der Rezeptionsgewohnheiten heutiger Leserinnen und Leser kann allerdings nicht grundsätzlich von einem Entautomatisierungseffekt ausgegangen werden. Kinder und Jugendliche sind durch ihre literarische Sozialisation in den meisten Fällen schon an Heldinnen gewöhnt. Sie kennen Pippi Langstrumpf[519], vielleicht auch Igraine Ohnefurcht[520], die Ritterin werden möchte, und starke Mädchenfiguren wie Hermine Granger.[521] Dass eine Geschichte aus der Perspektive einer Frau erzählt wird und Frauen als handlungstreibende Figuren auftauchen, ist also für Leserinnen und Leser des 21. Jahrhunderts keine Neuheit mehr, auch nicht, wenn es in der Geschichte um Ritter geht. Vielmehr kommt die Darstellung Zimmer Bradleys, wenn auch unbeabsichtigt, den Lesegewohnheiten von Kindern und Jugendlichen entgegen. Morgaine und die anderen Frauen von Avalon lassen sich problemlos als „politisch korrekte" Frauenfiguren in einer von Männern dominierten Ritterwelt lesen, die sich nicht widerstandslos ihrem Schicksal ergeben, sondern zumindest versuchen, die Welt, in der sie leben, aktiv zu gestalten. Gerade für Mädchen bietet der Roman Identifikationsfiguren und begünstigt so eine empathische, undistanzierte Lektüre.

4.5.5.3. Anschlussmöglichkeiten für Wissen

Der Roman bietet zahlreiche Stellen für den Anschluss von vorhandenen Wissensbeständen, allerdings nur selten für Wissen über das Mittelalter. Vor allem Wissen über die Entstehungszeit des Romans und ihren politisch-sozialen Kontext bereichert die Interpretation, da es deutlich werden lässt, dass es gerade die Themen dieser Zeit sind, die verarbeitet werden, allen voran die Inhalte der sexuellen Revolution und der Frauenbewegung. Dies mag eine Betrachtung des Romans als Auseinandersetzung mit diesen zeitgenössischen Problematiken interessant machen, hat aber nichts mit dem Mittelalter zu tun.

4.5.5.4. Beitrag zum Wissensaufbau

Unter diesem Gesichtspunkt ist *Die Nebel von Avalon* äußerst kritisch zu betrachten. Die dargestellte „alte Religion" erweckt lediglich den Anschein, sich auf eine Zeit vor dem Mittelalter zu beziehen, spiegelt aber ebenfalls zeitgenössische religiöse Strömungen wieder. Dasselbe gilt für die dargestellten gesellschaftlichen Strukturen und das Verhältnis von Mann und Frau. Es ließe sich

---

519 z.B. Lindgren 1949.
520 Funke 1998.
521 z.B. Rowling 1998.

also höchstens ein Wissensaufbau zu den gesellschaftlichen Problematiken der Entstehungszeit des Romans erzielen. Ein solcher ist allerdings ohne Anleitung durch erfahrene Leserinnen und Leser nicht wahrscheinlich. Vielmehr besteht die Gefahr, dass das Mittelalter als Zeit des Umbruchs von einer „alten" Religion zum Christentum und vom Matriarchat zum Patriarchat in die „mentalen Container" der Kinder und Jugendlichen eingeht und damit Wissensbestände aufgebaut werden, die mit den Ansprüchen mediävistischer Forschung nicht zu vereinbaren sind.

4.5.5.5. Kohärenz zwischen extratextuellen Signalen und textimmanenten Informationen

Wie in Kapitel 4.5.1 gezeigt wurde, ist damit zu rechnen, dass potentielle Leserinnen und Leser *Die Nebel von Avalon* mit dem Mittelalter in Verbindung bringen. Zudem impliziert Zimmer Bradley durch ihre Aussagen im Nachwort trotz Einschränkungen einen wissenschaftlichen Anspruch. Auch wenn sie selbst zugibt, die Quellen im Hinblick auf ihre Eignung für den Roman ausgewählt zu haben, wird nicht deutlich gemacht, dass den meisten Autoren der Werke, die Zimmer Bradley als Referenz nennt, offensichtlich nicht an einer differenzierten geschichtswissenschaftlichen Darstellung ihres Gegenstandes gelegen ist, und dass die Forschung Margaret Murrays, auf der die wenigen Titel basieren, die wissenschaftlichen Anspruch haben, in Fachkreisen höchst umstritten ist. Zudem formuliert Zimmer Bradley selbst das Ziel „ein Bild der vorchristlichen Religionen der Britischen Inseln zu zeichnen"[522] und stellt das (frühe) Mittelalter als Zeit des Übergangs von eben dieser Religion zum Christentum dar. Die Kohärenz zwischen anzunehmenden Erwartungen der Rezipienten bzw. den Zielen, die selbst durch die Autorin formuliert werden, und der wissenschaftlichen Fundiertheit der Informationen, die aus dem Text entnommen werden können, ist also nicht gegeben.

4.5.5.6. Darstellung eines differenzierten Mittelalterbildes

Zwar wird die Handlung des Romans nicht explizit zeitlich verortet, doch durch den Aufruf des britischen Artus-Identifikationsmythos wird sie deutlich in einen mittelalterlichen Kontext gerückt. Dieses Mittelalter erscheint hauptsächlich als Zeit eines Konflikts zwischen einer indigenen, matriarchalischen Gesellschaft und einer von männlicher Herrschaft geprägten Eroberergesellschaft und den entsprechenden Religionen. Im Vergleich zu den Anforderungen akademischer

---

522 Zimmer Bradley [27]2003, S. 1118.

Forschung hinsichtlich der Differenziertheit und Komplexität ist diese Darstellung stark vereinfacht. Zwar nimmt Zimmer Bradley nicht eines der beiden populären Bilder vom dunklen oder vom romantischen Mittelalter auf, sondern zeichnet ein eigenes Bild, doch dieses ist ebenso eindimensional wie die gängigen Klischees.

4.5.5.7. Intertextuelle Bezüge

Intertextuelle Referenzen sind in *Die Nebel von Avalon* durchaus vorhanden, allerdings weniger zur mittelalterlichen Literatur als vielmehr zu den Werken der Vertreter der neopaganistischen Religionen, die den Roman sehr viel stärker prägen als mittelalterliche Texte. Die intensivsten intertextuellen Bezüge sind die bereits angeführten Zitate „All gods are one god", eine Referenz auf die Bücher Starhawks, und die Aussage Morgaines „[...] *ich bin der Anfang und das Ende*"[523], ein Bezug auf die Bibel.

4.5.5.8. Erkenntnisgewinn über Prätexte

Da Zimmer Bradleys Adaptation stark geprägt von zeitgenössischen Themen ist und die Verbindungen zu mittelalterlichen Bearbeitungen sich vor allem auf die Handlungsebene beschränken, ist ein Erkenntnisgewinn über mittelalterliche Prätexte sehr unwahrscheinlich.

4.5.5.9. Übereinstimmung von Bedeutungszumessungen mit ihrer literarischen Tradition

Bei stofflichen Elementen lässt sich durchaus eine Übereinstimmung der Bedeutungszumessung mit literarischen Traditionen feststellen. Hierbei sei wieder auf das Beispiel der Gralsdarstellung verwiesen, die unterschiedliche Traditionslinien aufnimmt und auf der syntagmatischen Ebene zusammenführt.

Insgesamt zeigt die Analyse der verschiedenen Kriterien, dass die grundsätzliche Problematik des Romans in der Verhandlung moderner gesellschaftlicher Thematiken im mittelalterlichen Gewand liegt. Viele grundsätzlich positiv zu bewertenden Aspekte – zum Beispiel Anschlussmöglichkeiten für Wissen und intertextuelle Referenzen – beziehen sich weniger auf das Mittelalter als vielmehr auf die Entstehungszeit des Romans. Vor allem aufgrund dieser Tatsache ist *Die*

---

523 Zimmer Bradley [27]2003, S. 982.

Nebel von Avalon im Hinblick auf seine didaktische Eignung im schulischen und außerschulischen Bereich kritisch zu betrachten.

4.6.   Kevin Crossley-Holland: Artus

4.6.1.   „Vorurteile"

Die Bände der Artus-Trilogie wurden 2001, 2002 und 2003 in englischer Sprache unter den Titeln *Arthur – The Seeing Stone, Arthur – At the Crossing Places* und *Arthur – King of the Middle March* und 2003 und 2004 in deutscher Übersetzung als *Artus – Der magische Spiegel, Artus – Zwischen den Welten* und *Artus – Im Zeichen des Kreuzes* veröffentlicht.

Sowohl über den Autoren als auch über sein Werk finden sich im Internet – zumindest auf deutschen Websites – im Vergleich zu Werken wie *Die Nebel von Avalon* nur wenige Informationen. Der deutsche Wikipedia-Eintrag zu Kevin Crossley-Holland verzeichnet lediglich einige biographische Angaben, eine Aufzählung der wichtigsten Preise, die Crossley-Holland für sein Werk verliehen wurden, sowie eine Auswahl der wichtigsten Werke, darunter auch die Artus-Trilogie.[524] Zu dem Werk selbst existiert kein Eintrag.

Informationen hierüber gewinnt man vor allem aus den Klappentexten und den Inhaltsbeschreibungen auf der Umschlaginnenseite der Romane. Letztere werden sowohl auf der Werbeseite des Verlags Urachhaus, in dem die deutschen Ausgaben zuerst erschienen sind, als auch in den Produktbeschreibungen auf Amazon.de wieder aufgenommen. Bereits im ersten Satz nimmt der Text auf der Umschlaginnenseite des ersten Bandes eine deutliche zeitliche und geographische Verortung vor – und zwar im Großbritannien des Hochmittelalters:

> Britannien, 1199: Der junge Artus träumt davon, ein mächtiger und berühmter Ritter zu werden, doch sein Vater, der Graf de Caldicot, scheint andere Pläne mit dem verträumten Jungen zu haben. Hin- und hergerissen zwischen seiner Loyalität den Eltern gegenüber und dem Wunsch, aufregende Abenteuer zu erleben, erhält Artus eines Tages von seinem väterlichen Freund Merlin einen magischen Stein, der ihm rätselhafte Bilder zeigt und ihm die Geschichte eines Jungen erzählt, der Artus heißt wie er selbst. Während Artus in seinem magischen Spiegelstein erlebt, wie sein Namensvetter Turniere bestreitet, ein Schwert aus einem Stein zieht und zum König gekrönt wird, bemerkt er gleichzeitig, dass ihrer beider Schicksale auf geheimnisvolle Weise miteinander verknüpft sind. Es scheint fast so, als würde Artus in zwei Welten leben...[525]

---

524   http://de.wikipedia.org/wiki/Kevin_Crossley-Holland (04.07.2012).
525   Crossley-Holland [4]2007, Umschlaginnenseite.

Es wird also zunächst nicht auf König Artus eingegangen, sondern auf eine von Crossley-Holland erdachte Figur, die lediglich denselben Namen zu tragen scheint. Der sagenhafte König dagegen tritt auf einer zweiten Handlungsebene auf, die hier bereits angedeutet wird. Schon der Werbetext weist also auf eines der wichtigsten Charakteristika der Romane, nämlich die Trennung zweier Handlungsebenen, hin. Es handelt sich also nicht um die Nacherzählung einer vermeintlich „richtigen" Version der „Artussage", sondern in erster Linie um die Geschichte eines Jungen, der im Mittelalter lebt. Dennoch wird suggeriert, dass die Erzählungen um König Artus Auswirkungen auf das Leben seines jungen Namensvetters haben. Dass es einen Bezug zum Artusstoff gibt, wird nicht nur durch die Verwendung des Namens „Artus", sondern auch durch weitere Aufrufe von bekannten Elementen aus dem Stoffkreis suggeriert, wie zum Beispiel Merlin oder das Schwert im Stein. Bei potentiellen Leserinnen und Lesern ist der Aufruf von Vorwissen zum Mittelalter und zum Artusstoff nicht nur wahrscheinlich, sondern geradezu unumgänglich. Gleichzeitig lässt sich auch annehmen, dass Leserinnen und Leser erwarten, aus dem Buch etwas über das Mittelalter und den Artusstoff zu lernen.

Diese Annahme wird zusätzlich beeinflusst durch die Informationen, die über den Autor zu finden sind:

Kevin Crossley-Holland, geboren 1941, studierte Literatur in Oxford. Dabei entdeckte er seine Leidenschaft für die Welt der Mythen und Legenden. Seine Bücher für Jugendliche und Erwachsene haben ihm zu internationalem Ruhm verholfen. Er ist Mitglied der Royal Society of Literature und Träger zahlreicher Auszeichnungen. Für ‚Artus – Der magische Spiegel' erhielt er den begehrten Guardian Fiction Award.[526]

Durch die Nennung von Crossley-Hollands Literaturstudium, seiner Mitgliedschaft in der *Royal Society of Literature* und der Preise, die er für sein Werk erhalten hat, wird eine hohe literarische Qualität seiner Bücher suggeriert. Es wird das Bild eines Autors gezeichnet, der im Bereich der Literatur akademisch gebildet ist und bei dem davon ausgegangen werden kann, dass er mit der literarischen Tradition vertraut ist, in die er sich einordnet.

Rezensionen, die Leserinnen und Leser, und zwar sowohl Vertreter der Zielgruppe, andere nicht professionelle Leser als auch Experten, veröffentlichen, spiegeln einerseits Erwartungen der Rezipienten wider, sind aber auch geeignet, ihrerseits zu Vorurteilen bei potentiellen Leserinnen und Lesern zu führen.

Rezensionen professioneller und nicht professioneller Leserinnen und Leser vermitteln bisweilen sehr unterschiedliche Vorstellungen von den Romanen. So stellen Expertenleser wie Maren Bonacker und Martin Lhotzky sofort eine Ver-

---

526 Crossley-Holland [4]2007, Umschlaginnenseite.

bindung zur literarischen Überlieferung her. Lhotzky nimmt in seiner Rezension aus der *Frankfurter Allgemeinen Zeitung* beispielsweise sofort Bezug auf das Wissen, das durch den Namen Artus aufgerufen wird: „Wenn ein Roman den Namen ‚Artus' trägt, so weiß man, daß sich die Handlung um den sagenhaften König Britanniens drehen muß."[527]

Auch Maren Bonacker geht schon in den ersten Zeilen ihrer Rezension aus der *Süddeutschen Zeitung* auf das Vorwissen der Leser über den Artusstoff ein:

> Man schreibt das Jahr 1199. Es ist die Zeit der Kreuzzüge. Richard Löwenherz wurde im Kampf schwer verwundet, Prinz John hofft auf den Thron. Weit ab von den Wirren des Krieges, auf dem Landgut Caldicot, wächst der 13-jährige Artus heran. […] Moment! Artus und Löwenherz? Nicht Artus und Uther Pendragon? Es ist das Schicksal eines Mythos, in immer neuen Kontexten zu erstehen – aber dieser scheint doch sehr gewagt. Die Irritation dauert jedoch nur so lange an, bis man sich von dem Zauber dieses außergewöhnlichen Romans von Kevin Crossley-Holland gefangen nehmen lässt. […] Schnell erkennt man, dass dieser junge Artus nicht der auf Tintagel Gezeugte ist.[528]

Rezensionen nicht professioneller Leserinnen und Leser sind in erster Linie als Kundenrezensionen auf Amazon.de zu finden. Im Gegensatz zu vielen anderen Werken der Kinder- und Jugendliteratur sind zu Crossley-Hollands Artus-Trilogie nur sehr wenige Kommentare zu finden: zum ersten und zweiten Band liegen je zwei Kundenrezensionen vor,[529] zum dritten Band nur eine einzige.[530] Letztere sowie je eine der beiden Rezensionen zu den anderen Bänden sind von Mitgliedern eines Redakteur-Teams verfasst, die eine Online-Rezensionsseite betreiben und die hauptberuflich journalistischen Tätigkeiten nachgehen.[531] Es handelt sich hierbei also ebenfalls um Expertenleser.

Auffallend an den Rezensionen der nicht professionellen Leserinnen und Leser ist, dass der Bezug zur Artusliteratur entweder nicht erkannt wird oder für nicht wichtig erachtet wird. Die Kommentare spiegeln eher Erwartungen im Bezug auf die Darstellung einer „wahren" Geschichte. So schreibt beispielsweise „Ein Kunde" zum ersten Band der Trilogie: „Wer sich für die wahre Geschichte

---

527 http://www.buecher.de/shop/artus-tafelrunde/artus-der-magische-spiegel/crossley-holland-kevin/products_products/content/prod_id/09887457/ (04.07.2012).

528 http://www.buecher.de/shop/artus-tafelrunde/artus-im-schatten-des-kreuzes/crossley-holland-kevin/products_products/detail/prod_id/12448876/ (04.07.2012).

529 http://www.amazon.de/Artus-magische-Spiegel-Kevin-Crossley-Holland/dp/3825173585/ref=pd_cp_b_1 und http://www.amazon.de/Artus-Zwischen-Welten-Kevin-Crossley-Holland/dp/ 3825173593/ ref=pd_cp_b_2 (04.07.2012).

530 http://www.amazon.de/Artus-Schatten-Kreuzes-Kevin-Crossley-Holland/dp/3825173607/ref=pd_cp_b_1 (04.07.2012).

531 http://www.media-mania.de/index.php?action=mediadaten (04.07.2012).

des König Artus und sein Schwert Excalibur interessiert, sollte dieses Buch nicht lesen. Es ist dann eher enttäuschend."[532]

Über den zweiten Band schreibt ein anderer Leser, nach eigenen Angaben Schüler einer 8. Klasse, unter anderem Folgendes:

> Man wartet daher die ganze Zeit auf den Höhepunkt, welchen es leider nicht gibt. Trotzdem wird es nicht langweilig, da sich die Geschichte leicht liest und man sich recht gut in die damaligen Verhältnis einfinden kann. Ab und zu fühlt man sich wie im Mittelalter.[533]

Diese Rezension verdeutlicht, dass der Leser den Text eher als Abbildung der realhistorischen Verhältnisse im Mittelalter liest als als Adaptation eines literarischen Stoffes.

Diese beiden Kundenrezensionen sind sicherlich nicht repräsentativ für die Rezeption der Trilogie in Deutschland, geben aber doch gewisse Hinweise auf mögliche Leserhaltungen, die vermutlich kein Einzelfall sind.

Was die Gestaltung der Buchtitel angeht, stellt man einen großen Unterschied zwischen den englischen und den deutschen Ausgaben fest.

Dass es sich um eine Trilogie handelt, wird bei sämtlichen Ausgaben schon durch die Einheitlichkeit der Titelgestaltung verdeutlicht. Bei der Titelgestaltung der Ausgaben des englischen Orion-Verlags nimmt ein einfarbiger Hintergrund, auf dem der Name des Autors sowie der Titel des Buches stehen, ungefähr drei Viertel der Seite ein. Der Name *Arthur* ist vom Rest des Titels durch eine Zeichnung getrennt, die deutlich an mittelalterliche Miniaturen angelehnt ist. Bei den ersten beiden Bänden ist der einfarbige Hintergrund von einem Muster aus heraldischen Lilien durchzogen. Im unteren Teil der Seite ist jeweils eine mittelalterliches Szene – beim ersten Band ein Tjost zweier Ritter, beim zweiten Band die Begegnung eines Ritters mit einer Dame und beim dritten Band ein Heer von Kreuzrittern auf mehreren Schiffen – dargestellt. Die Covergestaltung arbeitet also mit mittelalterlichen Elementen, jedoch nicht klischeehafter Art, sondern mit solchen, die tatsächlich Anschlussstellen für mediävistisches Wissen bieten.

Bei Titelgestaltung der *Adult Edition* des Phoenix-Verlags wird ebenfalls ein einfarbiger Hintergrund verwendet, auf dem jeweils an zentraler Stelle großformatig ein einzelnes Element abgebildet ist: ein Schild, ein Jutesack und eine Bügelkrone. Mit der Handlung des Romans stehen diese Bilder nicht direkt in

---

532 http://www.amazon.de/Artus-magische-Spiegel-Kevin-Crossley-Holland/dp/3825173585/ref=pd_cp_b_1c (04.07.2012).

533 http://www.amazon.de/Artus-Zwischen-Welten-Kevin-Crossley-Holland/dp/3825173593/ref=pd_cp_b_2 (04.07.2012).

Verbindung, sind aber geeignet, bei den Lesern Vorstellungen vom Mittelalter anzusprechen.

Die deutschen Cover der Romane sind ebenfalls einheitlich gestaltet: Das Zentrum der Titel bildet eine Darstellung des Protagonisten in verschiedenen Situationen, die sich jeweils auf die Handlung des Romans beziehen. Der Titel des Romans ist in zwei Teile aufgeteilt: zuoberst steht der Name des Protagonisten und darunter, in kleinerer Schrift, der Titel des Romans. Die Schriftart lehnt sich an die Unzialschrift an, einer Schrift, die eher der Antike als dem Mittelalter zuzuordnen ist. Umrandet wird der Kernbereich von einem bogenförmigen Ornament, in das wiederum weitere Bilder, die Szenen aus den Romanen darstellen, eingearbeitet sind. Der gesamte Aufbau des Covers erinnert an eine Miniatur, wenn auch in modernisierter Form.

Ein weiteres zentrales Gestaltungselement sowohl der englischen als auch der deutschen Ausgaben sind die verzierten Anfangsbuchstaben der Kapitel sowie weitere Illustrationen, die nach Angabe des Autors aus einer Reihe mittelalterlicher Quellen übernommen sind.[534]

4.6.2. „Es ist gut, den alten Geschichten zu lauschen"[535] – Lesen, schreiben, Geschichten erzählen

Die Verbindung zweier Erzählebenen macht die Besonderheit der Artus-Trilogie von Kevin Crossley-Holland aus. Seine Wiederaufnahmen des Artusstoffes werden nicht als zusammenhängende, durchgehende Geschichte, sondern als episodische Erzählung innerhalb einer Handlung erzählt, die den Anspruch erhebt, in einem realhistorischen Kontext zumindest vorstellbar zu sein. In diesen historischen Kontext wird die Rahmenhandlung auch deutlich verankert, nicht nur durch die genaue Nennung der Jahre, in denen sie sich abspielen soll, sondern auch durch die Einbindung historischer Personen und Ereignisse. Im dritten Band wird der Handlung zusätzlich eine Zeittafel angefügt, die Ereignisse des Romans und realhistorisches Geschehen vermischt. Die zeitliche Verortung der König-Artus-Handlung dagegen bleibt vage. Artus vermutet zunächst, dass sein Stein ihm reale Ereignisse zeigt und versucht daher, mehr darüber herauszufinden. Zuerst fragt er Merlin, der ihm diesen Stein geschenkt hatte. Dieser erklärt ihm die ersten Bilder, die Artus gesehen hat und erzählt ihm, dass der Mann, den der Stein ihm gezeigt hat, König Vortigern sei, ein König, der gelebt habe „[...] nachdem die Römer Britannien friedlich verlassen hatten. Bevor die Sachsen

---

534 Vgl. Crossley-Holland [4]2007 (Band 1), S. 14.
535 Crossley-Holland [4]2007 (Band 1), S. 135.

diesen Frieden brachen."[536] Und er fügt hinzu, König Vortigern sei Teil einer sehr alten Geschichte. Damit verortet er die Handlung im Stein historisch in die Zeit nach 400. Zudem präsentiert Crossley-Holland auf der erwähnten Zeittafel im dritten Band folgenden Eintrag: „ca. 500: Der legendäre König Artus besiegt die eindringenden Sachsen bei der Schlacht am Mount Badon."[537] Artus selbst weiß von diesen Ereignissen, die ihm ermöglichen würden, das Gesehene einzuordnen, natürlich nichts.

Zwar sieht der Junge Artus in seinem Stein immer wieder Episoden aus dem Leben von König Artus, und schließlich ergibt sich auch ein grob zusammenhängender Handlungsablauf von Artus' Zeugung bis zu seiner Entrückung, doch von einer kontinuierlichen Handlung, wie sie viele andere moderne Adaptationen des Artusstoffs präsentieren, kann nicht die Rede sein. Hinzu kommen, vor allem im zweiten Band, viele vordergründig zusammenhanglos wirkende Erzählungen über die Aventiuren der Ritter der Tafelrunde.

Durch diese Teilung in zwei Handlungsebenen leistet der Autor zweierlei: einerseits thematisiert er den fiktionalen Charakter der Geschichten um König Artus, andererseits deutet er an, in welcher Form diese sich in der mittelalterlichen Literatur darstellen. Die Erzählung um König Artus und seine Ritter wird nicht als Geschichte aus dem Mittelalter dargestellt, sondern als Fiktion, die im Mittelalter bereits Gegenstand von Literatur war. Crossley-Holland hat diese Darstellungsform bewusst gewählt, wie ein Zitat auf seiner Website zeigt: „So when and where should the historical strand be set? At the end of the twelfth and beginning of the thirteenth centuries, I thought, because this is precisely when King Arthur was about to enter the literary mainstream and become the pan-European hero;"[538]

Crossley-Hollands Artus rezipiert die Geschichten um seinen Namensvetter in einer phantastischen Art und Weise, die natürlich nicht dem mittelalterlichen Literaturbetrieb entspricht. Möglich ist, dass diese Form im Hinblick auf die Zielgruppe des Werks verwendet wurde, um ein phantastisches, Spannung erzeugendes Element einzufügen. Doch gerade im Hinblick auf eine unterrichtliche Beschäftigung mit der Trilogie lässt sich dieser Aspekt nutzbar machen, um zu thematisieren, dass mittelalterliche Literaturrezeption sich fundamental von dem unterscheidet, was moderne Leserinnen und Leser aus ihrer eigenen Lebenswirklichkeit kennen.

Innerhalb der ersten Handlungsebene erfährt die Leserin bzw. der Leser indes viel über den mittelalterlichen Literaturbetrieb: Artus lernt lesen und schrei-

---

536 Crossley-Holland [4]2007 (Band 1), S. 134.
537 Crossley-Holland 2004 (Band 3), S. 410.
538 http://www.kevincrossley-holland.com/fiction.html (04.07.2012).

ben bei einem Geistlichen, wobei ihn dies gegenüber seinem Umfeld auszeichnet, in dem sehr viele Menschen entweder Analphabeten sind oder zwar Grundkenntnisse der Schrift haben, aber nicht flüssig lesen und schreiben können. Er reist mit seinem Lehrer Oliver zu einer Abtei, um sich das dortige Skriptorium anzusehen und führt viele Gespräche mit Oliver über das Lesen und Schreiben. Dabei wird deutlich herausgestellt, dass der Besitz von Büchern und selbst ihre Verfügbarkeit in der eigenen Muttersprache keine Selbstverständlichkeit ist, wie es für die meisten modernen mitteleuropäischen Gesellschaften zutrifft:

> ‚Wie viele Bücher gibt es?', fragte ich Oliver. ‚Wo?' ‚Auf der ganzen Welt. Insgesamt.' […] Oliver presste seine Handflächen auf seinen Bauch und gab einen tiefen, geduldigen Seufzer von sich. ‚Das kann man unmöglich sagen', erwiderte er. ‚Es gibt Bücher in Lateinisch und Französisch und ein paar auf Hebräisch und Griechisch. Ich weiß auch nicht. Zwanzig oder sogar dreißig Bücher wurden in die englische Sprache übersetzt. Ich habe gehört, dass sogar ein oder zwei auf Englisch geschrieben wurden.'[539]

Oliver lehrt Artus auch, dass die Funktion von Literatur vorrangig religiöser Natur ist: „Jedes Wort, das zu Gottes Ruhm geschrieben wird, ist wie ein Hammerschlag auf des Teufels Schädel. Das lehrt uns der heilige Bernhard."[540]

Neben der Schriftlichkeit wird aber auch die mündliche Tradition thematisiert. Diese wird vor allem verkörpert durch Artus' Großmutter Nain, die das Lesen und Schreiben argwöhnisch betrachtet und die mündliche Überlieferung sehr viel höher schätzt. Sie schimpft über die Verschriftlichung von Geschichten: „Überlege dir, was passiert, wenn du dich auf das Schreiben verlässt. Dein Gedächtnis wird immer schwächer werden. Wenn etwas es wert ist, dass man es weiß, […] ist es auch wert, dass man sich daran erinnert."[541]

In der Abtei von Wenlock, die Artus mit seinem Lehrer Oliver besucht, trifft er auf Lady Marie de Meulan, die von Crossley-Holland selbst in der Personenübersicht mit Marie de France gleichgesetzt wird. Diese erklärt Artus ihre Dichtung: „‚Ich bin noch nie jemandem begegnet, der Geschichten erfindet', sagte ich. ‚Ich dichte sie nach alten bretonischen Vorlagen', erklärte Lady Marie. ‚Ich verändere sie, forme sie wie Ton. Damit sie erzählen, was ich damit ausdrücken möchte.'"[542]

Auch über die schriftliche Wiedergabe der Sprache wird Artus von Oliver unterrichtet:

---

539 Crossley-Holland [4]2007 (Band 1), S. 67 f.
540 Crossley-Holland [4]2007 (Band 1), S. 68.
541 Crossley-Holland [4]2007 (Band 1), S. 68.
542 Crossley-Holland 2002 (Band 2), S. 305.

‚Wie buchstabiert man ein Wort?', fragte mich Oliver heute Morgen. ‚Ich weiß nicht', sagte ich. ‚So, wie man es spricht?' ‚Aber zwei Personen können dasselbe Wort unterschiedlich aussprechen. Ist dir das noch nicht aufgefallen?' [...] ‚Hier im Grenzland sagen wir ›kannst du‹, aber weiter drüben im Osten, hinter Wenlock, sagen die Leute ›kannste‹. Und so werden dieselben Worte auf zwei verschiedene Weisen niedergeschrieben.' [...] ‚Und am Hof in London sagen die Leuten ›kaanst du‹, als ob sie durch ihre Nasen sprechen würden, und genauso schreiben sie das auch auf. Die Worte werden auf so viele verschiedene Arten geschrieben, wie es Aussprachen gibt.'[543]

All diese Informationen, die den Leserinnen und Lesern auf diese Art übermittelt werden, widersprechen in vielerlei Hinsicht dem, was Kinder und Jugendliche aus ihren eigenen Erfahrungen mit Literatur kennen: der unbegrenzten Verfügbarkeit von Büchern für eine breite, selbstverständlich des Lesens und Schreibens mächtige Öffentlichkeit, der Vorrangstellung schriftlicher Überlieferung, dem modernen Originalitätsbegriff sowie der Selbstverständlichkeit eines einheitlichen sprachlichen Regelwerks.

Die ausgeführten Aspekte sind nur einige von vielen Charakteristika der mittelalterlichen Literatur, die diese für Rezipienten mit modernen Lesegewohnheiten schwer zugänglich werden lässt. Ihre typischen Eigenschaften sind gleichzeitig Hemmnis und Lernchance, da sie die Leserinnen und Leser mittelalterlicher Literatur herausfordern, ihre Lesegewohnheiten zu erweitern und gleichzeitig auch im Bezug auf moderne Texte kritisch zu reflektieren. Ingrid Kasten, Hans-Jürgen Bachorski und Hartmut Kugler beschreiben die grundlegende Problematik folgendermaßen:

Literarische Texte gehören zu den Zeugnissen der Vergangenheit, die, anders als historische Quellen im engeren Sinn, nicht positives Wissen kodifizieren, sondern die auf je herrschende Muster der Weltdeutung und je eigene Möglichkeiten der Welterfahrung in einem gegebenen Kontext reagieren. Sie werden im Akt kritischen Verstehens rekonstruiert und finden so – von ihrem Gegenstandsbereich her – das kulturelle Gedächtnis. Texte der Gegenwart und der jüngeren Vergangenheit scheinen für solches Verstehen besonders offen, weil die Denkmuster und Kontexte, die sie bestimmen, noch zugänglich sind und nicht erst mühevoll recherchiert werden müssen. Diese Annahme kann jedoch zu einer identifikatorischen, zu einer vereinnahmenden Lektüre verleiten, die im Anderen nur das Eigene erkennt, weil es leicht übersehen wird, wie vielschichtig die Differenzen auch unter Zeitgenossen sind.[544]

Die Rahmenbedingungen des mittelalterlichen Literaturbetriebes wirken sich entscheidend auf die Texte aus: Haug akzentuiert „[...] das eminent Gesell-

---

543   Crossley-Holland [4]2007 (Band 1), S. 290.
544   Kasten/Bachorski/Kugler 1997, S. 66.

schaftliche der mittelalterlichen Poesie, ihren Vollzugscharakter, ihre Einbindung in konkrete Aufführungssituationen."[545]

In der „Andersheit" der mittelalterlichen Literatur, die sich in ihrer Fremdheit durch ihr Beziehungsverhältnis zum „Eigenen" auszeichnet, sehen Kasten,
Bachorski und Kugler besondere Lernchancen: „Im Rahmen des Faches Deutsch
bzw. der Germanistik kommt der Beschäftigung mit der Literatur des Mittelalters exemplarische Bedeutung bei dem Erwerb von Kompetenzen zu, die einen
reflektierten Umgang mit Fremdheit, mit ‚Andersheit' ermöglichen."[546]

Doch der Zugang zu dieser Literatur erweist sich oft als schwierig, gerade
für junge Leserinnen und Leser. Im Verhältnis zu bekannten Elementen, an die
angeknüpft werden könnte, ist die Anzahl der Elemente, die einen mittelalterlichen Text fremd wirken lassen, so groß, dass es oftmals schwierig ist, einen An-
satzpunkt für die Auseinandersetzung mit dieser Literatur zu finden.

Im Hinblick auf die Rezeptionshaltung scheint Crossley-Hollands Trilogie
zunächst den Lesegewohnheiten moderner Rezipienten entgegenzukommen. Sie
bietet einen Protagonisten im Alter der Zielgruppe an, mit dem eine Identifikation problemlos möglich ist, und setzt ihn in eine abenteuerliche, spannende
Handlung. Hinzu kommt, dass Artus' eigene Rezeption des Artusstoffes auf den
ersten Blick diese Leserhaltung widerspiegelt. Da Artus die Geschichten nur in
seinem Stein sieht, wird bedauerlicherweise die für das Mittelalter so charakteristische Einbindung der Literatur in konkrete Aufführungssituationen nicht
thematisiert. Doch über das, was Artus in seinem Stein sieht, macht er sich auch
ausführlich Gedanken. Von Anfang an ist Artus' Rezeption dessen, was er sieht,
stark auf Identifikation ausgerichtet, auch schon, bevor er König Artus selbst
zum ersten Mal im Stein sieht. Die Geschichte über Uther und Ygerna bringt
Artus auf die Idee, zu Allerheiligen „Raphael, den Engel der Liebenden" und
„Gerard, der schwangere Frauen beschützt"[547] anzurufen, als er aufgefordert
wird, die Namen seiner auserwählten Heiligen zu nennen. Später merkt der Junge Artus, dass „Artus-im-Stein", wie er ihn nennt, genauso aussieht wie er
selbst. In der ersten Geschichte, in der Artus-im-Stein auftaucht, spielt auch eine
Figur, die Artus den „Mann mit der Kapuze" nennt und die für ihn mit Merlin
identisch ist, eine große Rolle. Dieser Mann scheint seine Botschaft nicht nur an
Artus-im-Stein, sondern auch an seinen Zuschauer zu richten:

> ‚Jeder von uns braucht seine eigene Aufgabe, sein eigenes Abenteuer', sagt der
> Mann mit der Kapuze, ‚ansonsten verliert sich ein Mensch in sich selbst.' ‚Jeder von
> uns muss einen Traum haben, der ihm den Weg durch diese dunkle Welt erleuchtet',

---

545 Haug 1987, S. 24.
546 Kasten/Bachorski/Kugler 1997, S. 66.
547 Crossley-Holland [4]2007 (Band 1), S. 168.

fügt Sir Pellinore hinzu. ‚Nun, Artus‘, sagt der Mann mit der Kapuze mit seiner tiefen Stimme. ‚Was wird dein Abenteuer sein?‘ Dann nehmen der Mann mit der Kapuze und Sir Pellinore Artus bei den Armen und heben ihn auf die Füße. Sie verbeugen sich vor ihm und reichen ihm die Zügel des reiterlosen Pferdes. Sie steigen in ihre Sättel und reiten fort, tiefer in den Wald hinein. Artus ist allein. Er dreht sich um, sehr langsam – und ich erkenne ihn. Ich bin Artus: Artus-im-Stein ist ich.[548]

Auch weitere Personen, die im Stein auftreten, sind optisch identisch mit Personen aus Artus‘ Umfeld, beispielsweise Sir Ector mit Sir John, Artus‘ Pflegevater, und Kay mit Serle, dessen Sohn. In einer anderen Episode tauchen ein namenloser Ritter und eine Dame auf, die aussehen wie Artus‘ Vater Sir William und dessen Frau Lady Alice.

In der Wiedergabe der Geschichten – die Erzählperspektive der Romane ist homodiegetisch, und Artus wird in der Auflistung der Personen am Anfang der einzelnen Bände als „Verfasser dieses Buches" bezeichnet – spricht Artus oftmals von sich selbst, wenn es um Artus-im-Stein geht. Er empfindet das, was er im Stein sieht, sogar als eine Art zweites Leben:

> Ich lebe in zwei Welten. In meinem magischen Stein reite ich nach Osten. Hunderte von Rittern sind auf ihrem Weg nach London. Kay wird den Ritterschlag empfangen. Und am Hof der Kirche zum heiligen Paulus bewachen zehn Ritter Tag und Nacht das Schwert im Stein. Aber hier auf Caldicot ist Weihnachten![549]

Im letzten Kapitel des ersten Bandes unterhält sich Artus mit Merlin über die Bedeutung, die der Stein für ihn hat:

> ‚Aber wer bist du?‘, fragte Merlin. ‚Und wer wirst du sein? Das ist das Wichtigste.‘ Eine Weile saßen wir hoch oben auf dem Hügel. Der strahlende Himmel um uns herum atmete und schimmerte und blühte. ‚Ich bin Artus, der König!‘ sagte ich. ‚Und ich bin der zukünftige Knappe von Lord Stephen. Ich bin der Pflegesohn von Sir John und Lady Helen de Caldicot. Ich habe zwei Väter, zwei Müter… Mein Leben hier! Mein Leben im Stein! Was hat das alles zu bedeuten?‘ ‚Was glaubst du denn, was es bedeutet?‘, fragte Merlin. […] ‚Merlin‘, sagte ich. ‚Mein Stein hat mir kämpfende Drachen gezeigt und brennende Leidenschaft, Magie, Streit, kluge Worte und hinterhältige Intrigen, große Güte und Grausamkeit. Er zeigt mir das Beste und das Schlimmste, das Richtige und das Falsche, und ich bin ein Teil davon.‘ ‚Und ist das nicht genug?‘, fragte Merlin. ‚Nun, ich glaube, er will mir sagen, dass ich eine Aufgabe zu erfüllen habe. Aber ich weiß noch nicht, welche.‘ ‚Und wenn du es herausgefunden hast‘, sagte Merlin, ‚wirst du in deinen Namen hineingewachsen sein.‘[550]

---

548   Crossley-Holland [4]2007 (Band 1), S. 212 f.
549   Crossley-Holland [4]2007 (Band 1), S. 349.
550   Crossley-Holland [4]2007 (Band 1), S. 411 f.

Die Geschichte von Artus-im-Stein scheint also für Artus zunächst tatsächlich eine Art Prophezeiung zu sein. Parallelen zwischen den beiden Protagonisten lassen darauf schließen, dass der Werdegang von Artus-im-Stein dem Jungen Artus als Verhaltensmodell dient, um das zu erreichen, was Artus sich am meisten wünscht und was Artus-im-Stein bereits erreicht hat: Ritter zu werden und seine richtige Mutter zu finden.

Auch wenn Artus feststellen muss, dass Artus-im-Stein nicht mit ihm selbst identisch ist, behält er diese identifikatorische Rezeptionshaltung vor allem im Bezug auf den Teil der Handlung, in dem es direkt um König Artus geht, bis zum Ende des dritten Bandes bei. Seine Lektüre ist durchgehend darauf ausgerichtet, aus der Fiktion, die ihm gezeigt wird, Lehren für sein eigenes Leben zu ziehen:

> Am Anfang habe ich wirklich geglaubt, ich wäre er und er wäre ich. Aber dann sah ich, wie er Dinge vollbrachte, die ich nie tun könnte, und jetzt hat er sogar das Schwert aus dem Stein gezogen und wurde in Westminster zum König gekrönt. Aber mitzuerleben, dass Artus-im-Stein wieder mit seiner Mutter vereint ist, gibt mir neue Hoffnung bei der Suche nach meiner eigenen Mutter. Merlins Warnung wegen Sir Ulfius dagegen gemahnt mich daran, dass jede Sache ihr Gegenteil in sich trägt. Wo es Treue gibt, ist auch Verrat nicht weit. Mein ganzes Leben verändert sich und irgendwie gelingt es meinem geduldigen Stein, mir alle Facetten meines Selbst zu zeigen.[551]

Seine Gedanken kreisen vor allem um die Aufgabe, von der Merlin gesagt hatte, sie sei für jeden Menschen lebenswichtig. Zunächst gibt ihm sein Stein allerdings keine klare Antwort darauf. Artus selbst sieht mehrere Aufgaben in seinem Leben: „Ich habe mich gefragt, ob mein Dienst als Knappe meine Aufgabe ist. Meine wahre Mutter zu finden... das ist sicherlich eine wichtige Aufgabe. Das Kreuz zu nehmen. Das ist vielleicht die wichtigste Aufgabe von allen."[552] Letztendlich ist es aber doch der Stein, der ihm seine wahre Bestimmung zeigt:

> Eines Tages werde ich das Gut erben, das behauptet Sir William wenigstens. [...] Catmole, Catmole – immer wieder sage ich mir dieses Wort auf. Plötzlich begannen die Buchstaben zu tanzen, wie Sterne im Nachthimmel, wenn man versucht sie zu zählen. Cometal... Motcale... Malecot... Elmcota... Comelat. Und da fiel es mir wie Schuppen von den Augen. Ich sprang auf, füllte meine Lungen mit der kalten Oktoberluft und schrie laut auf. Catmole. Ich werde es neu bauen. Meine Lichtsäule! Meine Staubwolke – und mittendrin ein Kelch voll Sonnenlicht. Zuerst Venedig, dann der Kreuzzug und dann – mein eigenes Camelot in den Welsh Marches.[553]

---

551 Crossley-Holland 2002 (Band 2), S. 46.
552 Crossley-Holland 2002 (Band 2), S. 30.
553 Crossley-Holland 2002 (Band 2), S. 377.

Unter dem Eindruck der Erlebnisse aus dem Kreuzfahrerlager, aber auch aufgrund dessen, was Artus in seinem Stein sieht, entwickelt er eine Idee der Gemeinschaft auf seinem Gut, die deutlich von den Idealen der arthurischen Welt geprägt ist:

> Jeder Mensch hat seinen Platz im Leben – in einer Familie, auf einem Gut, in einem Königreich. Aber was ich will, ist, dass Catmole eine Gemeinschaft wird. Ein Kreis des Vertrauens. Ein unzerstörbarer Ring. Ich will, dass jeder dort weiß, dass wir einander brauchen und jeder Einzelne eine Rolle spielt. Das bedeutet nicht, dass es dort nicht auch Betrug und Heuchelei, Streit und Rivalität geben wird. Das liegt in der Natur der Dinge. Aber es gibt verschiedene Wege, dies zu vermeiden oder, wenn nötig, zu bestrafen, auch ohne Blut zu vergießen.[554]

Und Artus kommt zu einer abschließenden Einschätzung der Bedeutung seines Steins: „Mein Stein! Mein magischer Spiegel! In ihm habe ich meine eigenen Gedanken und Gefühle gesehen. Habe gesehen, was ich hoffte zu erreichen, und das, was ich niemals sein möchte."[555]

Artus' eigene Rezeptionshaltung ähnelt also grundsätzlich der, mit der viele moderne Leserinnen und Leser sich Texten annähern. Doch bei näherer Betrachtung ist die Art und Weise, wie Artus sich mit den Geschichten auseinandersetzt, auch gar nicht so weit vom Mittelalter entfernt: nach Walter Haug stellt der mittelalterliche Artusroman einen entscheidenden Wendepunkt in der Literaturgeschichte dar, da er den Übergang zur bewussten Fiktionalität markiert. An diesem Punkt löst sich die Literatur von ihrem Anspruch auf historische Wahrheit zugunsten einer strukturellen Wahrheit: „Diese fiktionalen Strukturmuster können nun nicht mehr eine als historisch aufgefaßte Welt konstituieren, nicht mehr wie die Muster der Heldendichtung sich auf faktische Wirklichkeit beziehen. Die Literatur löst sich von der Lebenswelt."[556] Entscheidend ist für die Rezeption dieser Literatur vor allem, welche Erfahrungen die Rezipienten in diesem Prozess machen. Dies geht so weit, dass Dichter wie Hartmann von Aue die literarische Erfahrung sogar über das Erlebnis der (fiktiven) Vergangenheit stellen:

> *mich jâmert wærlîchen,*
>
> *und hulfez iht, ich woldez clagen,*
>
> *daz nû bî unseren tagen*
>
> *solch vreude niemer werden mac*
>
> *der man ze den zîten pflac*
>
> *doch müezen wir ouch nû genesen.*

---

554   Crossley-Holland 2004 (Band 3), S. 397.
555   Crossley-Holland 2004 (Band 3), S. 397.
556   Haug 1994, S. 394 f.

ichn wolde dô niht sîn gewesen,

daz ich nû niht enwaere.

dâ uns noch mit ir maere

sô rehte wol wesen sol:

Dâ tâten in diu werc vil wol.[557]

Oder, wie Walter Haug es formuliert: „Die literarische Reflexion eines Geschehens ist höher zu bewerten als das Geschehen selbst."[558] Literatur ist dabei jedoch kein individuelles, sondern ein gesellschaftliches Phänomen:

> Es gibt im Mittelalter noch nicht den Künstler, der seine individuelle Dichtung im Gegensatz zur Gesellschaft realisiert und sich dabei selbst sucht und findet oder scheitert, wir haben vielmehr den Typus eines Dichters vor uns, der die Formen, mit denen er der vorgegebenen Tradition gemäß gestaltet, in der Gesellschaft, mit der Gesellschaft gewissermaßen diskutiert. Dies nicht als persönliche künstlerische Problematik, sondern als eine Weise, die Gesellschaft zu ihrem Selbstverständnis zu führen.[559]

Gleichzeitig wird die Rezeption zum existenziellen Prozess, der für die Vervollkommnung des Lebens, wenn nicht gar für das Seelenheil entscheidend ist. Allerdings ist dieser Anspruch so radikal, dass er nicht lange haltbar ist. Unter den genannten Vorgaben kann angenommen werden, dass die sensible Balance zwischen Literatur und Lebenswirklichkeit nach beiden Seiten in ein Ungleichgewicht gerät, das sich auf der einen Seite als Stilisierung des wirklichen Lebens nach dem Muster des Artusromans präsentiert, und die schließlich so fragwürdig wird, dass sie sich literarisch in Parodien des höfischen Romans niederschlägt. Auf der anderen Seite wird der Spielraum des Fiktionalen immer weiter verengt und an das Wirklichkeitsbild der Zeit angepasst.[560]

Auch bei Crossley-Hollands Artus lässt sich beobachten, wie die Rezeption der Geschichten zur existenziellen Erfahrung wird. Gleichzeitig zeigt sich aber auch, dass die Balance zwischen werkimmanenter Realität und Fiktion nicht dauerhaft haltbar ist und Artus dazu tendiert, das arthurische Ideal in seiner eigenen Lebenswirklichkeit umsetzen zu wollen. Und auch, wenn die Art, wie Artus das Gesehene auf sein eigenes Leben überträgt, bisweilen sehr modern anmutet, so ist seine Interpretation doch in vielerlei Hinsicht mittelalterlich geprägt. In vielen seiner Äußerungen über die Geschichten im Stein zeigen sich

---

557 Iwein, V. 48-58.
558 Haug 1994, S. 395.
559 Haug 1987, S. 24.
560 Vgl. Haug 1994, S. 395 f.

mittelalterliche Konzepte, wie zum Beispiel in seiner Interpretation der Geschichte von Erek und Enite:

> Ich glaube, Ereks Freunde hatten sogar in gewisser Weise Recht. Aus Leidenschaft für Enite wandte er sich von seinen ritterlichen Pflichten ab. Seine Güter mussten beaufsichtigt werden. Er musste Dienst bei Hof tun. Die Ehrlosen schützen. Und auf dem Schlachtfeld kämpfen, so wie Lord Stephen und ich es bald tun werden.[561]

Auch wenn Artus natürlich die Pflichten des Ritters im Zusammenhang mit seiner eigenen Lebenswirklichkeit interpretiert, greift er mit diesem Gedanken eine Problematik auf, die von Walter Haug als ein zentrales Thema des klassischen Artusromans identifiziert wurde: die *mâze*, auf der das arthurische Ideal beruht und die es sowohl gegen Herausforderungen aus der Gegenwelt als auch gegen Störungen von innen zu verteidigen gilt. Letztere führen zu dem, was Haug „innere Krise" des Ritters nennt, welche dann über den zweiten Aventiureweg aufgelöst werden muss.[562] Im *Erec* wird die *mâze* durch ein Übermaß an Minne gestört, was in Erecs *verligen* gipfelt.

Die Interpretation des Jungen Artus ist deutlich an seiner Lebenswirklichkeit ausgerichtet, weswegen er unter „ritterlichen Pflichten" eher die Führung von Gütern versteht als die Aventiure. Der Held, der im Mittelalter dagegen modellhaft für ein Ungleichgewicht zugunsten der ritterlichen Turnierfahrt auf Kosten der Minne steht, ist Iwein. Dessen Geschichte wird bei Crossley-Holland nicht thematisiert, doch Artus denkt im Zusammenhang mit der Erek-Geschichte auch über diese Problematik nach, ohne Iwein allerdings explizit als Modell zur Verfügung zu haben: „Andererseits: Wenn ein Ritter so oft und für so lange Zeit Heim und Herd fern bleiben muss, um seine Pflicht als Ritter zu tun, vernachlässigt er dann nicht gleichzeitig seine Ehe? Wie also kann ein liebevoller Ehemann auch ein guter Ritter sein?"[563]

Vor allem im zweiten Band, in dem der Fokus stärker auf den Rittern der Tafelrunde als auf Artus selbst liegt, mögen die einzelnen Geschichten der modernen Leserin oder dem modernen Leser zusammenhang- und sinnlos erscheinen, aber wieder zeigt sich ihre Funktion in der Interpretation durch den Jungen Artus: für ihn ergibt sich aus den Erzählungen ein detailliertes Bild des Rittertums, das er sich zum Vorbild nimmt. Allerdings muss er feststellen, dass dieses Ideal nicht im Geringsten der Realität entspricht. Sein Stein zeigt ihm Konzepte ritterlicher Ehre, die auf Respekt gegenüber dem Besiegten basieren. Gegner werden nicht einfach getötet, sondern in den meisten Fällen mit dem Auftrag, vom Sieg des Ritters der Tafelrunde zu berichten, an den Artushof geschickt. In

---

561 Crossley-Holland 2002 (Band 2), S. 248.
562 Vgl. Haug 2004, S. 118 f.
563 Crossley-Holland 2002 (Band 2), S. 248.

einem frühen Kapitel tötet der zukünftige König Artus einen Ritter und glaubt, damit einer Dame zu helfen. Diese ist aber über den Tod des Ritters entsetzt und klagt Artus an.[564] Auch Gawain wird sein Versuch, einen besiegten Gegner zu erschlagen, zum Verhängnis: er schlägt versehentlich der Dame des Ritters, die sich schützend über ihn wirft, den Kopf ab und wird in einer Umkehrung des üblichen Schemas an den Artushof geschickt, um zu berichten, er habe sich dem Ritter, den er eigentlich besiegt hatte, unterworfen.[565]

In seiner eigenen Lebenswirklichkeit muss Artus dagegen mit ansehen, wie Menschen handeln, ohne sich an den Idealen zu orientieren, die er sich selbst aufgrund seiner Rezeption der Artusgeschichten gesetzt hat. So muss er sich gegen seinen Willen einem Feldzug gegen die Stadt Zara anschließen, deren Bewohner sich gegen die Herrschaft Venedigs auflehnen, obwohl er den Kampf gegen Christen ablehnt. Auf diesem Feldzug erlebt er mit, wie andere Kreuzfahrer auf grausame Art und Weise einen kleinen Jungen töten. Über dieses Erlebnis unterhält er sich mit seinem Vater, Sir William:

,Was glaubst du, was das hier ist, Artus?', wollte er von mir wissen. ,Ein Spaziergang? Nein – es ist ein Kreuzzug! Hier bekommst du keinen Schinkenbraten vorgesetzt und auch keinen Pudding, sondern Menschenfleisch und geronnenes Blut.' ,Ein kleiner Junge!', rief ich. ,Erst acht oder neun Jahre alt!' Sir William spuckte Rotz auf den Boden. ,Das wird die in Zara wachrütteln', sagte er. ,Je eher sie sich besinnen, desto besser für uns alle.' ,Aber es muss doch… nun, so etwas wie einen Kodex geben. So etwas gibt es doch, oder nicht?' ,Was meinst du damit?' ,Nun, Regeln.' Sir William schnaubte. ,Regeln!', rief er verächtlich. Er trat zu mir und schlug mir auf die Schulter. ,Du wirst dich schon dran gewöhnen.' Ich will mich nicht daran gewöhnen. Nicht an das Töten von Kindern. Sir Lanzelot sagte, dass man Krieg führt, um Kinder und Frauen und andere unschuldige Menschen zu beschützen. Ich weiß, dass wir in den Kampf ziehen und ich bin bereit zu kämpfen – nun, wenigstens glaubte ich das. Aber nicht, wenn es bedeutet, Kinder zu töten und alte, wehrlose Männer zu erschlagen. Dadurch gewinnt man keine Ehre.[566]

Durch diese Diskrepanz zwischen werkimmanenter Realität und Fiktion wird auf die Tatsache Bezug genommen, dass die mittelalterliche Artusliteratur mitnichten die mittelalterliche Realität abbildet. Nach Haug ist das Element der bewussten Fiktionalität für das Verständnis mittelalterlicher Artusromane grundlegend:

An der Tatsache, daß mit dem arthurischen Roman erstmals im Mittelalter ein Strukturmuster entworfen worden ist, das fiktional ist und sich auch bewußt fiktional versteht, ist nicht zu zweifeln. Bewußt fiktional heißt auf der einen Seite, daß man sich

---

564 Vgl. Crossley-Holland [4]2007 (Band 1), S. 248 f.
565 Vgl. Crossley-Holland 2002 (Band 2), S. 154 f.
566 Crossley-Holland 2004 (Band 2), S. 221.

diese Fiktionalität nicht nebenbei erschleicht, sondern daß man sie offen präsentiert, ja daß der Sinn dieses Romans überhaupt nur erfaßt werden kann, wenn man seinen fiktionalen Charakter erkennt, und d.h. seine fiktionale Konstruktion durchschaut.[567] Die Fiktionalität und deren Verständnis stehen zudem in engem Zusammenhang mit der Struktur des Romans:

> Wer nicht erkennt, in welcher Weise sich die mehrstufigen Aventürenwege der arthurischen Ritter aufeinander beziehen, wer nicht durchschaut, daß die einzelnen Stationen in Entsprechungen und Kontrasten von einem strukturellen Gesamtkonzept her gesetzt sind und von daher gedeutet werden müssen, der gewinnt keinen Zugang zu diesem neuen literarischen Typus.[568]

Obwohl die König-Artus-Handlung auch Kapitel enthält, die sich auf die Ritter der Tafelrunde konzentrieren, ist sie grundsätzlich linear auf die Lebensgeschichte des Königs ausgerichtet, und zwar von seiner Zeugung bis zu seiner Entrückung. Eine Doppelwegstruktur, wie sie Haug für den mittelalterlichen Artusroman annimmt, ist nicht zu erkennen. Dementsprechend lässt sich auch keine „strukturelle Wahrheit"[569] in Haugs Sinne herausarbeiten.

Auch wenn Artus' Annahme, es handle sich um eine wahre Erzählung aus der fernen Vergangenheit, zwar nie bestätigt wird, wird sie auch nie widerlegt oder der fiktionale Charakter der Geschichten im Stein deutlich herausgestellt. Vielmehr weisen am Ende des dritten Bandes einige Indizien darauf hin, dass der Stein tatsächlich die Wirklichkeit zeigt: Artus identifiziert einen ihm gut bekannten Berg in der Nähe seiner Heimat Caldicot als den Berg, in den der schwer verwundete Artus entrückt wurde, er hegt lange Zeit den Verdacht, Merlin sei tatsächlich Teil der Ereignisse gewesen, die ihm sein Stein zeigt, und am Ende des dritten Bandes findet er den Lesestab König Artus', den er im Stein gesehen hat, in einem Saal in Catmole.

Zwar weist auch Haug darauf hin, dass die arthurische Welt oft genug „offensichtlich augenzwinkernd" als historisch ausgegeben wird[570], doch in Crossley-Hollands Romanen wird diese Möglichkeit zu sehr ernst genommen, als dass eine solche ironische oder humoristische Historisierung vorliegen könnte.

Zusammenfassend lässt sich feststellen, dass die Rezeptionshaltung von Crossley-Hollands Protagonisten wohl eher der einer modernen Leserin oder eines modernen Lesers entspricht als der eines mittelalterlichen Rezipienten. Doch immerhin sind zahlreiche Elemente vorhanden, die für unerfahrene Leserinnen und Leser Fragen aufwerfen – und diese lassen sich wiederum zum Aus-

---

567 Haug 1994, S. 393.
568 Haug 1994, S. 393 f.
569 Haug 1994, S. 394.
570 Vgl. Haug 1994, S. 395.

gangspunkt für die Auseinandersetzung mit mittelalterlicher Literatur machen. Entscheidend ist nicht, dass sich Artus genau wie ein mittelalterlicher Rezipient verhält – ein Kinder- und Jugendbuch, das die Struktur des mittelalterlichen Artusromans und die besondere Form der Fiktionalität auf wissenschaftlich vertretbare Weise vermittelt, ist zugegebenermaßen schwer vorstellbar –, sondern die Tatsache, dass der Rezeptionsprozess überhaupt reflektiert wird, und dies auch auf eine Art und Weise, die trotz allen Entgegenkommens gegenüber den Lesegewohnheiten der angesprochenen Zielgruppe Wege zur Beschäftigung mit mittelalterlicher Literatur eröffnet.

4.6.3. „Im Stein bin ich ich selbst und doch nicht ich selbst"[571] – Die König-Artus-Handlung

Zahlreiche moderne Adaptationen des Artusstoffes weisen eine lineare Handlungsstruktur auf, die oftmals dem Vorbild Malorys folgt und sich stark auf die Geschichte um Artus selbst sowie meist noch auf die Lancelot-Ginover-Handlung konzentriert. Die Aventiuren der einzelnen Artusritter spielen dagegen meist nur eine untergeordnete Rolle. Hinzu kommt, dass viele dieser Werke die Individualität der Figuren stark akzentuieren und in manchen Fällen auch psychologische Aspekte ins Zentrum stellen, wie Nancy Springers Roman *I am Mordred*[572], der hauptsächlich eine Betrachtung des psychischen Dilemmas der Hauptfigur ist, die versucht, dem ihr prophezeiten Schicksal zu entkommen, und dabei scheitert. Diese Darstellungsformen werden möglicherweise gewählt, um eine leichtere Identifikation mit den Protagonisten zu ermöglichen, vielleicht aber auch, weil dies eine in der modernen (Trivial-)Literatur gängige Art der Figurendarstellung ist.[573]

Für die mittelalterliche Literatur stellt sich die Situation natürlich gänzlich anders dar. Das im vorangegangenen Kapitel angesprochene Literaturverständnis des Mittelalters und vor allem der Übergang von Mündlichkeit zu Schriftlichkeit prägten die Texte entscheidend. Formales hat einen viel höheren Stellenwert, und die Originalität eines Textes zeigt sich nicht in neuen, unbekannten Einfällen des Dichters, sondern in der innovativen Ausfüllung eines bekannten Schemas. Besondere Bedeutung hat dies für den Artusroman und sein konstitutives Element, das Doppelwegschema.[574] Der Sinn einer Aventiure erschließt

---

571 Crossley-Holland 2002 (Band 2), S. 29.
572 Springer 1998.
573 Vgl. Mende 2012.
574 Vgl. Haug 1987, S. 24

sich nicht, wenn man sie isoliert betrachtet, sondern nur, wenn ihre Stellung innerhalb des Strukturschemas berücksichtigt wird. Grundlegend ist aber nicht nur der Weg der Ritter, sondern auch die Stellung des Artushofs. Er ist nicht einfach Ausgangs- und Endpunkt der Aventiurefahrt der Ritter, sondern auch ein Ort der gesellschaftlichen Sanktion ritterlichen Verhaltens. Dadurch, dass am Hof vom Sieg eines Ritters berichtet wird, der als Repräsentant des arthurischen Ideals fungiert, wird die Welt-Gegenwelt-Balance immer wieder neu bestätigt. Außerdem funktioniert er auch während der einzelnen Aventiuren bisweilen als Referenzpunkt, wenn ein besiegter Ritter vom Sieger an den Hof geschickt wird, um sich beispielsweise in den Dienst der Königin zu stellen.[575]

Der sehr stark formale, schematische Charakter des mittelalterlichen Artusromans wirkt sich auch auf die Figurendarstellung aus: die Texte präsentieren keine Individuen, sondern Typen, die ebenso festgelegt sind wie das Strukturschema. Ihre Motivation ist keine psychologische, sondern eine strukturelle. Dennoch zeigt ein Blick in viele Lehrwerke, dass der empathische, auf Identifikation ausgerichtete Rezeptionsmodus im Unterricht angeregt wird, weswegen davon ausgegangen werden muss, dass junge Leserinnen und Leser sich solche Texte genau auf diese Weise aneignen.[576] Da das Handeln der Figuren jedoch mit moderner Alltagslogik oft nicht nachzuvollziehen ist und die Figurenzeichnung darüber hinaus stark schematisch ist, sind Irritationen bei der Lektüre wahrscheinlich.

Die Figuren in der Handlung um König Artus in Crossley-Hollands Artus-Trilogie weisen nun genau dieses Charakteristikum auf: sie sind schwer greifbar, typenhaft, und ihre Handlungen lassen sich mit den Alltagserfahrungen einer zeitgenössischen Leserin oder eines zeitgenössischen Lesers bisweilen nur schwer erklären. Einzige Ausnahme ist König Artus, der dadurch, dass der Junge Artus sich mit ihm identifiziert, eine individuellere Charakterzeichnung erhält. Hier kommt es zu einer Brechung der Identifikation: junge Leserinnen und Leser identifizieren sich sehr wahrscheinlich mit dem Jungen Artus, dieser vergleicht sich selbst wiederum mit dem König. Eine Identifikation mit König Artus bei der Leserin oder beim Leser geschieht also, wenn überhaupt, auf einer sekundären Ebene.

Die Darstellung von Typen erfüllt im Mittelalter eine gesellschaftliche Funktion:

---

575 Es sollte allerdings nicht verschwiegen werden, dass die Annahme einer Doppelwegstruktur als entscheidendes Merkmal des Artusromans nicht unumstritten ist. Vgl. Schmid 1999.
576 Vgl. Mende 2011.

Immer wieder haben sich Kunst und Literatur ihrer bedient, um die gesellschaftlicher Praxis zugrunde liegenden verbindlichen sittlichen Normen(systeme) der jeweils herrschenden Moral und die Begründung von Formen und Prinzipen rechten
Handelns zu beweisen oder auch zu verwerfen.[577]

Individualität tritt dabei in den Hintergrund: „Ziel und Zweck literarischer Figurendarstellung ist es oft, im Einzelfall zugleich das Allgemeine zum Ausdruck
zu bringen und folglich das Überindividuelle, das Allgemein-Repräsentative zu
betonen."[578]

Auch wenn Artus, wie im vorangegangenen Kapitel dargestellt, intensiv
über die Bedeutung der Geschichten im Stein nachdenkt, liefern die Romane
keine Interpretationen der einzelnen Episoden. Gerade die Aventiuren der Artusritter, die oftmals in keinem unmittelbaren inhaltlichen Zusammenhang zur
Handlung um den Jungen Artus und auch nicht zum Rest der König-Artus-
Handlung stehen, mögen modernen Leserinnen und Lesern oft seltsam anmuten.
Gerade diese Eigenschaft aber bietet die Möglichkeit, sich mit dieser Fremdheit
auseinanderzusetzen und das Literaturverständnis über Texte hinaus, die sich für
eine identifikatorische Lektüre anbieten, zu erweitern.

In diesem Zusammenhang ist wichtig, dass die Figuren in Crossley-
Hollands Artus-Trilogie auch den mittelalterlichen Typen entsprechen: Artus als
Zentralfigur der ritterlichen Utopie, Keie, der spitzzüngige Truchsess, Parzival,
der anfänglich *tumbe* Held, und Merlin, der ambivalente und unheimliche Ratgeber des Königs. Die Figur des Lanzelot ist in ihrer Charakterisierung als Liebhaber der Königin eher an spätmittelalterliche als an hochmittelalterliche Texte
angelehnt.

Aus der Auswahl der Geschichten, die Artus in seinem Stein sieht, ergeben
sich ebenfalls Wege in die literarische Tradition.

Die einzelnen Episoden, die in der Handlung im Stein erzählt werden, sind
in der untenstehenden Tabelle zusammengefasst[579]:

Tab. 1: Die „Artus-im-Stein"-Handlung

Band	Inhalt	Seite
I	Trockenlegung des Teiches, Kampf der beiden Drachen	125-127

---

577 Wunderlich 2001, S. 13.
578 Wunderlich 2001, S. 16.
579 Die Seitenangaben beziehen sich auf folgende Ausgaben: Artus – Der magische Spiegel, München: dtv [4]2007/Artus – Zwischen den Welten, Stuttgart: Urachhaus
2002/Artus – Im Zeichen des Kreuzes, Stuttgart: Urachhaus 2004.

I	Artus zieht das Schwert aus dem Stein	368-371
I	Artus' Fähigkeit, das Schwert aus dem Stein zu ziehen, wird öffentlich überprüft, und Artus' Status als König wird anerkannt	374-379
I	Artus' Herkunft wird enthüllt	388-392
I	Die Ritter schwören König Artus Treue	399-402
II	Artus trifft zum ersten Mal seine Mutter	31-33
II	Artus' Krönung	42-45
II	Artus erhält Excalibur	64-66
II	Kampf gegen Ritter Starkarm	73-77
II	Artus' Heer kämpft gegen Aufständische	85-87
II	Artus begegnet Guinevere	95-96
II	Artus' Hochzeit	99-100
II	Artus bekommt die runde Tafel geschenkt	103-105
II	Balins Kampf mit dem scharlachroten Ritter	106-112
II	Tor gelangt zur Tafelrunde	120-122
II	Der weiße Hirsch erscheint vor der Tafelrunde	144-146
II	Gawain köpft versehentlich eine Dame	151-155
II	Gawains Bestrafung	156-159
II	Artus' dritte Begegnung mit Pellinore	164-165
II	Benennung des Artushofes als „Camelot"	172
II	Griflet wird von Artus zum Ritter geschlagen und kämpft gegen einen unbekannten Ritter	173-175

185

186

III	Letzter Kampf zwischen Artus und Mordred	351-355
III	Excalibur wird im See versenkt	362-364
III	Artus' Entrückung	387-389

Die Auflistung zeigt, dass einerseits zwar ein übergeordneter Handlungsbogen von Artus' Zeugung bis zu seinem letzten Kampf mit Mordred verfolgt wird, aber auch viele Episoden scheinbar zusammenhanglos aneinandergereiht wurden. Die Haupthandlung konzentriert sich im ersten Band auf Artus' Weg auf den Thron Britanniens, im dritten Band stehen die Gralssuche und die Handlung um Lanzelot und Guinevere im Vordergrund. Im zweiten Band dagegen treiben auch die Geschichten um Artus die Handlung nicht entscheidend voran. Hingegen werden die Aventiuren der einzelnen Ritter stärker akzentuiert. Eine sinntragende Struktur, also ein Doppelwegschema wie im mittelalterlichen Artusroman, lässt sich jedoch nicht herausarbeiten. Dennoch gibt es strukturelle Parallelen zur mittelalterlichen Literatur. Der Artusroman, aber auch andere Gattungen wie beispielsweise das Feenmärchen, sind gekennzeichnet von der Trennung zweier Welten. Aventiuren werden in der Regel nicht in der gewohnten Welt der Protagonisten – im Artusroman also am Hof – bestanden, sondern in der Aventiurewelt. Dort wird der Held im Allgemeinen mit Regeln konfrontiert, die von den ihm bekannten abweichen. Ähnliches gilt für das Verhältnis der Welten in Crossley-Hollands Artus-Trilogie: die Welt im Stein folgt nicht den Konventionen, die der Junge Artus aus seiner eigenen Welt kennt, und umgekehrt lassen sich die Regeln der Welt im Stein nicht problemlos auf die Lebenswirklichkeit Artus' übertragen.

Allerdings stellen diese strukturellen Parallelen kein Alleinstellungsmerkmal von Crossley-Hollands Artus-Romanen dar. Vielmehr ist die Trennung zweier Welten mit unterschiedlichen Konventionen, mit denen sich ein Protagonist auseinandersetzen und in die er sich einfinden muss, ein Charakteristikum vieler Werke der phantastischen Kinder- und Jugendliteratur. Dieses Schema tritt so häufig auf, dass es sogar zur Grundlage der gängigen Definitionen der phantastischen Kinder- und Jugendliteratur geworden ist.[580]

Wie bereits erwähnt, ist nach Walter Haug die Artusliteratur im Mittelalter entscheidend von drei verschiedenen Darstellungsformen des Königs geprägt: Artus als großer Heerführer, Kämpfer gegen Riesen und einer der neun Helden (die anderen sind Hektor, Alexander, Julius Cäsar, Josua, David, Judas Makka-

---

580 Vgl. Kapitel 3.1.

bäus, Karl der Große und Gottfried von Bouillon), Artus als passiver Fixpunkt der ritterlichen Utopie und Artus als Zentrum des Untergangs. Obwohl diese Bilder sich teilweise auch überlagern und über Jahrhunderte nebeneinander bestehen, lässt sich doch eine deutliche zeitliche und gattungsspezifische Zuordnung vornehmen: der Kämpfer Artus tritt vor allem in der Chronistik auf, der passive Artus im hochmittelalterlichen Artusroman und der gedemütigte und verratene König im *Prosa-Lancelot* und seinen Nachfolgern.[581]

Crossley-Holland zeigt zwar gerade im ersten Band auch einen aktiv handelnden Artus, doch ab dem zweiten Band dient der Artushof zusammen mit seinem König vor allem als Fixpunkt der Idealität, die immer wieder von der Außenwelt herausgefordert wird, woraufhin einzelne Ritter sich einer Aventiure stellen, um die Ordnung wieder herzustellen. Nach erfolgreich bestandener Aventiure kehren die Ritter an den Hof zurück und berichten von ihren Taten, wodurch das Ideal wieder als intakt bestätigt wird, bevor es erneut herausgefordert wird. Artus selbst tritt nicht mehr als handelnde Person auf, und selbst Merlin, der ihn anfangs immer wieder gedrängt hatte, seine Glaubwürdigkeit als König durch Bewährung im Kampf unter Beweis zu stellen, empfiehlt ihm, sich auf seine Ritter zu verlassen: „‚Lasst Eure Ritter über die Lande ziehen, um Unrecht wieder gutzumachen und nach dem Unmöglichen zu streben‘, sagt Merlin. ‚Ihr Ruhm ist auch der Eure.‘"[582]

Diese Darstellung ist insofern überraschend, als dass sie in der englischen Traditionslinie, die oft Grundlage moderner Adaptationen des Artusstoffes ist, keine bedeutende Rolle spielt. Vielmehr ist sie typisch für die französische und deutsche Artustradition des Mittelalters. Sie weist aber auch auf eine genaue Kenntnis der Überlieferung seitens des Autors hin, da diese Tradition einem weniger breiten Publikum bekannt und auch weniger anfällig für Klischeebildung ist als die auf Malory zurückgehende, englische Traditionslinie.

Aber auch die beiden anderen Artusbilder werden von Crossley-Holland zumindest angedeutet: so ordnen Artus' Ratgeber, die seinen Traum vom Rad der Fortuna deuten, ihn direkt in den Kanon der neun Helden ein, in einem anderen Kapitel wird von seinem Kampf gegen einen Riesen berichtet. Später gerät Artus durch die Thematisierung der Liebe zwischen Lanzelot und Guinevere in die Rolle des betrogenen Ehemanns. Allerdings bleibt er selbst in letzterer seltsam passiv: es scheint, als wären all seine Handlungen von außen motiviert, ein tatsächlicher Konflikt zwischen ihm und Lanzelot kommt nur auf Gawains Betreiben zustande. Und auch der letzte Kampf zwischen Artus und Mordred geht letztendlich auf einen Zufall zurück: Artus hatte im Traum Gawain gese-

---

581 Vgl. Haug 2004, S. 122.
582 Crossley-Holland 2002 (Band 2), S. 146.

hen, der ihm geraten hatte, Mordred ein Friedensangebot zu machen, um Zeit zu gewinnen, bis Lanzelot mit seinem Heer eintrifft. Artus folgt diesem Rat, doch als er seine Abmachung mit Mordred besiegeln will, kommt es zur Katastrophe:

> Nun schenken Sir Bedivere und Sir Lucan den Wein ein und Ritter, die einstmals Freunde waren und gemeinsam von Camelot ausgezogen waren, um Abenteuer zu bestehen, sprechen nach langer Zeit wieder miteinander. Sie lächeln sich an. Im Stechginster blinzelt etwas. Ein Auge. Eine Viper windet sich aus dem Busch. Auf ihrem Rücken kann ich ihr Diamantmuster erkennen. Sie gleitet durch die sandige Erde und beißt einen der Ritter in den rechten Fuß. Der Ritter schreit auf. Er greift nach seinem Schwert und zieht es blank, um die Schlange zu erschlagen. Die Klinge blitzt in der Sonne auf. Unten am Fuß des Hügels ertönen Hörner und Trompeten. Kurze, scharfe Stöße. Tausende von Männerstimmen kann ich hören, die grimmige Rufe und Schreie ausstoßen. ‚Weh für Britannien!‘, ruft der König aus. ‚Wegen einer Viper! Niemand kann die Schlacht jetzt noch aufhalten.‘[583]

Hier erfüllt sich letztendlich, was Artus' Ratgeber schon angekündigt hatten, als Artus seinen Traum vom Rad der Fortuna erzählt hatte:

> ‚Artus‘, spricht der erste weise Mann, ‚die Bedeutung Eures Traums ist offensichtlich. Fortuna gibt und Fortuna nimmt. Sie war eure Verbündete und jetzt ist sie Eure Feindin.‘ ‚Ihr habt den Zenit Eurer Macht erreicht‘, fährt der zweite Mann fort. ‚Von jetzt an wird alles, was Ihr anfasst, misslingen.‘ ‚Ihr und Ihr allein seid verantwortlich für Eure Taten‘, erklärt der dritte Weise, ‚und Ihr wisst selbst besser als jeder andere, dass man keine Macht ausüben kann, ohne sie auch zu missbrauchen. Je größer die Macht eines Menschen, desto schwerer wiegen seine Sünden. Gesteht Eure Schuld. Gründet Klöster und Abteien. Denn über kurz oder lang werdet Ihr tief fallen.‘[584]

In der König-Artus-Handlung, also der eigentlichen Adaptation des Artusstoffs im engeren Sinn, greift Crossley-Holland deutlich auf die mittelalterliche Literaturtradition zurück und verarbeitet seine Anleihen weitgehend auf reflektierte Art und Weise. Die Irritationen, die sich daraus für unerfahrene Leserinnen und Leser möglicherweise ergeben, lassen sich ausnutzen, um Lesegewohnheiten aufzubrechen, das Literaturverständnis zu erweitern und einen ersten Eindruck von der mittelalterlichen Literatur zu vermitteln.

---

583 Crossley-Holland 2004 (Band 3), S. 353 f.
584 Crossley-Holland 2004 (Band 3), S. 116 f.

4.6.4. „Es ist Gottes Wille"[585] – Denkmuster der Romanwelt

Das mittelalterliche Weltbild unterscheidet sich fundamental von dem moderner Gesellschaften. Ein allgemeines Bewusstsein hierfür besteht durchaus, was sich in immer wiederkehrenden Gegenüberstellungen einer modernen und einer mittelalterlichen Denkweise äußert, wobei der Begriff „mittelalterlich" in der Regel dazu benutzt wird, eine rückständige, veraltete Mentalität zu charakterisieren, von der sich die zeitgenössische Weltanschauung positiv abhebt.

Eine solche eingeschränkte Charakterisierung des mittelalterlichen Denkens wird der Komplexität der mittelalterlichen Philosophie und Kultur jedoch nicht gerecht. Gleichzeitig ist die Kenntnis dieser aus moderner Sicht oft schwer zugänglichen Denkweisen grundlegend für das Verständnis der Kultur des Mittelalters:

> Die historischen Ereignisse sind uns gut bekannt, doch weit geringer ihre inneren Ursachen, die Motive und Impulse, welche die Menschen im Mittelalter bewegen und sie zu sozialen und ideellen Kollisionen führen. Indessen stellen beliebige soziale Bewegungen stets Bewegungen von Menschen, von denkenden, fühlenden Wesen dar, die eine bestimmte Kultur besitzen und in ihrem Bewußtsein ganz bestimmte Ideen aufgenommen haben. Die Handlungen der Menschen wurden von den Werten und Idealen ihrer Epoche und ihrer Umwelt motiviert. Ohne in vollem Maße die Wertorientierungen und Kriterien, von denen sich die Menschen in der feudalen Gesellschaft freiwillig oder unfreiwillig leiten ließen, zu berücksichtigen, können wir keinen Anspruch auf eine wissenschaftliche Erklärung des historischen Prozesses erheben.[586]

Diese Voraussetzung gilt nicht nur für das Verständnis der historischen Ereignisse, sondern auch für die Literatur des Mittelalters. Aufgrund ihrer gesellschaftlichen Bedeutung ist die Frage, welches kulturelle Wertesystem hinter den Texten steht, von umso größerer Wichtigkeit.

Dass in Adaptationen mittelalterlicher Stoffe zeitgenössische Problematiken verhandelt werden, ist keine Seltenheit. Dies gilt auch für Werke der kanonischen Literatur wie Tankred Dorsts *Merlin oder das wüste Land*[587] oder Adolf Muschgs *Der rote Ritter*.[588] Die Aufgabe moderner Adaptationen mittelalterlicher Stoffe besteht grundsätzlich auch nicht darin, den Gehalt der mittelalterlichen Texte in einer modernen Sprache zu reproduzieren. Jeder Text entsteht unter den spezifischen Voraussetzungen seiner Zeit und wird unter diesen rezipiert,

---

585 Crossley-Holland [4]2007 (Band 1), S. 65.
586 Gurjewitsch 1978, S. 7.
587 Dorst 1981.
588 Muschg 1993.

und die Vermittlung eines differenzierten Mittelalterbildes durch Literatur kann nicht durch den Versuch, sämtliche Einflüsse der Entstehungszeit auszublenden, erreicht werden. Dennoch bestehen deutliche Unterschiede zwischen Texten, in denen die Diskrepanz zwischen modernem und mittelalterlichem Weltbild zumindest implizit thematisiert wird und ein Bewusstsein für die Unterschiede greifbar ist, und solchen, in denen das Mittelalter ausschließlich als Kulisse dient, vor der moderne Themen verhandelt werden, ohne dass auf die Differenz Bezug genommen wird. Dies gilt besonders für die phantastische Kinder- und Jugendliteratur sowie für die Fantasy-Literatur, in der nur allzu oft sämtliche historischen Unterschiede so stark geglättet werden, dass die Tatsache, dass eine Geschichte im Mittelalter spielt, völlig irrelevant wird.

Crossley-Holland dagegen blendet die Unterschiede nicht aus, sondern thematisiert die Denkmuster seines Protagonisten und seines Umfeldes ausführlich. Dabei fällt zunächst auf, dass der Alltag des Jungen Artus voll und ganz vom Christentum durchdrungen ist. Während Glaube oder Religion nur in wenigen Kinder- und Jugendbüchern mit Mittelalterbezug eine Rolle spielen, berichten viele Kapitel in Crossley-Hollands Trilogie von Artus' Unterricht bei dem Priester Oliver, andere wiederum von christlichen Festen, die das Jahr strukturieren. Dabei werden oft Bräuche gepflegt, die zwar hauptsächlich der Unterhaltung dienen, aber christlich gedeutet werden: an Halloween beispielsweise nimmt jedes unverheiratete Familienmitglied eine Schnecke, die zuvor von Priester Oliver gesegnet wurde, und setzt sie an die Wand in der Hoffnung, die Schleimspur würde den Namen des zukünftigen Ehepartners offenbaren.[589] Und als am Sankt-Stephans-Tag (2. Weihnachtsfeiertag) ein Wettbewerb im Weitspringen durchgeführt wird, wird Merlin von Oliver mit den Worten „Ein Sprung für den Glauben"[590] aufgefordert, teilzunehmen.

Sämtliche Ereignisse, egal ob positiv oder negativ wahrgenommen, werden über eine göttliche Einwirkung erklärt. Dies gilt beispielsweise für den Tod von Artus' Bruder Luke, der als Säugling stirbt, aber auch für die Wiederherstellung des Gemeinschaftsgefühls auf dem Landgut Caldicot, das nach einer Intrige gestört gewesen war:

> Heute ist der Namenstag der heiligen Barbara. Sie war eine schöne junge Frau, die von ihrem Vater ermordet wurde, weil sie Christin geworden war. Am Tag, nachdem er sie umgebracht hatte, wurde er von einem Blitz erschlagen. Ich glaube, das war ein Wunder. Aber als Bruder Fulk heute Morgen in den Hof ritt und wir uns alle Seite an Seite zusammensetzen mussten, ob wir wollten oder nicht, und alle von uns

---

589 Crossley-Holland ⁴2007 (Band 1), S. 151 f.
590 Crossley-Holland ⁴2007 (Band 1), S. 354.

zu Kindern Gottes wurden und seinen Worten lauschten, die halfen unseren gemeinsamen Körper zu heilen – nun, auch das war eine Art Wunder.[591]

Doch nicht nur der Einfluss Gottes auf die Menschen, sondern auch der des Teufels wird thematisiert: der Junge Artus leidet unter Schmerzen am Steißbein und
befürchtet, es könne sich um ein Teufelsmerkmal handeln, das böse Gedanken
verursacht. Priester Oliver schürt unwissentlich Artus' Ängste, indem er ihm
sagt, ein Schwanz sei das Kennzeichen eines Teufels in Menschengestalt und
Teufelsmerkmale würden wachsen, bis sie nicht mehr zu verbergen wären. Erst
Artus' Tante Alice kann ihn beruhigen und ihm klar machen, dass seine
Schmerzen natürliche Ursachen haben.

Ein weiteres wichtiges Thema der Romane ist Artus' Teilnahme am Kreuzzug, durch die die Bedeutung des christlichen Glaubens im Mittelalter nochmals
aus einem anderen Blickwinkel beleuchtet wird.

Im Mittelalter ist das Christentum die Grundlage für ein duales Weltbild:

> Die religiöse Konzeption des mittelalterlichen Raumes drückte sich auch in der Tei-
> lung der Welt in die Welt der Christen und die Welt der Ungläubigen, der Nicht-
> christen, aus. […] Die kulturvolle, wohlgeordnete Welt, über der sich Gottes Segen
> ausbreitet, war nur die Welt, die vom christlichen Glauben geschmückt und der Kir-
> che untergeordnet war. […] Eine solche Gliederung nach religiösen Kennzeichen
> bestimmte das Verhalten der Teilnehmer der Kreuzzüge in den Gebieten der Nicht-
> gläubigen. Methoden, die in christlichen Ländern nicht gestattet waren, waren im
> Krieg gegen ‚die Heiden' erlaubt.[592]

Diese Denkweise tritt auch in Crossley-Hollands Romanen zu Tage, zunächst
vor allem in Gesprächen zwischen Artus und Oliver:

> ‚Aber dienen die Sarazenen nicht auch Gott?' fragte ich. ‚Beten die Sarazenen nicht
> zu Gott?' ‚Sie beten zu dem falschen Propheten', sagte Oliver. ‚Sie sind keine wah-
> ren Gläubigen. Sarazenen sind Ungläubige.' ‚Sir William sagt, dass die Sarazenen
> die Christen so nennen', wand ich ein. ‚Ungläubige!' Oliver schnaubte. ‚Sie haben
> keine Ahnung von der Heiligen Schrift! Sie lesen sie nicht einmal!' ‚Sind Sarazenen
> und Christen auch gleich vor Gottes Angesicht?' ‚Aber nein!' empörte sich Oliver.
> ‚Natürlich sind sie das nicht! Vor Gottes Angesicht sind alle Christen gleich. Aber
> du kannst sicher sein, dass der Schlund der Hölle weit geöffnet ist für all die Heiden
> und Häretiker und Ungläubigen!'[593]

Während in solchen Gesprächen Oliver den Absolutheitsanspruch des Christentums vertritt, nimmt Artus die Ordnung, in der er lebt, nicht als selbstverständlich hin, obwohl er sie niemals ernsthaft in Frage stellt. Durch diese Darstellung

---

591 Crossley-Holland [4]2007 (Band 1), S. 297.
592 Gurjewitsch 1978, S. 75.
593 Crossley-Holland [4]2007 (Band 1), S. 66 f.

gelingt es Crossley-Holland, die für moderne Leserinnen und Leser fremde Weltanschauung zu diskutieren, ohne sie innerhalb der Handlung auszusetzen. Durch die Schilderung von Artus' Erlebnissen auf dem Kreuzzug schneidet er zudem ein weiteres Thema an, das auch in der mittelalterlichen Kreuzzugsliteratur bereits verhandelt wird: die Darstellung der Heiden einerseits als Wilde, anderseits als Edelmänner.[594] Dies wird vor allem deutlich in Artus' Gesprächen mit unterschiedlichen Personen, denen er in Venedig begegnet. Einerseits erzählen ihm die Männer, die mit Milon de Provins zum Kreuzzug aufgebrochen sind, schreckliche Dinge über die Sarazenen:

> ,Der hat's verdient', sagte Wido. ,Wir haben fünf Männer verloren, nur wegen ihm. Nach der Schlacht haben wir ihm den Bauch aufgeschlitzt, seine Eingeweide herausgeholt und sie um einen Pfahl geschlungen.' ,Die Sarazenen sind noch schlimmer', sagte Giff. ,Ich hab schon gegen die Deutschen gekämpft und gegen die aus Anjou, aber die Sarazenen sind das größte Übel. Wie die brüllen und kreischen können! Dieses fürchterliche Kreischen!'[595]

Andererseits erfährt Artus von kulturellen Errungenschaften der Sarazenen und von ihren berühmten Kenntnissen in Astronomie und Mathematik, die er bewundert. Auf dem Weg zum Kreuzzug begegnet er in Frankreich einem sarazenischen Kaufmann, dessen Freundlichkeit ihn sehr beeindruckt. Diese Erfahrungen wecken Zweifel an der Richtigkeit des Krieges, die jedoch immer wieder ausgeräumt werden:

> ,Die Sarazenen schreiben Bücher über Astronomie, Algebra und den Gesang', sagte ich. ,Barchent wurde zuerst in Ägypten hergestellt. Die Venezianer treiben Handel mit den Sarazenen! Und der einzige, den ich je kennen gelernt habe, war ein herzensguter Mann. Warum also sind die Sarazenen Feinde Gottes?' ,Weil sie die Christen verleugnen', sagte Lord Stephen. ,Weil sie Allah anbeten anstelle des einzig wahren Gottes. Weil sie sich vor einem falschen Propheten verneigen. Weil sie die heiligen Orte in Bethlehem und Jerusalem besudeln. Ist das nicht Grund genug?' ,Doch, Sir.'[596]

Damit eröffnet die Artus-Trilogie dasselbe Spannungsfeld wie mittelalterliche Kreuzzugsromane, zum Beispiel Wolframs von Eschenbach *Willehalm*. Obwohl es um eine kriegerische Auseinandersetzung zwischen Christen und „Heiden" – eigentlich Muslimen – geht, werden neben grausamen, unzivilisierten Ungläubigen auch heidnische Musterritter dargestellt. Willehalm selbst ist mit Gyburc, einer ehemaligen Heidin, die zum christlichen Glauben übergetreten ist, verheiratet. Ihr Vater ist der Anführer des Heers, das in den Kampf gegen die Christen

---

594 Vgl. z.B. Naumann 1925.
595 Crossley-Holland 2004 (Band 3), S. 45.
596 Crossley-Holland 2004 (Band 3), S. 47.

zieht. In einer Textpassage, die in der mediävistischen Forschung als „Toleranz-rede" bezeichnet wird, spricht Gyburc sich für eine Schonung der Feinde aus:

si sprach: »der tôtlîche val,

der hie ist geschehen ze bêder sît,

dar umbe ich der getouften nît

trag und ouch der heiden,

daz bezzet got in beiden

an mir, und sî ich schuldic dran.

die roemischen vürsten ich hie man,

daz ir kristenlîch êre mêret.

ob iuch got sô verre gêret,

daz ir mit strîte ûf Alischanz

rechet den jungen Vîvîanz

an mînen mâgen und an ir her

(die vindet ir mit grôzer wer),

und ob der heiden schummpfentiur ergê,

sô tuot, daz sælekeit wol stê:

hoeret eines tumben wîbes rât,

schônet der gotes hantgetât![597]

Die Bedeutung dieser Textstelle stellt in der germanistisch-mediävistischen For-schung immer noch ein ungelöstes Problem dar. Weitgehende Einigkeit herrscht zwar darüber, dass Gyburcs Rede nicht als Aufruf zur Toleranz zwischen den Religionen im aufklärerischen Sinne zu verstehen ist – Wolfram ist kein Vorläu-fer Lessings –, aber eine allgemein akzeptierte Erklärung, was genau mit *gotes hantgetât* gemeint ist und welche Implikationen besonders im Rahmen einer Kreuzzugsdichtung daraus erwachsen, wurde noch nicht gefunden.[598] Eine ähn-lich problematische Stelle ist der Tod des heidnischen Fürsten Tesereiz. Dieser wird als höchster Minneritter gepriesen, und zum Zeitpunkt seines Todes wird ein Geruchswunder geschildert, wie es für Sterbeszenen von Heiligen typisch ist.[599]

---

597 Willehalm, V. 306,12-306,28.
598 Vgl. hierzu vor allem Knapp 1993, Heinzle 1994, Heinzle 1998 und Knapp 2000.
599 Vgl. Willehalm, 87,28-88,14.

Wolframs *Willehalm* ist nur eines von zahlreichen Beispielen für die Darstellung „edler Heiden.“[600] Im Gegensatz zu *Die Nebel von Avalon*, in dem der Religionskonflikt von christlicher Seite aus stark vereinfacht dargestellt wird, greift Crossley-Holland die Problematik der Religionsbegegnung differenzierter auf und verweist so auf ein zentrales Thema der mittelalterlichen Kreuzzugsdichtung, einer Literatur, die besonders dem dritten Band seiner Artus-Trilogie thematisch sehr nahe steht.

Gerechtfertigt wird der Kreuzzug nicht nur durch das Beharren darauf, dass es Gottes Wille sei, sondern auch dadurch, dass man die Seelen der Heiden retten wolle:

> Gott verlangt von guten Christen, dass sie kämpfen und die Heiden von ihren Sünden reinigen. Wir werden die Sarazenen zu ihrem eigenen Heil bekämpfen. Kann es etwas Schlimmeres für einen Menschen geben, als zu sündigen und es nicht einmal zu wissen?[601]

Dies entspricht auch der mittelalterlichen Art und Weise, Gewalt gegen die Heiden zu rechtfertigen: „Da jedoch Christus für alle starb, darunter auch für die Schlechten, machte es sich die Kirche zu ihrer wichtigsten Mission, die Nichtchristen auf den Weg der Wahrheit zu bringen, sogar, wenn diese das selbst nicht wünschten – compelle intrare.“[602]

Durch die Kreuzzugs-Handlung wird darüber hinaus deutlich gemacht, dass die Omnipräsenz des Christentums im Mittelalter nicht nur eine individuelle, sondern auch eine institutionelle Seite hatte. Dies wird in der Artus-Trilogie deutlich, als die Kreuzfahrer sich bereit erklären wollen, den Venezianern im Kampf gegen die Stadt Zara beizustehen:

> Graf Simon wandte sich zu dem Abt, der daraufhin vortrat. ‚Ich bin Guy de Vaux‘, sagte er. ‚Ich bringe Euch einen Brief. Einen Brief des Heiligen Vaters in Rom.‘ Alle um mich herum hielten den Atem an. ‚Ja, aus Rom. Von Papst Innozenz persönlich. Ihr Herren, im Namen des Papstes verbiete ich euch, diese Stadt anzugreifen. Die Menschen hier sind Christen und ihr alle habt das Kreuz genommen. [...] Wenn Ihr dem Willen und den Befehl des Heiligen Vaters missachtet‘, fuhr er fort, ‚wird er euch die Gnade Gottes entziehen. Er wird Euch exkommunizieren.‘[603]

Göttliche Gnade hängt also nicht nur vom Individuum und seinem Verhältnis zu Gott ab, sondern auch vom Willen christlicher Machtinhaber, allen voran dem des Papstes.

---

600 Für weitere Beispiele siehe Naumann 1925.
601 Crossley-Holland 2002 (Band 2), S. 363.
602 Gurjewitsch 1978, S. 75 f.
603 Crossley-Holland 2004 (Band 3), S. 205 f.

Doch auch die Handlung im Stein spielt vor einem christlichen Hintergrund. Das Rittertum wird explizit mit dem christlichen Glauben in Verbindung gebracht, was Kays Worte anlässlich seiner Schwertleite verdeutlichen: „Ich will ein Ritter werden, um Christus unserem Herrn dienen zu können, mit reinem Leib und reiner Seele. Auf dass ich für Christus leben möge, wie er für mich gestorben ist."[604] Ritterlichkeit hat zunächst also nichts mit dem Bestehen von Abenteuern zu tun, wie es in klischeehaften Mittelalterbildern dargestellt wird, sondern mit einem Leben im Dienst Gottes. Auch die Aventiuren, die König Artus und seine Ritter bestehen, werden direkt in einen christlichen Kontext gesetzt, so zum Beispiel Artus' Kampf gegen den Riesen:

> Einen Moment lang schauen die drei zum Berggipfel empor. Von ihrem Standpunkt aus erkennen sie die kleine Rauchfahne, die sich von dem Felsvorsprung in den Himmel kräuselt, und auch die weißen Schwaden von des Riesen Feuer hoch oben auf dem Berg. ,Möge der Himmel ihn verschlingen!', sagt Artus-im-Stein. ,Amen' erwidern Sir Kay und Sir Bedivere [...] ,Alles, was ich für mich selbst begehre', sagt Artus, ,ist die Streitaxt des Riesen. Die und seinen Mantel. Ich werde eine Kirche auf diesem Berg bauen lassen, im Namen des Erzengels Michael, des Beschützers aller christlichen Kämpfer.'[605]

Ein weiterer Aspekt des mittelalterlichen Lebens, den die Romane genauer beleuchten, ist die feudale Gesellschaftsordnung. Artus ist mit Gatty, der Tochter des Gutsverwalters, befreundet und hegt große Sympathien für die meisten Menschen auf dem Landgut. Daher verbringt er oft Zeit mit Arbeiten, die vor allem nach der Meinung seines Vaters und seines Bruders für den Sohn eines Gutsherrn unangemessen sind. Außerdem empfindet er die gesellschaftlichen Unterschiede als ungerecht. Auch darüber spricht er mit seinem Lehrer Oliver:

> ,Mann oder Frau, Erstgeboren oder nicht – wir sind alle gleich vor Gottes Angesicht.' ,Das hast du mir schon mal gesagt', sagte ich, ,aber es kann einfach nicht wahr sein. Einige Menschen auf diesem Gut sind reich, aber die meisten sind arm. Einige haben reichlich zu essen, aber die meisten haben fast gar nichts. Das ist nicht gerecht.' ,Erinnere dich an das, was die Bibel sagt', mahnte Oliver. ,'Denn Arme habt ihr allezeit bei euch.' Ja, Artus. So sind die Dinge nun einmal. Armut ist Gottes Wille.' [...] ,Aber es ist nicht gerecht', wiederholte ich. ,Artus', sagte Oliver, ,ein Junge kann mehr Talent haben als ein anderer, aber ein guter Vater sollte ihn deswegen dem anderen nicht vorziehen. Er sollte all seinen Kindern die gleiche Zuneigung entgegenbringen. Genauso ist es mit Gott. Wir sind alle gleich in Gottes Augen.'[606]

---

604   Crossley-Holland [4]2007 (Band 1), S. 360.
605   Crossley-Holland 2002 (Band 2), S. 351 f.
606   Crossley-Holland [4]2007 (Band 1), S. 64 f.

In Olivers Aussagen spiegelt sich der charakteristische Umgang mit dem Phänomen Armut im Mittelalter: nach Gurjewitsch wird Armut im Mittelalter nicht als selbstständiges soziales und ökonomisches Problem behandelt, sondern lediglich im Zusammenhang mit anderen, nach mittelalterlichem Maßstab bedeutungsvolleren Problemen erörtert. Dementsprechend waren „Arme" und „Edle" keine rein ökonomischen Termini, weswegen die Begriffe auch keinen Gegensatz bildeten. Außerdem wurde Armut als ein Zeichen der Auserwähltheit gesehen: so gab es die Bezeichnung *Pauperes Christi*, mit der Menschen bezeichnet wurden, die irdischen Gütern entsagten, um sich einen Platz im Himmelreich zu sichern.[607]

Artus' Fragen stehen wiederum stellvertretend für eine moderne Sicht der Gesellschaft, in der soziale Ungleichheit negativ besetzt ist. Sie einer Figur, die der mittelalterlichen Gesellschaft angehört, in den Mund zu legen, ist zwar insofern kritisch, dass Artus' Überlegungen sicher nicht der Mentalität des Mittelalters entsprechen, aber vertretbar, da sie, ähnlich wie die Gespräche über die Sarazenen, ermöglichen, das mittelalterliche Weltbild zu thematisieren. Darüber hinaus geht Artus auch nie so weit, die gesellschaftliche Ordnung tatsächlich fundamental verändern zu wollen. Hier besteht eine deutliche Parallele zu seiner Haltung gegenüber dem christlichen Glauben und der Toleranz gegenüber anderen Religionen. Auch wenn er sich seine Herrschaft über Catmole in Anlehnung an sein Bild von Camelot als Gemeinschaft vorstellt, in der jeder einzelne eine wichtige Rolle spielt, hat er nie vor, die sozialen Unterschiede gänzlich aufzuheben. Er strebt zwar eine Wertschätzung jedes einzelnen Menschen an, stellt seine Rolle als Herrscher über diese Menschen allerdings nicht in Frage. Auch im Bezug auf Liebesbeziehungen werden die geltenden Konventionen ohne Widerstand akzeptiert: so sehr Artus Gatty, die Tochter des Gutsverwalters, mag, er kommt nie auf die Idee, sie heiraten zu wollen, sondern hofft, mit Grace de Gortanore verlobt zu werden, die allerdings seine Halbschwester ist, wie sich später herausstellt. Die Unmöglichkeit einer Liebesbeziehung zwischen Adel und Dienerschaft wird an Artus' Stiefbruder Serle vorgeführt: dieser verliebt sich in Tanwen, die Kammerfrau seiner Mutter, und zeugt mit ihr einen Sohn. Die Geburt des illegitimen Kindes hat schwere Konsequenzen für das Paar: Serle wird bestraft, indem er vorerst nicht zum Ritter geschlagen wird und muss Buße tun, Tanwen wird entlassen. Obwohl die ganze Familie unter dieser Situation leidet, wird nie in Erwägung gezogen, das Paar zusammenleben zu lassen.

In der Gesellschaftsordnung, wie sie auf Caldicot und den anderen Landgütern herrscht, spiegeln sich die Denkmuster, auf denen die mittelalterliche Ge-

---

607 Vgl. Gurjewitsch 1978, S. 15.

sellschaft basiert, allen voran die Idee von der Priorität des Gemeinwohls über das Wohl des Individuums:

> Das Recht ist, wie auch der ‚gesellschaftliche Körper', unsterblich, während der Mensch sterblich ist. Wesentlich ist das Wohl des Ganzen und nicht des verschwindend kleinen Teils, des einzelnen Individuums. Letzeres wurde nach dieser Theorie von der Gesellschaft, dem großen einheitlichen Organismus, in dem jedes Mitglied seine bestimmte Funktion erfüllt und seine Berufung hat (vocatio), als vollkommen verschlungen betrachtet. Das Individuum existiert folglich nicht für sich allein. Wichtig ist nicht seine Persönlichkeit, sondern das von ihm eingenommene Amt und der Dienst, den es ausübt.[608]

Dies wird besonders deutlich in Artus' Reaktion auf den Gerichtstag auf Caldicot und die Verurteilung des Kuhhirten Lankins aufgrund einer Intrige, in der die Vorstellung der Gesellschaft als Organismus explizit aufgenommen wird:

> Am Tag des Gerichts auf Caldicot hatten sich die Leute gegeneinander gewandt und einige hatten Lügen erzählt. Aber als ich mich in der Kirche umblickte und sah, dass alle miteinander redeten und aufgeregt durcheinander sprachen, sogar Jankin, da dachte ich, dass wir doch alle wie ein einziger Körper sind, Teile eines verwundeten Körpers, der sich nach Heilung sehnt und nach Frieden und Freundschaft.[609]

Artus' Wunsch nach der Bildung einer Gemeinschaft mutet wie eine moderne Umdeutung dieser Idee an: auch in seiner Vorstellung einer idealen Gesellschaft steht das Gemeinwohl im Vordergrund, es wurzelt allerdings nicht im Aufgeben der Individualität zugunsten des Kollektivs, sondern im Gegenteil auf dem individuellen Erkennen der eigenen Bedeutung für die Gesamtheit: „Aber was ich will, ist, dass Catmole eine Gemeinschaft wird. Ein Kreis des Vertrauens. Ein unzerstörbarer Ring. Ich will, dass jeder dort weiß, dass wir einander brauchen und jeder einzelne eine Rolle spielt."[610]

Das mittelalterliche Weltbild war entscheidend geprägt vom Grundgedanken der Harmonie und Einheit. Teilbereiche der Welt wurden daher nicht als solche aufgefasst, sondern als Abbilder des Ganzen betrachtet: „Alles Existierende geht auf ein zentrales regulatives Prinzip zurück, fügt sich in eine geordnete Hierarchie ein und befindet sich in einem harmonischen Verhältnis zu den anderen Elementen des Kosmos."[611] Das regulative Prinzip, auf das sich alles bezieht, ist Gott, und er spiegelt sich folglich auch in den kleinsten Dingen, die die Menschen umgeben. Dies zeigt sich beispielsweise in der mittelalterlichen Zahlenmystik, nach der bestimmte Zahlen und Zahlenkombinationen Ausdruck der

---

608 Gurjewitsch 1978, S. 197 f.
609 Crossley-Holland [4]2007 (Band 1), S. 296 f.
610 Crossley-Holland 2004 (Band 3), S. 397.
611 Gurjewitsch 1978, S. 327.

göttlichen Ordnung sind. Aber auch Worten wurde eine magische Kraft zugeschrieben. Ein Wort zu deuten, hieß das Wesen der bezeichneten Sache zu enthüllen. Dabei geht der Gehalt der Wörter weit über das hinaus, was moderne Menschen unter Metaphern und Symbolen verstehen[612]:

> Das Symbol ist in mittelalterlicher Sicht keine einfache Konvention, sondern es besitzt eine sehr große Bedeutung und ist von tiefstem Sinn erfüllt. [...] Die Welt ist ein Buch, das von Gottes Hand geschrieben wurde, in dem jedes Wesen ein Wort darstellt, das mit Sinn erfüllt ist.[613]

Auch wenn diese Denkweise nicht explizit erklärt wird, so wird doch in verschiedenen Kapiteln auf sie Bezug genommen, wenn die Gedanken des Jungen Artus wiedergegeben werden. So gibt es zum Beispiel ein kurzes Kapitel über die Bedeutung des Namens „Jack."[614] Außerdem ziehen sich Reflexionen über die Bedeutung der Zahl neun durch alle drei Romane. Merlin sagt Artus, jeder Mensch sei einer Zahl verpflichtet, woraufhin Artus feststellt, dass er drei Sorgen, drei Ängste und drei Freuden hat, und die neun folglich seine Zahl ist.[615] Die Zahl neun bzw. genauer drei mal drei, begleiten Artus durch sein ganzes Leben. Immer wieder findet er sie in den Dingen, die er sieht und erlebt. Artus' Gedanken über die Bedeutung der Zahlen sind nicht handlungsrelevant und daher auf den ersten Blick für eine moderne Leserin oder einen modernen Leser vielleicht überflüssig. Doch bei genauerer Betrachtung sind auch sie ein Hinweis auf die Denkmodelle des Mittelalters und bieten so eine Möglichkeit, zum Wissensaufbau beizutragen.

4.6.5. Fazit

Die Betrachtung der unterschiedlichen Wertungskriterien zeigt, dass die Artus-Trilogie von Kevin Crossley-Holland im Hinblick auf die erarbeiteten axiologischen Werte durchaus positiv zu bewerten ist:

4.6.5.1. Doppelsinn

In den drei Romanen gibt es zahlreiche Handlungselemente, von denen ausgehend sich bei entsprechendem Hintergrundwissen weitere Sinnebenen erschließen lassen. Exemplarisch sollen an dieser Stelle die Geschichte um Erek und

---

612 Vgl. Gurjewitsch 1978, S. 329 ff.
613 Gurjewitsch 1978, S. 331.
614 Crossley-Holland [4]2007 (Band 1), S. 58 f.
615 Crossley-Holland [4]2007 (Band 1), S. 76 f.

ihre Interpretation durch den Jungen Artus genannt werden: eine Leserin oder ein Leser, der über germanistisch-mediävistisches Wissen verfügt und mit dem Konzept der *mâze* und ihrer Herausforderung durch verabsolutierte Ansprüche entweder des Rittertums oder der Liebe vertraut ist, versteht die Gedanken Artus' zur Vereinbarkeit von Rittertum und Ehe sicherlich anders als ein Rezipient, der nicht über solches Wissen verfügt.

Gleichzeitig zeichnen sich die Romane durch eine hohe Stimmigkeit aus, die dazu führt, dass die Texte nicht unverständlich werden, wenn ein Leser nicht über Vorwissen im Bezug auf das Mittelalter verfügt.

4.6.5.2. Entautomatisierung der Lektüre

Die Bücher sind in mehrerlei Hinsicht geeignet, Entautomatisierungseffekte bei den jungen Leserinnen und Lesern auszulösen. Dies ist vor allem auf die Struktur der Romane zurückzuführen: zum einen, weil die Handlung um König Artus nicht im Vordergrund steht und nicht lückenlos erzählt wird, zum anderen aufgrund der Figurendarstellung in den Handlungsabschnitten, die sich im Stein abspielen. Gerade letztere läuft den Rezeptionsgewohnheiten moderner Leserinnen und Leser entgegen, die in der Regel auf Identifikation und Empathie mit den literarischen Figuren ausgerichtet sind.

Die bereits erwähnten Leserrezensionen, die auf Amazon.de zu finden sind, weisen darauf hin, dass solche Entautomatisierungseffekte tatsächlich auftreten und zu Irritationen bei den Leserinnen und Lesern führen.

4.6.5.3. Anschlussmöglichkeiten für Wissen

Die Romane bieten an zahlreichen Stellen Anschlussmöglichkeiten für Faktenwissen über das Mittelalter und seine Literatur. Die Wissensbestände, die angeschlossen werden können, sind breit gefächert und betreffen sowohl Kenntnisse über den Artusstoff und seine Bearbeitungen, die mittelalterliche Kreuzzugsliteratur und den mittelalterlichen Literaturbetrieb, als auch Wissen über die historischen Verhältnisse und mittelalterliche Denkmuster. Dass Expertenleser diesen Anschluss von Wissen sofort vornehmen, zeigt sich in den zitierten Rezensionen. Ebenso lässt sich feststellen, dass junge Leserinnen und Leser, die eben nicht über dasselbe Vorwissen verfügen, den Text bisweilen ganz anders verstehen, wenn man den bereits in Auszügen aufgeführten Leserkommentar des Achtklässlers auf Amazon.de betrachtet: „Auch die eingeschobenen Geschichten um Artus und die Tafelrunde sind schön zu lesen, obwohl manchmal ein bisschen der Zusammenhang fehlt."[616]

4.6.5.4. Beitrag zum Wissensaufbau

Für Leserinnen und Leser, die noch nicht über die oben erwähnten Wissensbestände verfügen, besteht die Möglichkeit, diese zumindest teilweise über die Lektüre zu gewinnen. Allerdings ist es hierfür nötig, dass die Rezipienten tatsächlich erkennen, dass in den Büchern wissenschaftlich fundierte Informationen weitergegeben werden.

4.6.5.5. Kohärenz zwischen extratextuellen Signalen und textimmanenten Informationen

Die äußere Präsentation der Bücher sowie die Informationen, die sich über sie vor allem im Internet finden lassen, suggerieren, dass hier tatsächlich eine reflektierte Auseinandersetzung mit dem Mittelalter und seiner Literatur stattfindet. Diese Annahme bestätigt sich bei der Lektüre der Texte in mehrerlei Hinsicht, wie in den vorhergegangen Kapiteln gezeigt wurde. Die Bücher geben also nicht nur vor, eine Idee vom Mittelalter und seiner Literatur zu vermitteln, sondern halten dieses Versprechen auch ein. Ruft man sich den bereits zitierten Leserkommentar auf Amazon.de in Erinnerung, dass das Buch eher enttäuschend sei, wenn man sich für die „wahre" Geschichte Artus' interessiere[617], stellt man allerdings fest, dass gewisse Leser sich dieser Leistung Crossley-Hollands nicht bewusst sind. Dabei wird den Rezipienten die Möglichkeit geboten, genau das zu finden, was der zitierte Leser anspricht, nämlich die „wahre" Geschichte über Artus und seine Ritter der Tafelrunde: die Geschichte einer literarischen Figur und ihrer Rezeption in einer Zeit, in der der Stoff den Höhepunkt seiner Popularität erreichte.

4.6.5.6. Darstellung eines differenzierten Mittelalterbildes

Das Mittelalterbild, das die Romane zeichnen, ist keinesfalls klischeehaft und auf ein „dunkles" oder „romantisches" Mittelalter beschränkt, sondern äußerst differenziert. Darüber hinaus werden mittelalterliche Denkmuster thematisiert

---

616 http://www.amazon.de/Artus-Zwischen-Welten-Kevin-Crossley-Holland/dp/3825173593/ref=pd_cp_b_2 (04.07.2012).

617 http://www.amazon.de/Artus-magische-Spiegel-Kevin-Crossley-Holland/dp/3825173585/ref=pd_cp_b_1c (04.07.2012).

und auf der Handlungsebene reflektiert. Artus fungiert oftmals als Stimme des modernen Rezipienten, wenn er nach dem Sinn der Konventionen fragt, denen die Gesellschaft gehorcht, in der er lebt. Dadurch erhalten nicht nur der Protagonist, sondern auch die Leserinnen und Leser Erklärungen zu den Denkmustern des Mittelalters.

4.6.5.7. Intertextuelle Bezüge

Die Texte verfügen über viele intertextuelle Bezüge, die sich vor allem über das Merkmal der Referentialität konstituieren. Die Referenzen sind allerdings in Bezug auf das Kriterium der Selektivität weniger intensiv intertextuell, da es sich eher um Systemreferenzen als um Einzeltextreferenzen handelt: so werden nicht konkrete Prätexte referenziert, sondern vielmehr unterschiedliche Traditionslinien, wie zum Beispiel die deutsche und französische Tradition des Artusromans. Diese Systemreferenzen sind jedoch sehr vielfältig und decken ein breites Spektrum an Traditionen ab. Die Artus-Trilogie verwendet die mittelalterliche Literatur zumindest ansatzweise als strukturelle Folie, wenn auch keine sinntragende Struktur im Sinne eines Doppelwegschemas auszumachen ist.

4.6.5.8. Erkenntnisgewinn über Prätexte

Die wichtigste Erkenntnis, die Leserinnen und Leser aus der Lektüre der Artus-Trilogie gewinnen können, ist, dass die Texte der mittelalterlichen Artusliteratur keine Geschichtsschreibung betreiben, sondern Literatur sind. König Artus wird nicht als mittelalterlicher Herrscher dargestellt, sondern als eine fiktionale Figur, die wiederum aus der Perspektive eines im Mittelalter lebenden Protagonisten betrachtet wird. Außerdem wird durch die Berücksichtigung vieler unterschiedlicher Traditionslinien die Vielfalt der mittelalterlichen Artusliteratur angedeutet. Ein Erkenntnisgewinn kann sich also durchaus einstellen, es ist allerdings wahrscheinlich, dass dies nicht automatisch geschieht. Eine Anleitung der Lektüre durch erfahrene Leserinnen und Leser ist also äußerst wünschenswert.

4.6.5.9. Übereinstimmung der Bedeutungszumessungen mit ihrer literarischen Tradition

Dieses Kriterium lässt sich nicht eindeutig beurteilen, da in den Romanen keine stofflichen Elemente im Vordergrund stehen, bei denen im Mittelalter eine besondere Sinnzuschreibung vorgenommen worden wäre.

Trotz der hohen Qualität der Bücher ist davon auszugehen, dass junge Leserinnen und Leser das Potential der Bücher ohne die Anleitung von erwachsenen Vermittlern nur in Ausnahmefällen nutzen können. Daher ist gerade bei diesen Werken eine schulische oder außerschulische Anschlusskommunikation wichtig, die von den Empfindungen der jungen Leserinnen und Leser bei der Lektüre ausgeht und die vorhandenen Rezeptionsmuster und Vorstellungen vom Mittelalter thematisiert, um sie dann aufzubrechen und zu differenzieren.

4.7. Peter Schwindt: Gwydion

4.7.1. „Vorurteile"

Auch über Peter Schwindts Gwydion-Romane lassen sich vergleichsweise nur wenige Informationen finden, die zur Bildung von Vorurteilen im Sinne von Vorwissen, das an den Text herangetragen wird, führen können. Die ergiebigste Quelle stellen Leserrezensionen dar, die auf verschiedenen Internetseiten zur Kinder- und Jugendliteratur bzw. zur Fantasy-Literatur veröffentlicht werden. Durch die Betrachtung der Werke in diesem Rahmen kann bereits eine gewisse Leserlenkung stattfinden, die Erwartungen im Bezug auf einen Lernzuwachs über das Mittelalter wenig wahrscheinlich erscheinen lassen.

Die entsprechenden Rezensionen enthalten jedoch durchaus Hinweise darauf, dass Leserinnen und Leser einen Bezug zur literarischen Tradition herstellen:

> Kann man einem bereits so oft verwendeten Sagenstoff wie den Geschichten um König Artus überhaupt noch eine neue Facette abgewinnen? Die Zahl der Adaptionen geht mittlerweile wohl in die Hunderte, und es scheint zum guten Ton zu gehören, als Fantasy-Autor mindestens einen Roman darüber geschrieben zu haben. Warum der Sagenkreis so beliebt ist kann nur vermutet werden? (sic!) Namen und Figuren sind den meisten Lesern schon seit ihrer Kindheit vertraut, die Chance, dass sie nach dem Buch greifen ist durch den Wiedererkennungseffekt größer. Man weiß in etwa, was man bekommt...[618]

In dieser Rezension fällt besonders die Verbindung zwischen Fantasy und dem Artusstoff auf, die der Verfasser akzentuiert. Ein vermeintlicher realhistorischer Bezug tritt dagegen in den Hintergrund.

Eine andere Rezension nennt die Kernelemente, die der Verfasser anscheinend mit dem Artusstoff in Verbindung bringt:

---

618   http://www.fantasyguide.de/2792.0.html (04.07.2012).

Die Suche nach dem Heiligen Gral, dem Becher des letzten Abendmahls Jesu Christi, bewegt die Menschheit seit Generationen. Sagen und Legenden wurden darum herum gesponnen und sind bis heute so lebendig, dass man gar nicht mehr genau unterscheiden kann, wo Historie aufhört und Fantasie beginnt. Eine der bekanntesten Sagen dieses Stoffes dürfte die um König Artus, sein legendäres Schloss Camelot und die Ritter der Tafelrunde sein, die bis heute – natürlich auch durch die mannigfaltige Aufarbeitung dieses Themas durch die Filmindustrie – in vielen Köpfen allgegenwärtig ist. Der gute König Artus und seine Ritter, die sich stets auf dem Pfad der Tugend befanden und natürlich mit befreitem Herzen gegen das Böse kämpften, sind wohl jedem Kind ein Begriff.[619]

Es wird davon ausgegangen, dass Leserinnen und Leser bei der ersten Lektüre schon auf Vorwissen über den Artusstoff zurückgreifen können, und dass das Wiedererkennen die Lesefreude steigert. Darüber hinaus wird hier wiederum ein vermeintlicher Bezug zur Geschichte akzentuiert und die Vermischung von realen Ereignissen und Sage betont. Der letzte Satz des Textes spiegelt so etwas wie die Quintessenz des populären Artusbildes wider: das tugendhafte Leben der Artusritter und ihr ständiger Kampf gegen das Böse.

In der Neuinterpretation des Stoffes durch Peter Schwindt sehen viele Rezensenten einen Weg, Leserinnen und Leser zur Beschäftigung mit anderen Werken der Artusliteratur anzuregen:

Hier leben alte Legenden wieder auf, die vielleicht bei mancher Schullektüre etwas ‚dröge‘ erzählt worden sein mögen. Schwindts Roman aber macht Lust auf mehr, macht Lust darauf, mehr von den Sagen und Legenden der Ritter der Tafelrunde zu erfahren.[620]

Dadurch das (sic!) Gwydion auf ‚bekannte‘ Gestalten trifft, fühlen sich Freunde von Artus & Co. sofort heimisch. Und wer Artus noch nicht kennt, bekommt Lust auf den literarischen (sic!) Spuren desselben zu wandeln und sich zusätzliche Lesekost zum Thema zu beschaffen. Kleiner Tipp: Die Nebel von Avalon![621]

Die erste der zitierten Rezensionen nimmt Bezug auf das Potential der Romane, sich positiv von der schulischen „Frustlektüre" zum Artusstoff abzuheben.

Aber auch ein Erkenntnisgewinn im Bezug auf das Mittelalter wird für möglich gehalten, obwohl die historische Richtigkeit der Interpretation dieser Leserin oder dieses Lesers durchaus fragwürdig ist:

---

619 http://rezensionen.literaturwelt.de/content/buch/s/t_schwindt_peter_gwydion_der
_weg_nach_camelot_mame_15851.html (04.07.2012).
620 http://www.buchkritik.at/kritik.asp?IDX=4329 (04.07.2012).
621 http://www.amazon.de/Gwydion-01-Weg-nach-
Camelot/dp/3473523569/ref=cm_cr_pr_pb_i (04.07.2012).

Der Autor verknüpft sehr gut historische mit fiktiven Elementen. Christliche und heidnische Elemente stehen gleichberechtigt nebeneinander und nicht im Widerstreit zueinander. So entsteht ein vielschichtiges Bild, dass den Wandel der Epoche deutlich wiedergibt.[622]

Diese Texte zeigen, dass Leserinnen und Leser also durchaus einen Bezug zum Mittelalter herstellen. Und wer sich auf Amazon.de oder ähnlichen Internetseiten über die Bücher informiert, mag durchaus den Eindruck gewinnen, es mit einer Romanserie zu tun zu haben, über die Leserinnen und Leser einen Zugang zur literarischen Tradition und zum Mittelalter bekommen können.

Die Titelgestaltung der einzelnen Bücher scheint die Annahme zu bestätigen, in den Büchern würde Mittelalterliches vermittelt. Die Cover zeigen im Hintergrund jeweils einen Ritter im Kampf gegen einen Drachen, im Vordergrund steht jeweils ein zentrales Element aus den Romanen: ein Medaillon mit einem Einhorn, Lanze, Schwert und Schild, Schwert und Krone und ein Flügelhelm. Das Medaillon mit dem Einhorn weist auf eine Art roten Faden hin, der sich durch alle Bände der Reihe zieht, da es für den Protagonisten einen Hinweis auf seine Bestimmung darstellt, seine Darstellung hat aber direkt nichts mit dem Mittelalter zu tun. Anders die Covergestaltung der Bände 2 und 3: auf dem Titel des zweiten Bandes ist ein Normannenschild abgebildet, dazu ein Schwert und eine Lanze. Hierbei handelt es sich um die Darstellung gängiger Realienklischees. Darüber hinaus steht das Bild der Lanze im Zusammenhang mit der Gralshandlung der Romane, da die Suche der einzelnen Figuren neben dem Gral auch die Lanze des Longinus verfolgt. Das Cover des 3. Bandes zeigt neben einem Schwert eine Krone, die deutlich an die Reichskrone erinnert, eine Herrschaftsinsignie der deutschen Kaiser, die vermutlich im 10. Jahrhundert gefertigt wurde. Mit dem Flügelhelm wird in der Titelgestaltung des 4. Bandes ein Bild aufgerufen, das unter Umständen mittelalterlich anmuten kann, es aber nicht ist. Diese Helmform tritt in bildlichen Darstellungen über viele Jahrhunderte hinweg immer wieder auf, vor allem in Götter- und Heldendarstellungen. Arnulf Krause stellt fest, dass Flügelhelme wohl am ehesten „in den Fundus einer Wagneroper" passen.[623] Die Gestaltung der Titelbilder nimmt also hauptsächlich Realienklischees auf, die mehr oder weniger mit dem Mittelalter zu tun haben, aber zumindest in der Regel als mittelalterlich wahrgenommen werden.

---

622 http://www.fantasyguide.de/2792.0.html (04.07.2012).
623 Vgl. Krause [2]2005, S. 99.

4.7.2. „Der Ritter vom Schweinekoben"[624] – Gwydions Weg zum Ritter und König

Obwohl Gwyn – wie der Protagonist Gwydion von seiner Pflegefamilie und zunächst auch auf Camelot genannt wird – in einer Bauernfamilie aufwächst und seine hauptsächliche Beschäftigung im Schweinehüten besteht, träumt er davon, Ritter zu werden. Eigene Erfahrungen mit dem Rittertum hat er natürlich nicht, sein Ritterbild beruht vor allem auf Erzählungen: „Als er noch klein war, hatte ihm sein Vater manchmal Geschichten von gefährlichen Drachen und gefangenen Jungfrauen erzählt, die der vorzugsweise junge Held unter Einsatz seines Lebens retten musste."[625] Der Einsatz für Schwächere ist für Gwyn das Kernstück der Wertvorstellungen, die er mit dem Rittertum verknüpft. Turniere, Aventiuren oder Minnedienst dagegen spielen in seiner Vorstellung keine Rolle. Die Angemessenheit dieses Ritterbildes scheint sich zu bestätigen, als der Ritter Sir Humbert Gwyns Familie beisteht, als der Hof von Sachsen überfallen wird, und auf den Dank von Gwyns Ziehvater lediglich erwidert: „Es war meine ritterliche Pflicht."[626]

Gwyn hat keine Vorstellung davon, wie man zum Ritter wird:

> Natürlich war ihm klar, dass gute Kämpfer nicht von Bäumen fielen, deswegen hatte er auch immer fleißig mit seiner Schleuder geübt. Er wusste nicht, ob man zum Ritter geboren sein musste oder ob es eine Art Schule gab, auf der man dieses Handwerk lernen konnte. Musste man reich sein, um dort aufgenommen zu werden? Sicherlich half es, wenn die Eltern von Adel waren, doch damit konnte er nicht aufwarten. Was also befähigte Gwyn dazu, eines Tages Ritter zu werden? Er hatte noch nie ein Schwert in der Hand gehabt, konnte aber dafür gut mit der Schleuder umgehen. Besonders kräftig war er nicht, nicht umsonst rief ihn Edwin selten mit seinem richtigen Namen, sondern nannte ihn Zwerg oder Gnom. Doch was ihm an Kraft fehlte, machte er durch Mut und Geschick wieder wett – obwohl er zugeben musste, dass er beim Anblick der Sachsen vor Angst beinahe gestorben wäre.[627]

Bereits die ersten Kapitel zeichnen Gwyn als eine deutlich als Identifikationsangebot für Leser der Adressatengruppe angelegte Figur. Er ist kein strahlender Held, sondern ein ganz normaler Junge ohne herausragende körperliche Fähigkeiten, der oft von seinem älteren Bruder gepiesackt wird und davon träumt, mehr aus seinem Leben zu machen, als im Rahmen seines vorgezeichneten Lebensweges möglich wäre.

---

624 Schwindt ³2007 (Band 1), S. 89.
625 Schwindt ³2007 (Band 1), S. 27.
626 Schwindt ³2007 (Band 1), S. 25.
627 Schwindt ³2007 (Band 1), S. 27 f.

Im Gegensatz zu seinem Ziehvater, der überzeugt davon ist, dass es sinnlos ist, sich gegen die gottgegebene Ordnung der Dinge aufzulehnen, stellt Gwyn die Welt, in der er lebt, wiederholt in Frage. So schlägt er zum Beispiel nach dem Überfall der Sachsen auf den Hof vor, die Bauern sollten sich bewaffnen und sich selbst wehren, da von ihrem Herzog keine Hilfe zu erwarten ist. Später, als er bereits Lancelots Knappe ist, versucht er, die unterdrückten Bauern in Chumleigh zu einem Aufstand gegen ihren ausbeuterischen Herrn zu überreden.

Auch Gwyns Schwester Muriel versucht, sich im Rahmen ihrer Möglichkeiten Freiräume zur individuellen Entfaltung zu schaffen. Zwar strebt sie nicht wie Gwyn danach, den väterlichen Hof zu verlassen und ein gänzlich anderes Leben zu führen, jedoch versucht auch sie, eine gewisse Selbstständigkeit zu erlangen, indem sie vom Handel mit der Wolle ihrer Schafe Geld zurückbehält und spart, um neue Schafe zu kaufen. Ihr Vorgehen verteidigt sie gegenüber ihrem Bruder Edwin entschieden:

> ‚Als ich von den Plänen mit der Mühle erfahren habe, dachte ich mir nur: Warum sollen nur die Männer in dieser Familie erfolgreiche Geschäftsleute sein? Ich wollte nach Ostern noch einige Lämmer kaufen, um die Herde zu vergrößern.' ‚Ohne uns zu fragen?', giftete Edwin. Muriel stemmte die Hände in die Hüften. ‚Entschuldige, dass ich dich nicht um Erlaubnis gefragt habe. Aber nachdem ihr beide es nicht für nötig befunden habt, mich in eure Pläne für die Mühle einzuweihen, dachte ich mir, dass ich ebenfalls meine kleinen Geheimnisse haben darf.'[628]

Selbstverwirklichung spielt also zumindest für Gwyn und Muriel eine große Rolle, während Edwin und Gwyns Ziehvater Do Griflet eher eine konservative Haltung verkörpern, die von einer starken Akzeptanz der bestehenden Verhältnisse geprägt ist. Daher verwundert auch Muriels Reaktion auf die Entdeckung, dass Gwyn die Familie verlassen will, nicht: „Man sollte immer auf seine Träume hören. [...] Erfülle dir deinen Traum. [...] Werde Ritter."[629]

Da Gwyn ja keine Vorstellung davon hat, wie man Ritter wird, entschließt er sich zunächst, Sir Humbert zu folgen und ihn zu bitten, sein Knappe werden zu dürfen. Humbert nimmt diese Bitte zunächst nicht ernst und lacht Gwyn wegen seines Wunsches aus. Seine Erheiterung begründet er aber nicht damit, dass Gwyn der Sohn eines Bauern und Schweinehirte ist, sondern mit seinem Alter und körperlichen Defiziten: „‚Ich stelle mir gerade vor, wie du ein Schwert führen willst, das du noch nicht einmal mit beiden Händen heben kannst', wieherte der Mann und wischte sich die Tränen aus den Augen."[630] Doch Gwyns eiserner Wille und die Tatsache, dass dieser seinen Proviant mit ihm teilt, bringen Hum-

---

628 Schwindt [3]2007 (Band 1), S. 26.
629 Schwindt [3]2007 (Band 1), S. 30.
630 Schwindt [3]2007 (Band 1), S. 33.

bert schließlich doch dazu, Gwyn einen Ratschlag zu erteilen, wie er sein Ziel erreichen könnte:

> Erstens: Du könntest mit mir auf Wanderschaft gehen und auf diese Weise alles Wichtige lernen. Ganz im Vertrauen, das wäre eine Ausbildung, um die dich mancher beneiden würde. Aber deinem zweifelnden Gesicht nach zu urteilen, kann für dich wohl nur das Beste infrage kommen. […] Hast du schon einmal etwas von Camelot gehört?[631]

Es wird also suggeriert, dass der Weg zum Ritter nicht nur von jedem beschritten werden kann, der über die notwendige Entschlossenheit verfügt und bereit ist, diesen beschwerlichen Weg auf sich zu nehmen, sondern auch, dass es sich um eine Art Ausbildung handelt. Darauf deutet auch Gwyns Aussage einige Kapitel später, sein größter Wunsch sei es, „das Ritterhandwerk zu erlernen." Diese Ritterausbildung kann in der Welt der Romane offensichtlich nicht nur auf verschiedene Arten absolviert werden, es gibt sogar Qualitätsunterschiede zwischen den einzelnen Ausbildungswegen.

Gwyn entscheidet sich dafür – nach Humberts Entführung mehr oder weniger gezwungenermaßen –, in Camelot um Aufnahme zu ersuchen. Dort wird er allerdings schon am Tor von einer Wache abgewiesen. Im Wald trifft er auf Aileen, die Enkelin Arturs, und ihre Zofe Katlyn, die von Wildschweinen angegriffen werden. Aufgrund seiner Erfahrung mit Schweinen gelingt es Gwyn, die Mädchen zu retten. Im darauf folgenden Gespräch erzählt er von seinem Wunsch, Ritter zu werden. Genau wie Humbert lacht Aileen Gwyn zunächst aus, willigt dann aber ein, ihm zu helfen. Dabei stellt sie zudem Gwyns Entschlossenheit auf die Probe, indem sie ihn überredet, sich als ihre Zofe verkleidet in Camelot einzuschleichen. Der Plan geht auf, und Gwyn findet sich endlich unter den Rittern der Tafelrunde wieder. Artur selbst gewährt ihm die Aufnahme in den Kreis der Knappen, da Aileen ihm erzählt, wie Gwyn sie gerettet hat. Doch zunächst hat es Gwyn auf Camelot nicht einfach. Er unterscheidet sich von den anderen Knappen nicht nur durch seine Herkunft, sondern ist ihnen auch körperlich unterlegen. Glücklicherweise findet er in Rowan, dem Sohn Sir Kays, einen Freund, der ihn auch vor dem Spott der anderen Knappen schützt. Rowans Vater dagegen lässt keine Gelegenheit aus, Gwyn zu demütigen, nennt ihn „Ritter vom Schweinekoben" und kündigt ihm an, ihn bei der ersten sich bietenden Gelegenheit von Camelot fortzuschicken.

Die „Ausbildung" zum Ritter gestaltet sich in Schwindts Camelot als Unterricht in verschiedenen Disziplinen. Rowan klärt Gwyn darüber auf, was ihm bevorsteht:

---

631   Schwindt ³2007 (Band 1), S. 35.

‚Du wirst wie alle anderen zur Schule gehen. […] Sir Kay wird dich im Schwert-
kampf unterrichten. Sir Tristan unterweist dich im Umgang mit Pfeil und Bogen. Bei
Sir Belvedere wirst du den Nahkampf lernen. Sir Galahad ist ein Meister der Reit-
kunst, während dein Herr, Sir Urfin, Taktik und Strategie unterrichtet. Merlin
höchstpersönlich bringt uns Lesen und Schreiben bei. Und Sir Gawain wird dir alles
zeigen, was du zum Minnedienst benötigst.' ‚Minnedienst?' fragte Gwyn stirnrun-
zelnd. ‚Davon habe ich noch nie gehört.' Rowan seufzte. ‚Du weißt aber auch gar
nichts. Minne, die formvollendete Anbetung und Verehrung einer Frau, gehört ebenfalls zu den Pflichten eines Ritters. Wenn du das Herz einer Dame für dich gewinnen möchtest, solltest du einige Dinge beherrschen. Kannst du denn ein Instrument
spielen?' ‚Ja, die Flöte. Die habe ich immer beim Schweinehüten gespielt.' Rowan
rollte mit den Augen und schüttelte den Kopf. ‚Damit wirst du nicht weit kommen.
Du musst die Laute spielen können. Kennst du ein paar Gedichte? Irgendetwas
Schöngeistiges?' Gwyn kam sich auf einmal ziemlich dumm vor. ‚Nein, nichts der-
gleichen. Ich kenne vielleicht das eine oder andere Trinklied.' Rowan seufzte erneut.
‚Ich sehe schon, du hast noch viel zu lernen. Aber davon morgen mehr. Schlaf
jetzt.'⁶³²

Rittertum ist also die Summe verschiedener erlernbarer Kompetenzen, die wie
Schulfächer unterrichtet werden können – es wird ja sogar explizit der Begriff
„Schule" genannt. Sogar die Minne wird reduziert auf die Fähigkeit, ein Instrument zu spielen und der Dame „irgendetwas Schöngeistiges" aufsagen zu können.

Für die meisten Knappen hat diese Ausbildung eine deutlich zweckorientier-
te Ausrichtung. Sie läuft auf eine Rückkehr in ihre Heimat hinaus, wo sie die
Nachfolge ihrer Väter antreten. Gwyn wird erst im Gespräch mit seinen „Mit-
schülern" klar, dass eine Ausbildung in Camelot nicht automatisch bedeutet,
später Mitglied der Tafelrunde zu werden, und er erkennt, dass dies nicht dem
Bild vom Rittertum entspricht, dass er bisher gehabt hatte:

Doch die meisten von Arturs Gefolgsleuten waren so lange auf Camelot gewesen,
dass sie viele Knappen hatten kommen und gehen sehen. Sie waren alle wieder nach
Hause zurückgekehrt, um nach ihrer Ausbildung in die Fußstapfen ihrer Väter zu
treten, die Fürsten oder sogar Könige waren. Man erwartete von ihnen, dass sie klug
heirateten und viele Nachkommen in die Welt setzten. Jungen wie Orlando und Rowan waren nicht zu beneiden. Sie genossen zwar das Privileg des Adels, doch richtig frei waren sie nicht.⁶³³

Neben den körperlichen Übungen, die die Knappen ausführen müssen, spielt –
zumindest für Gwyn – auch geistige Bildung eine große Rolle. Diejenigen „Lehrer", die Gwyn am meisten beeindrucken, sind nicht die starken Kämpfer, sondern vielmehr Männer wie Sir Urfin, der als „Meister der Worte" bezeichnet

---

632 Schwindt ³2007 (Band 1), S. 95 f.
633 Schwindt 2006 (Band 2), S. 75 f.

wird. In der ersten Unterrichtsstunde liest er den Knappen die Geschichte des trojanischen Krieges vor. Später schult er Gwyns strategische Fähigkeiten, indem er mit ihm Schach spielt. Als Gwyn eine Zeit lang keinen Herrn hat, nimmt Merlin sich seiner an und bietet ihm an, ihn lesen und schreiben zu lehren. Gwyn empfindet dies als Privileg, das für einen Bauernjungen normalerweise nie in Frage gekommen wäre, doch die anderen Knappen sehen darin keinen Nutzen: „‚Lesen und Schreiben?', Cecil verzog angewidert das Gesicht. ‚Bei uns hat er es auch versucht, aber bald wieder aufgegeben. Wer braucht so etwas auch schon? Kann man mit Worten eine Schlacht gewinnen oder mit einer Schreibfeder jemanden aufspießen?'"[634]

Diese Art der Bildung, die Gwyn zusätzlich zukommt, ist stark humanistisch geprägt. Er lernt Latein, Griechisch, Hebräisch und Aramäisch, allerdings sind die Texte, die konkret erwähnt werden, keine geistlichen, sondern Werke antiker Dichter, allen voran Ovid und Homer. Der einzige religiöse Text, der erwähnt wird, ist ein Buch, das von Joseph von Arimathäa verfasst worden sein soll. Allerdings beschäftigen sich Gwyn und Merlin nicht aus religiösen Gründen damit, sondern weil sie davon ausgehen, dass dieses Buch den Weg zum Gral weist.

Für Gwyn stellt der Lese- und Schreibunterricht nicht nur eine Ergänzung zum Rittertum dar, sondern auch eine Art Absicherung für den Fall des Scheiterns der ritterlichen Gesellschaft:

> Gwyn hatte sich dazu entschlossen, Merlins Ratschlag zu beherzigen, und widmete sich nun mit Eifer dem Studium. Die gegenwärtigen Stimmungen hatten ihn zum ersten Mal ahnen lassen, dass Camelot vielleicht nicht ewig bestehen würde, und da war es ratsam, so gut gerüstet wie möglich dem Leben jenseits der Burgmauern entgegenzutreten.[635]

Insgesamt liest sich die Darstellung Camelots wie die Beschreibung einer Art Ritter-Internat, das stark an das erinnert, was vermutlich nicht nur Leserinnen und Leser der Adressatengruppe vor allem aus den *Harry-Potter*-Romanen allzu gut kennen. Die Parallelen sind mehr als deutlich: der Protagonist kommt in eine fremde Welt, deren Gesetze und Abläufe er noch nicht versteht, erlernt Fähigkeiten, die ihm bisher unbekannt waren, schließt Freundschaften mit Gleichaltrigen, nimmt aber aufgrund seiner Herkunft letztendlich doch immer eine Außenseiterrolle ein. Es kommt zu Konflikten mit einzelnen Lehrpersonen, aber auch zu einem besonderen Mentor-Schüler-Verhältnis mit einem machtvollen Verbündeten. Hinzu kommt das immer präziser werdende Wissen um die Rolle des Protagonisten als Auserwähltem, dessen Schicksal sich gemäß einer Prophezeiung erfüllen soll.

---

634   Schwindt [3]2007 (Band 1), S. 79 f.
635   Schwindt 2006 (Band 2), S. 200.

Mit dem Weg eines Menschen zum Ritter in der mittelalterlichen Literatur hat dies allerdings nichts zu tun. Grundsätzlich spielt gerade in der Artusliteratur die Art und Weise, wie man zum Ritter wird, kaum eine Rolle. Dass es sich bei den Figuren, um die es in den Artusromanen geht, um Ritter handelt, steht außer Frage. Im Doppelwegschema dient der erste Aventiureweg dazu, die Ritter über mehrere Stationen der Auseinandersetzung mit Repräsentanten der Gegenwelt an den Artushof zu führen, wo es – sofern man sich an Haugs Theorie des sinntragenden Strukturschemas anschließt – zur Krise kommt, die die höfische Idealität gefährdet. Im zweiten Aventiureweg zieht der Ritter aus, um die Balance wieder herzustellen. Es geht aber niemals darum, dass eine Person, deren Eignung zum Rittertum vom gesamten Umfeld in Frage gestellt wird, gegen sämtliche Widrigkeiten und nur durch Willenskraft und Disziplin zum Ritter wird. Rittertum ist auch kein „Traum", wie ihn Gwyn als alternativen Lebensentwurf und Möglichkeit zum Ausbruch aus einer negativ bewerteten persönlichen Situation träumt.

Lediglich in einem einzigen Werk spielt ein junger Mann eine Rolle, der unwissend aufwächst und nach einer Begegnung mit Rittern den Wunsch hegt, ihnen nachzueifern: Chrétiens de Troyes bzw. Wolframs von Eschenbach *Parzival*. Obwohl er ritterlicher Abkunft ist – väterlicherseits gehört er zur Artusfamilie, mütterlicherseits zur Familie der Gralskönige – wird Parzival von seiner Mutter in der Einsamkeit aufgezogen, unwissend, dass sein Vater Ritter war, und ohne jegliches Konzept von Rittertum. Die ersten Ritter, die ihm begegnen, hält er für Götter. Diese erkennen allerdings sofort, dass es sich um einen edlen Mann handelt, und erklären ihm, es sei Artus, der die Ritterwürde verleihen würde. Als Parzival seine Mutter verlassen will, gibt sie ihm zwar ein Pferd, aber auch Narrenkleider in der Hoffnung, er würde verspottet und dadurch dazu gezwungen, schnell nach Hause zurückzukehren. Parzival dagegen macht sich tatsächlich auf den Weg zum Artushof und zeigt in verschiedenen Situationen aus Unwissenheit und falschen Vorstellungen vom Rittertum immer wieder unangemessenes Verhalten, so zum Beispiel Jeschute gegenüber.

Am Artushof wird Parzival zwar wegen seiner Schönheit bestaunt, aber auch wegen seines unhöfischen Verhaltens verspottet. Zum Ritter wird er schließlich durch den Kampf gegen Ither, obwohl er damit einen Verwandten tötet und der Artushof diesen Verlust bitter beklagt. Trotzdem absolviert er nach diesem Kampf noch eine Art Ausbildung bei Gurnemanz, der ihm höfisches Benehmen und Kampftechniken beibringt. Die endgültige Sicherung seiner Stellung als Ritter erfolgt, als Parzival *frouwe unde lant* gewinnt. Allerdings fehlt eine Anerkennung der Erfolge Parzivals durch den Artushof analog zum *Erec-*

oder *Iwein*-Roman. Die Rückkehr an den Artushof erfolgt erst nach Parzivals erstem Besuch auf der Gralsburg.[636]

Parzival und Gwydion scheinen auf den ersten Blick einiges gemeinsam zu haben: sie wachsen auf, ohne ihre wahre Herkunft zu kennen, und brechen mehr oder weniger unwissend auf, um Ritter zu werden. Ihr beider Weg führt sie an den Artushof, wo ihre Aufnahme nicht ohne Konflikte verläuft. Im Gegensatz zu Parzival steht Gwydion nur selten in direkter kämpferischer Auseinandersetzung mit seinen Gegnern. Da er nicht besonders groß oder stark ist und zudem eine tiefe Abneigung dagegen hegt, andere Menschen zu verletzen oder gar zu töten, besiegt er seine Gegner meistens durch Listen.

Während jedoch Parzival sich immer wieder unangemessen verhält, weil er keine Ahnung von höfischem Benehmen hat, kommt Gwydion seine frühere Tätigkeit als Schweinehirte immer wieder zu Gute, da ihm die dort erlernten Fähigkeiten ermöglichen, Probleme auf unkonventionelle Art und Weise zu lösen und sich damit die Anerkennung des Artushofes zu verdienen. Parzival dagegen steht seine Naivität im Weg. Sein großer Fehler, dem Gralskönig die entscheidende Frage nicht gestellt zu haben, geht auf ein Konzept höfischen Verhaltens zurück: Gurnemanz hatte ihn gelehrt, nicht zu viel zu fragen. Dass er mit der Einhaltung dieser Konventionen auf der Gralsburg scheitert, liegt jedoch an der Rolle der Gralsgesellschaft in Opposition zur Artusgesellschaft, nicht an den Regeln höfischen Verhaltens selbst. Letztere werden durch Parzivals Scheitern an der Gralsprobe nicht in Frage gestellt.

Gwydion dagegen besteht die Gralsprobe auf Anhieb, eben weil er noch nicht sämtliche Facetten höfischen Verhaltens kennt:

> ,Merlin erzählte etwas von einem Traum, den du in dieser Nacht gehabt hattest', sagte Lancelot. ,König Bran ist mir erschienen, und ich erinnerte mich an die Worte, die Ihr in Eurem Fieberwahn gesagt hattet. Ich fragte den König nach seinen Wunden.' ,Und du hast mit dieser Unhöflichkeit den Fluch von ihm genommen', sagte die Königin. ,Unhöflichkeit?', fragte Gwyn verwirrt. ,Ich sehe schon, nur ein Schweinehirte konnte diese Aufgabe erfolgreich bewältigen', sagte Sir Lancelot schmunzelnd. ,Jeder Ritter weiß, dass man einen Mann nicht auf seine körperlichen Gebrechen anspricht. Und schon gar nicht, wenn es sich um die Schwächen eines Königs handelt!'[637]

Gwydions Erfolg beruht also nicht darauf, dass er, ohne es zu wissen, der Gralskönigsfamilie entstammt, sondern gerade auf seiner unhöfischen Vergangenheit. Damit nimmt die Episode innerhalb der Romane eine völlig andere Stellung ein als Parzivals Versagen. Dinas Emrys, wo Gwydion diese Probe besteht, ist kein

---

636 Vgl. Mertens 1998, S. 114-127.
637 Schwindt 2006 (Band 2), S. 246.

Gegenmodell zu Camelot, und Gwydion befolgt eben gerade nicht die Konventionen der Artusgesellschaft. Vielmehr drückt sich in diesem Handlungselement ein Programm aus, das sich durch alle vier Gwydion-Romane zieht: es ist nicht die königliche Abkunft, die es Gwydion ermöglicht, seinen Platz in der höfischen Gesellschaft einzunehmen, sondern seine Persönlichkeit, die entscheidend von seinen Erfahrungen aus der Zeit, als er noch kein privilegiertes Mitglied der höfischen Gesellschaft war, geprägt ist. Auch Lancelot erkennt, dass Gwydion sich von den anderen Knappen unterscheidet und hebt diesen Unterschied positiv hervor:

> ,Ein bescheidener Kerl. Er unterscheidet sich wohltuend von den anderen Knappen, diesen Prinzchen und Edelknaben, die nicht begreifen, dass auch sie zum Dienen geboren wurden. Selbstlosigkeit und Opferbereitschaft sind die höchsten ritterlichen Tugenden.' ,Das mag daran liegen, dass ich früher ein Schweinehirte war', sagte Gwyn, der lieber jetzt mit der Wahrheit herausrückte, bevor Sir Lancelot sie von jemand anderem zu hören bekam.[638]

Auch Gwydions Stärke als König beruht gerade darauf, dass er seine Herkunft nicht vergisst und Adlige und Bauern immer gleich behandelt. Seine Wertvorstellungen bezüglich seiner Regentschaft bezieht er nicht aus einem höfischen Normensystem, sondern aus seinen eigenen Erfahrungen.

Begründen lässt sich diese Kernaussage über den grundsätzlich immer vorhandenen pädagogischen Anspruch der Kinder- und Jugendliteratur. Wie in Kapitel 3.1 dargestellt, ist Literatur, die speziell an junge Leserinnen und Leser gerichtet ist, immer von den Erziehungsidealen ihrer zeitgenössischen Gegenwart geprägt. Im späten 20. und frühen 21. Jahrhundert ist eines dieser Paradigmen die Stärkung der kindlichen bzw. jugendlichen Persönlichkeit. Die Botschaft, die die Gwydion-Romane Kindern und Jugendlichen vermitteln sollen, ist, sich nicht zu verstellen, sondern die Stärken zu nutzen, über die jedes Individuum unabhängig von seiner sozialen Herkunft verfügt.

Trotz aller vordergründigen Parallelen haben die Wege Gwydions und Parzivals also nichts Grundlegendes gemeinsam. Beide Texte sind deutlich geprägt von den Wertvorstellungen ihrer Entstehungszeit, und somit vertreten die Gwydion-Romane auch moderne Ideale wie die prinzipielle Gleichheit aller Menschen und die Vorstellungen, dass nicht die Herkunft entscheidend für das ist, was ein Mensch erreichen kann, sondern seine Persönlichkeit, und dass jeder seinen Traum verwirklichen kann, wenn er nur über genügend Willenskraft verfügt. Solche Werte waren mittelalterlichen Dichtern gänzlich fremd. Parzival betreibt keine Selbstverwirklichung, sondern nimmt lediglich unter anfänglich widrigen Umständen den Platz in der Gesellschaft ein, der ihm aufgrund seiner

---

638 Schwindt 2006 (Band 2), S. 202.

Familienzugehörigkeit zusteht. Damit ist er auch im Gegensatz zu Gwydion kein Aufsteiger. Gwydion ist zwar grundsätzlich nicht der Schweinehirte, für den er sich selbst und die meisten anderen ihn halten, doch da es letztendlich nicht seine Abkunft ist, die ihm Akzeptanz am Hof verschafft – zumal diese sehr lange geheim bleibt – wird die Möglichkeit, vom Schweinehirten zum Ritter zu werden, vom allen Protagonisten zwar als ungewöhnlich, aber doch als realisierbar eingestuft.

In der mittelalterlichen Literatur ist der Aufstieg eines Angehörigen einer niedereren Gesellschaftsschicht in den Ritterstand höchst problematisch. Wozu der Wunsch eines Bauernjungen, Ritter zu werden, führen kann, zeigt Wernhers der Gartenære *Helmbrecht*. Der Protagonist setzt seinen Wunsch nach sozialem Aufstieg gegen die Warnungen seines Vaters durch, indem er sich einer Gruppe von Raubrittern anschließt. Sein vermeintliches Rittertum währt allerdings nicht lange: Helmbrecht wird von einer Gruppe Bauern, die er bestohlen hatte, gehenkt. Den Schluss des Werkes bildet eine Warnung des Dichters:

Swâ noch selpherrischiu kint

bî vater unde muoter sint,

die sîn gewarnet hie mite.

begânt si Helmbrehtes site,

ich erteile in daz mit rehte,

in geschehe als Hembrehte.

ûf den strâzen und ûf den wegen

was diu wagenvart gelegen:

die varent alle nû mit fride,

sît Helmbreht ist an der wide.

[nû seht ûf und umbe:

râte iu wol ein tumbe,

dem volgt und ouch des wîsen rât.

waz ob Helmbreht noch hât

etewâ junge knehtel?

die werdent ouch Helmbrehtel.

vor den gib ich iu niht fride,

si komen ouch danne an die wide.][639]

---

639 Helmbrecht, V. 1913-1930.

Bereits Helmbrechts Vater hatte seinen Sohn vor dem Wunsch, aus seiner Rolle auszubrechen, gewarnt:

Ze hove hâstu hunger

und muost dar zuo vil harte ligen

und aller gnâden sîn verzigen.

nû volge mîner lêre,

des hâstu frum und êre;

wan selten im gelinge,

der wider sînen orden ringet.

dîn ordenunge ist der phluoc.[640]

Wenn auch berücksichtigt werden muss, dass Helmbrechts Weg nicht zum Rittertum, sondern zum *Raub*rittertum führt und daher schon keine Möglichkeit für einen glücklichen Ausgang der Geschichte besteht, ist sozialer Aufstieg im Hochmittelalter – also zur Zeit der Verschriftlichung der Artusromane Chrétienscher Prägung und des *Helmbrecht* – grundsätzlich problematisch. Fritz Peter Knapp schätzt diese Situation wie folgt ein:

> Es ist ein Gemeinplatz, den man gleichwohl dem modernen Menschen nicht oft genug in Erinnerung rufen kann: Das Mittelalter vermochte in der Veränderung der allgemeinen irdisch-menschlichen Verhältnisse kaum je etwas Positives erblicken, sofern diese Veränderung nicht in einer Abwendung von dieser Welt zur jenseitigen, von der Sünde zur Buße bestand. Nur in diesem zuletzt genannten Sinne verlor das mittelhochdeutsche Wort *wandel* wirklich seinen üblen Beigeschmack. Nicht selten bedeutete es dagegen schlichtweg den Wandel zum Schlechteren, die Unbeständigkeit oder einfach den Makel oder Fehler. Sozialer *wandel* verfiel daher demselben Verdikt.[641]

Theoretisch existierte zwar die Möglichkeit des Aufstiegs, praktisch dagegen spielte sie kaum eine Rolle:

> Daß nicht Geblüt, Herkunft, ererbte Herrschaft und Habe den Wert einer Person ausmachen könnten, sondern allein individuelle Vorzüge und Verdienste, wiederholten die Gelehrten zwar ohne Unterlaß. Die übliche Schlußfolgerung war jedoch schlicht die Maxime: ‚Schuster, bleib bei deinem Leisten!'[642]

Soziale Mobilität wird erst im Spätmittelalter zur Realität. Die Fragwürdigkeit des Ordogedankens, der Niedergang des Feudalsystems und des Ritterstandes,

---

640 Helmbrecht, V. 284-291.
641 Knapp 2001, S. 9.
642 Knapp 2001, S. 9.

vermehrte Städtegründungen und eine verstärkte Ausrichtung auf das Individuum führten dazu, dass ein Aufstieg in höhere soziale Schichten von einer rein theoretischen zu einer tatsächlich realisierbaren Möglichkeit wurde.[643] Hierbei handelt es sich allerdings um realhistorische Gegebenheiten, die von literarischer Verhandlung dieser Themen unterschieden werden muss.

In der hochmittelalterlichen Literatur gibt es kein Beispiel für einen positiv sanktionierten Aufstieg eines Bauern in den Ritterstand. Von einem modernen Standpunkt aus gesehen entspricht Gwydions Weg allerdings den gängigen Idealen von gleichen Ausgangsvoraussetzungen im Leben aller Menschen und dem Anspruch der Realisierbarkeit persönlicher Wünsche und ist daher aus pädagogischer Sicht verständlicher als eine wissenschaftlich fundierte Darstellung der mittelalterlichen feudalistischen Gesellschaftsordnung, die heutzutage in der Regel als rückständig und ungerecht empfunden wird.

4.7.3. „Camelot ist tot"[644] – Die Dekonstruktion eines Ideals

Für den Schweinehirten Gwyn ist Camelot zunächst nur eine Geschichte, die zwar allgemein bekannt ist, die aber mit der Realität nichts mehr zu tun hat. Daher ist er auch höchst erstaunt, als Sir Humbert ihn fragt, ob er schon einmal etwas davon gehört habe: „Gwyn nickte. ‚Natürlich, jeder kennt die Geschichten von König Artur und seiner Tafelrunde. Aber das sind doch nur noch Märchen, die man Kindern vor dem Zubettgehen erzählt. Artur und seine Ritter sind längst gestorben."[645] Bald stellt Gwyn fest, dass Humbert Recht hat und der Artushof tatsächlich noch existiert. Als er Camelot zum ersten Mal sieht, erscheint es ihm äußerst beeindruckend:

> Gegen Abend des vierten Tages erblickte er im rotgoldenen Schein der Abendsonne etwas, was seinen Atem stocken ließ: Auf einer von mehreren Wällen umgebenen Hügelkuppe thronte eine mächtige Festung. Eingerahmt von hohen, zinnenbewehrten Mauern ragten drei gewaltige Türme in den Himmel, von denen der mittlere die beiden anderen an Höhe und Umfang noch übertraf. Gwyn mochte etwa fünf Meilen entfernt sein, doch selbst auf diese Entfernung war der Anblick einfach überwältigend.[646]

---

643 http://www.wmelchior.com/mediaevistik/einfuehrung.html#hoch (04.07.2012).
644 Schwindt [3]2007 (Band 1), S. 250.
645 Schwindt [3]2007 (Band 1), S. 35.
646 Schwindt [3]2007 (Band 1), S. 63.

Aber noch bevor er Camelot überhaupt betritt, muss er in einem Gespräch mit Aileen erfahren, dass die Realität nicht dem entspricht, was er aus Erzählungen kennt:

> ‚Wie alt ist König Artur eigentlich?' ‚Nun ja, ein Greis ist er noch nicht. Aber in Schlachten ziehen er und seine Ritter schon lange nicht mehr.' ‚Aber wer herrscht dann über das Land, wenn nicht der König mit seinem Schwert Excalibur?' Aileen kletterte auf einen Vorsprung und reichte Gwyn die Hand. ‚Um ein guter Herrscher zu sein, reicht es nicht, seine Feinde zu besiegen. Das Eroberte muss auch bewahrt werden.' Mit einem kräftigen Ruck zog sie ihn zu sich hinauf. ‚Artur hat im ganzen Reich seine Leute eingesetzt, die die Verwaltungsarbeit für ihn übernehmen. Ein- oder zweimal im Jahr hält er Gerichtstag, mehr muss er nicht tun.' Gwyn kam der Steintisch unter der Linde in den Sinn. Wenn das alles war, was Artur zum Führen des Reiches zu tun hatte, war das Leben auf Camelot tatsächlich nicht sehr span- nend.[647]

Seine Eindrücke am Artushof bestätigen, dass hinter der strahlenden Fassade einiges im Argen liegt. Während des 13 Jahre herrschenden Friedens sind die Ritter der Tafelrunde träge geworden, einzig Sir Kay besteht auf Übungen an den Waffen, um für einen möglichen Angriff jederzeit gerüstet zu sein. Der normale Tagesablauf der Ritter besteht darin, die Knappen zu unterrichten, gele- gentliche Sitzungen der Tafelrunde sowie Feste abzuhalten. Von Aventiuren ist nicht die Rede.

Lancelot, der sich aufgrund seiner Amnesie an die letzten 14 Jahre nicht er- innern kann, stellt nach der ersten Begegnung mit den anderen Rittern fest: „Mit Ausnahme von Tristan sind alle ziemlich feist geworden. Ein Wunder, dass sie überhaupt noch in den Sattel klettern können."[648]

Das Urteil Sir Urfins, der bereit war, Verrat an Artus zu begehen, um Came- lot vor dem Verfall zu bewahren, ist wesentlich vernichtender:

> ‚Manchmal erschien mir Camelot wie ein träger alter Bär, der Jahre braucht, um sich am Sack zu kratzen. All diese Versammlungen der Tafelrunde, in denen alte Männer ihre Eitelkeiten zur Schau stellten, sind mir immer mehr zuwider geworden. Ich ha- be mich gefragt, wo der starke Mann bleibt, der endlich all dem Reden ein Ende be- reitet und zur Tat schreitet.'[649]

Zwei gleichzeitig auftretende Ereignisse durchbrechen die gefährliche Lethargie des Artushofes: die Rückkehr Mordreds und das Wiederauftauchen Sir Hum- berts, der verdächtigt wird, Merlin entscheidende Seiten aus einem Buch gestoh- len zu haben, das den Weg zum Heiligen Gral weist. Als beide Nachrichten,

647 Schwindt ³2007 (Band 1), S. 76.
648 Schwindt 2006 (Band 2), S. 223.
649 Schwindt ³2007 (Band 1), S. 251.

überbracht von Gwyn, Camelot erreichen, zieht Merlin aus, um das betreffende Buch zu verstecken, wird allerdings von Mordred gefangen genommen. Sir Kay, sein Sohn und Knappe Rowan, Sir Urfin und Gwyn werden losgeschickt, ihn zu befreien. Sir Urfin nennt diesen Auftrag gegenüber Gwyn „dein erstes Abenteuer."[650] Die Befreiung ist zwar erfolgreich, aber währenddessen erfährt Gwyn von Humbert dessen Lebensgeschichte, die sein Bild der Tafelrunde entscheidend negativ beeinflusst, unter anderem den Grund, warum Humbert nie in die Tafelrunde aufgenommen wurde und warum Lancelot Camelot verlassen musste: Intrigen unter den Rittern.

> Gwyn schwieg bedrückt nach diesen Enthüllungen. War die Tafelrunde wirklich nichts weiter als eine Versammlung eitler alter Männer, die die Ritterlichkeit gegen ihr eigenes Wohlergehen eingetauscht hatten? Oder war es der Bericht eines zutiefst verletzten alten Mannes, der am Ende seines Lebens keinen Schlussstrich unter die Vergangenheit ziehen konnte? Alles war so verwirrend. Aus der Ferne gesehen erschienen solche Dinge wie Camelot immer groß und erhaben, doch aus der Nähe betrachtet war es das gleiche Gezänk wie überall. Nun, vielleicht mochte es auch daran liegen, dass die Ritter der Tafelrunde trotz aller vollbrachter Taten auch nur Menschen waren.[651]

Zu einer ähnlichen Einschätzung kommt Sir Urfin, als Gwyn ihm nach seinem Verrat schwere Vorwürfe macht:

> ‚Camelot ist tot!', schrie Gwyn. ‚Und Ihr habt es auf dem Gewissen.' Urfin seufzte. ‚Man kann eine Idee nicht töten. Noch nicht einmal ich vermag das. Aber ich ahne, was dein Problem ist. Du hast die Geschichten gehört, die man sich von den Rittern der Tafelrunde erzählt. Edelmütige Männer, die voller Mut und Stolz in den Kampf ziehen, um das Böse zu besiegen. Doch nun hast du sie gesehen und musst feststellen, dass sie alle nur Menschen sind, die auch ihre dunklen Seiten haben. Dagonet, der über den Verlust seiner Frau wahnsinnig geworden ist. Kay, der es nie verwinden konnte, dass Artur und nicht er König wurde. Gawain, der mittlerweile dem Wein mehr zuspricht, als ihm gut tut. Und selbst die holde Guinevra liebt einen anderen Mann und nicht den, mit dem sie verheiratet ist. Ich könnte endlos fortfahren...',[652]

Camelot ist also nicht vorrangig von außen bedroht, sondern in erster Linie durch den Verfall im Inneren. Die Gründe dafür liegen in menschlichen Fehlern der einzelnen Ritter und auch des Königs. Die aufgezählten Probleme sind auch in modernen Gesellschaften zu finden: die Unfähigkeit, mit Verlusten umzugehen, Neid, problematischer Alkoholkonsum, problematische Liebesbeziehungen.

---

650   Schwindt [3]2007 (Band 1), S. 174.
651   Schwindt [3]2007 (Band 1), S. 229.
652   Schwindt [3]2007 (Band 1), S. 251.

In einem späteren Gespräch zwischen Lancelot und Gwydion über den Inzest zwischen Artur und seiner Halbschwester Morgan wird die menschliche Fehlbarkeit des Königs nochmals deutlich akzentuiert: „Nein, Artur war nie ein König ohne Fehl und Tadel. Dazu machten ihn die Heldensänger erst viel später. Er ist ein Mensch, wie wir alle auch. Und Menschen begehen manchmal verhängnisvolle Fehler."[653]

Der Fokus liegt deutlich auf der Individualisierung der Figuren und der Betonung menschlicher Eigenschaften im Gegensatz zu den Überhöhungen, die durch die Überlieferung vorgenommen wurden. Hiermit grenzt sich der Autor deutlich von der mittelalterlichen Literatur und insbesondere der dort üblichen Figurengestaltung – Typen, nicht Individuen – ab. Individualisierende Figurendarstellung ist ein typisches Merkmal moderner Literatur und gerade in der Kinder- und Jugendliteratur wegen ihres Identifikationspotentials und im Zusammenhang mit dem pädagogischen Anspruch im Rahmen der Persönlichkeitsentwicklung der Leserinnen und Leser üblich. Dennoch klammert Schwindt die literarische Tradition nicht vollständig aus: teilweise ist auch in der Dekonstruktion der arthurischen Idealität ein deutlicher Bezug zur mittelalterlichen Darstellung festzustellen.

Dies gilt vor allem für die aus der literarischen Tradition bekannten Eigenschaften des Königs, und zwar positive wie negative. In individualisierter Form werden sie zur Grundlage des verheerenden Konflikts. Arturs schon im Mittelalter gepriesene vortreffliche Herrschereigenschaften, allen voran sein Gerechtigkeitssinn, werden auf die Probe gestellt, als sich die Realisierbarkeit der gesellschaftlichen Utopie, nämlich der Gemeinschaft der Gleichen, als fraglich erweist. Schwindts Artur ist schließlich selbst derjenige, der sich von seinen eigenen Idealen abkehrt und Überlegenheit gegenüber seinen Rittern einfordert. Auch ein anderer Aspekt, der sich bereits in der mittelalterlichen Literatur als problematisch erweist, wird ausführlich entwickelt: die Untätigkeit des Artushofes. War diese im Mittelalter eher struktureller Natur und manifestierte sich in der Stellung des Hofes als Ausgangs- und Endpunkt bzw. Zwischenstation der Aventiurewege der Ritter, wird sie bei Schwindt auf den Charakter des Königs übertragen. Dies zeigt sich am deutlichsten in der Einschätzung eines Priesters, den Gwydion und seine Freunde in London treffen:

> Artur, der Gerechte, dass ich nicht lache! Artur, der Zauderer, träfe die Sache besser! Wusstet Ihr, dass man ihm die Krone Britanniens auf dem Silbertablett präsentierte, ja, ihn geradezu anflehte sie anzunehmen, er sich aber erst Bedenkzeit erbeten hatte? Als er sich schließlich entschieden hatte, das Angebot zu akzeptieren, war die

---

653 Schwindt 2007 (Band 3), S. 123.

letzte Chance vertan, die Sachsen endgültig zu besiegen. Ohnehin wäre dieser aufgeblasene Wichtigtuer nichts ohne seinen Ratgeber, diesen Myrrdin, gewesen.[654]

An anderen Stellen wird die literarische Tradition nur angedeutet, und Darstellungen wirken auf den ersten Blick willkürlich. So ist es möglicherweise für eine Leserin oder einen Leser mit Vorwissen aus dem Bereich der mittelhochdeutschen Literatur irritierend, wenn sich herausstellt, dass der verwirrte Mann, dem Gwydion zu Beginn des zweiten Bandes in seinem Heimatort begegnet und der immer wieder beklagt „Warum habe ich den König nicht nach seinen Wunden gefragt?"[655], Lancelot ist, da in der französischen und deutschen Tradition derjenige, der es versäumt hat, die richtige Frage zu stellen, ja Parzival ist. Doch auch dies wird berücksichtigt, wenn auch nur sehr subtil, und zwar, als Gwydion vor der Tafelrunde berichten soll, wie er Lancelot begegnet ist:

,Dann sagte er etwas, was ich nicht verstand: ,Warum habe ich den König nicht nach seinen Wunden gefragt?'' Parcivals Gesichtszüge gefroren augenblicklich, als er das hörte. ,Bist du sicher?', fragte er Gwyn mit zitternder Stimme. ,Hast du die Worte auch genau verstanden?' ,Ja, und ich habe sie nicht vergessen, weil sie so seltsam waren. Aber ich schenkte ihnen zunächst keine weitere Beachtung. Der Fremde hatte hohes Fieber und fantasierte. Er sprach davon, dass er den Gral verloren habe, obwohl er ihn beinahe in seinen Händen hielt.' In den Gesichtern der Ritter spiegelte sich sowohl Unglauben als auch Überraschung, als sie die Neuigkeiten aufgeregt untereinander diskutierten. Einzig Parcival saß wie versteinert auf seinem Stuhl und starrte vor sich hin.[656]

Wieso Parcival von der Erwähnung der Frage schockierter reagiert als alle anderen Ritter, wird nicht weiter ausgeführt. Aber genau darin, dass seine Rolle bei der Gralssuche nicht erklärt wird, liegt ein Anknüpfungspunkt für weitere Recherchen und eine Beschäftigung mit der literarischen Tradition, wenn Leserinnen und Leser herausfinden wollen, warum genau Parcival sich so verhält, wie er es in dieser Szene des Romans tut.

Zwar wird nicht explizit festgestellt, aber doch angedeutet, dass die Probleme am Artushof auch mit dem dauernden Frieden im Land zusammenhängen: während die Ritter in Kriegszeiten die Aufgabe hatten, das Land zu schützen, scheinen sie in Friedenszeiten zur Untätigkeit gezwungen, was wiederum dazu führt, dass sich die menschlichen Probleme deutlich manifestieren können. Mit der Rückkehr Mordreds und der damit verbundenen Bedrohung für Camelot und ganz Britannien bestünde die Chance zur Rückkehr zu altem Glanz, doch im Gegenteil verschlimmert sich der Zustand der Tafelrunde noch, besonders, da

---

654   Schwindt 2007 (Band 4), S. 169.
655   Schwindt 2006 (Band 2), S. 26.
656   Schwindt 2006 (Band 2), S. 63.

infolge der Rückkehr Lancelots Meinungsverschiedenheiten auftreten, die zu einer Spaltung der Gemeinschaft führen. Hinzu kommt, dass viele der Ritter der Meinung sind, dass die Ideale des Artushofes ohnehin nicht realisierbar sind. Auch wenn die Tafelrunde als „Vereinigung freier und gleicher Ritter"[657] insze-niert wird, nimmt Artur als König dennoch eine besondere Rolle ein. Manche Ritter kritisieren dies, wenn in Konfliktsituationen wie der möglichen Wieder-aufnahme Lancelots in die Tafelrunde deutlich sichtbar wird, dass Artur es nicht schätzt, wenn einer seiner Ritter sich offen gegen ihn stellt. Andere wiederum, wie Sir Urfin, werfen ihm im Gegenteil noch Führungsschwäche vor, die Came-lot ins Chaos stürzt. Sir Kay scheint von dem Konzept der führerlosen Gemein-schaft ebenfalls nicht überzeugt zu sein, denn er setzt alles daran, dass sein Sohn Rowan durch eine Vermählung mit Arturs Enkelin Aileen dessen Nachfolge an-treten kann.

Der bevorstehende Kampf gegen Mordred wäre geeignet, die Lethargie zu durchbrechen und die Tafelrunde wieder zu einen, doch es ist bereits zu spät. Der Verfall ist zu weit fortgeschritten, als dass eine Rückkehr zum früheren Zu-stand noch möglich wäre. Stattdessen sorgt Arturs Verhalten dafür, dass sich auch die problematischen Verhaltensweisen der Ritter verschlimmern. Als schließlich ein Mordanschlag auf Sir Kay verübt wird und dieser nur schwer verletzt und geistig verwirrt überlebt, versinkt der Hof vollständig im Chaos:

> Dieser Verlust offenbarte gnadenlos die Führungsschwäche König Arturs, der wie kein zweiter das Sinnbild für Freiheit und Gerechtigkeit dargestellt hatte. In diesen dunklen Stunden hätte der König vor seine Tafelrunde treten müssen, um sich mit offenen Worten an seine Ritter zu wenden. Denn der Feind stand – zumindest im Moment – nicht im Osten, sondern befand sich innerhalb der Burgmauern. Und er hatte viele Namen: Eigensinn, Neid und Misstrauen. Die Disziplinlosigkeit der Knappen war ein Ergebnis dieser Veränderung und sie offenbarte nur, was Gwyn schon länger vermutete: Der Fisch stank vom Kopf her.[658]

Statt sich auf die Werte zu besinnen, die Grundlage für den Glanz vergangener Zeiten waren, setzen sämtliche Parteien ihre ganze Hoffnung in einen Gegen-stand, der seinem Besitzer ewiges Leben und höchste Macht verleihen soll: den Heiligen Gral. Die Suche danach ist nicht im Geringsten religiös motiviert, es geht lediglich um den Besitz eines wundertätigen Gegenstandes, der den Sieg über Mordred garantieren soll.

Schon als Gwyn das erste Mal vom Heiligen Gral hört, werden neben dessen sakralem Charakter vor allem die persönlichen Vorteile hervorgehoben, die der Besitz des Grals mit sich bringt:

---

657 Schwindt 2006 (Band 2), S. 215.
658 Schwindt 2007 (Band 3), S. 33 f.

‚Ich habe noch nie davon gehört', gestand Gwyn. Rowan musste ihn wirklich für einen Dorftrottel halten. ‚Man sagt, der Gral sei der Becher, aus dem Jesus mit seinen Jüngern beim letzten Abendmahl getrunken hat. Wer ihn besitzt, hat den Schlüssel zum ewigen Leben in der Hand.'[659]

Durch Rowans weitere Ausführungen erfährt Gwyn, dass Artur und seine Ritter schon seit Jahrzehnten erfolglos nach dem Gral suchen, jedoch nicht, aus welchem Grund. Der göttliche Auftrag der Gralssuche, wie er in englischen Artusromanen und vor allem bei Malory vorkommt, wird nicht erwähnt.

Als Sir Kay, Rowan, Sir Urfin und Gwyn ausziehen, um Merlin aus der Gefangenschaft in Mordreds Burg zu befreien, wird bereits explizit erwähnt, dass der Zweck der Gralssuche darin liegt, eine Art Waffe im Kampf gegen Mordred zu erlangen:

> ‚Dann sollten wir sehen, dass wir diese Seiten schleunigst wieder mit dem Buch zusammenführen', sagte Sir Kay eindringlich. ‚Damit Ihr dieses Rätsel so schnell wie möglich löst und wir den Gral finden können. Mordred wird mit seinem Sachsenheer Camelot angreifen und ich weiß nicht, wie lange wir uns gegen diese Übermacht wehren können. Mit dem Gral in unseren Händen hingegen werden wir Mordred endgültig vernichten können.[660]

Gwyn bewertet den Wunsch, durch den Gral die Unsterblichkeit zu erlangen, zunächst durchaus positiv, da er ihn in einen größeren Zusammenhang stellt und davon ausgeht, dass Artur nicht aus egoistischen Motiven handelt:

> Doch die Zivilisation erwies sich als eine brüchige, mittlerweile eingestürzte Fassade. Dahinter wartete die Barbarei darauf, ihr Werk der sinnlosen Zerstörung fortzusetzen. Camelot war der einzige Ort, der sich dem heraufziehenden Chaos widersetzt hatte. Doch der König und seine Ritter waren alt. Ihre Zeit würde bald ablaufen, denn niemand lebte ewig. Oder vielleicht doch? Nun verstand Gwyn, warum Artur in all den Jahren so beharrlich nach dem Gral gesucht hatte. Es ging ihm um die Unsterblichkeit! Vielleicht strebte der König nicht einmal das tatsächliche ewige Leben an, sondern eher die Unvergänglichkeit seiner Ideale.[661]

Die Ordnung, die es zu bewahren gilt, ist die, die von den Römern nach Britannien gebracht wurde. Als vermeintlicher Bauernsohn ist Gwyn mit dieser Kultur zunächst nicht vertraut, er lernt sie jedoch bereits an seinem ersten Tag in Camelot kennen, als die Knappen sich zum Badetag in ein Badehaus im römischen Stil begeben. Von den anderen Knappen erfährt Gwyn, dass Artur „viel von den fremden Eroberern übernommen hat."[662] Über den gesamten Handlungsverlauf

---

659 Schwindt [3]2007 (Band 1), S. 170.
660 Schwindt [3]2007 (Band 1), S. 222.
661 Schwindt [3]2007 (Band 1), S. 226.
662 Schwindt [3]2007 (Band 1), S. 100.

hinweg spielt der römische Einfluss eine große Rolle. Die römische Zivilisation wird als Modell dargestellt, dem aber nur noch der Artushof folgt, während im Rest des Landes die Barbarei zunimmt. So stellt es auch Sir Urfin dar:

> Seitdem die Römer das Land verlassen haben, fallen wir wieder in die Barbarei zurück. Kunst und Wissenschaft liegen darnieder. Stattdessen schimpft sich heute jeder kleinere Häuptling König oder Fürst und versucht mit allen Mitteln Macht und Einfluss zu erlangen. [...] Camelot ist das letzte Bollwerk gegen den um sich greifenden Verfall. Artur versucht, so viel wie möglich vom Wissen der Römer zu retten. Camelot beherbergt eine der größten Bibliotheken der westlichen Welt. Wenn du lange genug hier bist, wirst du viele Dinge sehen, die er von den Römern übernommen hat, wie zum Beispiel das Badehaus. Wenn es Camelot nicht mehr gibt, wird die Welt in Dunkelheit und Barbarei versinken.[663]

Im Laufe seiner verschiedenen Reisen trifft Gwydion noch auf andere Bewahrer der römischen Kultur, wie zum Beispiel die Bewohner der Siedlung Aquae Sulis oder Sir Gore im Dorf Chulmleigh. Auch an diesen Orten kennt und schätzt man Artur und seine Ritter als „würdige Wahrer der Zivilisation."[664] Allerdings trügt auch hier der Schein: Aquae Sulis verfällt sichtlich, und Sir Gore stellt sich bei aller vordergründiger Kultiviertheit als skrupelloser Tyrann heraus. In Chulmleigh nimmt Gwydion die am Wegrand aufgestellten Marmorstatuen römischer Götter als „stumme Zeugen einer im Untergang begriffenen Epoche, ein Sinnbild des um sich greifenden Verfalls"[665] wahr.

Das frühe Mittelalter, in dem die Geschichte historisch verortet wird, wird also als Abkehr von den Werten und der Kultur der sehr viel zivilisierteren Antike dargestellt – ein Mittelalterbild, das auf die Renaissance zurückgeht und auch heute sowohl in populären Vorstellungen von dieser Epoche und in Begriffen wie dem englischen *Dark Ages* immer noch präsent ist.

Bei Schwindt sind die römische Kultur und die Geschichte des Heiligen Grals aufs Engste miteinander verknüpft: Goon Desert, der letzte Gralskönig und Gwydions Vater, vertraute Gwydions Mutter Valeria den Gral an, als er ihn auf der Gralsburg nicht mehr in Sicherheit wähnte. Merlin klärt Gwydion darüber auf, dass sein Vater ein direkter Nachfahre des ersten Gralshüters Bran Fendigaid ist, während seine Mutter von Joseph von Arimathäa abstammt. In Gwydion vereinigen sich also zwei Abstammungslinien, die in direkter Verbindung zum Heiligen Gral stehen und ihn dazu bestimmen, selbst Gralshüter zu werden. Darüber hinaus lernt Gwydion in Chulmleigh Agrippina, die Schwester seiner Mutter, kennen. Sie hütet das Geheimnis der Lanze des Longinus, einer

---

663 Schwindt [3]2007 (Band 1), S. 127.
664 Schwindt 2006 (Band 2), S. 118.
665 Schwindt 2007 (Band 3), S. 105.

Reliquie, die ebenso machtvoll ist wie der Heilige Gral. Auch diese hat für diejenigen Personen, die von ihr wissen und nach ihr suchen, weniger eine religiöse als vielmehr eine zweckgerichtete Bedeutung, wie Gwydion erfährt, als Agrippina ihm den Grund dafür nennt, dass sie von ihrem eigenen Ehemann 14 Jahre lang eingesperrt wurde:

> Longinus ist der Name des römischen Hauptmanns, der Jesus mit einem Speer die Seite öffnete, um sich so seines Todes zu vergewissern. Der Gral verspricht Unsterblichkeit. Die Lanze des Longinus hingegen macht ihren Träger unbesiegbar! Gore ist auf der Suche nach beidem, denn er weiß: Wer im Besitz dieser Reliquien ist, vereint eine Macht in seinen Händen, die kein irdischer Herrscher zu brechen vermag. Er wäre der Herr der Welt, für alle Zeiten.[666]

Aus heiligen Reliquien, die aus rein spirituellen Gründen gesucht werden, wie es in den mittelalterlichen Artus- und Gralsromanen der Fall ist, werden also in den Gwydion-Romanen Zaubergegenstände, die dazu dienen, ihrem Träger absolute Macht und Herrschaft zu verleihen. Im Gegensatz zu Herrschaftsinsignien, wie sie in mittelalterlichen Werken durchaus vorkommen, sind die Gegenstände nicht Zeichen der Herrschaft, sondern ihre Grundlage, da sie ihrem Träger besondere Fähigkeiten verleihen, die ihn zur Herrschaftsausübung befähigen.

Auch Gwydion selbst ist versucht, die Reliquien für solcherlei Zwecke zu benutzen. Aus Angst, Mordred könnte sich des Grals und der Lanze bemächtigen und damit die Herrschaft über die ganze Welt erlangen, hat er vor, seine Tante zu überreden, Artur das Geheimnis der Lanze preiszugeben, damit dieser den Kampf gegen Mordred sicher gewinnen kann. Agrippina bricht allerdings ohne Abschied auf, sobald sie stark genug ist, alleine zu reisen. Zuvor schärft sie Gwydion noch ein: „Deine einzige Aufgabe ist es, den Gral mit deinem Leben zu beschützen, wie es vor dir schon deine Eltern getan haben."[667] Erst, nachdem er den Gral tatsächlich gefunden hat, versteht Gwydion, dass es nicht darum geht, ihn zu benutzen. Daher entscheidet er sich auch, nach Gallien zu gehen und den Gral in Britannien zurückzulassen.

Erstaunlicherweise werden die Hüterinnen der heiligen Reliquien als Nicht-Christinnen dargestellt. Valeria und Agrippina sind Priesterinnen der römischen Göttin Diana, die allerdings nach der Aussage Agrippinas mehr ist als die Göttin der Jagd:

> Agrippina lächelte. ,Ja, das ist sie, doch ihre Ursprünge liegen noch viel weiter in der Vergangenheit. Bei den Griechen hieß sie Artemis und war die Göttin der Freiheit, des Wissens und der weiblichen Kraft. Sie konnte aber auch die Göttin des Krieges, des Zorns und der Rache sein. Sie ist die Magna Mater, die große, allum-

---

666 Schwindt 2007 (Band 3), S. 168.
667 Schwindt 2007 (Band 3), S. 256.

fassende Mutter. Alle Frauen in unserer Familie dienten ihr. Valeria und ich haben immer sehr viel Wert auf unsere persönliche Freiheit gelegt, auch und gerade wenn es um Männer ging.[668]

Und obwohl der Gral in den Gwydion-Romanen, nicht zuletzt dadurch, dass er klar als Abendmahlskelch Christi identifiziert wird, eindeutig im Christentum verortet wird, werden Verbindungen zu dem beschriebenen Diana-Kult gezogen:

> Das eine schließt das andere nicht aus. Seit Anbeginn der Zeit verehren die Menschen die große Göttin. Man nennt sie Isis, Ishtar oder Gaia, Diana, Astarte oder Freya. Sie alle sind Verkörperungen der alten Fruchtbarkeitsgöttin, denen die Heilerinnen in diesem Land noch immer huldigen. Joseph von Arimathäa kannte Paulus, und er ahnte, in welche Richtung er die Kirche lenken würde. Er verteufelte die Frauen, sprach ihnen die Freiheit und ihre Selbstbestimmung ab. Joseph ahnte, dass er keine friedliche Kirche schaffen würde, die in Einklang mit den alten Religionen leben würde. Jesus hatte sich eine Religion des Friedens und der Versöhnung gewünscht, die auf der Gleichheit aller Menschen basierte. Joseph hat den Gral und die Lanze vor Menschen wie Paulus versteckt![669]

Die weiblich geprägte Religion, die hier angedeutet wird, erinnert stark an die in Marion Zimmer Bradleys *Die Nebel von Avalon* im Zentrum stehende matriarchalische Religion. Wie bereits im Kapitel zu diesem Roman dargelegt wurde, ist die Bedeutung einer „Religion der großen Mutter" zu einer Zeit vor dem Christentum und ein damit einhergehendes gesellschaftliches Matriarchat höchst umstritten und die Vorstellungen davon eher modernen Denkmustern geschuldet. Ähnliches gilt vermutlich auch für das Bild des Urchristentums als „Religion des Friedens und der Versöhnung [...], die auf der Gleichheit aller Menschen basiert."[670] Anders als Zimmer Bradley stellt Schwindt diese Urreligion nicht dem Christentum gegenüber, sondern sieht die beiden Glaubensrichtungen als komplementär an. Dies zeigt sich auch im Gespräch zwischen Lancelot, Gwydion und Sir Gore:

> ‚Ein interessanter Gedanke', sagte Lancelot [...]. ‚Aber warum sollten wir wie Gott werden?' ‚Weil Er uns braucht, damit Er nicht allein ist.' ‚Ich kenne einen Priester in Cadbury, der würde Euch für diese Worte auf der Stelle exkommunizieren', sagte Lancelot mit einem amüsierten Lächeln. ‚Das wäre schade, denn auf meine Weise bewahre ich Gottes Schöpfung. Er wirkt durch uns, das wird auch Euer engstirniger Priester nicht leugnen können.' Sir Gore stand auf und zog aus dem Regal eine kleine Handschrift. ‚Nehmen wir zum Beispiel dieses Buch. Mit ihm halte ich einen Teil Gottes in der Hand!' ‚Was ist es?', fragte Lancelot. Sir Gore schaute auf den Ein-

---

668 Schwindt 2007 (Band 3), S. 267.
669 Schwindt 2007 (Band 3), S. 268.
670 Schwindt 2007 (Band 3), S. 268.

band. ‚*Antigone* von Sophokles.' ‚Sophokles war kein Christ.' ‚Wir sind *alle* Kinder Gottes', lachte Sir Gore. ‚Ob getauft oder ungetauft.'[671]

Diese Stelle ruft wiederum die bereits erwähnte „Toleranzrede" Gyburcs aus Wolframs *Willehalm* in Erinnerung, ohne dass allerdings dieselbe thematische Parallele zur Kreuzzugsliteratur vorhanden wäre wie in Crossley-Hollands Artus-Trilogie und ohne dass eine explizite Problematisierung der Aussagen Sir Gores stattfinden würde. Andere Denkmuster mittelalterlicher Gelehrter zur Würdigung der Arbeit ihrer Vorgänger, die in der Regel auf einer christlich-allegorischen Deutung der an sich lügenhaften Stoffe[672] oder auf der Annahme einer unwissentlichen Inspiration der antiken Dichter durch den Heiligen Geist basierten[673], berücksichtigt Schwindt nicht.

Besessen von dem Wunsch, den Gral in seinen Besitz zu bringen, verliert Artur den Verstand und verrät seine eigenen Ideale. Er trifft Entscheidungen über den Kopf der anderen Ritter hinweg, obwohl seine Stimme gemäß den bis dahin geltenden Regeln der Tafelrunde nur eine von vielen ist und genauso viel Gewicht hat wie die jedes anderen Ritters. Schließlich eskaliert die Situation, als Artur Gwydion vorwirft, Aileen ermordet zu haben, und Rowan des Mordes an seinem Vater angeklagt wird:

> Artur gab zwei Wachen ein Zeichen und sie richteten Gwyn auf. ‚Bei Morgengrauen wirst du sterben. Zusammen mit deinem Freund, dem Vatermörder!' ‚Majestät', rief auf einmal eine Stimme, die Lancelot gehörte. ‚Ihr müsst zunächst über beide Fälle zu Gericht sitzen, so verlangt es das Gesetz.' ‚Welches Gesetz?', fuhr ihn Artur an. ‚Wo steht es geschrieben? Ich bin der König von Britannien, Herrscher von Camelot!'[674]

In seinem Wahn entbindet Artur seine Ritter von ihrem Treueeid und besiegelt so den Untergang der Tafelrunde. Im vierten Band steht die Artur-Handlung hinter den Erlebnissen Gwydions und seiner Gefährten zurück. Artur und Camelot werden erst wieder in den letzten Kapiteln erwähnt, als der Verfall schon sehr weit fortgeschritten ist. Camelot erscheint als völlig verwahrlost, Artur ist dem Wahnsinn vollständig verfallen.

Der Untergang Camelots ist dem Zusammenwirken mehrerer Faktoren geschuldet: der Unmöglichkeit, die Abkehr von der römischen Kultur im ganzen Land aufzuhalten, den menschlichen Fehlern der Ritter und des Königs, und der Tatsache, dass Artur von der Macht, die ihm der Besitz des Grals verspricht, völlig korrumpiert ist, wodurch er auf dieselbe Ebene gestellt wird wie Mordred.

---

671 Schwindt 2007 (Band 3), S. 100.
672 Vgl. Meier 1976, S. 16.
673 Vgl. Meier 1976, S. 16.
674 Schwindt 2007 (Band 3), S. 309.

Innerhalb dieser verschiedenen konfliktträchtigen Bereiche liegt der Fokus deutlich auf psychologischen Faktoren. Letztendlich sind immer menschliche Fehler der Ursprung dafür, dass die Konflikte eskalieren. Damit verortet der Autor seine Romane deutlich in der modernen (Kinder- und Jugend-)Literatur, es bleiben aber umso weniger Verbindungen zur literarischen Tradition des Artusstoffes, insbesondere der mittelalterlichen Literatur.

4.7.4. „Denn eigentlich hatte er Britannien nicht erobert. Eigentlich war er heimgekehrt."[675] – Herrschaftslegitimation und Geschichtsfiktion

Obwohl Gwyn zunächst – zumindest nach seinem eigenen Kenntnisstand und dem der Leserin oder des Lesers – nur ein Schweinehirte ist, wird bald deutlich, dass er eine Führungspersönlichkeit wider Willen ist. Schon nach seinem ersten Besuch auf der Gralsburg, als er noch gar nicht weiß, dass er gemäß seiner Abstammung der rechtmäßige Gralskönig ist, erklären ihn die Bewohner von Dinas Emrys zu ihrem König:

> ‚Es gibt einen Grund, warum keine jungen Männer mehr in Dinas Emrys leben',
> sagte der alte Mann stattdessen, ohne seinen Blick zu heben. ‚Sie alle sind ausgezogen, um den Fluch von der Festung zu nehmen, doch keiner von ihnen ist zurückgekehrt. Die anderen waren entweder zu alt oder zu kraftlos, um etwas gegen das Unheil zu tun. Also haben wir geschworen, dass derjenige, dem es gelingt, die Düsternis zu vertreiben, unser neuer Herrscher sein wird.'[676]

Gwyn nimmt dieses Amt nach einigem Zögern an, worüber Rowan entsetzt ist. Er vermutet, Gwyn sei diesen Schritt gegangen, da er sich als einfacher Schweinehirte den anderen Knappen auf Camelot, allesamt adliger Abstammung, unterlegen fühle.

Aileen hingegen sieht in Gwyn den idealen Nachfolger Arturs und versucht ihn daher zu überreden, sie zu heiraten. Für den Thron von Britannien sieht Gwyn sich allerdings nicht im Geringsten als geeignet an. Aileen begründet ihre Einschätzung nicht mit Gwyns Abstammung, die auch zu diesem Zeitpunkt noch keinem der Protagonisten bekannt ist, sondern mit Gwyns Charaktereigenschaften. Seine Herkunft ist insofern von größerer Bedeutung, dass sie eben keine adelige ist:

> ‚Gwyn, hör auf, deine Bescheidenheit wie einen Schild vor dir her zu tragen. Wem
> ist es denn gelungen, unter den widrigsten Bedingungen in den Kreis der Knappen

---

675 Schwindt 2007 (Band 4), S. 310.
676 Schwindt 2006 (Band 2), S. 160.

aufgenommen zu werden? Alle anderen wurden mit einem goldenen Löffel im Mund geboren, doch du hast es ganz alleine geschafft, durch deine Beherztheit und deinen Scharfsinn. Wer hat Camelot im entscheidenden Moment vor den Sachsen gerettet? Das warst du. Ohne deinen brillanten Einfall wären wir jetzt alle tot! Und wer hat als Einziger den Mut gehabt, mich aus dem Lager der Sachsen zu befreien? Artur? Sir Kay? Rowan? Nein, es war ein namenloser Schweinehirte aus Cornwall, der sein Leben für mich aufs Spiel setzte. Wenn es also einen geborenen Führer gibt, dann bist du das.'[677]

Bemerkenswert ist auch, auf welcher Grundlage Tom, einer der unterdrückten Bewohner des Dorfes Chulmleigh, Gwydion als „ein[en] König [,] größer und mächtiger als alle anderen, die jemals über Britannien geherrscht haben"[678] be-zeichnet:

,Ihr stellt Euch in den Dienst einer höheren Sache und Ihr kämpft für sie. Ihr macht keinen Unterschied zwischen Arm und Reich. Ihr bemesst einen Menschen nach seinen Taten und nicht nach seiner Herkunft. Und Ihr nährt die Hoffnung auf bessere Zeiten. Sagt selbst, könnt Ihr Euch einen besseren Herrscher vorstellen als den, der nach diesen Maßstäben handelt?'[679]

Das Herrscherbild, das hier gezeichnet wird, ist deutlich geprägt von modernen Wertvorstellungen von einer gerechten Führungspersönlichkeit, für die die prin-zipielle Gleichheit aller Menschen im Vordergrund steht. Berücksichtigt man, dass Toms Rede eine Reaktion auf Gwydions Aufforderung zur Revolte gegen Mordred ist, der das Dorf gerade erobert hat, lässt sich aus ihr auch ableiten, dass es ebenfalls zu den Eigenschaften eines guten Herrschers gehört, seine Un-tertanen dazu anzuhalten, persönliches Glück zu suchen und ihre eigene Lebens-situation aktiv nach ihren Wünschen zu gestalten. In dieser Hinsicht ist Gwydion ebenfalls ein Vorbild, da er es tatsächlich vom Schweinehirten zum Knappen Camelots gebracht hat. Sein Handeln veranlasst sogar seinen Ziehvater Do Griflet, der immer auf die Wahrung der bestehenden Ordnung bedacht war und sich nicht vorstellen konnte, als Bauer sein Schicksal nicht widerstandslos zu akzeptieren, sich gemeinsam mit anderen Bauern gegen die einfallenden Sach-sen aufzulehnen.

Lancelot begründet seine Entscheidung, Gwydion als Knappen zu entlassen, nicht mit der Enthüllung, dass er der Fischerkönig ist, sondern damit, dass Gwy-dion sein Schicksal in dem Moment angenommen hat, als er vor der Versamm-lung der Dorfbewohner gesprochen und eingewilligt hat, die Menschen im Kampf gegen Mordred zu führen. Gwydions Herkunft dagegen und seine Ab-

---

677 Schwindt 2006 (Band 2), S. 217.
678 Schwindt 2007 (Band 3), S. 187.
679 Schwindt 2007 (Band 3), S. 187.

stammung von zwei im Zusammenhang mit der Gralssuche bedeutenden Familien dagegen spielt kaum eine Rolle, wenn es darum geht, dass sich ihm Gefährten anschließen. Noch bevor sie von Lancelot erfahren, dass Gwydion tatsächlich König ist, versichern die Knappen Orlando und Cecil: „[...] wenn hier alles den Bach runtergeht, gründen wir einfach unsere eigene Tafelrunde. Und du wirst dann unser König sein."[680]

Die Bewohner von Dinas Emrys sind zwar hocherfreut, als sie herausfinden, dass Gwydion nicht nur ihr Retter, sondern tatsächlich der legitime Nachfolger ihres Königs ist, trotzdem stehen aber Gwydions charakterliche Eigenschaften im Vordergrund, wenn es seinen Untertanen darum geht, seine Eignung zum König herauszustellen.

Vergleicht man den Weg zum Thron bei Gwydion und bei Artus, so lassen sich gewisse Parallelen feststellen: wie Gwydions Abstammung ist auch Artus' wahre Herkunft in einigen mittelalterlichen Texten und vor allem in der außerordentlich wirkungsmächtigen *Morte d'Arthur* unbekannt. Die Leserin bzw. der Leser wird also zunächst in der Annahme gelassen, die Protagonisten seien keine Königssöhne, die einfach die legitime Nachfolge ihrer Väter antreten. Vielmehr beweisen sie ihre Berufung zur Herrschaft durch das Bestehen wundersamer Proben: Artus zieht das Schwert aus dem Stein, Gwydion nimmt den Fluch vom Wüsten Land. Erst später stellt sich heraus, dass beide Könige auch aufgrund ihrer Abstammung rechtmäßige Regenten ihrer Reiche sind. Zudem eignen sich beide auch wegen ihrer vortrefflichen Charaktereigenschaften zum Herrscher. Dennoch ist deutlich erkennbar, dass die Gwydion-Romane auch von modernen Wertvorstellungen geprägt sind: während Artus in der mittelalterlichen Literatur in manchen Fällen zwar nicht gleich als Sohn Uther Pendragons präsentiert wird, so ist er doch immer ein Mitglied der adligen Gesellschaft. Gwydions Aufstieg dagegen vollzieht sich vom Schweinehirten über die Zwischenstation des Status als Knappe Camelots zum Königtum – ein im Mittelalter selbst in einem fiktionalen Rahmen nur schwer vorstellbarer Weg. In der Gegenwart dagegen drückt eine solche Darstellung das Ideal der Gleichheit aller Menschen und deren Möglichkeiten zur Selbstentfaltung aus. Im Grunde ist Gwydions Lebensweg nichts anderes als der sprichwörtliche „Amerikanische Traum" des Aufstiegs vom Tellerwäscher zum Millionär, versetzt in eine mittelalterliche Kulisse.

Charakterliche Vortrefflichkeit ist aber nicht der einzige Grund, warum Menschen in den Gwydion-Romanen zu Königen werden. Deutlicher als viele andere Autoren hebt Schwindt die Rolle Merlins als „Königsmacher"[681] hervor.

---

680   Schwindt 2007 (Band 3), S. 65.
681   Schwindt ³2007 (Band 1), S. 111.

Dabei erscheint er nicht nur als weiser und gütiger Druide, sondern teilweise auch als berechnender Stratege, der bestimmte Personen wie Marionetten nach seinem Willen handeln lässt. Seine Rolle bei der Zeugung Arturs wird erwähnt, und darüber hinaus äußert Lancelot den Verdacht, die Prüfung, bei der der zukünftige König das Schwert aus dem Stein ziehen musste, sei von Merlin inszeniert gewesen, um Artur zum König zu machen. Dieser Verdacht wird später von Roderick bestätigt, einem Priester, dem Gwydion und seine Freunde im zerstörten London begegnen. Mehr noch, es stellt sich heraus, dass es sich nicht einmal um Magie handelte, sondern um einen technischen Trick:

> ‚Aber ist auch bekannt, welche List Myrrdin anwandte? Man kann natürlich kein Schwert so mir nichts, dir nichts in einen massiven Stahlblock treiben. Er hatte eine Öffnung, in die dieses Schwert – oh Wunder – perfekt passte. Und auch der Stein wies die gleiche Öffnung auf, deswegen konnte Excalibur auch tief genug hineingesteckt werden. Damit das Schwert nicht wieder herausgezogen werden konnte, erfand Myrrdin, der Trickreiche, einen Mechanismus, der Amboss und Stein gegeneinander drehte, sodass die Klinge verkeilt wurde. Man konnte ziehen, so viel man wollte, Excalibur rührte sich nicht. Nun, als Artur es versuchte, löste Myrrdin den Mechanismus und…' – Roderick klatschte in die Hände – ‚… das Schwert war frei!'[682]

Bereits vor diesen Enthüllungen werden gelegentlich Zweifel an Merlins Vertrauenswürdigkeit geäußert, so zum Beispiel in einem Gespräch zwischen Gwydion und Katlyn:

> ‚Denke an die Prophezeiung: Das Einhorn wird den Drachen töten', sagte Gwyn finster. ‚Hast du schon einmal ein Buch gelesen, in das sie niedergeschrieben wurde?' ‚Nein. Existiert denn so ein Schriftstück?' Katlyn lächelte dünn. ‚Nicht, dass es mir jemals in die Hände gefallen wäre. Es war Merlin, der mir von der Prophezeiung erzählt hat.' Gwyn stutzte. ‚Stimmt. Bei mir ist es genauso.' ‚Hat er dir gegenüber einmal erwähnt, wer sie das erste Mal ausgesprochen hat?' Gwyn dachte nach. ‚Er behauptete, Morgana sei es gewesen.' Er kniff die Augen zusammen. ‚Willst du damit sagen, Merlin habe sich das alles nur ausgedacht?' ‚Ich will damit nur sagen, dass sich diese Prophezeiung nicht unbedingt erfüllen muss. […] Ist dir schon mal in den Sinn gekommen, dass Merlin ein überaus schmutziges Spiel mit dir treiben könnte?'[683]

Der ebenfalls geäußerte Verdacht, Merlin könnte Gwydion benutzen, um durch ihn den Gral zu erlangen, erweist sich allerdings als falsch – Merlin besitzt den Gral nämlich schon seit Jahrzehnten.

Nachdem Gwydion die Entscheidung getroffen hat, Britannien den Sachsen zu überlassen, kommt es zu einem letzten Gespräch zwischen ihm und Merlin,

---

682 Schwindt 2007 (Band 4), S. 171.
683 Schwindt 2007 (Band 4), S. 144.

in dem sich bestätigt, dass Merlins Plan darin bestand, Gwydion zum Nachfolger Arturs zu machen:

,Die Leute haben Recht mit dem, was sie über Euch sagen!' ,Und was sagen sie, die Leute?' ,Dass Ihr ein gefährlicher, ränkesüchtiger Strippenzieher seid. Warum ist dies alles geschehen?' ,Mir ging es in all den Jahren nur darum, dich vor Mordred zu schützen.' ,Und mich zu Arturs Nachfolger zu machen.' ,Natürlich. Erinnere dich: Man sagt mir auch nach, dass ich ein Königsmacher sei. Doch bevor ich dich auf den Thron setzen konnte, musste ich die Gewissheit haben, dass du dieser Aufgabe gewachsen bist. Doch zum ersten Mal muss ich zugeben, dass ich mich vielleicht getäuscht habe. Die Aufgabe war wohl zu groß.'[684]

Die Herrschaft über Britannien ist also nicht nur eine Frage der Abstammung und der Legitimation sowohl durch wundersame Proben als auch durch kluges Handeln, sondern auch der Wahl Merlins, der sich dadurch als eigentlicher Herrscher des Landes herausstellt. Was sich als öffentliche Legitimation von Herrschaft darstellt, ist letztendlich lediglich eine Inszenierung Merlins, die betreffende Person im Grunde beliebig austauschbar.

Mit dem Epilog hebt Schwindt die Frage nach der Grundlage der Regentschaft über Britannien allerdings noch auf eine weitere Ebene. Das Kapitel behandelt die Ankunft Williams des Eroberers in Britannien. Es wird explizit erwähnt, dass es sich um einen Nachfahren Gwydions handelt, und darüber hinaus trägt Guillaume/William das Medaillon mit dem Einhorn, das Gwydion besessen hatte. Das Einhorn kommt tatsächlich im *Coat of arms of the United Kingdom* vor, wo es zusammen mit dem Löwen den Schild des Vereinigten Königreiches hält. Allerdings kam es dorthin nicht über ein normannisches Wappen, sondern über die schottische Heraldik – der *Coat of arms of Scotland* aus dem 16. Jahrhundert zeigt das Einhorn gemeinsam mit Königin Mary. Durch die Vereinigung der beiden Königreiche 1603 infolge der Herrschaft James' I. gelangte auch das schottische Wappentier in das Wappen des Vereinigten Königreiches.

Insgesamt wird die Eroberung Britanniens als Rückkehr in die Heimat interpretiert. Damit stellt Schwindt seine Romane in eine für moderne Adaptationen des Artusstoffes sehr ungewöhnliche Traditionslinie: die Interpretation des Artusstoffes zur Legitimation der normannischen Herrschaft in Britannien geht zurück auf die *Historia Regum Britanniae* Geoffreys of Monmouth.

In diesem 1136 vollendeten Werk führt Geoffrey die Geschichte der britischen Könige zurück bis zu Brutus, der wiederum als Nachfahre Aeneas' von Troja dargestellt wird. Dieser soll im 12. Jahrhundert vor Christus die Insel Albion erobert und ihr den Namen „Britannien" gegeben haben. Das Werk ist aufgeteilt in acht Bücher und erstreckt sich von der Geschichte Brutus' bis zur

---

684   Schwindt 2007 (Band 4), S. 290.

sächsischen Herrschaftsübernahme in Britannien. Von allen Büchern nimmt der arthurische Teil den meisten Raum ein, nämlich ungefähr ein Viertel des Gesamtwerkes. Artus wird neben Brutus als größter aller Britenkönige herausgestellt.[685] Nach Geoffrey übergab Artus vor seiner Entrückung nach Avalon die britische Krone seinem Neffen Konstantin, der vier Jahre lang herrschte, bevor er starb. Ihm folgen Vortiporius und Malgo, der schließlich von den Sachsen, die den afrikanischen König Gormund zu Hilfe gerufen hatten, mit seinem Volk nach Wales vertrieben wird. Die verbliebenen Briten schwächen sich durch Bürgerkriege selbst, so dass es nicht gelingt, die Herrschaft über die Insel wiederzuerlangen. König Cadwallo ist der letzte, der sich noch gegen die Sachsen auflehnt, doch unter der Herrschaft seines Sohnes Cadwalladar zerfällt das Reich der Briten endgültig. Cadwalladar begibt sich in die Bretagne und plant von dort aus die Rückeroberung Britanniens, doch eine Engelsstimme warnt ihn davor, die Insel vor dem von Merlin prophezeiten Zeitpunkt wieder einnehmen zu wollen. Cadwalladar pilgert daraufhin nach Rom und stirbt dort im Jahre 689.[686]

Es wird angenommen, dass Geoffrey mit seinem Werk beabsichtigte, die Normannen, die seit 1066 in Britannien herrschten, in eine Linie mit den vortrefflichen Britenkönigen zu stellen, deren Herrschaft er zu dokumentieren vorgab:

> Die fast sensationelle Wirkung verdankt es [das Werk, d. Verf.] namentlich seinem nationalen Gehalt. Es mußte damit alle ansprechen; es hielt ja den normannischen Britenkönigen den berühmtesten ihrer Thronvorgänger leuchtend und ermutigend vor Augen und erzählte dem Volk, in dem nach der Schlacht bei Hastings 1066 die Normannen und die mit ihnen gekommenen Bretonen bald heimisch geworden waren, von einer heldischen Periode, in der es unter Arthur sogar das römische Imperium bezwungen, die Welt erobert und dazu kulturell den Ton angegeben hatte. Damit schien die anglo-normannische Gegenwart mit der trojanisch-römisch-britischen Vergangenheit eine schicksalhafte, glückliche Einheit zu bilden.[687]

Die Rolle Artus' als König, dem es gelingt, die verschiedenen Volksgruppen im Reich zu einen, wird zum Modell für Geoffreys Gegenwart, in der das Zusammenleben der Briten, Normannen und Angelsachsen sich als konfliktträchtig erwies.[688]

Nicht erst durch die Flucht Cadwalladars auf das Festland wird eine Verbindung zwischen Britannien und Armorika (also der Bretagne) hergestellt, sondern diese geht schon auf die Zeiten des Maximinianus zurück, der die britische Ex-

---

685 Vgl. Langosch 1980, S. 706 f.
686 Vgl. Langosch 1980, S. 68-71.
687 Langosch 1980, S. 707 f.
688 Vgl. Paehler 1958, S. 81.

pansion entscheidend vorangetrieben haben soll. Von diesem Zeitpunkt an ist die Geschichte Britanniens eng mit der Bretagne verbunden: „Die Beziehungen zwischen Britannien und Armorika, zu einer Zeit des Aufstieges Britanniens geschaffen, ziehen sich wie ein roter Faden durch die weitere Handlung. Auch sie verknüpfen Aufstieg und Niedergang des britischen Reiches miteinander."[689]

Geoffrey überträgt mit dieser Darstellung erneut zeitgenössische Verhältnisse auf seine (vorgebliche) Geschichtsschreibung. Einerseits war die Bretagne zu Geoffreys Zeit neben Wales die einzige unabhängige Region mit keltischer Bevölkerung, andererseits verband die normannische Herrschaft nach 1066 Britannien und das Festland.[690]

Was für Rezipienten zur Zeit Geoffreys und im betreffenden geographischen Raum ohne Probleme verständlich gewesen sein dürfte, lässt sich für moderne Leserinnen und Leser sicherlich nicht so einfach erschließen, vor allem, wenn diese noch über einen geringen literarischen Erfahrungsschatz und begrenztes geschichtliches Wissen verfügen. Daher kann nicht davon ausgegangen werden, dass Leserinnen und Leser der Adressatengruppe von Schwindts Romanen die Traditionslinie, in die der Epilog die Reihe einordnet, nachvollziehen können. Darüber hinaus ist erstaunlich, dass ein deutscher Autor sein Werk so dezidiert in eine typisch englische Tradition stellt, die nicht unmittelbar mit Sir Thomas Malorys Werk oder dessen Rezeption in Verbindung steht. Doch gerade hieraus ergeben sich Möglichkeiten, junge Leserinnen und Leser auch zur Beschäftigung mit Aspekten der Artusliteratur anzuregen, die sich nicht auf der Handlungsebene erschöpfen.

Schwindts Legitimation der normannischen Herrschaft vollzieht sich auf einer völlig anderen Grundlage als die Geoffreys. Zwei Aspekte sind von zentraler Bedeutung: das Wertesystem des Artushofs, beruhend unter anderem auf den kulturellen Errungenschaften der römischen Besatzer und die Bewahrung des Heiligen Grals. Dies zeigt sich auch durch Gwydions Abstammung, in der sich zwei Blutlinien vereinigen: väterlicherseits die der Gralsfamilie, mütterlicherseits die römische. Beim Zusammenbruch des arthurischen Reiches ist der Verfall der Zivilisation allerdings schon so weit fortgeschritten, dass auch eine Regentschaft Gwydions die Herrschaft der Briten nicht retten könnte. Gwydions letzter Hoffnungsschimmer wird durch eine Begegnung mit Morgana zerstört, die ihm prophezeit:

> Du bist der letzte Gralshüter und der Ahnvater einer langen Reihe von Königen. Du
> wirst Britannien verlassen und erst dein Kindeskind wird wieder als Kriegsherr und

---

689 Paehler 1958, S. 117.
690 Vgl. Paehler 1958, S. 117.

König zurückkehren. Ihm wird es obliegen, das dunkle Zeitalter zu beenden, das mit dem heutigen Tag angebrochen ist.[691]

Gwydion erwidert zwar, dass nun, mit ihm als König und mithilfe der drei Insignien der Macht – dem Gral, der Lanze des Longinus und Excalibur – eine „goldene Epoche" anbrechen könnte, doch Morgana macht ihm klar, dass diese Verantwortung zu groß ist, als dass Gwydion sie tragen könnte, und dass zudem auch die vermeintlich unbesiegbar machenden Zaubergegenstände nichts gegen die Übermacht der Sachsen ausrichten können.

Darüber hinaus scheint es so, als hätte der Gral seine Macht verloren: der sächsische König Colgrin gibt einem Sterbenden Wasser aus dem Gral zu trinken, doch es zeigt keinerlei Wirkung. Schlagartig wird Gwydion klar, dass der Aufstieg der Sachsen nicht mehr aufzuhalten ist:

> ‚Wir haben die Lanze', sagte Agrippina. ‚Wir können sie besiegen!' ‚Kein Blutvergießen mehr', antwortete Gwyn und starrte auf den Gral in seinen Händen. Achtlos ließ er ihn ins Gras fallen. ‚Camelot ist zerstört, Cadbury niedergebrannt. Alle Ritter und Knappen der Tafelrunde, die noch bei Artur geblieben sind, haben den Tod gefunden.' Er schüttelte den Kopf. ‚Kein Blutvergießen mehr. Es ist vorbei.'[692]

Merlin hat verschiedene Erklärungen für die Wirkungslosigkeit des Grals:

> ‚Oh, der Gral ist ein überaus wirksames Wunderding', antwortete Merlin. ‚Aber man muss an ihn glauben, wenn er seine Wirksamkeit entfalten soll. Kann es sein, dass du vielleicht diesen Glauben verloren hast?' [...] ‚Doch vielleicht gibt es ja noch einen anderen Grund', sagte Merlin. ‚Möglicherweise ist die Zeit der Magie und der Wunder endgültig vorbei.'[693]

Auch angesichts einer wundersamen Erscheinung, deren Zeugen Gwydion und seine Freunde werden, als sie den Gral zurück zu einer Quelle bei Camelot bringen, gelingt es ihnen nicht, den Glauben wiederzufinden. Morganas Prophezeiung folgend begeben sie sich nach Gallien. Um die glorreiche Zeit der arthurischen Herrschaft dennoch für die Nachwelt festzuhalten, beginnt Gwydion noch auf der Überfahrt, die Geschichte aufzuschreiben. Dieses Buch, das über Gwydions Nachfahren weitergegeben wird, ermöglicht es Guillaume über fünfhundert Jahre später, die Quelle, deren Wasser ihn heilt, und die kaum mehr erkennbaren Überreste Camelots zu finden. Anders als Gwydion ist Guillaume wieder in der Lage, an den Gral zu glauben, was ihm nach eigener Aussage das Leben rettet. Im Gespräch mit Merlin wird auch seine Verbindung zur römischen Vergangenheit erwähnt, da ihn Merlin auf das Medaillon anspricht, das er um den

---

691 Schwindt 2007 (Band 4), S. 280.
692 Schwindt 2007 (Band 4), S. 284 f.
693 Schwindt 2007 (Band 4), S. 291.

Hals trägt, woraufhin Guillaume lediglich antwortet: „Es ist römisch."[694] Guillaume vereint also über seine Abstammung und sein Verhalten sämtliche Faktoren, die ihn zur Regentschaft über Britannien befähigen.

Während Geoffrey trotz seiner Rückführung der britischen auf die römisch-trojanische Geschichte immer wieder die Unabhängigkeit und sogar die Überlegenheit der Briten gegenüber Rom herausstellt, bleibt die römische Zivilisation bei Schwindt bis zum Schluss eine Grundlage der Herrschaft über Britannien.

Schwindt entwirft zwar eine andere Geschichtsfiktion als Geoffrey, über die sich die normannische Herrschaft rechtfertigen lässt, doch allein die Beantwortung der Frage, warum Guillaume Britannien nicht erobert, sondern heimkehrt, ist einerseits geeignet, junge Leserinnen und Leser für die Konstruktion von Bildern der Vergangenheit zur Erklärung der Gegenwart zu sensibilisieren, andererseits lässt sich über sie auch Wissen über einen der ältesten schriftlich fixierten Texte der Artusliteratur aufbauen. Sowohl Schwindts als auch Geoffreys Geschichtsfiktion ermöglichen darüber hinaus eine vertiefte Auseinandersetzung mit dem Thema der Geschichtsschreibung, die heutzutage allzu selbstverständlich als bloße Dokumentation historischer Fakten verstanden wird, während der Aspekt der Interpretation und Konstruktion von Geschichte außerhalb von Fachkreisen oft vernachlässigt wird.[695]

4.7.5. Fazit

4.7.5.1. Doppelsinn

Wissenschaftlich fundiertes Vorwissen lässt sich durchaus in manchen Fällen zum Erschließen weiterer Sinnebenen nutzen. Dies betrifft zum Beispiel die bereits angesprochene Frage, warum Parcival so schockiert reagiert, als Gwydion in Camelot von Lancelots Aussage „Warum habe ich den König nicht nach seinen Wunden gefragt"[696] erzählt, oder die Landung der Normannen in Britannien, die als Rückkehr Williams inszeniert wird, oder auch die Übertragung der mittelalterlichen Problematisierung der Rolle des Artushofs auf die Figur des Königs.

---

694 Schwindt 2007 (Band 4), S. 308.
695 Vgl. hierzu White 1986.
696 Schwindt 2006 (Band 2), S. 63.

4.7.5.2. Entautomatisierung der Lektüre

Grundsätzlich kommt die Gwydion-Reihe den Rezeptionsgewohnheiten moderner Leserinnen und Leser durchaus entgegen. Sie bietet politisch korrekte Identifikationsfiguren an, und zwar sowohl für Jungen als auch – vor allem mit Katlyn – für Mädchen. Der Lebensweg und das Handeln dieser Figuren vermitteln moderne Wertvorstellungen und machen sie geeignet als Vorbilder für die freiheitlich-demokratische Erziehung der Leserinnen und Leser. Allerdings enthalten die Bücher auch Stellen, die zu Irritationen führen können, wie die erwähnte Reaktion Parcivals auf Gwydions Bericht über Lancelot. Hier können Entautomatisierungseffekte auftreten, wenngleich zu vermuten ist, dass die entsprechenden Stellen in vielen Fällen einfach überlesen werden, da sie für den Handlungsablauf nicht unmittelbar bedeutsam sind.

4.7.5.3. Anschlussmöglichkeiten für Wissen

Anschlussmöglichkeiten für germanistisch-mediävistisches Faktenwissen sind durchaus vorhanden. Diese betreffen vor allem die Darstellung der verschiedenen Ritter in Anlehnung an ihre mittelalterlichen Typen, die Figur des Königs sowie die Verarbeitung der Traditionslinie, die auf Geoffreys *Historia Regum Britanniae* zurückführt.

4.7.5.4. Beitrag zum Wissensaufbau

Ein Beitrag zum Wissensaufbau kann geleistet werden, allerdings nur, wenn eine angeleitete Lektüre erfolgt. Schwindt bezieht sich mit seinem Werk auf eine Tradition, die in der Regel nicht Gegenstand populären Mittelalterinteresses ist. Außerdem lassen sich die entsprechenden Stellen problemlos überlesen, da sie für die Handlung nur eingeschränkt von Bedeutung sind. Daher ist ein Wissensaufbau ohne Anleitung nicht sehr wahrscheinlich. Unterstützung durch Expertenleser ist deshalb in dieser Hinsicht unverzichtbar.

4.7.5.5. Kohärenz zwischen extratextuellen Signalen und textimmanenten Informationen

Im Hinblick auf die Kohärenz zwischen den Erwartungen der Leserinnen und Leser und den Informationen über das Mittelalter, die man aus den Romanen ablesen kann, lässt sich keine eindeutige Wertung vornehmen, da einerseits die Informationen, die man über das Werk findet, sehr vielfältig sind, und andererseits, da die Art der Informationen, die ein Leser aus diesem Text ablesen kann, stark abhängig von seinem bereits vorhandenen Wissen und der Anleitung durch Expertenleser ist.

4.7.5.6. Darstellung eines differenzierten Mittelalterbildes

Das Mittelalterbild der Romane schließt zwar nicht direkt an eines der populären, klischeehaften Mittelalterbilder an, kann allerdings auch nicht als differenziert bezeichnet werden. Das Mittelalter Schwindts erscheint relativ einseitig als Zeit des Niedergangs nach einer Zeit der kulturellen Blüte infolge der römischen Herrschaft in Britannien. Hinzu kommt, dass die Handlungen der Protagonisten der Alltagslogik ihrer modernen Leserinnen und Leser folgen. Die Anpassungen, die in diesem Sinne vorgenommen wurden, lassen das dargestellte Mittelalter als eine Zeit erscheinen, in der ganz ähnliche Verhältnisse herrschten wie heutzutage, mit der Ausnahme, dass soziale Ungleichheit noch allgemeiner akzeptiert war. Doch gerade das Handeln Gwydions zeigt, dass diese Strukturen – ganz dem modernen Wunsch nach Gleichheit aller Menschen entsprechend – durchbrochen werden können. Mit dem Mittelalter hat eine solche Darstellung nichts zu tun.

4.7.5.7. Intertextuelle Bezüge

Die intertextuellen Referenzen, die in den Werken vorkommen, zeichnen sich oft durch hohe Referentialität aus. Auf der Grundlage der Kriterien der Selektivität und der Strukturalität sind die Bezüge allerdings als weniger intensiv intertextuell zu beurteilen. Die Texte verwenden ihre mittelalterlichen Vorläufer grundsätzlich nicht als strukturelle Folie. Die Referenzen sind im Allgemeinen nur wenig pointiert ausgewählt und bewegen sich eher im Bereich der Systemreferenz und der Anspielung.

4.7.5.8. Erkenntnisgewinn über Prätexte

Ein Erkenntnisgewinn über Prätexte kann stattfinden, allerdings ist es sehr wahrscheinlich, dass dieser nur eintritt, wenn gewisse Aspekte im Gespräch mit einer Expertenleserin oder einem Expertenleser thematisiert werden. Dann kann die Beschäftigung mit diesem Aspekt der Texte allerdings äußerst fruchtbar sein, da Schwindt sich vor allem an einen Prätext anschließt, der im Rahmen der populären Mittelalterrezeption nur sehr selten eine Rolle spielt.

4.7.5.9. Übereinstimmung von Bedeutungszumessungen mit der literarischen Tradition

In den Gwydion-Romanen spielen zwei stoffliche Elemente eine bedeutende Rolle: der Heilige Gral und das Einhorn, das auf dem Medaillon Gwydions abgebildet ist. Auf die Tradition beider Elemente wird kein Bezug genommen: der Gral erscheint als wundertätiger Gegenstand, der Macht verleiht, anstatt eine christlich interpretierte Reliquie zu sein, und beim Einhorn wird die literarische Tradition, die das Einhorn christlich-allegorisch auf die Heilsgeschichte auslegt, völlig vernachlässigt. Für die Legende, die im Rahmen der Romane ausgeführt wird, nämlich, dass das Einhorn – also Gwydion – den Drachen – Artur und Mordred – töten solle, gibt es in der literarischen Tradition kein Vorbild.

Insgesamt lässt sich feststellen, dass die Gwydion-Romane vordergründig vor allem dazu geeignet sind, jungen Leserinnen und Lesern zeitgenössische Wertvorstellungen zu vermitteln, die für ihre unmittelbare Lebenswirklichkeit bedeutsam sind. Der Protagonist dient als Identifikationsfigur und erfüllt eine Vorbildfunktion. Mit der stark psychologisierenden Figurendarstellung und der starken Akzentuierung der Rolle menschlicher Fehler wählt der Autor eine für die moderne Kinder- und Jugendliteratur typische Charakterzeichnung. Zunächst scheint der Zweck der mittelalterlichen Kulisse sich darin zu erschöpfen, die pädagogisch wertvollen Inhalte nicht zu sehr hervortreten zu lassen und das Werk damit zu entlasten und einer kindlichen, auf Lesefreude ausgerichteten Rezeption zugänglicher zu machen. Darauf deuten auch die Parallelen zu neueren populären Kinder- und Jugendbüchern, allen voran zur *Harry-Potter*-Serie, hin. Ein Einfluss dieser Romane auf Schwindts Werk kann zwar nicht zweifelsfrei bewiesen, aber doch vermutet werden.

Dennoch bieten die Gwydion-Romane bei genauerer Analyse auch interessante Ansatzpunkte für die Beschäftigung mit der mittelalterlichen Artusliteratur, da sie teilweise auf für die moderne Mittelalterrezeption sehr untypische Traditionen und Werke zurückgehen.

4.8. Wolfgang und Heike Hohlbein: Die Legende von Camelot

4.8.1. „Vorurteile"

Sowohl über die Autoren Wolfgang und Heike Hohlbein und ihr Werk im Allgemeinen als auch über die *Camelot*-Trilogie finden potentielle Leserinnen und Leser im Internet eine Fülle von Informationen.

Obwohl zahlreiche Romane unter dem Namen des Ehepaars Hohlbein veröffentlicht werden, ist die Medienpräsenz Wolfgang Hohlbeins sehr viel größer als die seiner Frau Heike.

Der Wikipedia-Eintrag zu Wolfgang Hohlbein weist ihn als „Schriftsteller in den Genres Horror-, Science-Fiction- und Fantasyliteratur" aus, der „zu den erfolgreichsten Autoren Deutschlands"[697] zählt. Hohlbeins eigene Internetpräsenz akzentuiert neben seiner enormen Produktivität – nach den Angaben der Homepage hat er mehr als 150 Romane verfasst und 40 Millionen Bücher verkauft – die Zugehörigkeit seiner Bücher zum Genre Fantasy.[698] Allerdings drückt der Autor auch an mehreren Stellen sein Interesse am Mittelalter aus. So heißt es in der Rubrik „Porträt":

> Sich selbst sieht Wolfgang Hohlbein in der Nachfolge klassischer Erzähltraditionen. ‚Wäre ich im Mittelalter geboren worden, dann wäre ich wahrscheinlich von Hof zu Hof gezogen, um Geschichten von Drachen, Schlachten und Liebeständel zum Besten zu geben.' Und eigentlich tut er auch heute nichts anderes. Nur, dass er nicht von Hof zu Hof zieht, sondern von Verlag zu Verlag, und immer dort seine Geschichten vorstellt, wo das Umfeld für ihn und seine Leser am stimmigsten ist.[699]

Bereits die Nennung von „Geschichten von Drachen, Schlachten und Liebeständel", die mit mittelalterlichen Dichtern in Verbindung gebracht werden, deutet auf ein nicht besonders differenziertes Mittelalterbild hin. Es kann allerdings nicht erwartet werden, dass dies von unerfahrenen Leserinnen und Lesern sofort erkannt wird.

---

697 http://de.wikipedia.org/wiki/Wolfgang_Hohlbein (04.07.2012).

698 Die Internetseite verwendet die Begriffe „Fantasy" und „Phantastik" synonym, ohne über die unterschiedliche Verwendung der Termini im Englischen und im Deutschen oder auf ihre unterschiedlichen Begriffsfassungen einzugehen. Obwohl mehrmals der Begriff „neue deutsche Phantastik" verwendet wird, so ist dieser nicht in der Tradition der deutschen Phantastik, sondern vielmehr in Zusammenhang mit dem ursprünglich englischen Genre *Sword & Sorcery* zu sehen.
   Vgl. http://www.hohlbein.de/neu/autor.php (04.07.2012).

699 http://www.hohlbein.de/neu/autor.php (04.07.2012).

Die Präsentation führt den Bezug zum Mittelalter weiter aus, indem Wolfgang Hohlbeins Hobby, das Basteln von Burgen, Häusern und Wehranlagen, erwähnt wird. Dieses Interesse wird wiederum in Verbindung zu den Büchern gesetzt:

> Wer sowohl seine Romane als auch seine Miniaturen kennt, dürfte auf Anhieb Ähnlichkeiten erkennen. Da wäre erst einmal die Detailverliebtheit fast bis zur Besessenheit, dann die Wahl seiner Motive, die fast immer einen fantastischen oder historischen Bezug haben, und letztlich das besondere Etwas, das die Brücke zwischen der Begeisterung des Künstlers und der des Betrachters schlägt.[700]

Dadurch, dass ein „historischer Bezug" suggeriert wird, relativiert sich die deutliche Zuordnung zum Genre Fantasy wieder.

Dies zeigt sich auch in der Präsentation der Werke bei Amazon.de. Die Betreiber der Seite setzen die Romane in Zusammenhang mit folgenden Suchgebieten:

- Ab 12 Jahre
- Deutsche Belletristik
- Fantasy
- Jugendliteratur
- Kinder- u. Jugendliteratur
- Kinderliteratur, Jugendliteratur
- Kinder- und Jugendbücher / Jugendbücher ab 12 Jahre
- Kinder- / Jugendromane u. –erzählungen
- Artus (Tafelrunde); Kinder-/Jugendliteratur
- Fantasy; Kinder-/Jugendliteratur[701]

Kunden ordnen den Büchern folgende „Tags" zu:

- fantasy
- historisch
- wolfgang hohlbein
- templerin
- europa
- drachen
- hohlbein
- drachentöter

---

700 http://www.hohlbein.de/neu/autor.php (04.07.2012).

701 http://www.amazon.de/Die-Legende-von-Camelot-Elbenschwert/dp/3570305791/ref=sr_1_2?ie=UTF8&s=books&qid=1282668752&sr=8-2 (04.07.2012).

- intrigen

Neben Verweisen auf den Autor und seine anderen Werke findet sich hier, wie auch schon bei Marion Zimmer Bradleys *Die Nebel von Avalon* eine Verbindung von Fantasy und vermeintlich historischen Ereignissen. Daher ist es auch kaum verwunderlich, dass sich Kundenrezensionen wie diese finden lassen:

> Das Buch ist sehr empfehlendswert (sic!), da so ein Teil der wahren Legende um Exkalibur, Camelot und Avalon erzählt wird. Man kann sich freuen auf die nächsten zwei Teile der Trilogie...[702]

> Obwohl Gralszauber zu Zeiten von Artus und seiner Tafelrunde spielt, ist die Sage eigentlich mehr Hintergrund als Thema. Wenn man noch sehr wenig darüber weiss, kann man in diesem Buch zwar schon einiges erfahren.[703]

> Jedem, der noch nicht zuviel über Artus und seine Ritter gelesen oder gesehen hat, kann ich dieses Buch nur wärmstens empfehlen!!![704]

Andere Leserbeurteilungen drücken Enttäuschung darüber aus, dass die Geschichte nicht „richtig" erzählt wurde, was auf der oberflächlichen Handlungsebene begründet wird:

> Also, mit Geschichte hat das ganze ja gar nichts zu tun, mal abgesehen das (sic!) man König Artus als ‚Fan' auch gern so nennen kann, es ist schließlich die unbestritten einzige deutsche Variante seines Namens....Welche Bücher oder Geschichten du auch gelesen haben willst, gemessen an den ersten, ‚originalen' Geschichten ist hier ein Haufen verändert, zB sind es im Original nur 12 Tafelritter, hier variiert die Zahl, Galahad ist im Original Lanzelots Sohn, der im übrigen nie Küchenjunge war, Mandrake tauchte nie auf usw usw....[705]

---

702 http://www.amazon.de/Die-Legende-von-Camelot-Gralszauber/dp/3800026619/ref=sr_1_4?ie=UTF8&s=books&qid=1282668731&sr=8-4 (04.07.2012).

703 http://www.amazon.de/Die-Legende-von-Camelot-Gralszauber/dp/3800026619/ref=sr_1_4?ie=UTF8&s=books&qid=1282668731&sr=8-4 (04.07.2012).

704 http://www.amazon.de/Die-Legende-von-Camelot-Gralszauber/dp/3800026619/ref=sr_1_4?ie=UTF8&s=books&qid=1282668731&sr=8-4 (04.07.2012).

705 http://www.phantastik-couch.de/wolfgang-hohlbein-die-legende-von-camelot.html (04.07.2012).

Wie schon mehrfach an anderen Werken beobachtet, kommt auch hier die Vorstellung eines historischen Kerns der Geschichte um Artus und seine Ritter zum Ausdruck, über den man auch aus Werken mit deutlich phantastischer Ausrichtung etwas zu erfahren hofft. Gleichzeitig wird die Vorstellung deutlich, dass es eine „richtige" Version des Stoffes gibt und Abweichungen davon „Fehler" darstellen.

Allerdings ist auch anzumerken, dass Rezensionen, die auf den vermeintlichen Lerneffekt eingehen, nicht die Mehrheit der Beurteilungen darstellen. Deutlich häufiger werden der packende Schreibstil und die spannende Handlung positiv hervorgehoben. Es steht also kein Erkenntnisgewinn, sondern die Lesefreude im Zentrum der Erwartungen der Leserinnen und Leser.

Die Legende von Camelot ist mit drei verschiedenen Arten der Titelgestaltung erhältlich. Die Ausgabe des Heyne-Verlags zeigt das titelgebende Element des jeweiligen Bandes, also Gral, Schwert und Schild, vor einem dunklen Hintergrund, der mit einer Art Ornament verziert ist. Auf den Covern von Band 2 und 3 ist zudem jeweils ein Ritter dargestellt. Es fällt auf, dass die Darstellung der Ritter in beiden Fällen sehr klischeehaft ist.

Auch die Titelgestaltung der Ausgaben des Ueberreuter-Verlages folgt dem Konzept der Darstellung eines zentralen Elements vor einem weitgehend einfarbigen Hintergrund. Die Bilder des Kelchs und des Schwertes sind relativ neutral gehalten und weder besonders klischeehaft noch tatsächlich an mittelalterliche Darstellungen angelehnt. Der Holzschild auf dem Cover des dritten Bandes trägt Zeichen, die an Runen erinnern, und bezieht sich damit eher auf das Altertum als auf das Mittelalter.

Die Cover der Ausgaben des cbt-Verlages präsentieren hingegen Gral, Schwert und Schild vor dem Hintergrund eines verschwommen dargestellten Gesichts mit deutlich hervorstechenden, roten Augen. Die Titelgestaltung akzentuiert sehr viel deutlicher als die der anderen Verlage die Zugehörigkeit der Werke zum Fantasy-Genre.

In der Gestaltung der Titelbilder spiegelt sich wider, was sich auch an den allgemeinen Informationen über die Autoren und ihr Werk sowie an Kundenrezensionen beobachten lässt: eine deutliche Ausrichtung auf den Fantasy-Bereich, aber dennoch unter Einbeziehung von Elementen, die für mittelalterlich gehalten werden, die aber in ihrer Darstellung oftmals klischeehaft sind.

Dennoch kann nicht davon ausgegangen werden, dass dies auch von unerfahrenen Leserinnen und Lesern erkannt wird. Auch wenn die Leserkommentare auf Amazon.de darauf hinweisen, dass mehrheitlich keine Erwartungen bestehen, etwas über das Mittelalter zu lernen und die Unterhaltung im Vordergrund steht, so zeigen einzelne Bewertungen auch, dass bisweilen eben doch ein Wissenserwerb erwartet wird.

4.8.2. „Und die Menschen werden frei sein"[706] – Das Verhältnis von Welt und Anderswelt

Die Handlung der Camelot-Romane wird geographisch nur grob verortet. Die einzige konkrete Ortsangabe betrifft Tintagel. Eine zeitliche Einordnung wird überhaupt nicht vorgenommen.

Das Camelot Hohlbeins ist eng verbunden mit einer Anderswelt, die als „Tir Nan Og" oder „Avalon"[707] bezeichnet wird. Der Protagonist Dulac kommt zum ersten Mal in den Räumen des vermeintlichen Kochs Dagda – der sich später als Merlin herausstellt – mit dieser Welt in Kontakt, als er und Gwinneth Camelot einen nächtlichen Besuch abstatten. Zu seinem großen Erstaunen sieht er dort anstelle der sonst vorhandenen Wand ein Tor aus Feuer, hinter dem sich ihm ein wundersames Bild zeigt:

> Er sah auf eine schier endlose, von blühenden Bäumen und Wildblumen bestandene Ebene hinab. Das dünne Silberhaar eines Flusses schlängelte sich in zahllosen Kehren und Windungen dem Horizont entgegen, der von einer Kette gewaltiger, schneegekrönter Berge gebildet wurde. Im Vordergrund waren etliche ganz und gar unglaubliche Wesen zu sehen: ein schneeweißes Einhorn, eine Anzahl winziger tanzender Lichtpunkte, die sich bei genauerem Hinsehen als kaum handgroße Elfen entpuppten, und auch einige Geschöpfe, die Dulac ganz und gar nicht beschreiben konnte. Weit entfernt, eigentlich eher zu ahnen als wirklich zu sehen, schimmerte ein fragiles Gebilde aus Silber und Gold, vielleicht ein Schloss, vielleicht auch etwas vollkommen Fremdartiges. Und so wunderschön und faszinierend dieser Anblick auch war – er machte Dulac gleichzeitig auch Angst.[708]

Weitere Tore zu dieser Welt finden sich in Höhlen unter Malagon, der Burg Morgaines, und in den Klippen bei Tintagel. Während Dulac in Camelot ein direkter Blick auf die Anderswelt gewährt wird, stellen die Höhlen eine Art Zwischenwelt dar, die es auf dem Weg zum Tor in die andere Welt zu überwinden gilt. Diese besteht in beiden Fällen aus einem großen See, in dessen Mitte sich ein farbig leuchtendes Kristallgebilde befindet. Diese Kristallgebilde wiederum haben eine direkte Verbindung zu Camelot, wie sich zeigt, als Lancelot versucht, eines davon zu zerschlagen, da er in ihm die Quelle von Morgaines Macht vermutet: zu derselben Zeit ereignet sich in Camelot ein Erdbeben, und nach

---

706 Hohlbein 2009 (Band 3), S. 451.
707 Zunächst werden die beiden Begriffe synonym verwendet, später wird jedoch suggeriert, dass es sich bei Tir Nan Og um die Insel handelt, bei Avalon um einen geographischen Bereich oder eine Stadt auf derselben.
708 Hohlbein 2007 (Band 1), S. 54.

Gwinneths Bericht war es, „[...] als hätte ein Riese mit einem unsichtbaren Hammer auf die Burg geschlagen."[709]

Tir Nan Og beinhaltet verschiedene geographische Bereiche, die aus der Sicht Lancelots beschrieben werden: zunächst findet er sich in einem übernatürlichen Wald wieder, dessen Baumstämme wie Elfenbein wirken, danach gelangt er auf eine weite Ebene, die an einen Ozean angrenzt. Auf der Ebene befinden sich mehrere Ansiedlungen, darunter eine, die Lancelot an Camelot erinnert:

> Und unter ihm am Strand lag Camelot. Er war das, was Camelot vielleicht irgendwann einmal hatte werden sollen; die Vision, die hinter der aus Stein erbauten Stadt steckte. Dieses Camelot war zehnmal so groß wie das König Artus' und hundertmal so prachtvoll, denn seine Mauern bestanden tatsächlich aus Gold. Tausende und Abertausende von Menschen mussten in seinen Mauern leben und allein die Burg erschien Lancleot gewaltig genug, um mehr Einwohnern Platz zu bieten als die ganze Stadt auf der anderen Seite.[710]

Die Tir Nan Og ist bevölkert von wundersamen Kreaturen, wie sie Lancelot bereits gesehen hatte, als er in Dagdas Räumen einen Blick darauf werfen konnte. Darüber hinaus stößt Lancelot auf menschenähnliche Kreaturen, die später als Elben identifiziert werden. Äußerlich unterscheiden sie sich von den Menschen vor allem durch ihre spitzen Ohren. Unter den Elben lassen sich mindestens drei verschiedene Arten unterscheiden: die Tuata, auch Hochelben genannt, die Dunkelelben und eine weitere Elbenrasse, die nicht näher spezifiziert wird. Später stellt sich heraus, dass Artus, Lancelot, Gwinneth, Morgaine und Mordred Elben sind. Zwar wird nie eine explizite Zuordnung der einzelnen Personen zu den verschiedenen Gruppierungen vorgenommen, doch es wird angedeutet, dass es sich bei Artus, Lancelot und Gwinneth um Tuata und bei Morgaine und Mordred um Dunkelelben handelt. Am deutlichsten ist diese Zuweisung bei Lancelot, dem von einem Elben, den er in Tir Nan Og trifft, gesagt wird, nur ein Tuata könne eine Rüstung wie die seine tragen, da sie „[...] jeden töten [würde], der nicht reinen Blutes ist, wenn er auch nur versuchen würde sie anzulegen."[711] Wodurch sich die Elbenvölker genau unterscheiden, wird jedoch nicht ausgeführt.

Immer wieder wird eine Verbindung der Elbenvölker zur Frühgeschichte Britanniens angedeutet. So erklärt Dagda Dulac, nachdem er zum ersten Mal die Anderswelt gesehen hat:

> Diese Mauern sind viel älter als die, die Camelots Türme und Wände bilden. Die Burg wurde auf den Ruinen eines viel älteren Gebäudes errichtet. Und davor gab es

---

709 Hohlbein 2007 (Band 1), S. 391.
710 Hohlbein 2007 (Band 1), S. 340.
711 Hohlbein 2007 (Band 1), S. 349.

hier einen anderen Ort, zu dem Menschen kamen, um ihren Göttern zu dienen und ihnen Opfer zu bringen, und davor wieder einen und wieder und wieder.[712]

Mehrfach wird auch ein Glaube an „alte Götter" erwähnt, dem vor allem Merlin anhängt, aber auch Gwinneth gibt Lancelot gegenüber zu, nur vorzugeben, Christin zu sein. Artus ist zwar angeblich Christ, toleriert aber andere religiöse Überzeugungen und setzt sich deswegen auch dafür ein, dass Merlin nach dem Ritual seines Glaubens in einem Cromlech bestattet wird. Im Gegensatz zu *Die Nebel von Avalon*, in dem die Spannung zwischen altem und neuem Glauben ein zentrales Thema darstellt, spielt der Glaube in Hohlbeins Camelot-Romanen nur eine sehr untergeordnete Rolle.

Genauere Informationen über die Elbenvölker erhalten sowohl die Leserinnen und Leser als auch die Protagonisten erst ganz am Ende der Geschichte, als Merlin Lancelot und Gwinneth über ihre Herkunft aufklärt:

,Wer sind wir, Merlin?', fragte Lancelot. [...] ,Wir sind das alte Volk', antwortete Merlin. [...] ,Wir waren hier, bevor es Menschen gab, und wir werden noch hier sein, wenn sie längst vergessen sind. Einst hat diese Welt uns gehört und wir haben sie von einem Ufer des großen Ozeans zum anderen beherrscht. Unsere Herrschaft währte Äonen und wir wurden alt und weise – und dabei auch hochmütig. Und irgendwann kamen die Menschen.'[713]

Bei Menschen und Elben handelt es sich also um zwei klar voneinander abgegrenzte Spezies. Trotzdem sind die beiden Welten, zumindest was Britannien betrifft, eng miteinander verknüpft. Merlin fährt fort:

Am Anfang waren sie für uns nicht mehr als Tiere, Schoßhunde, die wir zu unserem Vergnügen hielten, um uns an ihren Kunststücken zu erfreuen. Aber sie wuchsen heran und sie wurden stärker, und es kam der Moment, in dem wir in ihnen das erkannten, was wir einst gewesen sind, vor so unendlich langer Zeit. Und so fingen wir an uns aus dieser Welt zurückzuziehen, um sie einem jüngeren, wilderen Volk zu überlassen. [...] Sie waren jung und stark und wild, aber sie waren auch dumm und unbeherrscht. [...] Sie brauchten Führung oder sie hätten sich selbst ausgelöscht.[714]

Für die nötige Führung sorgen Elben, die in die Welt der Menschen geschickt wurden, so wie Artus. Allerdings spaltet die Frage, ob die heimliche Herrschaft der Elben über die Menschen noch notwendig ist, die Gesellschaft der Anderswelt. Während Morgaine, Mordred und die Dunkelelben der Meinung sind, dass ihre Präsenz in der Welt der Menschen noch unverzichtbar ist – wobei Merlin auch vermutet, dass diese Ansicht mehr von Machtstreben beeinflusst ist als von

---

712 Hohlbein 2007 (Band 1), S. 61.
713 Hohlbein 2009 (Band 3), S. 430.
714 Hohlbein 2009 (Band 3), S. 430 f.

dem Wunsch, die Menschen zu beschützen – sind Merlin und andere Hochelben davon überzeugt, dass die Menschen nun in der Lage sind, ihr Schicksal selbst in die Hand zu nehmen. Es ist Artus, der den Kampf entscheidet, da er zulässt, dass Mordred ihn tötet, was dazu führt, dass die Tore zwischen den Welten sich verschließen und die Elben jegliche Macht in der Welt der Menschen verlieren. Gwinneth heißt die Entscheidung gut: „Und die Menschen werden frei sein. [...] Sie brauchen niemanden mehr, der ihr Schicksal lenkt. Und auch niemanden mehr, der mit ihnen spielt."[715]

Die Geschichte des Untergangs des Artusreiches ist also bei Hohlbein die Geschichte der Emanzipation der Menschen von ihrer Führung durch die Elben. Obgleich die Handlung in Britannien spielt, haben die Menschen in den Romanen nichts mit der britischen Frühgeschichte zu tun. Vielmehr erinnert Hohlbeins Britannien an Tolkiens Mittelerde, in dem ebenfalls Menschen, Elben und weitere menschenähnliche Spezies leben. Darüber hinaus erinnert die Gegenüberstellung eines alten und eines jüngeren Volkes, wobei das ältere Volk zunächst in die Geschicke des anderen eingreift, sich aber später zurückzieht und die bekannte Welt dem jüngeren Volk überlässt, ebenfalls stark an *Der Herr der Ringe*, wo ebenfalls mehrere Elbenvölker als älteste Bewohner Mittelerdes dargestellt werden und diese am Ende der Geschichte das Land verlassen.

Bei seiner Darstellung der Anderswelt bedient sich Hohlbein verschiedener Topoi und Motive aus unterschiedlichen Traditionen: in Namen wie „Avalon", „Tir Nan Og" oder „Tuata" wird keltische Mythologie aufgerufen, die Unterscheidung der Elben in Dunkel- und Hochelben erinnert an die Schwarz- und Lichtalben der *Snorra Edda*. Allerdings gibt es auch bei Tolkien Hoch- und Dunkelelben, wobei die Dunkelelben nicht so eindeutig dem Bösen zugeordnet werden wie bei Hohlbein. Die Beschreibung des Elbenjungen, auf den Lancelot in der Anderswelt trifft, entspricht der gängigen Darstellung von Elben in modernen Fantasy-Romanen, die ebenfalls in der Tradition Tolkiens steht:

> Er oder sie trug ein weißes, schlichtes Gewand, das bis zu seinen Knöcheln herabreichte und seine Gestalt vollkommen verdeckte. Er hatte sehr helles, fast weißes Haar, das bis weit über seine Schultern herabfiel, und auch sein Gesicht war von einer fast unnatürlichen Blässe und ließ keinerlei Rückschlüsse auf sein Geschlecht zu. Außerdem hatte er spitze Ohren.[716]

Sämtliche Referenzen bleiben allerdings inhaltsleer, weil die Leserinnen und Leser immer nur oberflächliche Informationen über die Anderswelt erhalten. Ihre Wertesysteme bleiben unklar, ihre Kultur schwammig. Tir Nan Og, Elben und Einhörner sind letzendlich nur die Kulisse, vor der sich die verschiedenen

---

715 Hohlbein 2009 (Band 3), S. 451.
716 Hohlbein 2007 (Band 1), S. 347.

persönlichen Konflikte des Helden – seine unerfüllte Liebe, sein Wunsch, Ritter zu werden, der sich ins Gegenteil verkehrt, und die Frage nach seiner persönlichen Freiheit – abspielen. Wissen über den Artusstoff und die verschiedenen aufgerufenen Traditionen führt zu keinerlei zusätzlicher Erkenntnis im Bezug auf den Text. Umgekehrt bieten die Romane auch keinerlei Möglichkeiten, etwas über diese literarischen Traditionen zu lernen.

4.8.3. Gralszauber, Elbenschwert, Runenschild – Magische Gegenstände

Genau wie Peter Schwindt präsentiert Hohlbein seinen Helden zunächst als unterprivilegierten Jungen, der von einem Leben als Ritter träumt. Doch anders als Gwydion muss sich Dulac diesen Status nicht hart erarbeiten. Obwohl er keinerlei Erfahrung im Umgang mit Waffen hat, stellt er sich bereits bei seiner ersten Übung als Naturtalent heraus: es gelingt ihm zwei Mal, Artus so schnell zu überwältigen, dass dieser nicht einmal die Chance zur Gegenwehr hat. Er selbst weiß nicht, wie es ihm gelungen ist, den König zu besiegen:

> ‚Ich schwöre, Herr, ich … ich weiß nicht, was passiert ist!', stammelte Dulac und das entsprach mit jedem Wort der Wahrheit. Er erinnerte sich nur, dass… irgendetwas geschehen war. Nicht er schien das Schwert geführt zu haben, sondern das Schwert ihn, und das so schnell, dass er seine eigenen Bewegungen nicht einmal wirklich mitbekommen hatte.[717]

Kurz nach diesem Zwischenfall findet er eine Rüstung im See, die magische Kräfte zu haben scheint. Er fühlt sich sofort von ihr angezogen:

> Irgendetwas… Besonderes war an dieser Rüstung. Es war, als ob sie auf unheimliche Weise mit ihm sprach. Es waren keine Worte und wenn, dann konnte Dulac sie nicht verstehen, aber da war ein sonderbares, wort- und lautloses Flüstern tief in ihm. Er wusste einfach, dass es kein Zufall war, dass diese Rüstung ihm das Leben gerettet hatte. Ebenso wenig wie es ein Zufall war, dass er sie gefunden hatte. Es war fast, als hätte sie ihn… *gerufen*?[718]

Der Weg zum Ritter scheint Dulac vorbestimmt zu sein, doch auch diese Bestimmung bleibt vage. Es wird angedeutet, dass sie auch eine negative Seite hat und es zu verhindern gilt, dass Dulac zu dem wird, der er gemäß seinem Schicksal werden sollte: als Dagda von dem Scheinkampf zwischen Dulac und Artus

---

717 Hohlbein 2007 (Band 1), S. 77.
718 Hohlbein 2007 (Band 1), S. 97.

erfährt, macht er Artus Vorwürfe, weil er Dulac ein Schwert in die Hand gegeben hat.

Andererseits basiert Dulacs Rittertum ganz entscheidend auf der Magie der Rüstung, die er als Lancelot trägt. Dass er nicht immer über übermenschliche Kräfte verfügt, zeigt sich, als er es nicht schafft, sich gegen drei Dorfjungen zu wehren, die ihn verprügeln, während er in der Rüstung in der Lage ist, alleine gegen eine große Überzahl piktischer Krieger zu bestehen.

Das Gefühl, nicht das Schwert zu führen, sondern vielmehr vom Schwert geführt zu werden, das Dulac schon bei seinem Übungskampf gegen Artus hat, verstärkt sich, als er die ersten Male die magische Rüstung trägt. An seinen ersten Kampf kann er sich nicht einmal erinnern. Als er das Schwert das nächste Mal berührt, hat er Visionen, in denen er den betreffenden Kampf sieht. Die Macht, die die Rüstung über ihn zu haben scheint, macht ihm Angst: „Nicht die Rüstung hatte ihm gedient, sondern er ihr. Ein Gedanke, der ihm zutiefst zuwider war.“[719] Dennoch entschließt er sich, die Rüstung wieder anzulegen, zuerst, um Gwinneth aus der Gefangenschaft Morgaines zu befreien, und später, um Artus und seinen Rittern im Kampf gegen Mordred und die Pikten beizustehen. Dabei wird immer deutlicher, dass nicht nur seine körperliche Verfassung, sondern auch seine Psyche beeinflusst wird:

> Lancelot hingegen fühlte sich... großartig. Ein Teil von ihm, Dulac, der immer schwächer wurde, schrie lautlos vor Entsetzen über das auf, was er getan hatte, aber der weitaus größere Teil genoss das Gefühl des Sieges, den er davongetragen hatte, in vollen Zügen. Er fühlte sich stark. Sein Atem ging ruhig und die furchtbaren Hiebe, die er geführt hatte, schienen ihn keine Kraft gekostet, sondern ihm neue Kraft gegeben zu haben, als hätte das Runenschwert die Lebenskraft der Männer getrunken.[720]

Die Macht, die die Rüstung über Dulac/Lancelot erlangt, wird zu einem der zentralen Themen der Romane. Am Ende des ersten Bandes entschließt sich Dulac, seinen drohenden Tod abzuwenden, indem er die Rüstung anlegt, allerdings um den Preis, endgültig zu Lancelot zu werden:

> Er hatte nur die Wahl, es hier und jetzt ein für alle Mal enden zu lassen oder als Lancelot du Lac wieder geboren zu werden, und diesmal war es ein Weg ohne Zurück. Er fürchtete sich vor dem Tod, aber er fürchtete sich auch vor dem, was aus ihm werden könnte. Artus und die meisten seiner Ritter mochten Lancelot bewundern und ihm vorbehaltlos vertrauen, aber Dulac – den es so oder so in wenigen Augenblicken nicht mehr geben würde – fürchtete ihn.[721]

---

719 Hohlbein 2007 (Band 1), S. 183.
720 Hohlbein 2007 (Band 1), S. 212.
721 Hohlbein 2007 (Band 1), S. 477.

Die Ambivalenz seiner Persönlichkeit ist dadurch allerdings noch lange nicht aufgehoben. Entgegen seiner Befürchtung lebt Dulacs Charakter in Lancelot weiter, auch, wenn niemand außer Gwinneth erkennt, dass es sich um den ehemaligen Küchenjungen handelt. Auch Lancelot wehrt sich innerlich ständig gegen den Blutdurst seines Schwertes, den er bei jedem Kampf spürt. Dennoch wird die Veränderung, die in ihm selbst vorgeht, immer deutlicher:

> Lancelot erschauderte vor Entsetzen vor sich selbst. Er wollte nichts mehr als dieses schreckliche Töten beenden, aber es war, als wäre er nicht mehr Herr seines Willens. Längst nicht mehr nur das Elbenschwert in seiner Hand, etwas in ihm schrie nach Blut, als wäre da plötzlich ein uralter Hunger geweckt worden, der vom Moment seiner Geburt an in ihm gelegen hatte, ohne dass er sich dessen wirklich bewusst gewesen war.[722]

Der Konflikt erreicht seinen Höhepunkt, als Morgaine Lancelot bestätigt, was er schon lange vermutet: die Rüstung verändert auch seine Persönlichkeit. Darüber hinaus kündigt sie ihm an, er müsse nur noch ein einziges Mal mit dem Elbenschwert Blut vergießen, damit seine Verwandlung abgeschlossen sei und er an ihrer Seite kämpfen werde. Sie erklärt ihm auch die Magie des Schwertes:

> ‚Dieses Schwert wurde in Drachenblut geschmiedet, genau wie sein Zwillingsbruder Excalibur‘, fuhr Morgaine fort. ‚Vor unendlich langer Zeit und von einem Wesen, das du dir nicht einmal vorzustellen vermagst. Nichts auf dieser Welt kann ihm widerstehen und nichts auf dieser Welt kann dem, der es führt, gefährlich werden. Aber seine schwarze Seele hungert nach Blut. Und mit jedem Leben, das du damit auslöschst, mit jedem Tropfen Blut, den du damit vergießt, geht ein bisschen mehr von dieser schwarzen Seele auf dich über.‘[723]

Lancelot versucht diese Verwandlung abzuwenden, indem er sich fortan weigert, das Schwert zu benutzen. Die Konsequenzen, als er es schließlich doch tut, bleiben allerdings aus. Gwinneth macht ihm den Gebrauch des Schwertes zwar zum Vorwurf und fürchtet sich sogar vor ihm, doch die befürchtete Veränderung seines Charakters vollzieht sich nicht. Lancelot benutzt das Schwert weiterhin zum Kampf. Der Letzte, den er damit erschlägt, ist Mordred. Als Artus von Mordred erschlagen wird und sich damit die Tore zwischen den Welten für immer schließen, verliert das Elbenschwert seine magische Wirkung:

> Das Metall fühlte sich nun kalt und schwer in seiner Hand an, nur noch eine Waffe, die von Meisterhand geschmiedet war, aber keine Seele mehr hatte. Ihr Blutdurst und die unbezwingbare Kraft, mit der sie ihren Träger erfüllte, waren im gleichen

---

722 Hohlbein 2008 (Band 2), S. 251 f.
723 Hohlbein 2008 (Band 2), S. 429 f.

Moment erloschen, in dem die Verbindung zwischen den Welten unterbrochen worden war.[724]

Die Magie des Schwertes erfüllt innerhalb der Romane zweierlei Funktion: sie liefert einerseits die Begründung dafür, dass Dulac plötzlich zum größten aller Ritter wird, andererseits ist sie die Grundlage für die Darstellung des Persönlichkeitskonfliktes, der ein zentrales Thema der Romane ausmacht. Für Otfrid Ehrismann gehört die Frage nach dem Sinn des Tötens zu den „großen Gedanken", die die Romane abarbeiten. Lancelot/Dulac ist immer wieder entsetzt über die Gewalt, die er anwendet, gleichzeitig ist er aber auf sie angewiesen, um Gwinneth zu retten oder Artus beizustehen.[725] Die magischen Kräfte der Rüstung versetzen ihn nicht nur körperlich in die Lage, an Kämpfen teilzunehmen, wodurch er überhaupt erst in Situationen gebracht wird, in denen er sich die Frage nach dem Sinn von Gewalt stellen muss, sondern tragen entscheidend zur Zuspitzung der Problematik bei, da Lancelot seine gewalttätigen Handlungen tatsächlich genießt.

Doch nicht nur das Schwert Lancelots, sondern auch Artus' Schwert Excalibur verfügt über magische Kräfte. Allerdings werden diese bei Weitem nicht so ausführlich beschrieben wie die Eigenschaften von Lancelots Schwert. Es wird lediglich erwähnt, Excalibur sei eine „magische Waffe [...], die nur zum wirklichen Kampf gezogen werden [darf]."[726] Außerdem wird das Runenschwert als Excaliburs „Zwillingsbruder"[727] bezeichnet. Ob Artus' Schwert jedoch ebenfalls dieselbe „schwarze Seele" hat, wird nicht deutlich.

Ein weiterer magischer Gegenstand, der für die ritterliche Gesellschaft von Camelot von großer Bedeutung ist, ist der Gral. Dieser taucht zunächst nur als „schwarze[r], eher unscheinbare[r] Pokal"[728] in der Sammlung Dagdas auf, für dessen Geschichte sich Dulac immer interessiert hatte, die ihm Dagda aber nie erzählen wollte. Später sieht Dulac den Kelch wieder, als die Tafelritter ihn beim Abendmahl vor einer Schlacht als Gefäß für den Messwein benutzen. Allerdings sind sich weder der König noch die Ritter der Tafelrunde im Klaren darüber, was genau die Grundlage ihrer Macht ist. Artus weiß zwar, dass Merlins Magie einen Einfluss auf seine Kraft hat, hinterfragt aber nie, was genau Merlins Geheimnis ist. Erst nach Merlins Tod werden ihm die Konsequenzen bewusst:

---

724 Hohlbein 2009 (Band 3), S. 453.
725 Vgl. Ehrismann 2004, S. 178.
726 Hohlbein 2007 (Band 1), S. 153.
727 Hohlbein 2007 (Band 1), S. 154.
728 Hohlbein 2007 (Band 1), S. 20.

‚Es war Merlins Zauber, der uns unbesiegbar gemacht hat', sagte Artus. ‚Seine Magie. Sie allein hat uns die Kraft gegeben, jeden Kampf zu gewinnen, jeden Gegner zu überwinden und sei er noch so überlegen und tapfer. Aber nun, da er nicht mehr da ist, ist auch seine Magie erloschen.' [...] ‚Er hat mir niemals gesagt, womit er den Magischen Kelch füllt, der uns diese Kraft und Stärke gab', sagte Artus. Und ich habe ihn niemals danach gefragt. Ich bin wohl davon ausgegangen, dass es immer so weitergeht. Ich Narr.'[729]

Es ist Lancelot, der erkennt, dass es kein Zaubertrank war, der den Rittern Kraft gegeben hat, sondern das Gefäß selbst. Er selbst hatte zufällig die Wirkung des Grals entdeckt, als er seinem Hund daraus zu trinken gegeben hatte und dieser plötzlich ungeahnte Kräfte entwickelte. Für die Sicherstellung des Grals ist es allerdings trotzdem zu spät, da er bereits gestohlen und von einem Hehler weiterverkauft wurde. Die Gralssuche ist bei Hohlbein also kein heiliger Auftrag, sondern lediglich die Korrektur eines fatalen Fehlers, der auf eine bloße Unachtsamkeit der Rittergesellschaft Camelots zurückgeht. Der Gral ist keine Reliquie, auch wenn er zu Beginn des ersten Bandes als solche vorgestellt wird:

> Vermutlich handelte es sich bei der Darstellung dieses Kelches um nichts anderes als den Heiligen Gral, jenen sagenumwobenen Becher, aus dem Gottes Sohn selbst getrunken und seinen Jüngern das letzte Abendmahl erteilt haben sollte, und den seither jeder Ritter und jeder Abenteurer auf der Welt suchte.[730]

Die religiöse Motivation, die hier angedeutet wird, wird später nicht wieder aufgenommen. Die Bedeutung des Grals ist ausschließlich zweckgerichtet, seine Funktion besteht darin, den Rittern der Tafelrunde weiterhin die Kraft zu verleihen, über Britannien zu herrschen. Dementsprechend bleibt auch die Gralssuche folgenlos. Es wird lediglich von einer Reise Lancelots und einiger anderer Ritter berichtet. Diese erreichen aber nur das letzte Dorf, in dem sich der betreffende Hehler bekanntermaßen aufgehalten hat. Sie verfolgen zwar eine Spur, beschließen aber schnell, nach Camelot zurückzukehren, als sich diese verliert. Im dritten Band wird zwar noch einmal erwähnt, Artus sei auf der Suche nach dem Heiligen Gral, aber auch hier ist ausschließlich die Funktion des Grals von Bedeutung: „Wahrscheinlich war es Artus nur mit seiner Hilfe möglich, das Kriegsglück zu wenden und damit dem Land letztlich wieder den Frieden zu schenken, den es verdient hatte."[731] Schließlich stellt sich heraus, dass der Verlust des Grals nicht der Fehler Artus' oder ein unglücklicher Zufall war, sondern dass Merlin absichtlich dafür gesorgt hatte, dass er aus Artus' Einflussbereich verschwindet:

---

729 Hohlbein 2008 (Band 2), S. 185.
730 Hohlbein 2007 (Band 1), S. 115 f.
731 Hohlbein 2009 (Band 3), S. 290.

‚Du hast den Gral fortgebracht, habe ich Recht?' ‚Er war zu mächtig', bestätigte Merlin. ‚Ich hätte ihn Artus niemals geben dürfen. Auch er hat zu lange unter den Menschen gelebt, um nicht den Geschmack der Macht gekostet zu haben und Gefallen daran zu finden.[732]

Diese Passage bestätigt endgültig, dass es sich beim angeblichen Heiligen Gral nicht um eine christliche Reliquie handelt, sondern um ein magisches Artefakt aus der Anderswelt. Lancelots Rüstung ist mit Bildern des Grals verziert. So wird eine Verbindung der magischen Kräfte des Grals und der Rüstung angedeutet. Ebenso, wie der Gral anscheinend übermenschliche Kräfte verleiht, ermöglicht die Rüstung Lancelot, mit sehr viel mehr Stärke zu kämpfen, als er als normaler Mensch könnte. Auch die Panzerung des Einhorns, das Lancelot als Reittier dient, trägt Symbole, die denen auf der Rüstung gleichen. Ob es allerdings nur diese eine Rüstung gibt, die mit dem Gral in Verbindung steht und Lancelot dadurch auch unter den Elben besonders auszeichnet, oder ob alle Rüstungen der Hochelben das Zeichen des Grals tragen, wird nicht deutlich.

Die Magie in den Camelot-Romanen ist also elbischer Natur. Daher ist ihre Benutzung auch den Elben vorbehalten: Lancelots Rüstung würde jeden töten, der nicht reinen Blutes ist, und als ein anderer Ritter Lancelots Schwert begutachten möchte, stellt er fest, dass er es nicht einmal aus der Scheide ziehen kann. Für die Elben hingegen ist die Magie die Grundlage für ihre Herrschaftsausübung über die Menschen. Ritterlichkeit wird reduziert auf körperliche Überlegenheit, und diese ist wiederum zu großen Teilen auf die Wirkung magischer Gegenstände zurückzuführen. Von den Themen, die im Mittelalter im Zusammenhang mit dem Rittertum literarisch verhandelt werden, bleibt nicht viel übrig. Das heroische Element steht im Vordergrund des Ritterbildes, und seine magische Färbung trägt dazu bei, das Geschehen noch exotischer erscheinen zu lassen.

Der Glaube an Magie ist selbstverständlich auch im Mittelalter nichts Unbekanntes. Allerdings steht sie in einem dezidiert christlichen Kontext. Unterschieden wurde zwischen der Theurgie, also einer weißen Magie, die von Gott gewollt war, und der Goetie, der teuflischen schwarzen Magie. Zauberei wurde vor allem in Form von Beschwörungen und Zaubertränken ausgeführt, die zum Schutz oder zum Schaden von Mensch und Tier dienen sollten. Prophetie zählte im Mittelalter ebenfalls zur Magie. Während in der Antike Magie nicht als widergöttliche Macht interpretiert wurde, taucht im Mittelalter das Moment des Verrats an Gott und der Verpfändung des Seelenheils auf. Teuflisch-dämonischer Einfluss wurde zum gängigen Erklärungsmuster für überdurchschnittliche Begabungen von Menschen. Innerhalb des Artusstoffes wird Magie

---

732 Hohlbein 2009 (Band 3), S. 434.

am ausführlichsten im Zusammenhang mit der Figur Merlin dargestellt. In vielen Werken ist dieser teuflischer Abstammung und deswegen mit übernatürlichen Gaben ausgestattet. Allerdings nutzt er seine Fähigkeiten zum Guten, initiiert die Bildung der Tafelrunde und die Gralssuche.[733]

Unbekannt sind hingegen magische Gegenstände, die Menschen bestimmte Fähigkeiten verleihen. Bedeutende Artefakte kommen lediglich in Form von Insignien vor, doch hierbei besteht ein fundamentaler Unterschied zu den in der Fantasy-Literatur oft dargestellten magischen Gegenständen: sie sind lediglich ein Zeichen, ein äußerer Ausdruck eines bestimmten Status, nie ihre Grundlage. Dass Menschen von der Magie bestimmter Gegenstände zu etwas werden, das sie vorher nicht waren, ist eine Erscheinung der modernen Literatur. Und auch der Kampf des Protagonisten gegen die psychische Macht, die ein magischer Gegenstand auf ihn ausübt, ist in diesem Kontext zu sehen. Das berühmteste Beispiel findet sich auch hier in Tolkiens *Der Herr der Ringe*, wo sämtliche Protagonisten, die mit dem Ring zu tun bekommen, sich gegen die Macht wehren müssen, die dieser über sie zu erlangen droht.

Auch im Bezug auf das Rittertum und auf die Gegenstände, die es begründen, ist also festzustellen, dass sich keine Verbindung zur literarischen Tradition herstellen lässt. Die Übernahmen sind rein äußerlich und nicht dazu geeignet, eine Beschäftigung mit der Überlieferung zu initiieren.

4.8.4. „Für alle hier war es nichts anderes als ein Pferd"[734] – Bedeutungszumessungen und ihre Tradition

Das Einhorn ist zweifellos eines der am häufigsten verwendeten Elemente der phantastischen Literatur und der Fantasy-Literatur. Von manchen Autoren, so zum Beispiel J.K. Rowling, wird es sogar als zentrales Merkmal der phantastischen Literatur herausgestellt:

> It didn't occur to me for quite a while that I was writing fantasy when I'd started *Harry Potter,* because I'm a bit slow on the uptake about those things. I was so caught up in it. And I was about two thirds of the way through, and I suddenly thought, This has got unicorns in it. I'm writing fantasy![735]

---

733 Wunderlich 2001, S. 25 f.
734 Hohlbein 2008 (Band 2), S. 379.
735 http://www.angelfire.com/mi3/cookarama/newswkint00.html (06.11.2010). Seite am 04.07.2012 nicht mehr erreichbar.

Das Einhorn verfügt aber auch über eine lange literarische Tradition, die sich in den Wiederaufnahmen in der modernen Literatur von Fall zu Fall mehr oder weniger widerspiegelt.

Die vermutlich älteste Geschichte über ein einhornartiges Wesen ist die indische Fabel vom Einsiedler Rsyansrnga, der aus der Verbindung zwischen einem Menschen und einer göttlichen Gazelle entstanden ist. Als Zeichen seiner göttlichen Herkunft trägt er auf der Stirn ein langes Horn. In dieser fernöstlichen Fassung sind bereits mehrere Charakteristika späterer okzidentaler Versionen der Einhorn-Semantik angelegt: göttliche Abkunft, große Scheu, aber auch eine erotische, Fruchtbarkeit verheißende Komponente. Weitere Elemente stammen aus dem chinesisch-japanischen Kulturkreis.[736] Die erste abendländische Quelle ist der Reisebericht *De Indica* des griechischen Arztes Ktesias aus dem 5. Jahrhundert vor Christus. Ktesias beschreibt das Einhorn aus der naturwissenschaftlichen Perspektive:

> Wo die Legende lustvoll Profanes und Sakrales, Lascives und Asketisches, Narratives und Gelehrtes ineinander verschränkt, rubriziert der griechische Text Gewicht, Größe und Funktion einzelner Körperteile des Tieres, von dessen wundersamer und in jeder Weise fruchtbarer Kraft hier noch eben eine pharmakologische Restpotenz übrig geblieben ist – Ursprung der weit über einhundert Einhorn-Apotheken, die heute noch allein in Deutschland ihre gesunden Dienste anbieten.[737]

Dem Einhorn wird aber nicht nur eine medizinische, sondern auch eine religiöse Bedeutung zugeschrieben. Durch einen Übersetzungsfehler gerät es im dritten Jahrhundert vor Christus in eine Übersetzung des Alten Testaments und schreibt sich so auch in christlichen Bibeln fort.[738] Im Alten Testament erscheint das Einhorn in unterschiedlichen, ja sogar widersprüchlichen Zusammenhängen. Es illustriert einerseits göttlichen Segen, andererseits aber auch große Bedrohung. Nach Jochen Hörisch gehört diese Ambivalenz untrennbar zum Einhorn:

> Wie immer auch diese Rechnung im einzelnen sich präsentieren mag – elementare Inkonsistenzen sind unübersehbar. Und das heißt: ohne die Widersprüche, die seinen philosophisch-theologisch-gelehrt-poetischen Weg begleiten, ist das Einhorn nicht zu haben. Wer ihm begegnet, muß der Möglichkeit gewahr sein, daß der Gläubige und der Heide, der Teufel und der liebe Gott, die Verdammung und die Verheißung, das Lascive und das Keusche, das Starke und das Zärtliche, das tief Bedeutende sind (sic!) das archaisch Ausdruckslose, das Sein und das Nichtsein dem Einhorn zugehören.[739]

---

736 Vgl. Hörisch 1998, S. 206 f.
737 Hörisch 1998, S. 208.
738 Vgl. Hörisch 1998, S. 209 f.
739 Hörisch 1998, S. 212.

Im Mittelalter dagegen wird dem Einhorn ein Symbolgehalt im Zusammenhang mit der Heilsgeschichte zugeschrieben. Grundlegend ist hierfür ein Text, der unter dem Namen *Physiologus* bekannt wurde. In der Beschreibung des Einhorns wird darin einerseits die Menschwerdung Christi im Schoße der Jungfrau, andererseits aber auch der Verrat an ihm allegorisiert. Auch die pharmakologische Wirkung wird beschrieben und christlich uminterpretiert: Gift, das eine Schlange – eindeutig als Symbol Satans zu deuten – ins Wasser speit, wird vom Einhorn damit bekämpft, dass es ein Kreuzzeichen schlägt. [740]

Die Wirkungsmacht des *Physiologus* war bedeutend, und so wurde die Auslegung des Einhorns als Symbol Christi zu einem der gängisten Interpretationsschemata.

In der Artusliteratur tritt das Einhorn in Wolframs von Eschenbach *Parzival* auf, wo die Gralsgesellschaft erfolglos versucht, den kranken Gralskönig zu heilen, indem sie seine Wunden mit einem Einhorn-Herz und einem Edelstein bestreichen, der unter dem Horn des Einhorns wächst. [741]

Ein böses, wildes Einhorn dagegen kommt in dem Märchen *Das tapfere Schneiderlein* vor. Nach Hörisch entstammt diese Einhorndarstellung einem mündlich tradierten Motivkreis paganen Ursprungs, der sich bildlich ein wenig, literarisch hingegen kaum fassen lässt. [742]

Im 16. Jahrhundert schwindet die Omnipräsenz des Einhorns, vor allem im religiösen Bereich. Die erotische Seite des ambivalenten Symbols konnte auch in der christlichen Interpretation nicht überwunden werden, und so wurde es vermutlich auch vom Dekret des Tridentiner Konzils, alles Laszive zu vermeiden, betroffen. In der Folgezeit verliert es als literarisches Sinnbild an Bedeutung:

> Aber auch sofern es Eingang in sogenannte hohe, jedenfalls tradierte Literatur gefunden hat, erliegt das Einhorn einem deutlichen Wechsel seiner Bedeutungshöfe. Es gehört fortan nicht länger zum Kernbestand der abendländisch-christlichen Kultur, sondern gerät an deren problematischen Rand. [743]

In der naturwissenschaftlich ausgerichteten Literatur lebt das Einhorn noch einige Zeit weiter, erliegt aber bald der Forderung nach empirischer Verifizierbarkeit. [744]

---

740 Vgl. Physiologus, S. 42-45.
741 Vgl. Parzival, V. 482, 24 – 483,4.
742 Vgl. Hörisch 1998, S. 223.
743 Hörisch 1998, S. 222 f.
744 Vgl. Hörisch 1998, S. 227.

Einige gläubige „Unicornologen" versuchten bis ins 19. Jahrhundert, das Einhorn wissenschaftlich zu legitimieren, und scheiterten dabei. In die Literatur findet es hingegen zurück:

> Seine glorreiche Auferstehung aber wird dem Einhorn in eben dem Maße, in dem es aus den Wissenschaften vertrieben wird, in der Dichtung (und heute auch in Fantasy-Filmen und –Literatur) zuteil. Christian Morgenstern, Gertrud Kolmar, Garcia Lorca, Hemito von Doderer, Hilde Domin, Günter Eich, Irmtraud Morgner, Martin Walser, Rose Ausländer, Umberto Eco und viele andere Dichter/Innen mehr retten es vor dem blanken Nichtsein.[745]

Das Einhorn in Hohlbeins Camelot-Romanen taucht zum ersten Mal auf, als Dulac und Gwinneth in Dagdas Keller einen Blick auf Avalon erhaschen. Dort werden aber keine besonderen Eigenschaften sichtbar. Den ersten richtigen Kontakt zu einem Einhorn bekommt Dulac erst wieder, als er bewusst die Rüstung anlegt, die ihn zu Lancelot macht. Er stellt fest, dass er ein Reittier braucht, um nach Malagon zu gelangen. Plötzlich hört er ein Geräusch und sieht ein wundersames Tier:

> Nur wenige Schritte hinter ihm stand ein gewaltiges, in schimmerndes Silber gehülltes Pferd. Es war ein prachtvolles Tier, sicherlich so groß wie das des Königs, aber ungleich eleganter. Aus seinem Stirnpanzer ragte ein handlanger, gedrehter Silberdorn, was ihm das Aussehen eines mythischen Einhorns verlieh, und auf seinem Panzer und der weißen Satteldecke wiederholte sich das Sybol, das auch auf dem Schild auf Dulacs Rücken prangte. Ein sonderbar milder Schimmer umgab das Tier, wie ein Licht aus einer fremden Welt, das für einen Moment seine Konturen nachzeichnete und dann erlosch. Das Tier wandte den Kopf, sah ihn aus seinen großen, klugen Augen an und schnaubte dann auffordernd.[746]

Später stellt sich heraus, dass das Horn sich nicht nur am Stirnpanzer des vermeintlichen Pferdes befindet, sondern dass es sich tatsächlich um ein Einhorn handelt. Allerdings sind nur Elben in der Lage, das Horn zu sehen, Menschen nehmen lediglich ein ganz normales Pferd wahr. Das Einhorn verfügt über einen starken Willen und lässt sich von Menschen nicht anfassen. Nur Lancelot und Gwinneth sind in der Lage, es zu bändigen und auf ihm zu reiten.

Das Einhorn dient Lancelot nicht nur als Reittier, sondern es nimmt aktiv am Kampf teil. Lancelot ist entsetzt, als er miterleben muss, wie es einen piktischen Krieger, dem er eigentlich das Leben hatte schenken wollen, mit seinem Horn durchbohrt, ohne von ihm gelenkt zu werden. Danach zertrampelt es sogar noch das Pferd des Kriegers. Das Einhorn scheint von ähnlicher Kampfeslust besessen zu sein wie Lancelots Schwert. Während Lancelot immer wieder ver-

---

745 Hörisch 1998, S. 228.
746 Hohlbein 2007 (Band 1), S. 185.

sucht, so wenig Schaden wie möglich anzurichten, wütet das Einhorn ebenso wie das Schwert ohne Gnade unter seinen Gegnern.

Bei seinem unbeabsichtigten Besuch in der Anderswelt findet Lancelot heraus, dass es, anscheinend analog zu den unterschiedlichen Elbenrassen, auch zwei verschiedene Arten von Einhörnern gibt: weiße, wie sein Reittier, aber auch schwarze, die den Dunkelelben als Reittiere dienen. Die Feindschaft zwischen den unterschiedlichen Elbengruppen scheint auch die Tiere zu betreffen, wie ein Kampf zeigt, dessen Zeuge Lancelot wird:

> Das gestürzte Tier hatte keine Chance, auf die Beine zu kommen, und den anderen erging es kaum besser. Die beiden Einhörner wurden regelrecht in Stücke gerissen. Lancelot hatte niemals zuvor eine solche Wut und Gnadenlosigkeit erlebt wie die, mit der die Einhörner über ihre dunklen Brüder herfielen. Selbst als sich die Tiere schon lange nicht mehr rührten, trampelten sie noch weiter auf den blutigen Kadavern herum und stießen mit ihren schrecklichen Hörnern zu. Es war ein Grauen erregender Anblick. Die ehemals weißen Fabelwesen schienen sich in blutbesudelte Dämonen verwandelt zu haben und der Bereich am Seeufer hatte sich in den Schauplatz eines Wirklichkeit gewordenen Albtraumes verwandelt. Lancelot starrte eine Weile erschüttert auf das entsetzliche Bild. Endlich machte er einen Schritt in Richtung Ufer – und blieb sofort wieder stehen. Eines der Einhörner hatte von seinem Opfer abgelassen und sich in seine Richtung gedreht. Sein Gesicht und sein Hals waren mit roten Flecken verschmiert und von seinem Horn tropfte hellrotes Blut. Der Ausdruck in seinen Augen war die pure Mordlust. Und die galt eindeutig ihm. [...] Das Einhorn kam langsam auf ihn zu. Das Lodern in seinen Augen erlosch nicht und Lancelot begriff, dass er von diesem Wesen keine Gnade zu erwarten hatte. Er gehörte nicht hierher. Wenn er ans Ufer zurückging, würden ihn diese Geschöpfe ebenso gnadenlos töten, wie sie es mit den schwarzen Einhörnern getan hatten.[747]

Hohlbeins Einhörner sind also deutlich gewalttätige Wesen, die zudem nur sehr grob zwischen Freund und Feind unterscheiden. Im Gegensatz zu dem magischen Schwert, gegen dessen Einfluss sich Lancelot wenigstens noch gelegentlich wehren kann, lässt sich das Einhorn überhaupt nicht kontrollieren. Die Darstellung der Einhörner beruft sich nicht nur nicht auf die philologische Tradition des Einhorns, sondern widerspricht ihr sogar völlig. Der traditionelle Symbolgehalt hat keinerlei Bedeutung auf der syntagmatischen Ebene der Romane, das Sinnbild ist beliebig und austauschbar. Die Funktion des Einhorns besteht lediglich darin, der dargestellten physischen Gewalt eine gewisse Exotik zu verleihen. Der Satz „Für alle hier war es nichts anderes als ein Pferd"[748] spiegelt die Inhaltslosigkeit des Elements wider, denn es ist tatsächlich bedeutungslos, ob es sich bei dem Tier um ein Einhorn oder ein Pferd handelt, da die traditionelle

---

747 Hohlbein 2007 (Band 1), S. 367 f.
748 Hohlbein 2008 (Band 2), S. 379.

Bedeutungszumessung keinerlei Rolle spielt und auch keine Füllung mit neuen Sinninhalten vorgenommen wird.

4.8.5.   Fazit

4.8.5.1. Doppelsinn

Die Handlung der Camelot-Trilogie Hohlbeins ist ausschließlich auf der syntagmatischen Ebene zu verstehen. Weitere Bedeutungsebenen können nicht erschlossen werden, da sämtliche potentiellen Verweise ins Leere laufen. Sogar auf der primären Sinnebene werden zahlreiche Andeutungen nicht weiterverfolgt, und der mythische Hintergrund bleibt vage. Es handelt sich also nicht um doppelsinnige Texte.

4.8.5.2. Entautomatisierung der Lektüre

Die Autoren der Romane bedienen gängige Konventionen des Fantasy-Genres wie den Entwurf einer Mythologie, die Darstellung einer Anderswelt in Anlehnung an J.R.R. Tolkiens Mittelerde und Gesellschaftsstrukturen, die ebenfalls an Tolkiens Roman *Der Herr der Ringe* erinnern. Da Tolkiens Werk als Prototyp der modernen Fantasy gilt, kommen die Camelot-Romane den Lesegewohnheiten junger Fantasy-Liebhaber entgegen. Trotz einer recht eindimensionalen Figurenzeichnung ist gerade Dulac geeignet als Identifikationsfigur. Ein Entautomatisierungseffekt ist also nicht zu erwarten.

4.8.5.3. Anschlussmöglichkeiten für Wissen

Die insgesamt sehr oberflächliche Darstellung ermöglicht keinen Anschluss von akademisch fundierten Wissensbeständen. Literarische Traditionen werden nicht berücksichtigt. Vielmehr entsteht der Eindruck, dass hier lediglich allgemein bekannte Elemente des Artusstoffs verarbeitet werden, ohne dass tatsächlich ein Bewusstsein für die Geschichte des Stoffs vorhanden ist.

4.8.5.4. Beitrag zum Wissensaufbau

Dementsprechend ist auch kein Beitrag zum Aufbau von Wissensbeständen über das Mittelalter und seine Literatur zu erwarten. Auch eine angeleitete Lektüre kann hier kaum zu Wissenszuwachs führen, weil keine Anschlusspunkte für eine Beschäftigung mit der mittelalterlichen Literatur vorhanden sind.

4.8.5.5. Kohärenz zwischen extratextuellen Signalen und textimmanenten Informationen

Trotz Wolfgang Hohlbeins Aussagen über sein Interesse am Mittelalter und der gelegentlich ausgedrückten Erwartung einzelner Leserinnen und Leser, aus den Büchern etwas über das Mittelalter zu erfahren, werden die Romane in der Regel eindeutig dem Fantasy-Genre zugeordnet. Dementsprechend steht für Rezipienten vor allem die spannende Handlung im Vordergrund. Wenngleich die Camelot-Trilogie im Hinblick auf die anderen aufgestellten Kriterien eher negativ zu bewerten ist, muss hervorgehoben werden, dass zumindest die Gefahr, dass Leserinnen und Leser durch die Lektüre wissenschaftlich nicht verantwortbares Wissen über das Mittelalter quasi „nebenbei" erwerben, relativ gering ist.

4.8.5.6. Darstellung eines differenzierten Mittelalterbildes

Nimmt man an, dass die Romane tatsächlich im Mittelalter spielen – eine explizite zeitliche Verortung wird ja nicht vorgenommen –, ist das dargestellte Mittelalterbild äußerst einseitig. Es greift mit seiner starken Ausrichtung auf kämpferische Auseinandersetzungen, deren Gewalttätigkeit zudem ausführlich beschrieben wird, auf das populäre Klischee des „dunklen Mittelalters" zurück. Vor allem die Figurenzeichnung der Ritter ist geprägt von Heroismus, Kraft, aber auch Gewalt und damit sehr undifferenziert.

4.8.5.7. Intertextuelle Bezüge

Intertextuelle Bezüge im Sinne der Kriterien, die in Anlehnung an Broichs und Pfisters Vermittlungsmodell aufgestellt wurden, gibt es in den Camelot-Romanen nicht. Zwar lässt sich die Anlehnung an den Artusstoff als Systemreferenz interpretieren, doch die Bezüge bleiben sehr vage und befinden sich im Hinblick auf Referentialität, Selektivität und Strukturalität im äußersten Randbereich der Intertextualität.

4.8.5.8. Übereinstimmung von Bedeutungszumessungen mit der literarischen Tradition

Am Beispiel des Einhorns konnte gezeigt werden, dass die literarische Tradition stofflicher Elemente nicht nur nicht berücksichtigt werden, sondern dass die Darstellung in den Camelot-Romanen ihr teilweise sogar entgegengesetzt ist.

Sämtliche Elemente, die aufgrund ihrer Tradition sinnbildlich gebraucht werden könnten, bleiben in den Büchern inhaltsleer und folgenlos.

Alle analysierten Aspekte der Romane zeigen, dass die Romane im Hinblick auf eine mögliche Brückenfunktion zur mittelalterlichen Literatur negativ zu bewerten sind. Allerdings ist positiv hervorzuheben, dass der Inhalt der Werke im Vergleich mit der äußeren Präsentation kohärent ist.

5. Vermitteltes Mittelalter? Das didaktische Potential der untersuchten Texte

Die Betrachtung einer so begrenzten Anzahl unterschiedlicher Titel, wie sie hier vorgenommen wurde, lässt selbstverständlich keine allgemeingültigen Aussagen darüber zu, wie sich die Mittelalterrezeption im Bereich des Leseangebotes für junge Menschen gegenwärtig darstellt. Nichtsdestoweniger lassen sich Tendenzen ablesen, die natürlich anhand eines größeren Textkorpus überprüft werden müssten.

In erster Linie deutet die Analyse der ausgewählten Texte auf eine hohe Diversität der Art und Weise, wie mittelalterliche Literatur rezipiert und produktiv verarbeitet wird, hin. Werden moderne Mittelalterbilder in der aktuellen Forschung grundsätzlich relativ einheitlich dargestellt und deutete auch die Analyse einiger Informationen, die man über verschiedene Medien über den Artusstoff erhält, auf eine recht einseitige Rezeption hin, die stark auf die vermeintlich „wahre Geschichte hinter der Sage" bezogen ist, so zeigt die Mittelalter-Rezeption in der aktuellen Kinder- und Jugendliteratur sehr viele unterschiedliche Facetten. Dies gilt nicht nur für das Mittelalterbild, das gezeichnet wird, sondern auch für den Aufruf von Prätexten: aufgrund der Wirkungsmacht von Sir Thomas Malorys *Le Morte d'Arthur* hätte man annehmen können, dass die meisten modernen Texte in dieser Tradition stehen. Dies ist aber nicht der Fall – während viele Werke sich zwar im Hinblick auf den Handlungsablauf an Malory orientieren, lassen sich bei näherer Betrachtung schon bei einem sehr kleinen Textkorpus wie dem hier untersuchten Referenzen zu Prätexten finden, die in verschiedenen Traditionslinien stehen und unterschiedlichen Gattungen der mittelalterlichen Literatur zuzuordnen sind.

Neben dieser deutlichen Bezugnahme auf mittelalterliche Texte lässt sich aber bei fast allen Texten auch feststellen, dass neben der Vermittlung tatsächlich mittelalterlicher Elemente vor allem auch eine Vereinnahmung der Epoche für zeitgenössische Belange stattfindet. So werden moderne Problematiken – bei Zimmer Bradley religiöse und gesellschaftliche Fragen, bei Schwindt die Frage nach Selbstverwirklichung – vor mittelalterlicher Kulisse verhandelt. Dabei wird das Mittelalter Gegenstand einer Geschichtsfiktion, wie sie in der Artusliteratur schon einmal vorkam, und zwar im Mittelalter selbst. Dort wurden die „Geschichten aus früheren Zeiten" ebenfalls dazu verwendet, zeitgenössische Themen zu verhandeln. In einem zweiten Fiktionalisierungsschritt wird nun in manchen Werken der Artusstoff Kernstück einer Mittelalterfiktion, die das moderne Bild der Epoche entscheidend prägt. Die scheinbare Zeitlosigkeit der ausgeführten Problematiken untermauert ihre Relevanz für die heutige Zeit und legitimiert die aufgezeigten Lösungswege.

Die vorgestellten Werke sind für eine schulische bzw. außerschulische Rezeption unterschiedlich gut geeignet, wenn es darum geht, jungen Leserinnen und Lesern einen ersten Eindruck von der mittelalterlichen Literatur zu vermitteln. Während Hohlbeins Camelot-Romane in keinerlei Hinsicht für eine Vermittlung mittelalterlicher Inhalte nutzbar sind und bei *Die Nebel von Avalon* wohl eher die Frage im Vordergrund stehen müsste, wo hinter vermeintlich mittelalterlichen Inhalten moderne Problemstellungen stehen, wäre eine unterrichtliche Arbeit, die auf eine Weiterführung zur mittelalterlichen Literatur ausgerichtet ist, mit den Werken Crossley-Hollands und Schwindts durchaus vorstellbar.

Im Hinblick auf einen möglichen Einbezug in den Deutschunterricht lässt es sich nicht vermeiden, eine Wertung der vorgestellten Werke vorzunehmen. Dabei muss nochmals betont werden, dass diese ausdrücklich im Zusammenhang mit den Bezügen zur mittelalterlichen Literatur vorgenommen wird und daher nicht als allgemeingültiges Werturteil über das Werk gelten kann. Unter anderen Gesichtspunkten kann die Wertung unter Umständen völlig anders ausfallen. Insgesamt geht es nicht darum, Werke für eine schulische oder außerschulische Lektüre negativ zu sanktionieren und von der Rezeption der negativ bewerteten Texte abzuraten. Die Wertung wird hauptsächlich im Hinblick auf die Frage vorgenommen, ob ein Erkenntnisgewinn im Zusammenhang mit der mittelalterlichen Literatur möglich ist und wenn ja, welcher. In diesem Zusammenhang lassen sich bei den hier analysierten Texten ebenfalls große Unterschiede feststellen: als Text von äußerst hoher Qualität zeichnet sich Kevin Crossley-Hollands *Artus*-Trilogie aus, während die anderen Texte vor allem im Bezug auf das Mittelalterbild, das sie vermitteln, kritisch zu betrachten sind. Dennoch weisen Peter Schwindts *Gwydion*-Romane bei näherer Betrachtung ebenfalls attributive Werte auf, die positiv zu bewerten sind, da sie auf einen reflektierten Umgang mit der literarischen Tradition hindeuten. Marion Zimmer Bradleys *Die Nebel von Avalon* und Wolfgang und Heike Hohlbeins *Camelot*-Trilogie sind dagegen weniger positiv zu werten, allerdings aus unterschiedlichen Gründen: *Die Nebel von Avalon* hauptsächlich wegen der Diskrepanz zwischen dem vermittelten Anspruch und dem dargestellten Mittelalterbild, die Camelot-Trilogie in erster Linie, weil sämtliche scheinbaren Mittelalterbezüge ins Leere laufen und *de facto* lediglich Klischees reproduziert werden.

In der Analyse der „Vorurteile" fanden sich bereits Indizien dafür, dass Romane wie die vorgestellten die Möglichkeit zu einer Lektüre auf unterschiedlichen Ebenen bieten. Inwiefern Leserinnen und Leser in der Lage sind, Wissen an die Texte anzuschließen, hängt in hohem Maße von den Inhalten der erwähnten „mentalen Container" ab. Am deutlichsten wurde dies im Bezug auf Crossley-Hollands *Artus*-Trilogie, bei der Expertenleser offensichtlich sofort die Einordnung in die literarische Tradition erkennen, während junge Leserinnen und Leser gewisse Probleme bei der Rezeption bestimmter Aspekte äußern. Bei der Betrachtung der Texte selbst wird diese Tendenz noch deutlicher, da sich zeigt, wie viel literatur- und geschichtswissenschaftlich fundiertes Vorwissen notwendig ist, um die Mittelalterreferenzen – in erster Linie bei Crossley-Holland und Schwindt – als solche zu erkennen. Einerseits sind die Texte selbst, allen voran die Artus-Trilogie, geeignet, die „mentalen Container" der Leserinnen und Leser mit neuen Wissensbeständen zur mittelalterlichen Literatur zu füllen, andererseits zeigt die Analyse aber auch ganz deutlich, dass es notwendig ist, unerfahrenen Leserinnen und Lesern solche Wissensbestände zu vermitteln, damit sie zu einem reflektierten Umgang mit den Produkten der modernen Mittelalterrezeption gelangen können. Hierin liegt eine Aufgabe des Deutschunterrichts. Eine besonders wichtige Rolle kommt der unterrichtlichen Beschäftigung mit Texten wie den hier vorgestellten im Hinblick auf die Entautomatisierung der Lektüre zu. Durch den relativ einseitigen Rezeptionsmodus, den Schülerinnen und Schülern in der Regel im muttersprachlichen Deutschunterricht vermittelt bekommen und die hohe Wirksamkeit des Interpretationsmusters „phantastische Literatur/Fantasy" ist die Wahrscheinlichkeit hoch, dass junge Leserinnen und Leser Werke mit Mittelalterbezug und sogar mittelalterliche Texte direkt unter dem Einfluss dieser Interpretationsstrategien lesen und sie als spannende Abenteuer- oder Fantasygeschichten verstehen. Aus textverständnistheoretischer Sicht muss ein solcher Zugang nicht kritisch betrachtet werden, und auch aus didaktischer Perspektive ist er als erste Annäherung an einen Text durchaus vertretbar. Soll der Deutschunterricht allerdings mehr leisten, als das zu fördern, was Schülerinnen und Schüler ohnehin tun, sollten diese auch dazu angeregt werden, über ihr Textverständnis und dessen Voraussetzungen nachzudenken und andere Zugänge zur Lektüre zu finden. Erst auf dieser Grundlage können dann weitere Möglichkeiten des Erkenntnisgewinns, wie sie in dieser Arbeit beschrieben werden – Aufbau von Wissen über das Mittelalter und seine Literatur, Einblicke in die literarische Traditionsbildung und die Funktionsweise intertextueller Referenzen oder Erschließen neuer Sinnebenen in bekannten Texten – genutzt werden. Hierzu ist eine angeleitete Lektüre im Rahmen des Deutschunterrichts nötig, die die Schülerinnen und Schüler zwar dort abholt, wo sie stehen, sie aber dann auch zu neuen Erkenntnissen führt.

6. Ausblick

Die Produkte moderner Mittelalterrezeption, mit denen Schülerinnen und Schüler vor allem im außerschulischen Bereich in Kontakt kommen, sind äußerst vielfältig: Literatur, Film, Computerspiele, Rollenspiele, Mittelaltermärkte – überall können junge Menschen auf Bezüge zum Mittelalter stoßen. Die vorliegende Analyse zeigt lediglich einen kleinen Ausschnitt aus einer Fülle von multimedialen Ausprägungen moderner Beschäftigung mit dem Mittelalter. Obwohl die literatur- und kulturwissenschaftliche Forschung den Gegenstand Mittelalterrezeption immer wieder aufnimmt, scheint das Interesse der Didaktik daran bislang begrenzt. Damit ist ein weites Forschungsfeld eröffnet. Neben der Möglichkeit, weitere Adaptationen mittelalterlicher Stoffe in der modernen Kinder- und Jugendliteratur zu betrachten, wäre auch ein Blick auf andere Medien wünschenswert, da sich die Beschäftigung von Schülerinnen und Schülern mit dem Mittelalter bei Weitem nicht nur auf das Medium Buch beschränkt. Darüber hinaus wäre genauer zu betrachten, wie sich die Wiederaufnahme mittelalterlicher Themen, Motive und Sinnbilder in der Fantasy-Literatur darstellt, wenn keine Adaptation eines mittelalterlichen Stoffes erfolgt, sondern nur einzelne Elemente aufgerufen werden.

Aber auch im Bezug auf die Adaptation des Artusstoffes in der Kinder- und Jugendliteratur sind noch einige Fragen offen. Bei den analysierten Texten handelt es sich um sehr umfangreiche Werke, deren Behandlung als Ganzschrift im Unterricht – sofern man von einer umfassenden Analyse der Gesamtheit der Texte im Sinne der schulischen Textinterpretation ausgeht – problematisch ist, nicht zuletzt aufgrund des Preises, der im Vergleich zu speziell auf den Deutschunterricht ausgerichteten Ausgaben kanonischer Werke relativ hoch ist. Hinzu kommt, dass die *Artus*-Romane Crossley-Hollands derzeit nur noch schwer erhältlich sind. Mit dem hohen Preis stellen die analysierten Werke allerdings nicht die Ausnahme, sondern eher die Regel innerhalb der Gruppe von Texten dar, die mittelalterliche Stoffe für junge Leserinnen und Leser wiederaufbereiten. Daher wäre danach zu fragen, wie solche Texte trotz ihres Umfangs in den Unterricht integriert werden könnten, um die immer wieder geforderte Anknüpfung an die Freizeitlektüre von Schülerinnen und Schülern zu leisten.

Die Analyse der verschiedenen Romane hat gezeigt, wie schwierig es aufgrund der üblichen Lesesozialisation für unerfahrene Leserinnen und Leser sein dürfte, gerade bei wertvollen Texten sämtliche Mittelalterbezüge zu erkennen und die Texte für den Aufbau von Wissen zu nutzen. Daher ist es wünschenswert, dass eine Einbeziehung gerade der positiv bewerteten Werke in den Deutschunterricht auch tatsächlich erfolgt, um den Schülerinnen und Schülern einerseits zu ermöglichen, auch ihre Freizeitlektüre besser zu verstehen, und um andererseits neue Kompetenzen im Umgang mit Literatur aufzubauen.

7. Bibliographie

7.1. Primärliteratur

Brown, Dan: *The DaVinci Code*, New York: Doubleday 2003.

Carroll, Lewis: *Alice's Abenteuer im Wunderland*, Leipzig: Hartknoch 1869.

Carroll, Lewis: *Alice hinter den Spiegeln*, Frankfurt am Main: Insel-Verlag 1974 (Erstveröffentlichung 1871).

Crossley-Holland, Kevin: *Arthur – The Seeing Stone*, London: Orion Children's 2000. (Hard)

Crossley-Holland, Kevin: *Artus – Der magische Spiegel*, München: dtv [4]2007 (TB) (Erstveröffentlichung 2001).

Crossley-Holland, Kevin: *Arthur – At the Crossing Places*, London: Orion Children's 2001. (Hard)

Crossley-Holland, Kevin: *Artus – Zwischen den Welten*, Stuttgart: Urachhaus 2002. (TB 2004)

Crossley-Holland, Kevin: *Arthur – King oft he Middle March*, London: Orion Children's 2003. (Hard)

Crossley-Holland, Kevin: *Artus – Im Zeichen des Kreuzes*, Stuttgart: Urachhaus 2004. (TB 2006)

Die Bibel, Einheitsübersetzung.

Dorst, Tankred: *Merlin oder das wüste Land*, Frankfurt am Main: Suhrkamp 1981.

Hartmann von Aue: *Erec*. Mittelhochdeutscher Text und Übertragung, herausgegeben von Thomas Cramer, Frankfurt am Main: Fischer Taschenbuch-Verlag [22]1999.

Funke, Cornelia: *Igraine Ohnefurcht*, Hamburg: Dressler 1998.

Wernher der Gartenære: *Helmbrecht*, herausgegeben von Friedrich Panzer, 9., neubearbeitete Auflage besorgt von Kurt Ruh, Tübingen: Niemeyer 1974.

Hohlbein, Wolfgang und Heike: *Gralszauber*, München: Heyne TB 2007.

Hohlbein, Wolfgang und Heike: *Elbenschwert*, München: Heyne TB 2008.

Hohlbein, Wolfgang und Heike: *Runenschild*, München: Heyne TB 2008.

Hartmann von Aue: *Iwein*. Text der siebenten Ausgabe von G.F. Benecke, Übersetzung und Nachwort von Thomas Cramer, Berlin/New York: De Gruyter [4]2001.

Lewis, Clive Staples: *Das Wunder von Narnia*, Moers: Brendow 1995.

Lindgren, Astrid: *Pippi Langstrumpf*, Hamburg: Oetinger 1949.

Muschg, Adolf: *Der rote Ritter. Eine Geschichte von Parzivâl*, Frankfurt am Main: Suhrkamp 1993.

Wolfram von Eschenbach: *Parzival*, mittelhochdeutscher Text nach der Ausgabe von Karl Lachmann, Überstetzung und Nachwort von Wolfgang Spiewok, 2 Bände, Stuttgart: Reclam 1981.

Physiologus. Naturkunde in frühchristlicher Deutung, aus dem Griechischen übersetzt und herausgegeben von Ursula Treu, Hanau: Dausien [2]1987.

Rowling, Joanne K.: *Harry Potter und der Stein der Weisen*, Hamburg: Carlsen 1998. (Hard)

Schwindt, Peter: *Gwydion – Der Weg nach Camelot,* Ravensburg: Ravensburger Buchverlag [3]2007. (TB 2008)

Schwindt, Peter: *Gwydion – Die Macht des Grals*, Ravensburg: Ravensburger Buchverlag 2006. (TB 2009)

Schwindt, Peter: *Gwydion – König Arturs Verrat*, Ravensburg: Ravensburger Buchverlag 2007. (TB 2009)

Schwindt, Peter: *Gwydion – Merlins Vermächtnis*, Ravensburg: Ravensburger Buchverlag 2007. (TB 2010)

Tennyson, Alfred Lord: *Idylls of the king*, London: Moxon 1859.

Tolkien, John Ronald Reuel: *The Lord of the Rings,* London: Allen & Unwin 1954-1955.

Gottfried von Straßburg: *Tristan und Isolde*, in Ausw. hrsg. von Friedrich Maurer, mit einer Einführung von Werner Schröder, Berlin: De Gruyter [5]1986.

Twain, Mark: *A Connecticut Yankee in King Arthur's Court*, New York: Webster 1890 (Erstveröffentlichung 1889).

White, T.H.: *The once and future king*, New York: Ace Books 1987 (Erstveröffentlichung 1958).

Wolfram von Eschenbach: *Willehalm*, nach der Handschrift 857 der Stiftsbibliothek St. Gallen herausgegeben von Joachim Heinzle, Tübingen: Niemeyer 1994.

Zimmer Bradley, Marion: *The Mists of Avalon*, New York: Alfred A. Knopf 1982.

Zimmer Bradley, Marion: *Die Nebel von Avalon*, Frankfurt am Main: Fischer [27]2003 (Erstveröffentlichung 1985).

Zimmer Bradley, Marion: *Die Nebel von Avalon*, Augsburg: Weltbild Buchverlag 2005.

7.2. Forschungsliteratur

Anz, Thomas: Literatur und Lust. Glück und Unglück beim Lesen, München: Beck 1998.

Bachofen, Johann Jakob: Das Mutterrecht: eine Untersuchung über die Gynaikokratie der alten Welt nach ihrer religiösen und rechtlichen Natur, Stuttgart: Krais & Hoffmann 1861.

Bärnthaler, Günther: Zum Mittelalterbild von jugendlichen Schülern. Vorstellungen, Einstellungen und Interessen von Schülern der 9./10. Jahrgangsstufe als empirische Grundlage einer Didaktik der Literatur des Mittelalters im Deutschunterricht, in: Müller, Ulrich/Verduin, Kathleen (Hgg.): Mittelalter-Rezeption V. Gesammelte Vorträge des V. Salzburger Symposions (Burg Kaprun, 1990), Göppingen: Kümmerle 1996, S. 442-478.

Bartlett, Frederic C.: Remembering. A study in experimental and social psychology, Cambridge: University Press 1932.

Biesterfeld, Wolfgang: Utopie, Science Fiction, Phantastik, Fantasy und phantastische Kinder- und Jugendliteratur. Vorschläge zur Definition, in: Lange, Günter/Steffens, Wilhelm (Hgg.): Literarische und didaktische Aspekte der phantastischen Kinder- und Jugendliteratur, Würzburg: Königshausen&Neumann 1993, S. 71-79. (= Schriftenreihe der Deutschen Akademie für Kinder- und Jugendliteratur Volkach e.V. 13)

Bowman, Marion: Contemporary Celtic spirituality, in: Pearson, Joanne (Hg.): Belief beyond boundaries, Aldershot: Ashgate 2002, S. 55-101. (= Religion Today 5)

Brinker-von der Heyde, Claudia: Weiber-Herrschaft oder: Wer reitet wen? Zur Konstruktion und Symbolik der Geschlechterbeziehung, in: Bennewitz, Ingrid/Tervooren, Helmut (Hgg.): *Mannlîchiu wîp, wîplich man*. Zur Konstruktion der Kategorien „Körper" und „Geschlecht" in der deutschen Literatur des Mittelalters, Berlin: E. Schmidt 1999, S. 47-66.

Broich, Ulrich: Formen der Markierung von Intertextualität, in: Broich, Ulrich/Pfister, Manfred (Hgg.): Intertextualität. Formen, Funktionen, anglistische Fallstudien, Tübingen: Niemeyer 1985, S. 31-47. (= Konzepte der Sprach- und Literaturwissenschaft 35)

Broich, Ulrich/Pfister, Manfred/Suerbaum, Ulrich: Bezugsfelder der Intertexutalität, in: Broich, Ulrich/Pfister, Manfred (Hgg.): Intertextualität. Formen, Funktionen, anglistische Fallstudien, Tübingen: Niemeyer 1985, S. 48-77. (= Konzepte der Sprach- und Literaturwissenschaft 35)

Clifton, Chas S.: Her hidden children. The rise of Wicca and Paganism in America, Lanham, MD: Altamira Press 2006.

Coleridge, Samuel Taylor: Biographia Literaria, Band 2, Oxford: University Press 1907 (Erstveröffentlichung 1817).

Diesterweg, Adolph: Praktischer Lehrgang für den Unterricht in der deutschen Sprache. Ein Leitfaden für Lehrer, welche die Muttersprache naturgemäß lehren wollen. Dritter Theil: Beiträge zur Begründung der höheren Leselehre, oder Anleitung zum logischen und euphonischen Lesen, 4., vermehrte und verbesserte Auflage, Bielefeld: Velhagen & Klasing [4]1849.

Doderer, Klaus: Klassische Kinder- und Jugendbücher: kritische Betrachtungen, Weinheim: Beltz 1969.

Draesner, Ulrike: Wege durch erzählte Welten. Intertextuelle Verweise als Mittel der Bedeutungskonstitution in Wolframs ,Parzival', Frankfurt am Main u.a.: Lang 1993.

Durst, Uwe: Theorie der phantastischen Literatur, aktualisierte, korrigierte und erweiterte Neuausgabe, Berlin: Lit 2007.

Eco, Umberto: *Il nome della rosa*, Mailand: Bompiani 1980.

Eco, Umberto: Nachschrift zum „Namen der Rose", München: dtv 1986.

Ehrismann, Otfrid: Von Erec zu Dulac. Der Mythos von Camelot und sein Weg in die neue Kinderliteratur der Fantasy, in Bonacker, Maren (Hg.): Peter Pans Kinder. Doppelte Adressiertheit in phantastischen Texten, Tagungsband zum wissenschaftlichen Symposium 16. bis 18. Mai 2003, Trier: WTV Wissenschaftlicher Verlag Trier 2004, S. 172-182.

Enzensberger, Hans-Magnus: Bescheidener Vorschlag zum Schutze der Jugend vor den Erzeugnissen der Poesie, in: Ders.: Mittelmaß und Wahn. Gesammelte Zerstreuungen, Berlin: Suhrkamp 1991, S. 23-41.

Ewers, Hans-Heino: Das doppelsinnige Kinderbuch. Erwachsene als Mitleser und als Leser von Kinderliteratur, in Grenz, Dagmar (Hg.): Kinderliteratur - Literatur auch für Erwachsene? Zum Verhältnis von Kinderliteratur und Erwachsenenliteratur, München: Fink 1990, S. 15-24.

Ewers, Hans-Heino: Was ist Kinder- und Jugendliteratur, in: Lange, Günter (Hg.): Taschenbuch der Kinder- und Jugendliteratur, Baltmannsweiler: Schneider Verlag Hohengehren [3]2002, S. 2-16.

Ewers, Hans-Heino: Fantasy – Heldendichtung unserer Zeit: Versuch einer Gattungsdifferenzierung, in: Zeitschrift für Fantastikforschung 2011, Heft 1, S. 5-23.

Ewers, Hans-Heino: Literatur für Kinder und Jugendliche. Eine Einführung, München: W. Fink [2]2012.

Feistner, Edith/Karg, Ina/Thim-Mabrey, Christiane: Mittelalter-Germanistik in Schule und Universität. Leistungspotenzial und Ziele eines Fachs, Göttingen: V&R Unipress 2006.

Fish, Stanley: Is there a text in this class? Cambridge/Massachusetts: Harvard University Press 1980.

François, Etienne/Schulze, Hagen (Hgg.): Deutsche Erinnerungsorte, Band 1, München: Beck 2001.

Frank, Manfred: Das individuelle Allgemeine. Textstrukturierung und - interpretation nach Schleiermacher, Frankfurt am Main: Suhrkamp 1977.

Frank, Manfred: Das Sagbare und das Unsagbare. Studien zur neuesten französischen Hermeneutik und Texttheorie, Frankfurt am Main: Suhrkamp 1980.

Frazer, James George: The Golden Bough. A Study in Magic and Religion, 12 Bände, London: Macmillan [3]1907-1920.

Frenzel, Elisabeth: Stoff-, Motiv- und Symbolforschung, Stuttgart: Metzler [4]1978.

Fricke, Harald: Norm und Abweichung. Eine Philosophie der Literatur, München: Beck 1981.

Fritzsche, Joachim: Formelle Sozialisationsinstanz Schule, in: Groeben, Norbert/Hurrelmann, Bettina (Hgg.): Lesesozialisation in der Mediengesellschaft. Ein Forschungsüberblick, Weinheim/München: Juventa 2007, S. 202-248.

Fuhrmann, Horst: Überall ist Mittelalter. Von der Gegenwart einer vergangenen Zeit, München: Beck 2002.

Gadamer, Hans-Georg: Wahrheit und Methode 1. Grundzüge einer philosophischen Hermeneutik, (Gesammelte Werke, Band 1), Tübingen: Mohr [5]1986 (Erstveröffentlichung 1960).

Gadamer, Hans-Georg: Gesammelte Werke, Band 9: Ästhetik und Poetik, 2.: Hermeneutik im Vollzug, Tübingen: Mohr 1993.

Gansel, Carsten: Vom Märchen zur Discworld-Novel. Phantastisches und Märchenhaftes in der aktuellen Literatur für Kinder und Jugendliche, in: Deutschunterricht Berlin 51, 1998, Heft 12, S. 597-606.

Glasenapp, Gabriele von: Phantastische Kinderliteratur, in: Weinkauff Gina/Glasenapp, Gabriele von (Hgg.): Kinder- und Jugendliteratur, Paderborn: Schöningh 2010. (Standardwissen Lehramt; UTB 3345)

Gold, Andreas: Lesen kann man lernen. Lesestrategien für 5. und 6. Klassen, Göttingen: Vandenhoek & Ruprecht 2007.

Gurjewitsch, Aaron J.: Das Weltbild des mittelalterlichen Menschen, Dresden: Verlag der Kunst 1978.

Haas, Gerhard: Phantastische Literatur für junge Leser, in: Lange, Günter/Steffens, Wilhelm (Hgg.): Literarische und didaktische Aspekte der phantastischen Kinder- und Jugendliteratur, Würzburg: Königshausen&Neumann 1993, S. 129-158. (= Schriftenreihe der Deutschen Akademie für Kinder- und Jugendliteratur Volkach e.V. 13)

271

Haas, Gerhard: Handlungs- und produktionsorientierter Literaturunterricht. Theorie und Praxis eines „anderen" Literaturunterrichts für die Primar- und Sekundarstufe, Seelze: Klett, Kallmeyer [8]2009.

Haug, Walter: Plädoyer für eine kritische Phantasie, in: Klassiker Magazin 2, 1987, S. 18-42.

Haug, Walter: Mündlichkeit, Schriftlichkeit und Fiktionalität, in: Heinzle, Joachim (Hg.): Modernes Mittelalter. Neue Bilder einer populären Epoche, Frankfurt am Main: Insel Verlag 1994, S. 376-397.

Haug, Walter: König Artus, Geschichte, Mythos, Fiktion, in: Milfull, Inge/Neumann, Michael (Hgg.): Mythen Europas, Schlüsselfiguren der Imagination, Band 2, Regensburg: Pustet 2004, S. 104-125.

Hausmann, Albrecht: Übertragungen: Vorüberlegungen zu einer Kulturgeschichte des Reproduzierens, in: Bußmann, Britta/Hausmann, Albrecht/Kreft, Annelie/Logemann, Cornelia (Hgg.): Übertragungen. Formen und Konzepte von Reproduktion in Mittelalter und Früher Neuzeit, Berlin/New York: De Gruyter 2005, S. XI-XX. (= Trends in medieval philology 5)

Heinzle, Joachim: Die Heiden als Kinder Gottes in Wolframs *Willehalm*, in: ZfdA 123, 1994, S. 301-308.

Heinzle, Joachim: Noch einmal: Die Heiden als Kinder Gottes in Wolframs *Willehalm*, in: ZfdPh 117, 1998, S. 75-80.

Hiecke, Robert Heinrich: Der deutsche Unterricht auf deutschen Gymnasien. Ein pädagogischer Versuch, Leipzig: Eisenach 1842.

Hörisch, Jochen: Der Wandel des Einhorns, in: Müller, Ulrich/Wunderlich, Werner (Hgg.): Dämonen, Monster, Fabelwesen, St. Gallen: UVK Fachverlag für Wissenschaft und Studium 1999, S. 205-228. (= Mittelalter-Mythen 2)

Hurrelmann, Bettina: Klassiker der Kinder- und Jugendliteratur, in: Praxis Deutsch 23, 1996, Heft 135, S. 18-25.

Hurrelmann, Bettina: Kinder- und Jugendliteratur im Unterricht, in: Bogdal, Klaus-Michael/Korte, Hermann (Hgg.): Grundzüge der Literaturdidaktik, München: dtv 2002, S. 134-146.

Hurrelmann, Bettina: Leseleistung – Lesekompetenz. Folgerungen aus Pisa mit einem Plädoyer für ein didaktisches Konzept des Lesens als kultureller Praxis, in: Praxis Deutsch 176, 2002, S. 6-18.

Hutton, Ronald: The roots of modern Paganism, in: Pearson, Joanne (Hg.): Belief beyond boundaries, Aldershot: Ashgate 2002, S. 225-238.

Ineichen, Hans: Philosophische Hermeneutik, Freiburg/München: Alber 1991.

Jehmlich, Reimer: Phantastik - Science fiction - Utopie: Begriffsgeschichte und Begriffsabgrenzung, in: Thomsen, Christian W./Fischer, Jens Malte

(Hgg.): Phantastik in Literatur und Kunst, Darmstadt: Wissenschaftliche Buchgesellschaft 1980, S. 11-33.

Jesch, Tatjana: Kinder- und Jugendliteratur, in: Lange, Günter/Weinhold, Swantje (Hgg.): Grundlagen der Deutschdidaktik. Sprachdidaktik - Mediendidaktik – Literaturdidaktik, Baltmannsweiler: Schneider Verlag Hohengehren 2005, S. 226-247.

Karg, Ina: ... sîn süeze sûrez ungemach... Erzählen von der Minne in Wolframs Parzival, Göppingen: Kümmerle 1993.

Karg, Ina: Mythos PISA. Vermeintliche Vergleichbarkeit und die Wirklichkeit eines Vergleichs, Göttingen: V&R Unipress 2005.

Karg, Ina: Ritter, Elfen, Zauberwelten. Mittelalterbilder in aktuellen Kinder- und Jugendbüchern, in: Mertens, Volker/Stange, Carmen (Hgg.): Bilder vom Mittelalter. Eine Berliner Ringvorlesung, Göttingen: V&R Unipress 2007, S. 155-179.

Karg, Ina: Die Schüler bei der Stange halten? Nibelungenlied und Deutschunterricht, in: Mitteilungen des Deutschen Germanistenverbandes 55, 2008, Heft 4, S. 400-413.

Karg, Ina: (Keine) Freude über die ‚Lebenszeichen'? Vermittlung von Mittelalter und seiner Literatur an die nachfolgende Generation im Deutschunterricht, in: Herweg, Mathias/Keppler-Tasaki, Stefan (Hgg.): Rezeptionskulturen. Fünfhundert Jahre literarischer Mittelalterrezeption zwischen Kanon und Populärkultur, Berlin: De Gruyter 2012, S. 425-441. (= Trends in medieval philology 27)

Karg, Ina/Mende, Iris: Kulturphänomen Harry Potter. Multiadressiertheit und Internationalität eines nationalen Literatur- und Medienevents, Göttingen: V&R Unipress 2010.

Kasten, Ingrid/Bachorski, Hans-Jürgen/Kugler, Hartmut: Das eigene Fremde. Mediävistik und interkulturelle Kompetenz, in: Mitteilungen des Deutschen Germanistenverbandes 44, 1997, Heft 4, S. 66-74.

Kintsch, Walter: Learning from text, levels of comprehension, or: why anyone would read a story anyway, in: Poetics 9, 1980, S. 87-98.

Kintsch, Walter: Text Comprehension, Memory, and Learning, in: American Psychologist 49, 1994, S. 294-303.

Kintsch, Walter: Comprehension. A paradigm for cognition, Cambridge: Cambridge University Press 1998.

Klingberg, Göte: The Fantastic Tale for Children. A Genre Study from the Viewpoints of Literary and Educational Research, Gothenburg: Department of Educational Research, Gothenburg School of Education 1970.

Knapp, Fritz Peter: Die Heiden und ihr Vater in den Versen 307,27 f. des *Willehalm*, in: ZfdA 122, 1993, S. 202-207.

Knapp, Fritz Peter: Und noch einmal: Die Heiden als Kinder Gottes, in: ZfdA 129, 2000, S. 296-302.

Knapp, Fritz Peter: Standesverräter und Heimatverächter in der bayerisch-österreichischen Literatur des Spätmittelalters, in: Nolte, Theodor/Schneider, Tobias (Hgg.): Wernher der Gärtner: ‚Helmbrecht'. Die Beiträge des Helmbrecht-Symposions in Burghausen 2001, Stuttgart: Hirzel 2001, S. 9-24.

Köhler, Erich: Ideal und Wirklichkeit in der höfischen Epik. Studien zur Form der frühen Artus- und Graldichtung, Tübingen: Niemeyer 1956.

Köppe, Tilmann/Winko, Simone: Neuere Literaturtheorien. Eine Einführung, Stuttgart: Metzler 2008.

Krause, Arnulf: Die Geschichte der Germanen, Frankfurt am Main: Campus-Verlag ²2005.

Kreft, Annelie: Wiedererzählen, in: Bußmann, Britta/Hausmann, Albrecht/Kreft, Annelie/Logemann, Cornelia (Hgg): Übertragungen. Formen und Konzepte von Reproduktion in Mittelalter und früher Neuzeit, Berlin/New York: De Gruyter 2005, S. 158-183. (= Trends in medieval philology 5)

Krohn, Rüdiger: Die Wirklichkeit der Legende. Widersprüchliches zur sogenannten Mittelalter-„Begeisterung" der Romantik, in: Kühnel, Jürgen/Mück, Hans-Dieter/Müller, Ulrich (Hgg.): Mittelalter-Rezeption II. Gesammelte Vorträge des Salzburger Symposions ‚Die Rezeption mittelalterlicher Dichter und ihrer Werke in Literatur, bildender Kunst und Musik des 19. und 20. Jahrhunderts', Göppingen: Kümmerle 1979, S. 7- 38.

Krüger, Anna: Kinder- und Jugendbücher als Klassenlektüre: Analysen und Schulversuche: ein Beitrag zur Reform des Leseunterrichts, Weinheim: Beltz ³1973.

Kühnel, Jürgen: „Produktive" Mittelalterrezeption. Fragmentarische Beobachtungen, Notizen und Thesen, in: Krohn, Rüdiger (Hgg.): Forum. Materialien und Beiträge zur Mittelalterrezeption, Göppingen: Kümmerle 1992, S. 433-467.

Kühnel, Jürgen: Mythos Matriarchat. Anmerkungen und Thesen zur Matriarchatsthematik in der neueren Mittelalter-Rezeption, in: Müller, Ulrich/Verduin, Kathleen (Hgg.): Mittelalter-Rezeption V. Gesammelte Vorträge des V. Salzburger Symposions zur Mittelalter-Rezeption, Göppingen: Kümmerle 1996, S. 274-292.

Kümmerling-Meibauer, Bettina: Klassiker der Kinder- und Jugendliteratur. Ein internationales Lexikon, Stuttgart: Metzler 1999.

Kümmerling-Meibauer, Bettina: Kinderliteratur, Kanonbildung und literarische Wertung, Stuttgart: Metzler 2003.

Kulik, Nils: Das Gute und das Böse in der phantastischen Kinder- und Jugendliteratur. Eine Untersuchung bezogen auf die Werke von Joanne K. Rowling, J.R.R. Tolkien, Michael Ende, Astrid Lindgren, Wolfgang und Heike Hohlbein, Otfried Preußler und Frederik Hetmann, Frankfurt am Main: Lang 2005. (= Kinder- und Jugendkultur, -literatur und -medien 33)

Kullmann, Thomas: Englische Kinder- und Jugendliteratur. Eine Einführung, Berlin: Schmidt 2008. (= Grundlagen der Anglistik und Amerikanistik 31)

Langosch, Karl: König Artus und seine Tafelrunde. Europäische Dichtung des Mittelalters, Stuttgart: Reclam 1980.

Le Goff, Jacques: Für ein anderes Mittelalter, Weingarten: Drumlin ²1987.

Lehnert, Gertrud: Die phantastische Kinderliteratur im Spannungsfeld zwischen Tradition und (Post-)Moderne, in: Lange, Günter/Steffens, Wilhelm (Hgg.): Literarische und didaktische Aspekte der phantastischen Kinder- und Jugendliteratur. Würzburg: Königshausen&Neumann 1995, S. 81-95. (= Schriftenreihe der Deutschen Akademie für Kinder- und Jugendliteratur Volkach e.V. 13)

Léonard, Alexis: De la légende arthurienne à la fantasy. „L'enserrement" du religieux, in: Besson, Anne/White-Le Goff, Myriam (Hgg.): Fantasy, le merveilleux médiéval d'aujourd'hui. Actes du colloque du CRELID, université d'Artois, Paris: Bragelonne 2007, S. 143-154.

Lieb, Ludger: Die Potenz des Stoffes. Eine kleine Metaphysik des Wiedererzählens, in: ZfdPh 124, 2005, Sonderheft: Retextualisierung in der mittelalterlichen Literatur, S. 356-379.

Liedtke, Gerd Dieter: Wer hat was gegen Flucht? Bericht von einer Tagung der Deutschen Akademie für Kinder- und Jugendliteratur in Volkach über Fantastische Literatur, in: Lange, Günter/Steffens, Wilhelm (Hgg.): Literarische und didaktische Aspekte der phantastischen Kinder- und Jugendliteratur, Würzburg: Königshausen&Neumann 1993, S. 153-158. (= Schriftenreihe der Deutschen Akademie für Kinder- und Jugendliteratur Volkach e.V. 13)

Lovecraft, Howard Philipps: Literatur der Angst, Frankfurt: Suhrkamp Taschenbuch-Verlag 2004.

Lupack, Barbara Tepa: Adapting the Arthurian Legends for Children. Essays on Arthurian Juvenilia, New York: Palgrave Macmillan 2004.

Maier-Eroms, Verena/Neecke, Michael: Felicitas Hoppes *Iwein Löwenritter* in der Schule. Theoretische Überlegungen, Erfahrungsbericht, Projektskizze, in: Bennewitz, Ingrid/Schindler, Andrea (Hgg.): Mittelalter im Kinder- und Jugendbuch. Akten der Tagung Bambert 2010, Bamberg: University of Bamberg Press, S. 197-210. (im Druck)

Mailloux, Steven: Interpretive Conventions: The Reader in the Study of American Fiction, Ithaca/London: Cornell University Press 1982.

Märtl, Claudia: Einheit und Vielfalt. Von der Aktualität des Mittelalters, Braunschweig: Technische Universität 1997.

Maupassant, Guy de: Le fantastique, in: Ders.: Chroniques, Band 2, Paris: Union générale d'éditeurs 1980, S. 256-260 (Erstveröffentlichung 1883).

Meier, Christel: Überlegungen zum gegenwärtigen Stand der Allegorie-Forschung. Mit besonderer Berücksichtigung der Mischformen, in: Frühmittelalterliche Studien 10/1976, S. 1-69.

Meißner, Wolfgang: Die Phantasie der Kinder – entwicklungspsychologische Überlegungen zur phantastischen Kinder- und Jugendliteratur, in: Lange, Günter/Steffens, Wilhelm (Hgg.): Literarische und didaktische Aspekte der phantastischen Kinder- und Jugendliteratur, Würzburg: Königshausen&Neumann 1993, S. 25-39. (= Schriftenreihe der Deutschen Akademie für Kinder- und Jugendliteratur Volkach e.V. 13)

Mende, Iris: „Mir scheint, die Geschichte ist unter den Menschen doch nicht so richtig überliefert worden." Die Nibelungen-Rezeption in der Kinder- und Jugendliteratur, in: Mitteilungen des deutschen Germanistenverbandes, 2008, Heft 4, S. 414-430.

Mende, Iris: Mythenrezeption im Spannungsfeld von Universalität und Historizität – Bestandaufnahme und didaktische Perspektiven, in: Karg, Ina (Hgg.): Europäisches Erbe des Mittelalters: Kulturelle Integration und Sinnvermittlung einst und jetzt, Göttingen: V&R unipress 2011, S. 213-226.

Mende, Iris: Der König, der war, und der König, der sein wird. Die Artusrezeption in der Kinder- und Jugendliteratur, in: Herweg, Mathias/Keppler-Tasaki, Stefan (Hgg.): Rezeptionskulturen. Fünfhundert Jahre literarischer Mittelalterrezeption zwischen Kanon und Populärkultur, Berlin: De Gruyter 2012, S. 411-424. (= Trends in medieval philology 27)

Mertens, Volker: Artus, in: Mertens, Volker/Müller, Ulrich (Hgg.).: Epische Stoffe des Mittelalters, Stuttgart: Kröner 1984, S. 290 – 364.

Mertens, Volker: Richard Wagner und das Mittelalter, in: Müller, Ulrich/Wapnewski, Peter (Hgg.): Richard-Wagner-Handbuch, Stuttgart: Kröner 1986, S. 19-59.

Mertens, Volker: Der deutsche Artusroman, Stuttgart: Reclam 1998. (= Reclams Universalbibliothek 17609)

Mertens, Volker: Der Gral. Mythos und Literatur, Stuttgart: Reclam 2003. (= Reclams Universalbibliothek 18261)

Morgan, Lewis Henry: Ancient society or researches in the lines of human progress from savagery, through barbarism to civilization, London: Macmillan 1877.

Müller, Ulrich: Das Nachleben der mittelalterlichen Stoffe, in: Mertens, Volker/Müller, Ulrich (Hgg.): Epische Stoffe des Mittelalters, Stuttgart: Kröner 1984, S. 424-448. (Kröners Taschenausgabe 483)

Murray, Margaret: The Witch-Cult in Western Europe. A Study in Anthropology, Oxford: Clarendon Press 1921.

Murray, Margaret: The God of the Witches, London: Sampson Low, Marston & Co. 1933.

Naumann, Hans: Der wilde und der edle Heide. Versuch über höfische Toleranz, in: Merker, Paul/Stammer, Wolfgang (Hgg.): Vom Werden des deutschen Geistes. Festgabe für Gustav Ehrismann zum 8. Oktober 1925 dargebracht von Freunden und Schülern, Berlin: De Gruyter 1925, S. 80-101.

Nikolajeva, Maria: The Magic Code. The Use of Magical Patterns in Fantasy for Children, Stockholm: Almqvist & Wiksell International 1988.

Nodier, Charles: Du fantastique en littérature, in: Ders: Contes fantastiques. Paris: Charpentier 1861, S. 5-30.

Oexle, Otto Gerhard: ,Das Mittelalter' – Bilder gedeuteter Geschichte, in: Bak, János M./Jarnut, Jörg/Monnet, Pierre/Schneidmüller, Bernd (Hgg.): Gebrauch und Missbrauch des Mittelalters, 19.-21. Jahrhundert, München: Fink 2009, S. 21-43. (= Mittelalterstudien des Instituts zur Interdisziplinären Erforschung des Mittelalters und seines Nachwirkens 17)

Oppermann, Eva: Englischsprachige Kinderbücher: „Kinderkram" oder anspruchsvolle Literatur für Erwachsene? Kassel: Kassel University Press 2005.

O'Sullivan, Emer: Der Zauberlehrling im Internat. Harry Potter im Kontext der britischen Literaturtradition, in: Garbe, Christine/Philipp, Maik (Hgg.): Harry Potter - Ein Literatur- und Medienereignis im Blickpunkt interdisziplinärer Forschung, Hamburg: LIT-Verlag 2006, S. 27-47. (= Literatur – Medien – Rezeption 1)

Paehler, Heinrich: Strukturuntersuchungen zur Historia Regum Britanniae des Geoffrey of Monmouth, Bonn: o.V. 1958.

Patzelt, Birgit: Phantastische Kinder- und Jugendliteratur der 80er und 90er Jahre. Strukturen – Erklärungsstrategien – Funktionen, Frankfurt am Main: Lang 2001. (= Kinder- und Jugendkultur, -literatur und -medien 16)

Pearson, Joanne: Belief beyond boundaries. Wicca, Celtic spirituality and the New Age, Aldershot: Ashgate 2002.

Pehlke, Michael/Lingfeld, Norbert: Roboter und Gartenlaube. Ideologie der Unterhaltung in der Science Fiction Literatur, München: Hanser 1974. (= Reihe Hanser 56)

Pennac, Daniel: Wie ein Roman, Köln: Kiepenheuer & Witsch ²2006.

Pesch, Helmut W.: Fantasy. Theorie und Geschichte einer literarischen Gattung, Forchheim: Sperl 1982.

Pfister, Manfred: Konzepte der Intertextualität, in: Broich, Ulrich/Pfister, Manfred (Hgg.): Intertextualität. Formen, Funktionen, anglistische Fallstudien, Tübingen: Niemeyer 1985, S. 1-30. (= Konzepte der Sprach- und Literaturwissenschaft 35)

Piereson, James: Camelot and the cultural revolution. How the assassination of John F. Kennedy shattered American liberalism, New York: Encounter Books 2007.

Rensing, Britta: Die Wicca-Religion. Theologie, Rituale, Ethik, Marburg: Tectum 2007.

Ranke-Graves, Robert von: Die weisse Göttin. Sprache des Mythos, Berlin: Medusa 1981.

Rutenfranz, Maria: Götter, Helden, Menschen. Rezeption und Adaption antiker Mythologie in der deutschen Kinder- und Jugendliteratur, Frankfurt am Main u.a.: Lang 2004. (Kinder- und Jugendkultur, -literatur und -medien 26)

Sanders, Julie: Adaptation and appropriation, London: Routledge 2006.

Schmid, Elisabeth: Weg mit dem Doppelweg. Wider eine Selbstverständlichkeit der germanistischen Artusforschung, in: Wolfzettel, Friedrich/Ihring, Peter (Hgg.): Erzählstrukturen der Artusliteratur. Forschungsgeschichte und neue Ansätze, Tübingen: Niemeyer 1999, S. 69–85.

Schmidt, Siegrid: Mordred. Mehr als nur ein Schurke, in: Müller, Ulrich/Wunderlich, Werner (Hgg.): Verführer, Schurken, Magier, St. Gallen: UVK Fachverlag für Wissenschaft und Studium 2001, S. 683-692. (= Mittelalter-Mythen 3)

Schmitt, Stefanie: Übertragungen in literarische Kontexte, in: Bußmann, Britta/Hausmann, Albrecht/Kreft, Annelie/Logemann, Cornelia (Hgg.): Übertragungen. Formen und Konzepte von Reproduktion in Mittelalter und früher Neuzeit, Berlin/New York: De Gruyter 2005, S. 163-183. (= Trends in medieval philolgy 5)

Schreier-Hornung, Antonie: Mittelalter für die Jugend. Auguste Lechners Nacherzählungen von Nibelungenlied, Rolandslied und Kudrun, in: Jürgen Kühnel u.a. (Hgg.): Mittelalter-Rezeption III. Gesammelte Vorträge des Symposions ‚Mittelalter, Massenmedien, neue Mythen', Göppingen: Kümmerle 1988, S. 181-197.

Schulte-Middelich, Bernd: Funktionen intertextueller Textkonstitution, in: Broich, Ulrich/Pfister, Manfred (Hgg.): Intertextualität. Formen, Funktionen, anglistische Fallstudien, Tübingen: Niemeyer 1985, S. 197-242. (= Konzepte der Sprach- und Literaturwissenschaft 35)

Tabbert, Reinbert: Phantastische Kinder- und Jugendliteratur, in: Lange, Günter (Hg.): Taschenbuch der Kinder- und Jugendliteratur, Baltmannsweiler: Schneider-Verlag Hohengehren 2000, S. 187-200.

Tegtmeyer, Henning: Der Begriff der Intertextualität und seine Fassungen – Eine Kritik der Intertextualitätskonzepte Julia Kristevas und Susanne Holthuis', in: Klein, Josef/Fix, Ulla (Hgg.): Textbeziehungen. Linguistische und literaturwissenschaftliche Beiträge zur Intertextualität, Tübingen: Stauffenburg-Verlag 1997, S. 49-75.

Tschirner, Susanne: Der Fantasy-Bildungsroman, Meitingen: Corian-Verlag 1989.

Todorov, Tzvetan: Einführung in die fantastische Literatur, München: Hanser 1972.

Umlauf, Václav: Hermeneutik nach Gadamer, Freiburg: Alber 2007.

Van Dijk, Teun A./Kintsch, Walter: Strategies of discourse comprehension, New York u.a.: Academic Press 1983.

Vax, Louis: Die Phantastik, in: Zondergeld, Rein A. (Hg.): Phaicon I. Almanach der phantastischen Literatur, Frankfurt am Main: Insel-Verlag 1974, S. 11-43.

Von Heydebrand, Renate/Winko, Simone: Einführung in die Wertung von Literatur. Systematik – Geschichte – Legitimation, Paderborn u.a.: Schöningh 1997.

Wapnewski, Peter: Der Merker und der Mittler. Richard Wagner und sein Mittelalter, in: Kühnel, Jürgen/Mück, Hans-Dieter/Müller, Ulrich (Hgg.): Mittelalter-Rezeption II. Gesammelte Vorträge des Salzburger Symposions ,Die Rezeption mittelalterlicher Dichter und ihrer Werke in Literatur, Bildender Kunst und Musik des 19. und 20. Jahrhunderts', Göppingen: Kümmerle 1979, S. 7-28.

Warning, Rainer: Erzählen im Paradigma. Kontingenzbewältigung und Kontingenzexposition, in: Romanistisches Jahrbuch 52, 2001, S. 176-209.

Weddige, Hilkert: Mittelhochdeutsch. Eine Einführung, München: Beck [6]2004.

Welz, Dieter: Gralromane, in: Mertens, Volker/Müller, Ulrich (Hgg.): Epische Stoffe des Mittelalters, Stuttgart: Kröner 1984, S. 341-364. (= Kröners Taschenausgabe 483)

Wennerhold, Markus: Späte mittelhochdeutsche Artusromane. ,Lanzelet', ,Wigalois', ,Daniel von dem blühenden Tal', ,Diu Crône' – Bilanz der Forschung 1960-2000, Würzburg: Königshausen&Neumann 2005. (= Würzburger Beiträge zur deutschen Philologie 27)

White, Hayden: Auch Klio dichtet oder Die Fiktion des Faktischen. Studien zur Tropologie des historischen Diskurses, Stuttgart: Klett-Cotta 1986. (= Sprache und Geschichte 10)

Wolf, Jürgen: Neopaganismus und Stammesreligionen. Ein religionswissenschaftlicher Vergleich, Münster: Lit 1997. (= Religionswissenschaft 1)

Worstbrock, Franz Josef: Wiedererzählen und Übersetzen, in: Haug, Walter (Hg.): Mittelalter und frühe Neuzeit. Übergänge, Umbrüche und Neuansätze, Tübingen: Niemeyer 1997, S. 128-142. (= Fortuna vitrea 16)

Wunderlich, Werner: „Zuviel Durcheinander hier..." Literaturkritische Anmerkungen zur Mittelalter-Rezeption 1989, in: von der Burg, Irene/Kühnel, Jürgen/Müller, Ulrich/Schwarz, Alexander (Hgg.): Mittelalter-Rezeption IV: Medien, Politik, Ideologie, Ökonomie. Gesammelte Vorträge des 4. Internationalen Symposions zur Mittelalter-Rezeption an der Universität Lausanne, Göppingen: Kümmerle 1991, S. 487-494.

Wunderlich, Werner: Dämonen, Monster, Fabelwesen. Eine kleine Einführung in Mythen und Typen phantastischer Geschöpfe, in: Müller, Ulrich/Wunderlich, Werner (Hgg.): Dämonen, Monster, Fabelwesen, St.Gallen: UVK Fachverlag für Wissenschaft und Studium 1998, S. 11-38. (= Mittelalter-Mythen 2)

Wunderlich, Werner: Verführer, Schurken, Magier. Mythos, Rezeption und Typologie sozialer Außenseiter, in: Müller, Ulrich/Wunderlich, Werner (Hgg.): Verführer, Schurken, Magier, St. Gallen: UVK Fachverlag für Wissenschaft und Studium 2001, S. 13-26. (= Mittelalter-Mythen 3)

Zwaan, Rolf A.: Aspects of literary comprehension. A cognitive approach. Amsterdam/Philadelphia: Benjamin 1993. (= Utrecht publications in general and comparative literature 29)

7.3. Lexika

Frenzel, Elisabeth: Motive der Weltliteratur. Ein Lexikon dichtungsgeschichtlicher Längsschnitte, Stuttgart: Körner [4]1992.

Reallexikon der deutschen Literaturwissenschaft. Neubearbeitung des Reallexikons der deutschen Literaturgeschichte. Hrsg. v. Georg Braungart, Harald Fricke, Klaus Grubmüller, Jan-Dirk Müller, Friedrich Vollhardt und Klaus Weimar, Berlin: De Gruyter [3]2007.

280

7.4. Webseiten

http://de.wikipedia.org/wiki/Artus (04.07.2012)

http://de.wikipedia.org/wiki/Die_Nebel_von_Avalon (04.07.2012)

http://de.wikipedia.org/wiki/Diskussion:Artus (04.07.2012)

http://de.wikipedia.org/wiki/Kevin_Crossley-Holland (04.07.2012)

http://de.wikipedia.org/wiki/Wolfgang_Hohlbein (04.07.2012)

http://dictionary.cambridge.org/dictionary/british/witch (04.07.2012)

http://rezensionen.literaturwelt.de/content/buch/s/t_schwindt_peter_gwydion_de
r_weg_nach_camelot_mame_15851.html (04.07.2012)

http://www.amazon.de/Artus-magische-Spiegel-Kevin-Crossley-
Holland/dp/3825173585/ref=pd_cp_b_1 (04.07.2012)

http://www.amazon.de/Artus-magische-Spiegel-Kevin-Crossley-
Holland/dp/3825173585/ref=pd_cp_b_1c (04.07.2012)

http://www.amazon.de/Artus-Schatten-Kreuzes-Kevin-Crossley-
Holland/dp/3825173607/ref=pd_cp_b_1 (04.07.2012)

http://www.amazon.de/Artus-Zwischen-Welten-Kevin-Crossley-
Holland/dp/3825173593/ref=pd_cp_b_2 (04.07.2012)

http://www.amazon.de/Artus-Zwischen-Welten-Kevin-Crossley-
Holland/dp/3825173593/ref=pd_cp_b_2 (04.07.2012)

http://www.amazon.de/Die-Legende-von-Camelot-
Elben-
ben-
schwert/dp/3570305791/ref=sr_1_2?ie=UTF8&s=books&qid=128266875
2&sr=8-2 (04.07.2012)

http://www.amazon.de/Die-Legende-von-Camelot-
Gralszau-
ber/dp/3800026619/ref=sr_1_4?ie=UTF8&s=books&qid=1282668731&s
r=8-4 (04.07.2012)

http://www.amazon.de/gp/help/customer/display.html/ref=tag_dpp_pt_ihlp_wt?i
e=UTF8&nodeId=200261040&pop-up=1 (04.07.2012)

http://www.amazon.de/Gwydion-01-Weg-nach-
Camelot/dp/3473523569/ref=cm_cr_pr_pb_i (04.07.2012)

http://www.amazon.de/Nebel-Avalon-Marion-Zimmer-
Brad-
ley/dp/3596282225/ref=sr_1_1?ie=UTF8&s=books&qid=1258905650&sr
=8-1 (04.07.2012)

http://www.angelfire.com/mi3/cookarama/newswkint00.html (06.11.2010)

http://www.aod-uk.org.uk/home.htm (04.07.2012)

http://www.arthuriana.de/ (04.07.2012)

http://www.arthuriana.de/alt/index.html (04.07.2012)
http://www.arthuriana.org/teaching/undergrad.html (04.07.2012)
http://www.buchkritik.at/kritik.asp?IDX=4329 (04.07.2012)
http://www.buecher.de/shop/artus-tafelrunde/artus-der-magische-
spiegel/crossley-holland-
kevin/products_products/content/prod_id/09887457/ (04.07.2012)
http://www.buecher.de/shop/artus-tafelrunde/artus-im-schatten-des-
kreuzes/crossley-holland-
kevin/products_products/detail/prod_id/12448876/ (04.07.2012)
http://www.education.gov.uk/schools/teachingandlearning/curriculum/primary/b
00198874/english/ks1/en2 (04.07.2012)
http://www.fantasyguide.de/2792.0.html (04.07.2012)
http://www.fischerverlage.de/buch/die_nebel_von_avalon/9783596282227
(04.07.2012)
http://www.hohlbein.de/neu/autor.php (04.07.2012)
http://www.kevincrossley-holland.com/fiction.html (04.07.2012)
http://www.kmk.org/fileadmin/veroeffentlichungen_beschluesse/2003/2003_12_
04-BS-Deutsch-MS.pdf (04.07.2012)
http://www.media-mania.de/index.php?action=mediadaten (04.07.2012)
http://www.nzz.ch/2004/09/29/fe/article9VPAZ.html (04.07.2012)
http://www.phantastik-couch.de/wolfgang-hohlbein-die-legende-von-
camelot.html (04.07.2012)
http://quod.lib.umich.edu/cgi/t/text/text-
idx?c=cme;idno=MaloryWks2;rgn=div2;view=text;cc=cme;node=Malory
Wks2%3A23.7 (04.07.2012)
http://www.textdetektive.de/ (04.07.2012)
http://www.wmelchior.com/mediaevistik/einfuehrung.html#hoch (04.07.2012)
https://www.education.gov.uk/publications/eOrderingDownload/QCA-99-
459.pdf (04.07.2012)

7.5.   Filme

Arthur – Erfindung eines Königs (Wilfried Hauke. Deutschland 2009).
Arthur: King of the Britons (Jean-Claude Bragard. Großbritannien 2002)
Der Schatz der Nibelungen (Jürgen Stumpfhaus. Deutschland 2007).
Der Ring der Nibelungen (Uli Edel. Deutschland 2004).
Die Kreuzritter (Dominique Othenin-Girard. Deutschland 2001).
Galileo Mystery. Wer König Artus wirklich war (Philipp Fleischmann und Ma-
nuel Flurin Hendry. Deutschland 2007).

King Arthur (Antoine Fuqua. Großbritannien 2004).

Königreich der Himmel (Ridley Scott. USA 2005).

Tristan & Isolde (Kevin Reynolds. Deutschland/Tschechien/Großbritannien 2006).

Wege aus der Finsternis – Europa im Mittelalter (Christian Twente. Deutschland 2004).

Germanistik – Didaktik – Unterricht

Herausgegeben von Ina Karg

Der Titel der Reihe "Germanistik – Didaktik – Unterricht" weist auf eine Verbindung der drei genannten Komponenten hin. Fachdidaktik wird als Vermittlungswissenschaft verstanden, die sowohl die Verantwortung gegenüber den fachwissenschaftlich bearbeiteten Gegenständen und Sachverhalten wahrnimmt als auch die Möglichkeiten der Umsetzbarkeit und der Bedeutung in unterrichtlichen und lebensweltlichen Situationen mitbedenkt. Das Verhältnis von Fachwissenschaft, Vermittlung und konkreter Praxis wird dabei nicht als hierarchisches, sondern als wechselseitiges verstanden. Dieser Programmatik folgen, auch bei unterschiedlicher Schwerpunktsetzung, die einzelnen Arbeiten der Reihe.

www.peterlang.de

Internationaler Verlag der Wissenschaften

Peter Lang ·

Carola Susanne Fern

Seesturm im Mittelalter

Ein literarisches Motiv im Spannungsfeld zwischen Topik, Erfahrungswissen und Naturkunde

Frankfurt am Main, Berlin, Bern, Bruxelles, New York, Oxford, Wien, 2012.
346 S., 8 s/w Abb., 4 farb. Abb.
Beiträge zur Mittelalterforschung. Kultur, Wissenschaft, Literatur. Bd. 25
Herausgegeben von Thomas Bein
ISBN 978-3-631-61323-8 · geb. € 56,80*
E-Book: ISBN 978-3-653-01400-6 · € 63,19*

Schilderungen von stürmischem Meer sind in der Literatur des Mittelalters weit verbreitet, bislang aber von der Forschung stark vernachlässigt worden. Diese Arbeit erschließt der Mediävistik ein neues Motiv und mit diesem einen neuen Blickwinkel auf die Forschung zur Naturwahrnehmung im Mittelalter. Das geschieht durch einen kommentierten Katalog literarischer Seesturmschilderungen und durch Analysen einer Stichprobenauswahl aus dem 9. bis zum 16. Jahrhundert. Alle Seesturmschilderungen werden im Hinblick auf die Topik des Motives, auf die Verarbeitung naturphilosophischer und technischer Entwicklungen der jeweiligen Entstehungszeit, auf den Realitätsgehalt der Schilderung und die Funktion des Motivs für die Gesamtkomposition und Deutung des jeweiligen Werkes hin untersucht. Der interdisziplinäre Ansatz kommt zu neuen Ergebnissen, die die bisherige Sicht auf Naturwahrnehmung im Mittelalter modifiziert.

Inhalt: Forschungsüberblick zum Seesturmmotiv und zur Naturwahrnehmungsforschung · Verortung des methodischen Ansatzes in der germanistischen Theoriedebatte · Literarhistorischer Längsschnitt (Tatian, Notkers Psalter, Heliand, Otfrids Evangelienbuch, Lambrechts Alexander, Herzog Ernst, Eneas, Parzival, Tristan) · Synchrone Vergleichsebenen (Orendel, Eilharts Tristrant, Gregorius, Kudrun, Arabel, Magelone, Pontus und Sidonia) · Exkurse zu Text-Bild-Vergleichen (Berliner Eneas-Handschrift, Miniaturen zum Sturm auf dem See Genezareth) · Topische Perspektive, gestalterische Variationen, Ursprung der Motive, Wandlungen im Verlauf des Mittelalters, Einfluss der kulturellen Strömungen und des Entstehungsortes · Kommentierter Katalog literarischer Seesturmschilderungen.

*inklusive der in Deutschland gültigen Mehrwertsteuer. Preisänderungen vorbehalten

Frankfurt am Main · Berlin · Bern · Bruxelles · New York · Oxford · Wien
Auslieferung: Verlag Peter Lang AG
Moosstr. 1, CH-2542 Pieterlen
Telefax 00 41 (0) 32 / 376 17 27
E-Mail info@peterlang.com

Seit 40 Jahren Ihr Partner für die Wissenschaft
Homepage http://www.peterlang.de